唐朝原來是這樣

歷史中國

西元618～西元907

王覺仁 著

目錄

一、血緣傳說與天命神話

李淵是典型的門閥世族出身。根據李唐皇室自己的譜牒記載，他們有著極為高貴的氏族血統，其遠古祖先甚至可以追溯到五帝時代的顓頊帝高陽氏，而春秋時期的祖先則可以追溯到老子李耳，西漢時的先人則是抗擊匈奴的名將李廣。

這是李唐皇室自己記述的最早的世系淵源，看上去顯得十分輝煌。不過可惜的是，現在的學界已經徹底否定了這個說法，認為這只是李唐皇室為了「高遠其來者」而精心編造的血緣神話，根本不足採信。

久遠的世系被證明是一則美麗的謊言，那麼較近的世系呢？很遺憾，同樣經不起推敲。

據李唐皇室自稱，李淵的七世祖是十六國時期的隴西成紀（今甘肅靜寧縣西南）人、西涼的開國帝王李暠；六世祖李歆是西涼後主；西涼被匈奴攻滅後，五世祖李重耳流亡南朝劉宋，後又歸降北魏，任弘農太守；高祖父李熙任北魏金門鎮將，率豪傑鎮守武川（北魏「六鎮」之一，宇文泰家鄉，今內蒙古武川縣），遂留居此地；曾祖父李天錫亦為北魏重臣。

因為西涼王李暠是西漢名將李廣後裔，所以這段世系意在表明李唐皇室不但出自漢代名門、世代均為隴西望族，而且又是西涼王室之後、北魏的豪門顯宦。這樣一段家譜自然是無比顯赫的，但它上面仍然籠罩著重重的歷史迷霧。經現代學者研究認為，李氏家族與西涼王室絕無關係，並且據史學大師陳寅恪先生考證，他們也與隴西望族李氏毫無瓜葛。此外，李唐皇室之所以自稱先祖曾留居武川，目的在於暗示他們與西魏的實際統治者、北周的開創者宇文泰同出一源，均為北朝後期至隋唐年間叱吒風雲的武川軍團的核心成員。可陳寅恪先生認為這樣的說法同樣是子虛烏有。

既然如此，那麼李唐皇室的世系淵源究竟出自何處呢？

陳寅恪先生的看法是：河北趙郡李氏。

雖然趙郡李氏也是中國北方屈指可數的名門望族，但李唐先世很可能只是其中沒落衰微的一支。陳寅恪先生在《唐代政治史論述稿》中說：「據可信之材料，依常識之判斷，李唐先世若非趙郡李氏之『破落戶』，即是趙郡李氏之『假冒牌』。至於有唐一代之官書其記述皇室淵源，間亦保存原來真實之事蹟，但其大部盡屬後人諱飾誇誕之語，治史者自不應漫無辨別，遽爾全部信從也。」《劍橋中國隋唐史》的作者認為，雖然陳寅恪先生的說法不能被視為最終定論，但他的論證非常有力，至今尚無人能做出令人信服的反駁。

至此，李唐皇室高貴的出身淵源和美麗的血緣傳說一一破滅。

然而，不管最初的淵源何在，從李淵的祖父李虎開始，李氏家族的歷史就脫離了傳說，進入了貨真價實的「信史」階段。北魏末年，李虎追隨宇文泰創建西魏，官至太尉、尚書左僕射，封隴西郡公，並與太師宇文泰、太傅元欣、太保李弼（李密曾祖父）、大司馬獨孤信、大司寇趙貴、大司空于謹、少傅侯莫陳崇八人同為西魏的佐命功臣、柱國大將軍。

這就是歷史上著名的西魏「八柱國」。

《周書》稱：「當時榮盛，莫與為比！故今之稱門閥者，咸推『八柱國家』云。」從此，李氏家族再也不是什麼「破落戶」和「假冒牌」了，而是一躍成為堂堂正正的貴族門閥。

按宇文泰創設的府兵制，在顯赫的「八柱國」之下還設有十二大將軍，隋文帝楊堅的父親楊忠就是其中一員。這「八柱國十二大將軍」及其家族共同構成了一個空前強大的政治軍事集團，成為西魏王朝當之無愧的中堅力量，並且在此後的中國歷史上產生了無比深遠的影響：其中，宇文家族建立北周、吞併了北齊；楊氏家族建立隋朝、統一了中國；李氏家族建立唐朝，開創了大唐盛世……

這個在北朝後期強勢崛起並且對中國歷史影響深遠的政治軍事集團，被陳寅恪先生命名為「關隴集團」。該集團的幾大核心家族不但是政治和軍事上的同盟，而且還通過彼此聯姻的方式締結了一條特殊的政治樞紐。這條紐帶中的一個關鍵人物就是西魏的八柱國之一、大司馬獨孤信。

他的長女嫁給了宇文泰的長子，即北周明帝宇文毓；七女嫁給了楊忠的兒子楊堅，即後來的隋文帝；四女嫁給了李虎的兒子李昞，她在北周天和元年（西元五六六年）生下了李淵。武德初年，李唐皇室追尊李昞為元皇帝，而李淵的母親自然也就被追封為皇后。所以從理論上來講，獨孤信就成了三個皇帝的岳父，而獨孤家族也成了三個王朝的外戚。

這就是中國歷史上絕無僅有的「一門三皇后」的傳奇。

北周建立後，已經去世的李虎被追封為唐國公，其子李昞承襲了爵位，並任安州總管、柱國大將軍。北周建德元年（五七二年），李昞卒，年僅七歲的李淵襲爵唐國公。長大後，這個年輕的世襲貴族不但風流倜儻、一表人才，而且為人豁達寬容，毫無紈絝子弟的驕矜惡習，史稱其「任性真率，寬仁容眾，無貴賤咸得其歡心」。（《舊唐書．高祖本紀》）很顯然，從少年時代起，李淵就以其親和力贏得了人心。一個開國帝王所應具有的人格魅力似乎在此時已露出端倪。隋朝建立後，姨父隋文帝楊堅和姨母獨孤皇后對李淵恩寵有加，於開皇元年（五八一年）任命他為天子的近身侍衛——千牛備身，後來又讓他在畿輔地區和西北的戰略要地歷練，輾轉擔任譙、隴、岐三州刺史。

在中國歷代正史的帝王本紀中，大多數開國皇帝的頭上都會籠罩許多匪夷所思的神話光環，修史者總是想藉此表示他們是異於凡人、天命所歸的真龍天子。比如漢高祖劉邦出生前，他母親就曾在一個「雷電冥晦」的午後於野外打盹，一不小心就「夢與神遇」。她老公急忙出去找她時，竟然親眼目睹了一條張牙舞爪的巨龍正在強行與他老婆交配！史書沒有記載劉老爹戴上這頂「天龍」牌綠帽時的心情究竟是竊喜還是悲憤，只說劉大嬸「已而有娠，遂產高祖」。（《漢書．高祖本紀》）

後世的修史者可能覺得這個黃暴場面過於粗俗、有礙觀瞻，所以不敢抄襲。輪到為宋太祖趙匡胤作傳的時候，這些人的筆墨就收斂了許多。他們說宋太祖在洛陽夾馬營出生的那天，「赤光繞室，異香經宿不散」，而剛落地的天子則「體有金色，三日不變」。（《宋史．太祖本紀》）

趙匡胤的這個神話故事顯然比劉邦那個乾淨得多，可後來的修史者又覺得它過於含蓄，失之呆板。所以，當他們在創作「歷代帝王神話之朱元璋版」的時候，藝術手法上就有了很大的進步，既不失趙匡胤版的乾淨，又不失劉邦版的生動。故事是這麼說的：朱元璋的母親陳氏剛有身孕，就夢到一個神仙送給她一顆丹藥。拿過來一看，通體放光；一吞進嘴裡，口舌生香。分娩的那天晚上，老朱家的土房子忽然「紅光滿室」，而且紅光竄出房頂，整夜閃個不停。村裡的鄉親們「驚以為火，輒奔救，至則無有」。（《明史．太祖本紀》）明明以為老朱家著火了，跑過來看卻什麼都沒有，最後才知道是老朱家在生娃。實在是神奇啊，眾人不約而同地想，看來此娃定非凡胎，日後必有一番驚天動地的造化！

關於歷代開國皇帝的天命神話就這麼堂而皇之地記錄在官方正史上，被民間後世傳為美談，或者傳為笑話，讓千百年來的讀者頂禮膜拜，或者嗤之以鼻。

既然其他的真龍天子都有神蹟，那麼唐高祖李淵呢？

喜歡獵奇的讀者也許會失望，因為李淵出生前後的故事非常樸素，唯一讓李淵顯得與眾不同的地方，就是《新唐書》中關於他生理特徵的一個記載。

該書稱李淵——「體有三乳」。

這真是讓人百思不得其解。一個男人為什麼會有「三乳」呢？

然而，就是如此畸形怪誕的體貌特徵，在古人眼中卻是千古不遇的「大吉之徵」。比如在許多古代典籍中，周文王就擁有「四乳」。《史記・周本紀》稱：「文王龍顏虎肩，身長十尺，胸有四乳。」《淮南子・修務訓》說：「文王四乳，是謂大仁，天下所歸，百姓所親。」《春秋繁露・三代改制質文》說：「天將授文王，……有四乳而大足。」可見歷代有關文獻都將周文王的畸形四乳，看成是天下歸心、周朝勃興的徵兆。

既然周文王能比常人多出二乳，那麼作為大唐開國之君的李淵比常人多出一乳就顯得再正常不過了。然而我們卻有理由懷疑，這第三乳極有可能不是老天爺所為，而是後世史家強行「摁」上去的。一個比較明顯的證據是：這個記載只見於《新唐書》，而該書修於北宋，屬於後出的史料；先出的修於五代的《舊唐書》並沒有這個「體有三乳」的怪誕說法。所以我們只能說，這則「三乳奇談」很可能出自後世史家的杜撰。

相對於《新唐書》的「三乳奇談」，《舊唐書・高祖本紀》的記載就樸實了很多，它僅僅托相士之口，對李淵日後必將君臨天下作出了某種暗示。該書稱，一個名叫史世良的善相之人曾對李淵說：「公骨法非常，必為人主，願自愛，勿忘鄙言。」高祖從此「頗以自負」。

這則故事的真實性，我們當然已經無從查考。但是相對於其他帝王的天命神話和「三乳奇談」來說，或者從李淵日後的種種作為和表現來看，《舊唐書》這則「相士預言」的可信度還是比較高的。換句話說，很可能早在擔任地方刺史的時候，李淵的內心就已經暗暗生出問鼎天下的志向和使命感了。

關隴集團內部很流行政治聯姻，這種做法自然延續到了李淵這一代。

李淵的父親李昞娶的是鮮卑望族獨孤信的女兒，而李淵同樣娶了另一個鮮卑望族、隋定州總管竇毅的女兒。（按《魏書・官氏志》，「竇氏」即鮮卑的「紇豆陵氏」）這個後來被追封為太穆皇后的竇家女兒就是李建成、李世民和李元吉的生母。

據說，這個竇家女兒出生不久便「髮垂過頸，三歲與身齊」（《舊唐書・后妃列傳》），如此一頭美麗的長髮實屬罕見，因此自然是人見人愛。竇氏的母親是北周的襄陽長公主（宇文泰的五女）、武帝宇文邕的姐姐。宇文邕特別喜歡這個美麗的小外甥女，所以一直把她養在宮中，視如己出。

其時，北周王朝尚未統一中原，仍然與北齊、陳朝處於「三國鼎立」之局，因而不得不依附東突厥，並與其聯姻，以求得政治和軍事上的支持。當時，宇文邕娶的就是東突厥的公主。但是這種純粹的政治婚姻毫無半點感情基礎，所以宇文邕並不寵愛這個突厥皇后，對她極為冷淡。

也許是因為出生於鮮卑的名門望族，再加上在宮廷中的耳濡目染，所以竇氏從小就聰慧過人，而且具有非常敏銳的政治頭腦。就是在突厥皇后這件事情上，年幼的竇氏特意找了一個四下無人的時候，鄭重其事地向她的皇帝舅舅提出了自己的政治見解。她說：「而今四邊未靜，突厥尚強，願舅舅抑制自己的感情，對皇后多加撫慰，如此才是以蒼生為念！只要真正得到突厥的助力，那麼江南（陳朝）、關東（北齊）就不足為患了。」

宇文邕大為驚訝，沒想到外甥女小小年紀，對政治形勢的判斷居然如此成熟老到！又驚又喜的宇文邕當即採納了小外甥女的意見。

竇氏的父親竇毅聽說此事後，高興地對妻子說：「此女才貌雙全，不可輕易許人，當為之擇一賢夫。」到了竇氏該出嫁的年齡，竇毅就在自家的屏風上畫了兩隻孔雀，然後舉行「佳婿海選」，向長安城的貴族公子們宣布：若想求婚者，就給他兩支箭，必須兩箭各中一隻孔雀一目，才有資格成為竇家的乘龍快婿。長安城的公子哥們聽說著名的長髮美女要選婿了，頓時蜂擁前來，但是一連數十個帥哥出手，卻沒有一個成功。後來發生的事情就不言自明了。英姿颯爽、玉樹臨風的李淵一到，啪啪兩箭，各中一目，乾脆俐落，成功奪魁。眾位帥哥黯然失色，竇毅夫婦笑顏逐開。沒過多久，神箭帥哥李淵就在眾人既羨且妒的目光中把長髮美女竇氏娶過了門。

這則「雀屏中選」的故事從此在長安坊間流傳開來，並且在後世傳為美談，成了擇婿許婚的代名詞。

北周大象三年，亦即西元五八一年，楊堅篡周，建立隋朝，並將幼主周靜帝和北周宗室群王屠戮殆盡。面對宇文皇族遭遇的滅頂之災，竇氏悲憤莫名，撲在床上痛哭，邊哭邊說：「恨我不是男兒，無法拯救舅家的災難。」竇毅夫婦當場嚇得面無人色，趕緊捂住她的嘴，低聲訓斥道：「你千萬別亂說，這是會滅族的啊！」

從這件事情我們足以看出，竇氏身上具有一種巾幗不讓鬚眉的膽識和血性。這也許與她身上流淌的鮮卑血液密切相關。

大業初年，李淵歷任滎陽、樓煩、扶風等郡的太守。在擔任扶風太守期間，李淵曾經得到了幾匹膘肥體壯、奔跑如飛的駿馬。就在他樂得合不攏嘴的時候，竇氏卻蹙起了眉頭。她告訴李淵：「主上亦喜飛鷹駿馬，此公之所知，所以這些馬必須送入宮中，不可久留，否則一旦有人跟主上提起，它們必定成為負累，請公慎重考慮。」

李淵一聽大為鬱悶。他明知道妻子說的有道理，可又捨不得那幾匹剛到手的寶馬，一直猶豫不決。沒想到幾天後楊廣果然知悉，馬上對他進行責罰，李淵追悔莫及。後來，李淵汲取了教訓，老老實實按妻子說的做，四處搜羅良馬獵鷹，頻頻進獻給楊廣，終於討得天子歡心，於大業十二年被擢升為右驍衛大將軍。

可是，當李淵得到這個職位的時候，竇氏已經在三年前去世了，享年僅四十五歲。李淵涕淚橫流地對幾個兒子說：「若早聽從你們母親的話，我在這個官位上已經很久了。」竇氏既沒能看到李淵成為隋朝的大將軍，更沒有看到李淵成為大唐王朝的開國之君。這不能不說是一個莫大的遺憾。大唐開國後，秦王李世民就曾屢屢為此黯然神傷。（《資治通鑑》卷一九〇：「世民每侍宴宮中，對諸妃嬪，思太穆皇后早終，不得見上有天下，或歔欷流涕。」）

如同我們前面所說的，出身鮮卑望族的竇氏從小就具有異常早熟的政治智慧，北周滅亡時又表現出「恨非男兒」的血性，嫁給李淵後，更是成為李淵政治生涯中不可或缺的參謀和智囊。所以我們完全有理由認為，竇氏的確是當時一位不可多得、出類拔萃的政治女性。假如不是早亡，竇氏應該能在初唐的政治舞台上發揮一定的作用和影響。

不過，雖然竇氏對大唐開國的這段歷史沒有產生直接影響，但是在李氏三兄弟的成長過程中，這位鮮卑母親的影響肯定是不可小覷的。

除了李淵所提供的政治世家的教育和薰陶之外，李氏三兄弟應該也會從竇氏的言傳身教中得到必要的政治啟蒙，培養相應的政治抱負，同時也能從母親那鮮卑人的血液中獲得強悍勇武的基因。所以我們也可以說，竇氏雖然早亡，但她的影響力早已透過上述種種方式植入了李氏三兄弟的體內，不但為他們日後縱橫沙場、爭霸天下埋下了伏筆，並且最終為千古一帝李世民的橫空出世埋下了伏筆。

二、李淵父子

李淵與元配夫人竇氏共生有四男一女：長子李建成，次子李世民，三子李玄霸，四子李元吉；一女是平陽公主，女婿是隋東宮千牛備身柴紹。其中除三子李玄霸早亡外，其他的三男一女一婿全部參與了李淵從起兵到建唐的全過程。

而其中表現最為突出的人，當然非李世民莫屬。

西元五九九年一月二十三日，即隋開皇十八年十二月二十二日，李世民出生於武功（今陝西武功縣）。相對於李淵來說，李世民的出生就多出了一層神祕色彩。史稱其出生時，有兩條龍在他們家門口嬉戲喧鬧，整整鬧了三天才離開。

李世民四歲時，又有一個神祕的相士來到他們家，對李淵說：「公是貴人，且有貴子。」看到李世民後，這位相士更是嘖嘖稱奇，情不自禁地說：「龍鳳之姿，天日之表，年將二十，必能濟世安民矣！」（《舊唐書·太宗本紀》）

李淵又驚又喜。喜的是他們父子二人均有天命，來日必將貴有天下；驚的是此事一旦洩露，必定惹來殺身之禍。李淵狠狠心，決定把這個不知來自何方的相士殺了。可轉眼之間，那個神祕人物便已消失無蹤了。從此，李淵便以「濟世安民」之義，為次子取名李世民。不知道李世民在此之前是否有過別的名字，反正從這個時候起，這個寓意深遠的名字就將伴隨他的一生，並且注定要載入史冊、彪炳千古了。

關於李世民的少年時代，各種史籍的記載都很簡略，我們只能從相關史書的隻言片語中略窺端倪：

貞觀初年，李世民曾對時任尚書左僕射的蕭瑀說：「朕少好弓矢，自謂能盡其妙。」（《貞觀政要》卷一）

貞觀年間，李世民在寫給魏徵的一道手詔中說：「朕少尚威武，不精學業，先王之道，茫若涉海。」（《全唐文》卷九）

貞觀十五年（六四一年），四十三歲的李世民在武成殿大宴群臣，曾回憶自己的過去說：「朕少在太原，喜群聚博戲，暑往寒逝，將三十年矣。」（《舊唐書．太宗本紀》）

綜合上述史料的零星記載，我們基本上可以還原出少年李世民的一個大致輪廓。乍一看，這是一個典型的貴族子弟，而且還頗有些「紈絝子弟」的嫌疑。因為他「好弓矢」、「喜博戲」、「尚威武」，可偏偏就是不喜歡讀書；能把弓矢騎射之術玩得異常精妙，可對先王之道、聖賢學問卻「茫若涉海」、兩眼一抹黑。

比起那個「好學，善屬文」、七歲就能吟詩作賦、才華橫溢、風華絕代的楊家二公子楊廣，這位李家二公子簡直可以說是不學無術的紈絝子弟。

然而，就是那位才華橫溢、風華絕代的楊家二公子，卻親手葬送了一個繁榮富庶、四海升平的帝國，並把自己釘上了「無道暴君」、「二世而亡」的歷史恥辱柱。而這位「不學無術」的李家二公子，卻反而開創了一個萬邦來朝的「天可汗」時代，並最終締造出一個中國歷史上絕無僅有的大唐盛世！

這看上去似乎有點奇怪。其實一點都不奇怪。

因為，楊廣並不是一個合格的政治家，更談不上是一個稱職的統治者。他身上強烈的詩人氣質和虛榮天性嚴重障蔽了他的政治理性，從而使他的帝王生涯始終貫穿著「浮華」二字。或許是在江都任總管的十年讓他過多地薰染了浮靡綺麗的江南文化，或許是他的天性原本就與之正相契合。總之，與其說楊廣是一個政治家，還不如說他是一個「政治美學家」。而當一個帝王的人格特徵與他的職業要求完全背離時，就注定他只能成為一個蹩腳的統治者。此外，楊廣那種恃才傲物、好大喜功的一貫秉性又導致了一種「致命的自負」，使他在逆境中的堅韌性和抗挫折能力幾乎為零。所有這一切共同驅使他最終走上了失敗和滅亡的道路。

與楊廣恰恰相反，李世民身上那種活潑強悍的尚武精神，那種質樸的、原生態的生命動能其實正是繼承了關隴集團的優秀傳統。在那個一切都要靠武力和實力說話的年代，李世民並不是從書本上學習那些大而無當的「先王之道」，而是從父母親的性格遺傳和言傳身教中養成了機智勇武的過人稟賦。《舊唐書．太宗本紀》中說：「太宗幼聰睿，玄鑑深遠，臨機果斷，不拘小節，時人莫能測也。」從李世民日後在歷史上的種種作為和表現來看，我們有理由認為，這並非修史者的溢美之辭。少年李世民的性格特點一方面是繼承了鮮卑民族的尚武精神，另一方面也與關隴集團那些成功者所共同具有的人格特徵正相契合。

同樣，作為關隴集團的後人和鮮卑母親的兒子，楊廣背叛了自己的傳統。

而李世民則繼承了前人的優秀品質，也無愧於他身上流淌的鮮卑血液。

誠如陳寅恪先生所言：「李唐一族之所以崛興，蓋取塞外野蠻精悍之血，注入中原文化頹廢之軀，舊染既除，新機重啟，擴大恢張，故能別創空前之世局！」

我們可以說，面對即將到來的那一場場群雄逐鹿和改朝換代的戰爭，以及一幕幕驚險而殘酷的政治博弈，這個機智果斷、驍勇強悍的年輕人早已做好了上場的準備，並且充分具備了角逐的資格。

大約在大業十年（六一四年），十六歲的李世民娶了隋右驍衛大將軍長孫晟的女兒。這個長孫家的女兒就是後來初唐歷史上赫赫有名的長孫皇后。她知書達理、深明大義，盡心輔佐而絕不干政，在李世民登基御極、治理天下的過程中默默地做出了很多貢獻，不愧為成功男人背後的偉大女性，也無愧於「母儀天下」之稱，可以說是中國歷史上最具有典範性和楷模意義的皇后之一。

長孫家族是北朝的豪門顯宦，其先祖出於北魏皇族拓跋氏，因在魏宗室中建功最偉，且居宗室之長，故改姓長孫。到了長孫晟這一代，其地位依然顯赫。他是隋朝的重臣名將，從青年時代起就深受隋文帝器重，此後長年經略突厥，曾向隋文帝提出「遠交近攻」之策，從而成功離間突厥各部，使其最終向隋朝稱臣。在隋帝國的國防事務和外交戰略上，長孫晟可謂貢獻良多、功勳卓著。大業五年，長孫晟病卒。

長孫晟死後，年僅八歲的長孫氏和哥哥長孫無忌一起被舅父高士廉收留撫養。高士廉出自北齊皇族，其祖父高岳是北齊開創者高歡的堂弟，封清河王，官至左僕射、太尉；其父高勵，北齊樂安王，也曾官任左僕射。高士廉從小博覽群書，尤其在文史方面頗具造詣。在他的薰陶下，長孫氏和長孫無忌自然都喜歡上了讀書。史稱長孫無忌「好學，該博文史」，而長孫氏也是「少好讀書，造次必循禮則」。

長孫氏十三歲時，由於高士廉對李世民非常賞識，知道他不是久居人下之輩，所以就把長孫氏許配給了李世民。從此，長孫兄妹的命運就與李唐家族、尤其是與李世民緊緊綁在了一起。

大業十一年（六一五年），隋煬帝楊廣北巡時被突厥圍困於雁門，下詔命各地勤王，年僅十七的李世民就應徵入伍，並向主將提出了「齎旗鼓以設疑兵」的策略，建議隊伍大量攜帶軍旗和戰鼓，然後大張旗鼓設置疑兵，藉此迷惑敵人、製造恐慌。他說：「始畢可汗膽敢以舉國之師包圍天子，必定認為我們倉促之間不能及時救援。所以我們應該大張軍容，白天令數十里幡旗綿延相續，夜晚則鉦鼓齊鳴，讓敵人以為我方援軍已大量集結，勢必聞風而遁。否則敵眾我寡，萬一突厥傾巢來攻，我們必定難以抵擋。」

主將欣然採納了李世民的建議。

雖說此後突厥退兵、雁門圍解是四方勤王之師大舉雲集的結果，並非李世民此計的功勞，但這件事情足以表現出李世民過人的軍事才華。

這是史書有載的李世民在隋末歷史舞台上的第一次亮相。

當時李世民只是一個小兵，雖然身分有點卑微，但是，作為一個即將在幾年後縱橫天下的軍事統帥，其胚胎與雛形在此刻已然隱約可辨。

大業九年（六一三年）初，李淵從地方太守的任上被調回朝中擔任衛尉少卿。其時正逢楊廣發動第二次高麗戰爭，李淵趕赴懷遠鎮負責督運糧草軍需。途經涿郡的時候，李淵與他的朝中密友、隋煬帝近臣宇文士及進行了一次密談。宇文士及是隋朝重臣宇文述之子、隋煬帝楊廣的駙馬，身處隋帝國的政治中樞。所以李淵和他的此次密談，其意義自然非同小可。關於此次會談的內容，史書沒有記載，但是我們可以從武德初年李淵所說的一句話中窺見端倪——高祖笑謂裴寂曰：「此人（宇文士及）與我言天下事，至今已六七年矣，公輩皆在其後！」（《舊唐書．宇文士及傳》）眾所周知，裴寂是大唐的開國元勳、晉陽首義的第一功臣，連他都要排在宇文士及後面，可見李淵在大業九年與宇文士及所談的「天下事」，實際上就是「問鼎天下」之事。

不久後，楊玄感叛亂爆發，李淵又被緊急調回弘化（今甘肅慶陽市）擔任留守，並主持潼關以西十三郡的軍事。李淵遂按下起兵之意，靜觀事態變化。其妻兄竇抗力勸其起兵，說：「楊玄感已經搶先一步了！李氏名應圖讖，應該趁勢舉義，這是天意啊。」

但是李淵拒絕了，因為時機還不成熟。他深知第一根出頭的椽子先爛的道理。

果不其然，僅僅兩個月後楊玄感便兵敗身亡了。

從大業中期開始，李淵就已成為隋煬帝楊廣深為倚重的心腹大臣之一，所以才能不斷獲得從地方到中央的各個重要職位。正是在這個過程中，李淵的政治和軍事能力得到了深入的歷練和極大的提升，同時問鼎天下的雄心也在不斷膨脹。史稱其「歷試中外，素樹恩德，及是結納豪傑，眾多款附」。也就是說，李淵一直在這幾年中有意識地培養自己的幹部隊伍，建立自己的勢力集團，為日後奪取天下進行充分的準備。

可是，楊廣不是瞎子。儘管李淵很謹慎，但是他的行為還是引起了這位大隋天子的懷疑和警覺。有一次，楊廣在行宮，故意傳詔李淵前去覲見。李淵托病不去，楊廣頓時大為疑懼。當時，李淵的一個外甥女王氏是楊廣的嬪妃，楊廣就問她：「你舅舅為何遲遲不來？」王氏回答說李淵病得很厲害。楊廣深深地看了王氏一眼，似問非問地說了一句：「會不會病死啊？」

這句話很快就傳進了李淵的耳中，李淵大為驚恐。

皇帝的意思再明顯不過了——他希望李淵死！

這是一個非常危險的信號。皇帝隨時下一道詔書，李淵就可能富貴不保、甚至是人頭落地。

怎麼辦？是索性起兵造反，還是就這麼坐以待斃？

李淵知道，雖然隋朝天下已經烽煙四起、人心思亂，但遠不到分崩離析、轟然倒塌的地步。所以，此時起兵絕對不是時候。楊玄感就是前車之鑑。

怎麼辦？李淵陷入了痛苦的思索之中。

然而，李淵並沒有痛苦很久。在隋帝國的政壇上混了這麼多年，這點應變的智慧還是有的。

他最後想出的辦法是——自穢。是的。自穢。沒有比自穢更好的保命辦法了。

於是從大業九年的秋天起，差不多在一年多的時間裡，李淵終日沉迷酒色，並且大肆貪污受賄，生怕別人不知道他已經墮落了——從一個精明強幹的朝廷重臣墮落成一個酒色財氣的庸臣和昏官了。

表兄李淵「墮落」的消息很快就通過朝廷的情報網落進了天子的耳朵。

楊廣笑了。他懸了許久的一顆心終於放下了。

一個酗酒、縱欲、貪財、好色的中年男人，還有多少覬覦天下、逐鹿中原的野心和能力呢？

所以，楊廣特別喜歡現在這付模樣的表兄李淵。

大業十一年（六一五年）四月，李淵被任命為山西、河東討捕使，負責鎮壓當地叛亂。在龍門（今山西河津縣），李淵身先士卒，僅率少數騎兵便大破變民首領毋端兒的數千部眾。

此時，李淵的副帥兼好友、善觀天象的夏侯端再次勸他說：「金玉床搖動，此帝座不安。……天下方亂，能安之者，其在明公。但主上曉察，情多猜忍，切忌諸李，強者先誅。金才既死，明公豈非其次？若早為計，則應天福；不然者，則誅矣。」（《舊唐書．夏侯端傳》）

夏侯端之所以說楊廣「切忌諸李，強者先誅」，是因為當時有一則叫《桃李章》的政治歌謠廣為流傳，內容大致是說隋王朝氣數已盡，李姓之人秉承天命，將取而代之。可想而知，這則歌謠引起了楊廣強烈的憤恨和猜忌，因而大肆誅殺朝中的李姓官員，時任右驍衛大將軍的李金才就是因此而慘遭滅門之禍。

應該說夏侯端的分析是很中肯的。當時李淵確實處境不妙，雖然透過「自穢」成功地掩藏了心跡，但是楊廣對他的猜忌仍然存在，稍有不慎就會重蹈李金才的覆轍。但是李淵還是忍了下來。因為他認為自己的實力還遠遠不足以掃滅群雄、顛覆隋朝社稷。所以，他仍然需要蟄伏，需要隱忍。

大業十二年（六一六年），李淵終於重獲楊廣信任，出任太原道安撫大使。他把李建成和李元吉安置在河東，唯獨帶著李世民到了太原。

這樣的安排足以說明——大約從這個時候起，李世民已經成為李淵軍事上的得力助手。

在隨後打響的討伐甄翟兒的戰鬥中，這一點表現得十分明顯。

當時外號「歷山飛」的變民首領魏刀兒北連突厥、南寇燕趙，其勢甚為猖獗。甄翟兒是魏刀兒的部眾，率兩萬餘人屯駐西河郡（今山西汾陽市），並時常襲擾太原，曾在戰鬥中擊斃隋朝將領潘長文。大業十二年（六一六年）四月，李淵與李世民率步騎五千餘人前往征討，在西河的雀鼠谷與甄翟兒展開了一場激烈的遭遇戰。李淵命精兵張開兩翼，而讓羸兵居中，大張旗鼓，布置出一個迷惑敵人的「大陣」。隨後，李淵親率數百名精銳騎兵深入敵陣，迅速衝亂了敵軍的陣形，但是變民軍仗著人多勢眾，很快就把李淵團團包圍。千鈞一髮之際，李世民「以輕騎突圍而進，射之，所向皆披靡，拔高祖於萬眾之中。適會步兵至，高祖與太宗又奮擊，大破之」。（《舊唐書．太宗本紀》）

此戰官軍完勝，迅速打出了李淵父子的聲威。雖然這一戰的主要指揮者是李淵，但是李世民在戰鬥中表現出來的果敢和勇猛，已足以讓世人眼前一亮。

雀鼠谷一戰，可以說是李世民軍事生涯的一個輝煌開端。

大業十二年（六一六年）底，李淵終因剿匪有功，被擢升為太原留守。

太原（郡治在晉陽，今山西太原市）是帝國北部邊陲防禦突厥的一座軍事重鎮，城高池深、兵強馬壯，儲存的糧餉可支十年。隋煬帝交給李淵的任務是讓他鎮守此地，負責清剿周邊地區的叛亂，並與馬邑（今山西朔縣）太守王仁恭共同防禦突厥。

可對心懷異志的李淵來說，這座太原郡無疑將成為他開創帝王大業最理想的根據地。因為它不但是一座給養充足、戰略地位十分突出的軍事重鎮，而且還是五帝時期聖君唐堯的發祥地，恰與李淵「唐國公」的爵銜相契。所以，自從以安撫大使的身分進駐太原後，李淵就已經「私喜此行，以為天授」了。（《大唐創業起居注》）

所謂「天授」，也就是意味著叛隋起兵、爭霸天下的時機已經成熟。

李淵等待已久的這一天終於到來……

三、晉陽起兵的真相

西元六一七年，中國歷史上最大的事件莫過於李淵父子的「晉陽起兵」。它就像一記劈裂天空的絢麗閃電，一舉刺破隋帝國的茫茫黑夜；又像是一道穿越濃雲的熠熠曙光，瞬間照亮了大唐王朝的清晨。

這個令天地變色、令歷史改轍的大事件有諸多人物參與，這些人後來都成為大唐歷史上赫赫有名的開國功臣。他們是裴寂、劉文靜、長孫順德、劉弘基、唐儉、柴紹、殷開山、劉政會、溫大雅、武士彠……這些人是晉陽起兵最重要的骨幹力量，正是有了他們的推動、策劃、參與，這次起義才能獲得成功，大唐王朝最終才得以橫空出世。可不管怎麼說，他們終究只是這個大事件的配角。

晉陽起兵的主角，當然非李淵父子莫屬。可問題是，在李淵父子當中，誰才是這次起兵的「首謀之人」？誰才是這個大事件真正的靈魂人物？誰才是大唐三百年基業當之無愧的開創者？

對此，歷代官修正史都異口同聲地回答——李世民。

後晉劉昫修撰的《舊唐書》聲稱：「太宗與晉陽令劉文靜首謀，勸舉義兵。」北宋歐陽修等人編撰的《新唐書》也斷言：「高祖起太原，非其本意，而事出太宗。」司馬光主編的《資治通鑑》更是斬釘截鐵地說：「起兵晉陽也，皆秦王李世民之謀」；「高祖所以有天下，皆太宗之功！」

然而，歷史的真相果真如此嗎？李世民真的是晉陽起兵的「首謀之人」嗎？

我們的回答是否定的。首先讓我們來看看，按照官方正史兩《唐書》和《資治通鑑》的記載，李世民和李淵在晉陽起兵前夕都做了些什麼……

李世民跟隨李淵來到太原後，迅速結交了一批江湖義士。《舊唐書．太宗本紀》稱其「潛圖義舉，每折節下士，推財養客，群盜大俠，莫不願效死力。」《資治通鑑．隋紀七》說：「世民聰明勇決，識量過人，見隋室方亂，陰有安天下之志，傾身下士，散財結客，咸得其歡心。」

長孫順德與劉弘基就是在這個時候與李世民結成了生死之交。長孫順德是長孫晟的族弟，與劉弘基原本都是隋宮廷的宿衛軍官，因逃避遼東兵役，亡命太原投靠了李淵，因此與李世民相結納。這兩個人後來在募集義兵時都發揮了關鍵作用。

此外，劉文靜和裴寂也在此際先後加入了李世民「潛圖義舉」的行列之中。

劉文靜時任晉陽令，裴寂時任晉陽宮監，二人因職務交往而成為好友。他們目睹天下大亂，而自身前途未卜，時常相對而歎。有一次，裴寂說：「貧賤如此，又逢離亂，將何以自存？」當時劉文靜還未參與李世民之謀，但是暗中已經對他極為傾慕，所以乘機遊說裴寂道：「李世民非尋常之人，其胸襟豁達類似漢高祖，天縱神武如同魏武帝，雖然年少，卻是命世之才！」言下之意是讓裴寂和他一起依附李世民，可裴寂對此卻不以為然。

不久，劉文靜因與李密有姻親關係而坐罪，被關進郡獄。正當他對前途感到茫然之際，李世民忽然親自來獄中探望他。劉文靜大喜過望，馬上向李世民發出試探，說：「天下大亂，非漢高祖、光武帝之才華者，不可平定四海！」

李世民笑著說：「先生怎麼知道沒有？只是常人不知道罷了。我之所以來看你，並不是像小兒女那樣注重個人感情，而是來和先生圖謀天下大事，不知先生有何見教？」

劉文靜知道自己沒有看錯人，於是將自己的想法和盤托出：「如今主上南巡江淮，李密圍逼東都，天下群盜多如牛毛。值此之際，若有真命之主應天順人，振臂一呼，取天下則易如反掌。今太原百姓為避戰亂，皆入晉陽，文靜為晉陽令數年，知其中豪傑之士眾多，一朝嘯聚，可得十萬人；尊公所領之兵亦有數萬，一聲令下，誰敢不從？進而乘虛入關，號令天下，不出半年，帝業可成！」

李世民聽完朗聲大笑：「君言正合我意。」

從此，李世民與劉文靜開始積極部署，準備起事。而這個時候，李淵在做什麼呢？

按照正史的說法：「淵不之知也。」而李世民則「恐淵不從，猶豫久之，不敢言」。（《資治通鑑》卷一八三）

李淵真的是這樣渾渾噩噩，對李世民的起兵密謀一無所知嗎？

這個問題我們留待後面探討，現在接著來看在官方正史中，李世民是如何軟硬兼施地「說服」李淵起兵，而李淵又是如何舉棋不定、出爾反爾的。

由於裴寂與李淵的私交很好，所以李世民決定從裴寂的身上突破。他天天與裴寂交遊，同時拿出私人的錢數百萬，讓人與裴寂賭博，每一次都詐輸，把裴寂樂壞了。等到那些錢輸得差不多的時候，李世民也順理成章地和裴寂變成好友了。最後，李世民把自己的密謀告訴了裴寂，同時讓他想辦法說服李淵。

吃人的嘴短，拿人的手短。此刻，裴寂已經很清楚他那些錢是怎麼到手的了，只好點頭同意。

李世民和裴寂很快就想了一計。隨後的日子裡，裴寂天天去找李淵喝酒，喝完酒又順便「送上」幾位美女。一連數日，把李淵伺候得舒舒服服。幾天之後，裴寂找了個四下無人的機會，不慌不忙地對李淵說：「二郎暗中蓄養兵馬，欲舉義旗，恐大事洩露被誅，所以讓我以晉陽宮女奉公，此乃情急之下，迫不得已之計。如今眾人心意已決，不知公意下如何？」

李淵一聽，當場爆出冷汗。原來，這幾天與他合歡的美女竟然全是晉陽行宮的宮女——皇帝楊廣的女人！這可是滅門之罪啊！沒想到自己的兒子和老友居然使了這麼一招把他綁上了「賊船」。這一招可真損哪！

李淵愣了很長時間，最後無可奈何地說：「吾兒既有此謀，事已至此，為之奈何？只好從他了。」

李淵雖然一隻腳踏上了「賊船」，可畢竟是被逼無奈，所以猶豫了幾天後又把腳縮了回去。不久，又發生一件讓他差點掉腦袋的事，再次把他逼入一個進退兩難的境地。那就是突厥的入侵。

從大業十二年（六一六年）底到次年正月之間，東突厥屢次出兵進犯馬邑（今山西朔縣），李淵派遣副留守高君雅會同馬邑太守王仁恭出兵抵禦，結果卻吃了一場敗仗。人在江都的隋煬帝楊廣聞訊大怒，以「不時捕虜，縱為邊患」為由，遣使赴太原將李淵就地拘押，並準備將王仁恭斬首。

李世民一見時機成熟，終於當面對李淵說：「今主上無道，百姓困窮，晉陽城外皆為戰場；大人若再拘守小節，下有盜寇、上有嚴刑，危亡無日啊！不如順民心，舉義兵，轉禍為福，此天授之時也。」

李淵大驚失色：「你怎能說出如此大逆不道之言？我現在就告發你。」然後找出紙筆，作出一副馬上要奮筆疾書之狀。

李世民一臉沉著，緩緩地說：「世民觀天時人事如此，所以敢說；倘若一定要告發我，不敢辭死！」

李淵氣得把筆一扔，說：「我怎麼忍心告發你呢？你要慎重，別再說這種話了。」

不料第二天一早，李世民又來了。李淵聽見他鍥而不捨地說：「今盜賊日繁，遍布天下，大人受詔討賊，賊能討得完嗎？到最後還要承擔討賊不力的罪名。而且世人紛傳李氏當應圖讖，所以李金才無罪，卻一朝族滅。退一步說，即便大人能將盜賊盡皆剿滅，自古功高不賞，屆時危險更大！只有昨日之言，可以救禍，此乃萬全之策，願大人勿疑！」

李淵仰天長歎：「我昨天一整夜都在想你說的話，其實還是很有道理的。今日不管是家破人亡由你、化家為國也由你，一切都由你了……」

此時的李淵真是一副萬般無奈、聽天由命之狀！

幾天後，隋煬帝的使者又到了，準備把李淵和王仁恭一起押赴江都問罪。李淵頓時驚慌失措。於是，李世民和裴寂等人再次進言：「今主昏國亂，盡忠無益。偏將副手戰場失利，竟然也要歸罪明公。危亡已經迫在眉睫，宜早定計。況且晉陽兵強馬壯，行宮中又蓄積金錢布帛巨萬，以此舉事，何患不成？今留守長安的代王幼弱，明公若擊鼓向西，據有長安如同探囊取物，何必被區區一個朝廷使者囚禁、坐以待斃呢？」

至此，李淵終於下定決心，開始暗中部署。可沒過幾天，江都的天子使臣又到了，宣詔赦免李淵和王仁恭的戰敗之罪，並且讓他們官復原職。

赦令一下，李淵立刻反悔，矢口不提舉義之事。

接下來的日子，越來越多的人都在催促李淵起兵。如鷹揚府司馬許世緒、行軍司鎧武士彠（武則天的父親）、前太子左勳衛唐憲、唐憲的弟弟唐儉等等。

然而，大夥把嘴皮子都磨破了，該說的話翻來覆去都講爛了，李淵還是遲遲不動。

劉文靜忍無可忍，只好向裴寂施壓：「先發制人，後發制於人。你為何不快點勸唐公起兵，怎能一再藉故拖延呢？再說了，你身為宮監，卻以宮女私侍他人，你一個人死就算了，何必拖累唐公？」

裴寂被觸到痛處了。是啊，假如李淵遲遲不起事，萬一晉陽宮女陪侍之事洩露，那他裴寂就算有八顆腦袋也不夠砍啊！此後，裴寂只好天天追著李淵，死纏爛打、軟磨硬泡，終於把李淵徹底說服了。李淵隨後讓劉文靜假造敕書，以朝廷準備四征高麗為名，命令太原、西河、雁門、馬邑四郡凡二十歲以上、五十歲以下者全部要應徵入伍，藉此擴大武裝力量，準備起兵……

這就是歷代正史記載的關於晉陽起兵的起因和內幕。在這裡，李淵被描繪成一個平庸、怯懦、胸無大志、多疑反覆的傀儡型人物；而年未二十的李世民則恰恰相反，被塑造成目光遠大、足智多謀、意志堅定的領袖，表現出了一種遠遠超越他年齡的成熟和穩重。在此，李世民毋庸置疑地成了晉陽起兵的「首謀之人」，而李淵一開始則被蒙在鼓裡，後來迫不得已捲入了這個事件，幾乎是被人用「綁架」的手段弄上了這條起兵叛隋的「賊船」，自始至終都表現得碌碌無能而且萬般無奈。

難道這就是歷史的真相？

不，答案是否定的。透過近年來諸多中外學者對相關史料的重新研究，晉陽起兵的真相已經得到了澄清。西方、日本以及海外的研究結果普遍認為：「有些重要情況可能是在唐太宗統治時期因太宗本人的堅持而編造出來的。……根據從前被忽視的唐代初年的史料《大唐創業起居注》，歷史學家已經能夠對唐朝創立史的傳統說法中的某些偏見和歪曲之處做出訂正。」（英・崔瑞德《劍橋中國隋唐史》）

國內學者也認為：「由於官修史籍的不真實，晉陽起兵的內幕幾乎被掩蓋了。突出地頌揚李世民，而其他人則黯然失色，或者被埋沒，或者被歪曲。……同時，舊史籍裡還塞進了一些虛構的情節，渲染李淵的荒淫無能，以襯托李世民的功德兼隆。」（趙克堯、許道勳《唐太宗傳》）

新的研究結論指出，李世民在晉陽首義和唐朝創建的過程中並不像舊史籍所塑造的那麼英明神武和居功至偉，而李淵也並不像舊史籍所描述的那麼猥瑣不堪。相反，「李淵此人雄才大略，讀太原起兵時記室參軍溫大雅所記《大唐創業起居注》可知。從隋大業十三年太原起兵到武德九年玄武門之變以前，李淵一直是最高決策者和全域指揮者。……只因玄武門之變後李淵的政權為李世民所奪取……貞觀朝纂修《高祖實錄》就把太原起兵說成李世民所主謀，統一天下也幾乎全是李世民的功勞，李淵被誣為坐享其成。」（黃永年《唐史十二講》）

事實表明，李世民很可能在貞觀年間對相關「實錄」的修纂工作進行了干預，從而篡改了某些重大的歷史事實。而後來編修的「國史」，以及承用國史的兩《唐書》，包括更後出的《資治通鑑》皆因襲而不改，致使晉陽起兵和唐朝創立史的部分真相從此湮沒不彰。

在眾多學者的研究中，基本上都提到了初唐的一份重要史料——《大唐創業起居注》。

該書的作者溫大雅是太原人，史稱其「少好學，以才辯知名」；曾任隋東宮學士、長安縣尉，後因父憂去職，回晉陽閒居，見天下大亂而不求仕進。李淵到太原後，和他成為朋友，並慕其文名而「甚禮之」。李淵起兵後，溫大雅被任命為大將軍府記室參軍，「專掌文翰」。（《舊唐書・溫大雅傳》）很顯然，由這樣一位晉陽起兵的親歷者所撰寫的史料，其真實性肯定要遠遠大於唐朝建國後的那些官修正史。所以《劍橋中國隋唐史》稱他為「唐朝建立的目擊者」。

那麼，這位歷史現場的目擊者到底都目擊了一些什麼呢？

我們在前文說過，其實早在大業九年（六一三年），李淵就已經有了起兵叛隋、建立帝業的念頭，所以才會在涿郡與楊廣近臣宇文士及進行密謀，只是後來因時機尚未成熟而暫時隱忍。根據溫大雅的記載，大業十二年（六一六年），當李淵以安撫大使的身分進駐太原時，他才會「私喜此行，以為天授」。

大業十三年（六一七年）正月，李淵因兵敗遭到免職處分並就地拘押。其實這個時候李淵就已經下定起兵的決心了，之所以沒有發動，只是因為李建成和李元吉尚在河東，李淵投鼠忌器而已。按《起居注》記載，其實當時並不是李世民苦口婆心勸說李淵，反而是李淵主動對李世民說：「隋曆將盡，吾家繼膺符命，不早起兵者，顧爾兄弟未集耳。今遭羑里之厄（意指遭受囚禁），爾昆季須會盟津之師，不得同受孥戮，家破身亡，為英雄所笑。」

很顯然，此時李淵的頭腦非常清醒，他本來是想等三個兒子齊集太原後再起事，不料卻突然遭到囚禁，於是馬上叮囑李世民，如果情況沒有好轉，他們三兄弟必須立刻起兵，不能坐以待斃，遭天下英雄恥笑。

由此可見，李淵之所以遲遲不動手，是因為條件尚未成熟，而不是優柔寡斷。所以當後來隋煬帝又赦免他時，李淵便對李世民說：「當見機而作！」隨後立即行動起來，命李建成「於河東潛結英俊」，命李世民「於晉陽密招豪友」，積極建立起義的核心力量。

但是直到此刻，李淵還是不能動手。因為他身邊安插著兩顆釘子——副留守王威和高君雅。他們是隋煬帝楊廣的親信，特意安插在李淵身邊，目的就是監視和制約他。

李淵雖然是封疆大吏，但是日常能夠調動的兵力也極為有限。按照隋制，原則上只有皇帝本人才有招募和調遣軍隊的權力，地方官吏如果擅自發兵千人以上，就要被處以死罪。所以，李淵要想擁有足夠的兵力起事，就必須獲得王威和高君雅的支持，且必須有充足的理由徵兵。但是，王威和高君雅都是對楊廣忠心耿耿的人，要拉他們入夥幾乎是不可能的，弄不好反而暴露自己，所以李淵絕不能冒這個險。那麼，如何才能獲得充足的理由徵兵，並取得王威和高君雅的支持呢？

李淵一直在焦灼地等待機會。

大業十三年（六一七年）二月，馬邑軍官劉武周突然發動兵變，殺了太守王仁恭，佔據郡城，自立為定楊天子。

李淵笑了。這真是天賜良機。他私下對王威和高君雅說：「武周雖無所能，卻敢僭稱尊號。萬一他佔據汾陽行宮，而我等又不能將其剪除，此乃滅族之罪啊！」王、高二人也覺得此事非同小可。汾陽行宮所在的樓煩郡（今山西靜樂縣）與馬邑郡相鄰，裡面儲積了無數錢帛，而且住著很多宮女，很可能成為劉武周的下一個攻擊目標。所以，他們極力要求李淵趕緊徵兵，以討伐劉武周。

李淵心中暗笑。他知道王威和高君雅急了，可他不急。他慢條斯理地說：「再觀察看看吧，通知樓煩稍作防備就可以了。我們要以靜制動，以免自擾軍心。」三月中旬，劉武周果然攻破樓煩，並襲取汾陽行宮，將其中的宮女悉數俘獲，獻給了東突厥的始畢可汗。

王威和高君雅大為震恐。再下一步，劉武周的兵鋒絕對是直指太原了。

可李淵依舊氣定神閒。他召集眾文武將官說：「命士兵戒嚴，加強城池布防，撥糧賑濟流民。其他的事情，就看諸位的了。」

早已急不可耐的王威和高君雅立刻拜請說：「今日太原士庶之命，都懸在明公手中。公若推辭，誰能擔此大任?!」

李淵知道，現在招募和調遣軍隊的理由已經非常充分了，而且王、高等人的心情都比他更為迫切。可李淵仍舊面露難色，說：「朝廷有令，將帥出征，一舉一動都要向朝廷稟報，並且要接受朝廷節制。眼下賊兵在幾百里內，江都卻在三千里外，加上道路險阻，一路上又有其他賊兵據守，一來一往，不知要到什麼時候。率領這支事事要聽從遙控指揮的軍隊，抵禦狡黠詭詐、來勢兇猛的賊兵，就像是叫書生去撲火，能撲得滅嗎？諸公皆國之藩籬，應當同心協力，以除國難。大家都是為了報效朝廷，最好不要相互猜疑。我今天之所以召集諸位，是想商議一個妥善的辦法，並不是消極怯戰、推卸責任。」

王威等人連忙說：「公之文韜武略，遠近皆知，並且兼具國親和賢臣的身分，應當與國家休戚與共，如果事事奏報，如何應付突發事變？只要是為了討伐叛賊，專擅行事亦無不可！」

很好，要的就是這句話！李淵心頭掠過一陣狂喜。可他臉上卻裝出一副無奈之狀，勉強同意了王、高等人的請求，下令徵兵。

命令一下，旬日之間便募集了近萬人。這支隊伍很快就將成為晉陽起兵的主力軍。李淵命他們駐紮在興國寺，私下對李世民說：「紀綱三千，足成霸業！處之『興國』，可謂嘉名。」同時分別遣使至河東和長安，催促李建成兄弟和女婿柴紹迅速前來太原會合。

萬事俱備。接下來的事情就是如何收拾王威和高君雅了。

然而，王威和高君雅也不是等閒之輩，李淵的舉動已經引起了他們的強烈懷疑。

因為李淵把召募來的軍隊分派給了三個人——李世民、長孫順德和劉弘基。李世民反正是李淵的兒子，沒什麼好說的。問題出在後面這兩個人身上。他們是什麼人？他們都是逃避兵役的罪犯啊！早就應該處決了，本來沒有告發他們就算是很給李淵面子了，現在李淵居然把軍隊交到這種逃犯手上，這是什麼性質的問題？李淵到底想幹什麼？

王、高二人打算逮捕長孫順德和劉弘基，以防生變。可他們的想法馬上被武士彠勸阻了。

武士彠說：「他們都是唐公的座上賓，如果你們一定要動手，恐怕會激起事變。」王、高二人想想也有道理。如今劉武周和突厥人虎視眈眈，倘若這時候引發內訌，對誰都沒有好處。於是，他們只好暫時按捺下來。幾天後，又有一個叫田德平的軍官準備建議王威和高君雅調查李淵募兵的內情，武士彠知道後，又制止他說：「剿匪的軍隊全部隸屬於唐公，王威和高君雅雖然掛著副留守的頭銜，手中卻沒有實權，有什麼能力調查？」田德平只好作罷。

可是隨著局勢的發展，王威和高君雅越來越覺得李淵有問題。他們最後橫下一條心，決定先下手為強。由於當時的太原多日不雨，王、高二人就提出要在晉陽城南五十里處的晉祠舉行祈雨大會，請李淵主持，準備在會上伺機將李淵幹掉。

與此同時，李淵也一直在想辦法解決王威和高君雅。雙方都在暗中磨刀霍霍。是你死還是我亡，就看誰出手更快了。

千鈞一髮之際，一個名叫劉世龍的當地鄉長祕密來到李淵府上，把王威和高君雅準備在晉祠祈雨時動手的消息告訴了李淵。劉世龍平日與高君雅頗有往來，所以他的消息應該是可靠的。

李淵當即與李世民、劉文靜等人緊急制定了一個行動方案。

大業十三（六一七年）年五月十四日夜，李淵命李世民和長孫順德率領五百名士兵埋伏在晉陽宮城的東門。十五日晨，李淵召集王威和高君雅在宮城中的辦公廳議事。眾人剛剛坐定，劉文靜和劉政會一起來到廳前。劉政會的手裡拿著一道訴狀，大聲說有要事稟報。李淵示意王威和高君雅去接訴狀，劉政會卻說：「我要告的人正是兩位副留守，只有唐公可以看！」

王威和高君雅猝不及防，頓時大驚失色。

李淵也裝出一臉的驚詫，說：「怎麼會有這種事？」接過訴狀一看，立刻高聲宣布：「王威與高君雅暗中勾結突厥，準備裡應外合進攻太原。」

直到這一刻，王威和高君雅才意識到發生了什麼。高君雅一下就跳了起來，捲起袖子破口大罵：「這是有人要造反，故意陷害我們！」可是，一切都由不得他們了。

此刻，李世民的士兵早已控制了宮城外的所有重要路口，王威和高君雅已經毋庸置疑地成了甕中之鱉。劉文靜、長孫順德、劉弘基等人迅速衝上來，將王、高二人當場逮捕，關進了監獄。

至此，所有準備工作全部就緒，所有障礙也已全部掃除。與此同時，李建成、李元吉、柴紹等人也正在馬不停蹄地向太原趕來。李淵再也沒有顧慮了。只要李建成等人一到，晉陽起兵的歷史大幕就會轟然拉開……

這就是晉陽起兵的動機和真相。

根據溫大雅的記載，我們可以清楚地看到——李淵絕非胸無大志、庸庸碌碌之人，而是「素懷濟世之略，有經綸天下之心」（《大唐創業起居注》），並且是一位「勇敢的領袖、剛烈的對手和足智多謀的戰略家」。（《劍橋中國隋唐史》）

也就是說，晉陽起兵的首謀之人、包括整個過程的組織者和全局總指揮，正是李淵本人。

但是，在肯定李淵的同時，我們卻不能輕易抹煞李世民在這次起義中所發揮的重要作用。雖然貞觀史臣出於人所共知的原因美化了李世民，誇大了他的功績，可我們在還原歷史真相的時候卻不宜矯枉過正。應該說，從「密招豪友」、建立核心力量，到募集義兵、組建軍隊，再到「伏兵晉陽宮」、控制王威和高君雅，李世民在整個起兵過程中的表現都是可圈可點的。起碼相對於來不及參加晉陽起兵的李建成和李元吉來說，李世民的首義之功就是他們無法比擬的。此外，李世民所表現出的年輕人特有的銳氣和進取精神也恰與李淵老成持重、顧全大局的性格形成一種微妙的互補。

按照王夫之的說法，李世民的表現是「勇於有為」，而李淵的表現則是「堅忍自持」。（《讀通鑑論》卷二十）

從某種程度上說，也許正是由於李淵父子在起兵叛隋、締造大業的進程中既能保持戰略思想上的一致，又有性格和行為方式上的差異性互補，才能確保起兵的成功，並迅速崛起於群雄之間，最終開創大唐王朝。

四、大唐開國

大業十三年（六一七年）六月初五，以李淵為首的政治軍事集團正式在太原起兵。隋亡唐興的歷史大幕就此拉開。

李淵集團的戰略目標非常明確，就是直取隋帝國的政治心臟——西京長安。要進軍長安，首先必須攻克西河郡（今山西汾陽市）。李淵把這個首戰的任務交給了李建成和李世民兄弟。初出茅廬的李氏兄弟不負眾望，輕而易舉地拿下了西河郡，輕鬆漂亮地完成了他們軍事生涯的處女作。軍隊凱旋後，屈指一算，前後僅歷時九天。李淵大喜過望地說：「如此用兵，足以橫行天下了！」首戰告捷。李淵更加堅定了南下關中、西取長安的決心。

這一年六月十四日，李淵置大將軍府，自立為大將軍，以裴寂為長史，劉文靜為司馬，唐儉和溫大雅為記室，武士彠為鎧曹，殷開山為戶曹，長孫順德、劉弘基等人為左右統軍；同時以李建成為隴西公、左領軍大都督，統率左三軍；以李世民為敦煌公、右領軍大都督，統率右三軍；以柴紹為右領軍府長史；其餘文武將吏也各有任命。

七月初四，李淵以李元吉為鎮北將軍、太原留守，讓他鎮守後方根據地。初五，李淵召集全軍誓師，發布了聲討楊廣、「匡扶」隋室的檄文，傳檄四方郡縣。此前，李淵命劉文靜出使突厥，暫時向始畢可汗稱臣，以便穩住突厥人，並要求他們在政治和經濟上提供援助。隨後，李淵親率三萬精兵從晉陽出發，正式踏上了開創帝業的路程。

七月八日，李淵率部進抵賈胡堡（今山西汾西縣北）。此堡南面五十多里處，就是隋將宋老生重兵據守的霍邑（今山西霍州市）。在這裡，李淵軍隊陷入了一個進退兩難的困境。

首先是因為連日天降大雨，道路泥濘難行，軍中糧草即將告罄，而派回太原運送補給的車隊又遲遲沒有返回。其次，軍中開始傳出謠言，說突厥人已經變卦，準備聯合劉武周襲取太原，因而軍營中人心惶惶。

這時候，多數將士打起了退堂鼓，紛紛要求班師。而李建成和李世民卻據理力爭，堅決反對撤兵。李淵猶豫再三，最後採納了他們的意見，決定天氣轉晴後立刻攻打霍邑。

自助者天助之。李淵父子的堅持最終也感動了上蒼。七月底，來自太原的糧草和補給終於運到。幾天後，天空也放晴了。八月初三，李淵率全軍迅速兵臨霍邑城下，以激將法誘使宋老生出城迎戰。雙方接戰後，李淵與李建成假裝受挫，往後退卻。李世民則與段志玄率精銳騎兵從背後突擊宋老生。隋軍腹背受敵，頓時潰敗，宋老生被殺，所部三萬人也全部被殲。李淵父子隨即攻克霍邑。

這是李淵出師以來取得的第一場勝利，極大地鼓舞了士氣。進入霍邑後，李淵當即論功行賞。軍中負責授動的官吏提醒他說：「奴僕出身的人，似乎不該跟一般戰士同等待遇。」李淵不以為然：「飛石流箭之間，不分誰貴誰賤；為何評定功勳的時候，卻要分尊卑等級呢？應該完全平等，有什麼功，受什麼賞！」

隨後，李淵軍迅速南下，一路勢如破竹，八月八日佔據臨汾郡（今山西臨汾市），八月十三日攻克絳郡（今山西新絳縣），八月十五日進抵黃河東岸的龍門（今山西河津市）。同時，劉文靜也帶著五百名突厥士兵和二千匹馬趕來與李淵會合。

劉文靜的歸來無疑讓全軍上下都吃了一顆定心丸。因為將士們再也不用擔心太原（最主要的是城中的妻兒老小）會被突厥人偷襲，於是越發堅定了西進關中、奪取長安的信心和鬥志。

九月初，李淵率部進抵河東（今山西永濟市）。河東城扼守黃河渡口，可謂關中門戶，其戰略地位十分突出。此城長期由隋朝名將左武侯大將軍屈突通經營鎮守，防禦極為嚴密，加之地形險要，所以易守難攻。李淵率部圍攻多日，想盡了各種辦法，可河東城依舊固若金湯。李淵意識到這座堅城不可能輕易攻克，遂準備放棄河東，沿河岸北上，從北面的渡口入關。然而，裴寂等人卻堅決反對。他們認為：「屈突通手握重兵、固守堅城，就算今天繞開他，萬一我們不能攻下長安，撤退時就會遭到河東的阻擊，到時候腹背受敵，形勢將萬分險惡。不如先全力拿下河東，然後西進。河東是長安的門戶，屈突通一旦戰敗，長安城指日可下！」

裴寂等人話音剛落，李世民馬上又提出了針鋒相對的意見。他說：「不然。兵貴神速，我們擁有連戰連捷的餘威和四方來附的部眾，如果快速西進，長安必定震恐，很可能在他們來不及作出反應的時候，我們就已經像秋風掃落葉一樣把城池攻了下來。如果逗留在堅城之下，自陷於疲敝之境，使長安有充分的時間加強防禦，而我們自己卻白白貽誤戰機，一旦軍心離散，那大事就不可為了！」

這是李淵集團在軍事戰略上發生的第二次分歧。

這一次，李淵兼聽了雙方的意見，決定雙管齊下、兵分兩路。他命令各將領留下來繼續圍攻河東，由他本人與李建成、李世民親率主力渡河入關。

九月十二日，李淵一進入關中，各地隋朝官吏立刻望風而降，紛紛獻出所轄郡縣。其中，華陰縣令李孝常獻出了下轄的永豐倉，極大地滿足了義軍的糧草和物資需求。此外，京兆府所屬各縣也紛紛派遣使者來向李淵投降。

十六日，李淵抵達朝邑（今陝西大荔縣東），隨後命李建成、劉文靜等各軍進駐永豐倉，並扼守潼關，防備可能出現的隋朝援軍；同時又命李世民、長孫順德、劉弘基等各軍進攻渭水以北的涇陽、雲陽、武功、盩厔諸縣，從北面對長安進行包抄。

在李淵進入關中之前，他女兒平陽公主早已在此起兵。她聯合當地的義軍，攻克了長安周邊的許多隋軍據點，為李淵的西進徹底掃清了道路。

李世民與平陽公主在渭北會師之後，遠近各地的官吏士民和義軍首領紛紛前來歸附，李世民精心挑選了一批才俊之士作為自己的左右手。其中一個人，就是後來的名相房玄齡。

房玄齡出身於官宦世家，自幼博覽經史，在文學和書法上均有很高造詣。少年時代曾隨父親房彥謙遊京師，其時國家安定、天下太平，人人都認為隋王朝一定會江山永固。可房玄齡在長安逛了幾天後，卻從鼻孔裡重重地哼了一聲，對父親發表了一番時政感言。

他不僅痛罵隋文帝楊堅「混諸嫡庶，使相傾奪」，還說到頭來必定「內相誅夷，不足保全家國」。他父親聽了這番大逆不道之言，本來就已經嚇得不輕，沒想到房玄齡最後又說了一句：「（隋朝）今雖清平，其亡可翹足而待。」（《舊唐書．房玄齡傳》）最後這句滅九族的話徹底把他父親嚇得魂飛魄散。

當時房彥謙絕對不會想到，短短十幾年後，房玄齡的預言就變成了現實。

十八歲那年，房玄齡中了進士。當時的吏部侍郎高孝基素以「知人」著稱，見過房玄齡後，大為驚歎，忍不住對同僚說：「我閱人無數，此少年將來必成偉器，只可惜看不到他『聳壑凌霄』的那一天。」

高孝基的眼力確實不凡。這個年輕人日後果然成了唐太宗李世民的心腹重臣，並且最終成為初唐的一代名相，被譽為中國歷史上的「十大賢相」之一，的確堪稱「偉器」！

來投靠李世民的這一年，房玄齡還只是一個小小的隰城（今山西汾陽縣）縣尉。但是李世民在軍營前第一眼看見他的時候，馬上有一種一見如故之感，隨即任命他為記室參軍，引為智囊。而房玄齡也將李世民視為知己，從此盡心竭力地輔佐這位英主。

大業十三年（六一七年）九月末，李淵集團展開了一系列軍事行動，開始縮小對長安的包圍圈。劉弘基、殷開山率軍六萬，西進扶風（今陝西鳳翔縣），南渡渭水，進駐長安故城（漢長安）。與此同時，李世民率所部十三萬人進駐阿城（秦阿房宮故址）。

九月二十七日，駐守永豐倉的李建成也奉李淵之命，率部從新豐（今陝西臨潼縣）直驅長安。二十八日，李淵率大軍從馮翊郡（今陝西大荔縣）西進，於十月四日抵達長安城下，在春明門外紮營，各路人馬全部集結，共計二十餘萬。李淵不斷遣使奉表，向隋朝西京留守、年僅十三歲的代王楊侑及其輔臣表示他「匡扶社稷」的立場，勸他們不要做無謂的抵抗，可楊侑等人根本不予理睬。

十月二十七日，李淵下令大軍開始攻城。此戰幾乎沒什麼懸念，雖然義軍也付出了血的代價，但是僅僅十多天後、亦即十一月九日，李淵的軍隊就攻進了長安。李淵入城後，命李建成和李世民封存宮廷府庫，收取隋朝的檔案圖籍，嚴禁士兵燒殺擄掠。隨後，他畢恭畢敬地把代王楊侑從東宮接到了大興宮，然後自己住到了舊長安的長樂宮，以示君臣之別。

十一月十一日，李淵逮捕了西京副留守陰世師、滑儀等人，宣布了他們「貪婪苛酷、抗拒義師」等多條罪狀，隨後將其斬首。除了這十幾個「首惡元凶」之外，李淵對朝中百官都極力加以安撫，對長安百姓也是秋毫無犯。

但是幾天後軍隊逮捕了一個人，李淵毫不遲疑，馬上準備把這個人砍了。據說這是一個告密者，所以李淵一點也不手軟。當此人被五花大綁地帶到李淵面前的時候，他並沒有痛哭流涕、跪地求饒，而是扯著嗓子高喊：「公起義兵，本為天下除暴亂，難道不想成就大業，只為了一點怨恨就要砍殺壯士嗎？」

這個死到臨頭還氣壯如牛的人是誰？他就是日後威震天下的初唐名將——李靖。

李靖是雍州三原（今陝西三原縣）人，祖父李崇義官居北魏殷州刺史，封永康公；父親李詮任隋朝趙郡太守。李靖姿貌魁偉，從少年時代起就頗有文韜武略，經常對家人說：「大丈夫若遇主逢時，必當立功立事，以取富貴。」（**《舊唐書・李靖傳》**）李靖的舅父是隋朝名將韓擒虎，每次與李靖論兵，皆大為讚歎，時常撫著他的頭說：「可與言將帥之略者，獨此子耳！」（**《資治通鑑卷一八四》**）當時的宰相楊素和吏部尚書牛弘也對他頗為賞識，楊素曾拍著自己的位子對李靖說：「卿終當坐此。」

大業末年，李靖任馬邑郡丞，察覺太原留守李淵行動可疑，估計有起兵之意，於是準備親往江都向楊廣告密。不料路過長安時，關中已經大亂，道路阻絕，不得不滯留於此，所以才會被李淵逮捕。

此刻，當李靖在屠刀之下喊出那番話時，李淵已經感覺此人定非無能之輩，而李世民更欣賞李靖的膽色，於是力勸李淵留下此人。

李靖就這麼死裡逃生，隨後被納入李世民麾下，從此踏上一代名將的輝煌路程。

攻克長安的六天之後，亦即十一月十六日，李淵奉代王楊侑登大興殿、即皇帝位，是為隋恭帝；同時改元義寧，遙尊遠在江都的楊廣為太上皇。數日後，楊侑授予李淵「黃鉞」、「符節」，任命他為大都督、尚書令、大丞相，進封唐王；並且下詔宣布——自即日起，所有軍國要務、文武官吏任免、一切法令刑賞，全部交由丞相府管轄；只有祭祀天地和宗廟社稷的事務，才向皇帝奏報。

同日，李淵任命裴寂為丞相府長史、劉文靜為司馬。二十二日，李建成被封為唐王世子，李世民任京兆尹、封秦公，李元吉封齊公。一場「匡扶帝室」的政治秀就這麼轟轟烈烈地開演了。

雖然所有人都知道，十三歲的小皇帝楊侑只不過是這場政治表演中的一個道具，唐王李淵才是這個新朝廷真正的主宰，但是這場演出卻不是可有可無的。

因為這是中國歷史上每一個篡位奪權的人都必須遵循的潛規則。

更何況李淵比誰都清楚——自己稱帝的時機還不成熟。

首先，真正的隋朝天子楊廣還在江都。儘管他的政治威信和人氣指數已經降到了即位以來的最低點，可畢竟他人還活著；而只要楊廣還在一天，李淵就要尊奉隋朝的正朔一天，否則他就變成了篡位謀反的亂臣賊子，他的所有行為就喪失了合法性和道義基礎。倘若如此，李淵就無法建立起一條最廣泛的統一戰線，無法把舊統治陣營中的人團結到自己身邊為己所用。

其次，李淵只據有關中一隅之地。雖然他搶佔了長安這個政治制高點，能夠在新朝廷的勢力範圍內「挾天子以令諸侯」，但是天下仍然四分五裂，大部分地盤要麼被四方群雄割據、要麼依舊掌握在隋朝的官吏和軍隊手中，最終究竟鹿死誰手還在未定之天。如果李淵在此刻稱帝，勢必授人以柄，成為各種勢力攻擊的焦點。這無異於把自己架在火爐子上烤，顯然是不明智的。

所以，無論從政治角度還是從軍事角度來看，李淵都不能急於稱帝。只有當楊廣從這個世界上消失，而且自身的勢力足夠強大、天下的形勢也足夠明朗的時候，李淵才可以把小皇帝輕輕抹掉，堂而皇之地登上天子的寶座。

佔據長安後，李淵開始急劇擴張勢力範圍。

十二月下旬，李孝恭率部進軍秦嶺以南，擊敗了盤踞在此的朱粲。此後從金川（今陝西安康市）進入巴蜀，檄文所到之處，有三十多州歸降。

同時，劉文靜向關東（潼關以東）進軍也大有斬獲。先是拿下河東城，逼降屈突通，繼而又成功招降了弘農（今河南靈寶市）、新安（今河南新安縣）以西的數十座城邑。

大業十四年（六一八年）正月初一，隋恭帝楊侑下詔：唐王李淵可以「劍履上殿、贊拜不名」。這就是說，從此李淵上殿不需要解下佩劍，不需要脫靴，奏事時不需由侍臣唱名。

中國歷代權臣都曾經擁有過這個特權。遠的不說，隋文帝楊堅在篡周前夕也享受過這樣的待遇。在新年的第一天，李淵被授予（或者說攫取）這個特權，足以表明他已經向不遠處的那張皇帝寶座又邁進了一步，同時等於向天下人發布了一則政治預告——隋王朝壽終正寢的日子為期不遠了。

正月二十二日，李淵命世子李建成為東討元帥、秦公李世民為副元帥，率諸路兵馬十餘萬人進軍東都。二月初四，李淵再命太常卿鄭元璹進軍南陽郡（今河南鄧州市），命左領軍司馬馬元規進軍安陸郡（今湖北安陸市）及荊襄地區。

大業十四年（六一八年）三月，隋煬帝楊廣在江都被宇文化及等人所殺。消息傳至長安，李淵作出一副十分傷心的樣子，仰天慟哭說：「吾北面事主，因關山阻隔而不能救，但實在不敢忘卻悲哀啊！」

至此，這場由李淵自導自演的「匡扶帝室」的政治秀，終於在這一抹矯情的淚水中畫上一個圓滿的句號。接下來發生的一切就順理成章了。

五月十四日，隋恭帝楊侑被迫將皇位禪讓給唐王李淵，黯然離開了皇宮。

二十日，五十三歲的李淵在太極殿登基稱帝，是為唐高祖；同時祭天、大赦、改元武德。同日，唐政府將隋朝的郡縣制改為州縣制，並按五行關係推演，推定唐朝屬「土德」，以黃色為最高貴的顏色。

六月初一，李淵任命李世民為尚書令，裴寂為右僕射、知政事，劉文靜為納言，蕭瑀、竇威為內史令，裴晞為尚書左丞，李綱為禮部尚書、參掌選事（即兼吏部尚書事），竇璡為戶部尚書，屈突通為兵部尚書，獨孤懷恩為工部尚書，陳叔達、崔民幹為黃門侍郎，唐儉為內史侍郎，殷開山為吏部侍郎，韋義節為禮部侍郎，趙慈景為兵部侍郎，李瑗為刑部侍郎。

同日，唐政府廢除隋《大業律》，另行頒布新律法。

六月七日，李淵立李建成為太子，李世民為秦王，李元吉為齊王。

中國歷史上最偉大、最強盛的朝代之一——大唐王朝，從此拉開了輝煌的序幕……

五、瓦崗興亡的歷史密碼

隋末唐初是一個英雄輩出的時代。

就跟歷史上所有的亂世一樣，社會秩序的崩潰為許多不安現狀的人提供了千載難逢的機遇，也提供了一個展現自我的舞台，於是形形色色的英雄和梟雄粉墨登場，在這個風起雲湧的大時代中，連袂演出了一幕幕波瀾壯闊的歷史活劇。

說起隋唐英雄，當然不能不提瓦崗。

在隋末的「十八路反王、三十六路煙塵」中，瓦崗最初也只是一座沒沒無聞的小山寨，可後來卻迅速崛起，一躍而成隋末最大的一支反政府武裝，其首領李密也受到各路反王的一致擁戴，共推為「盟主」。然而，就在瓦崗如日中天的時候，形勢卻忽然逆轉——李密在邙山被老對手王世充一戰擊潰，部眾大多降於王世充，原本割據的地盤幾乎全部丟失，走投無路的李密只好率殘部降唐，瓦崗就此覆滅。

正所謂「其興也勃，其亡也忽」！

那麼，究竟是什麼促成了瓦崗的迅速勃興，又是什麼導致了它的頃刻敗亡呢？

一切都要從頭說起……

瓦崗的草創者名叫翟讓。此人本是東郡（今河南滑縣）的一名法曹，不知何故犯了死罪，被丟進大牢，所幸一個叫黃君漢的獄吏看他尚有幾分英雄氣概，就私下把他放跑了。翟讓死裡逃生，仔細想想也沒什麼地方可去，索性拉了一支人馬，跑到瓦崗（滑縣南）落草為寇。

瓦崗寨就這麼誕生了。

可是初生的瓦崗卻很不像樣。因為翟讓這個人雖說有幾分膽識，但實際上胸無大志，很容易滿足現狀。所以瓦崗寨開張後，從沒見他有什麼大的動作，頂多就是帶人在附近的官道上劫掠一些過往商旅而已。別說什麼逐鹿中原、爭奪天下，就連擴張地盤、壯大實力的心思都沒有。

或許翟讓也想把瓦崗做大，但實在沒有那份才具和魄力，所以只好滿足於當車匪路霸了。從這個意義上說，當時的瓦崗充其量就是一個土匪窩，就算不被隋朝官兵滅掉，遲早也會被別的反王吞併。

好在翟讓雖然本事不大，但他的肚量卻不小，挺能容人，也善於聽取部屬的正確意見。所以瓦崗開張沒多久，也就是大業七年（六一一年）年底，就有兩個驍勇過人的年輕人先後投到了翟讓的麾下。他們就是單雄信和徐世勣（李世勣）。單雄信是翟讓的同鄉，善使馬槊，有萬夫不當之勇。徐世勣祖籍離狐（今山東荷澤西北），後遷居衛南（今河南滑縣東），投奔瓦崗的這一年僅十七歲。

有道是自古英雄出少年，徐世勣不僅有勇，而且有謀。他一來就給翟讓出了個主意，說外面的世界很精彩，不要窩在這小地方了，應該把隊伍拉出去，幹一票大的。翟讓被說動了，隨後就照徐世勣所說，在汴水流經的滎陽（今河南滎陽市）、梁郡（今河南商丘南）等富庶地區設了多個據點，專門攔劫過往的官私船隻，很快就搶了個缽滿盆滿。翟讓笑得合不攏嘴，手下弟兄更是個個腰包滾圓。

瓦崗從此鳥槍換炮，而且聲名遠播。附近的變民爭先恐後地投奔瓦崗，短短時間內部眾就增至一萬多人，儼然成了中原地區頗具競爭力的一支武裝勢力了。

然而，如果沒有另一個人的到來，瓦崗也不會有日後的那一番造化。因為不管是翟讓還是徐世勣，顯然都還缺乏一種高瞻遠矚的戰略目光和宏大的戰略規劃。換句話說，他們儘管有了刀槍，有了地盤，有了資本，可偏偏缺乏一種最重要的東西。

那就是——問鼎天下之志。

沒有這個東西，就不可能實現資源整合，也不可能進行產業升級，更不可能成為行業的龍頭老大！

所以接下來的數年中，瓦崗一直原地踏步，幾乎沒有什麼發展。

在亂世烽煙中晃晃悠悠的瓦崗，正等著一個人來給它指明方向。

大業十二年（六一六年），這個人來了。他就是李密。

李密，京兆長安人，出身於世家大族，曾祖父李弼是西魏的「八柱國」之一，父親李寬是隋朝的上柱國，封蒲山公。李密從小志向遠大，仗義疏財，喜歡廣交朋友。他早年曾在宮中擔任禁軍侍衛，有一次當值，楊廣恰好從他身邊經過，忽然停在他面前，深長地看了他一眼。隨後楊廣就對宰相說：「剛才左翼衛隊中有個皮膚黝黑的年輕人，我發現他的眼神異於常人，最好不要讓他擔任侍衛。」

李密就因為皇帝的這句話丟了官，從此與仕途絕緣，在家中閉門讀書。他曾經騎在牛背上讀

《漢書》，旁若無人，渾然忘我，被當時的宰相楊素遇見，視為奇人。楊素請他到家中一番暢談，大為欽佩，對兒子楊玄感說：「李密見識深遠，器度不凡，你們兄弟無人可及。」從此，李密便與楊玄感結為好友。

大業九年（六一三年），楊玄感趁著隋煬帝第二次親征高麗的時機，突然起事，兵鋒直指東都。李密當時就在楊玄感的帳下擔任軍師，他認為東都洛陽是一塊四戰之地，所以進軍東都是下策，勸楊玄感要麼北上切斷楊廣的退路，要麼西進關中，據險而守。可楊玄感拒絕了他的建議。隨後，隋煬帝率大軍殺回東都，楊玄感敗亡，李密也成了俘虜。

後來，李密設計從俘虜營中逃了出來，從此開始了他長達三年的流亡生涯。他先後投奔了郝孝德和王薄，可都不被重視，只好繼續漂泊。由於身無分文，一路上只能以剝樹皮、挖草根為生。後來再也走不動了，就在淮陽郡（今河南淮陽縣）的一個小山溝裡落腳，改名劉智遠，教幾個農村孩子讀書識字，勉強餬口。就這麼過了幾個月，鬱鬱不得志的李密寫下了一首五言詩，藉以抒發自己年華虛度、壯志未酬的痛苦和失落。詩的最後幾句是：「秦俗猶未平，漢道將何冀？樊噲市井徒，蕭何刀筆吏。一朝時運會，千古傳名謚。寄言世上雄，虛生真可愧！」此詩既成，李密仰望蒼穹，不覺悲從中來、泣下沾襟。

李密寫下這首「反詩」後，他的身分立刻引起鄉民的懷疑，有人到官府告了密。官府立刻發兵前來搜捕，李密只好再度逃亡。

走投無路的李密最後逃到雍丘（今河南杞縣）投靠了他的妹夫、雍丘縣令丘君明。丘君明把他藏在了好友王季才家中。王季才是一個俠肝義膽之士，一向敬佩英雄豪傑，所以欣然收留，還把女兒嫁給他。

李密就這麼撿了一條命，又意外地撿了一個老婆。生活總算暫時安定下來，可是好景不長，不久又有人告密，官兵前來拿人，李密碰巧外出，官兵撲了個空，怒而砍殺了丘君明和王季才兩家的幾十口人。

李密悲憤交加，再次踏上漫漫的流亡路。

在一次又一次顛沛流離的逃亡生涯中，絕望的李密逐漸悟出了一個道理——對於一艘沒有方向的船來說，任何方向的風都是逆風。

最後，李密的目光終於停在了一個地方——瓦崗。

李密來到瓦崗後，被王伯當引薦給了翟讓。剛一加盟李密就小小地露了一手，把瓦崗周邊的多股小盜匪成功收編，給翟讓送上了一份豐厚的見面禮。翟讓喜出望外，頓生相見恨晚之感，開始讓他參預山寨決策。

李密遂力勸翟讓奪取天下，可安於現狀的翟讓卻沒有那份雄心壯志。李密大失所望，隨即生出了一個大膽的念頭——將翟讓取而代之。為此，李密制定了一個三步走的計畫。

第一步是——製造輿論、收攬人心。

他買通了翟讓的軍師賈雄，讓他從陰陽術數的角度告訴翟讓，說他如果自己稱王很不吉利，應該擁立李密，才能無往不利。翟讓聞言，大不以為然，說：「按你這麼說，蒲山公大可自立，又何必來追隨我？」

「將軍有所不知。」賈雄神祕兮兮地說，「他之所以來追隨您，是因為您姓翟。翟者，澤之義也。蒲草非澤不能生長，所以他也需要您。」翟讓雖然對此將信將疑，但從此對李密越發敬重。

與此同時，李密又悄悄安排一個叫李玄英的洛陽人來到瓦崗，大肆宣揚那則流行的政治歌謠《桃李章》，極力聲稱李密就是那個即將取代楊廣當皇帝的人。

從此，翟讓和所有瓦崗人都開始對李密刮目相看，都覺得他是個不同凡響的人物。

第一步取得成功後，李密開始實施第二步計畫——建立戰功、樹立威望。

他再次向翟讓提出了開拓根據地的建議，得到了翟讓的採納，隨即出兵攻陷了滎陽郡轄下的大多數縣城。大業十二年（六一六年）十月，李密又出奇兵，大敗前來討伐的隋朝名將張須陀，並將其斬於陣中。河南各郡縣官兵風聞張須陀戰死，頓時士氣盡喪。

這一戰不僅讓瓦崗聲威大震，而且極大地提升了李密的個人威望。

為了表示對李密的感謝，翟讓讓李密建立了自己的番號和大營，稱「蒲山公營」。

此時，無論是政治威望、軍事才能還是人格魅力，李密都已躍居翟讓之上，儼然已經成為瓦崗的精神領袖。然而李密絕不滿足於此，他要的是瓦崗寨的頭一把交椅。

大業十三年（六一七年）春，李密邁出了第三步——正式向翟讓提出了一個宏大的戰略計畫——襲據洛口，攻取東都，亡隋社稷，號令天下！此時，翟讓已經對李密言聽計從，當即同意了他的計畫。二月，李密率部攻克興洛倉，隨即開倉賑糧。四方窮苦百姓數十萬人扶老攜幼、絡繹不絕地來到了洛口（今河南鞏縣東），人人眼中噙滿激動的淚水，都把李密視為再生父母。稍後，李密又擊敗前來進剿的隋將劉長恭、裴仁基，並且繳獲了大量武器和裝備。

至此，李密的功勳和威望達到了頂點。

大業十三（六一七年）年二月十九日，在徐世勣和王伯當等人的勸說下，翟讓終於讓出首領的位置，正式推舉李密為盟主，上尊號「魏公」。李密拜翟讓為上柱國、司徒，以單雄信為左武候大將軍，以徐世勣為右武候大將軍。

瓦崗寨的新一任大佬就這樣煉成了。

這一年春天，黃河以南、江淮以北的各地變民軍紛起回應，如孟讓、郝孝德、王德仁、房獻伯、王君廓、李士才、魏六兒、李德謙、張遷、田黑社、田白社、張青特、周比洮、胡驢賊等，全部歸附瓦崗，尊奉「魏公」旗號。

李密盡皆授予官爵，同時設立《百官名冊》遙領各部。此外，遠近四方的小股變民和青壯百姓也像潮水一樣湧向了瓦崗軍駐紮的洛口，部眾一下子激增至數十萬人。從此，瓦崗寨名震天下，而李密也成了四方群雄中鋒頭最勁的人物。

這一年四月，駐守虎牢關（今河南滎陽市西）的隋將裴仁基也獻出關隘，歸降了李密。同時歸降的還有裴仁基麾下的一員猛將——秦叔寶。

秦叔寶，名瓊，以字行世，齊州歷城（今山東濟南歷城區）人，早年在隋將來護兒帳下，深得來護兒賞識，後來調到張須陀麾下，屢建奇功，成為遠近聞名的勇將。張須陀戰死後，秦叔寶又投奔了裴仁基。

差不多在秦叔寶歸附李密的同時，還有一個傳奇人物也來到了瓦崗。他就是程咬金。

拜《隋唐演義》和歷代評書所賜，程咬金在民間一直享有很高的知名度，可謂婦孺皆知。時至今日，老百姓對「半路殺出個程咬金」、「程咬金的三板斧」這些俗諺依然耳熟能詳。可實際上，程咬金使用的武器卻不是笨拙的斧頭，而是靈活的長矛（槊），並且加入瓦崗不久他就改名程知節，此後也一直以此名行世。可是，「程咬金」這個名字基本上家喻戶曉，但「程知節」在民間卻鮮為人知。

在演義和評書中，程咬金出道之前有過很多傳奇經歷，可在正史裡卻只有寥寥幾筆：「程知節，本名咬金，齊州東阿（今山東東阿縣）人。少驍勇，善用馬槊。大業末，聚徒數百，共保鄉里，以備他盜。後依李密……」（《舊唐書・程知節傳》）

秦叔寶和程知節來到瓦崗後，立刻被李密任命為驃騎將軍，負責統領一支八千人的精銳，號稱「內軍」，相當於李密的嫡系部隊。李密時常誇口說：「這八千精銳足以抵擋百萬大軍！」

佔領了興洛倉後，李密又把目標鎖定回洛倉。

這兩座倉庫是東都周邊的兩大軍糧儲備基地，東都的留守朝廷及二十多萬隋軍就是靠這兩座大糧倉養活的。如今興洛倉被李密佔了，隋軍勢必要死守回洛倉。於是大業十三年（六一七年）初夏，瓦崗軍就與隋軍在回洛倉展開了激烈的爭奪戰。幾經易手之後，到了四月下旬，李密最後一次擊潰了七萬多來犯的隋軍，終於牢牢佔據了回洛倉。

此時的李密躊躇滿志，覺得東都已經指日可下，隨即命幕僚祖君彥撰寫了一篇討伐楊廣的檄文，在檄文中痛快淋漓地歷數了楊廣的「十大罪」，最後總結說：「罄南山之竹，書罪未窮；決東海之波，流惡難盡！」（成語「罄竹難書」的典故正出於此。）

接下來的日子，李密帶著數十萬大軍圍著東都打了好幾個月，卻始終一無所獲。洛陽的防禦之堅完全超乎他的想像。

與此同時，遠在江都的隋煬帝楊廣已經派遣王世充等人馳援東都，數路大軍正晝夜兼程向東都挺進。眼看瓦崗軍即將陷入腹背受敵的困境，幕僚柴孝和向李密建議：命翟讓等人留守河南，然後親率主力西取長安，等根基穩固之後，再揮師東下掃平河洛。

李密承認這是上策，但他提出了自己的顧慮：「弟兄們都是山東（崤山以東）人，見洛陽未下，誰肯跟我西進關中？況且軍中多數將領皆出身盜匪，如果我獨自西進，把他們留在這裡，我擔心他們誰也不服誰，萬一產生內訌，大業會瞬間瓦解。」

不能不說，李密的擔心是有道理的。作為一個半路出家、後來居上的領導人，李密對瓦崗群雄的控制力實際上是很有限的，其領袖地位也並不像看上去那麼穩固。在此情況下，如果放棄洛陽、西進關中，不但瓦崗內部有可能產生內訌，而且李密也會因此喪失瓦崗的領導權。所以，明知道「西取長安」才是上策，但是在攻下洛陽之前，李密和瓦崗軍哪兒也去不了。

這一年九月，隋武陽（今河北大名縣）郡丞元寶藏獻出郡城，歸附瓦崗。李密當即派遣徐世勣渡河北上，與元寶藏會師，並且聯手攻克了黎陽倉。

黎陽倉是隋帝國在河北最大的糧食儲備基地，其規模之大、儲糧之多，不亞於東都的興洛倉與回洛倉，所以攻佔此倉的戰略意義十分重大，因而再度引起震撼。短短十天之間，便有二十多萬河北的青壯年投奔了瓦崗軍。

就在瓦崗軍攻克黎陽倉的同時，王世充抵達了東都戰場，率十萬大軍進攻李密據守的洛口。隨後，李密和王世充就在東都附近展開了一場曠日持久的拉鋸戰和消耗戰……

正當李密與王世充打得不可開交的時候，瓦崗內部爆發了一場重大的內訌。

一個重要人物死於這場內訌。他就是翟讓。

翟讓退居二線後，掛了一個司徒的頭銜，過著養尊處優、閒雲野鶴的生活。他本人並不覺得這有什麼不好，可他身邊的人卻怨氣沖天。心腹王儒信一直勸他重新奪回權力，他老哥翟弘更是勸他奪權之後直接當皇帝。翟讓聞言大笑，並不把他老哥的話當一回事。

可這句話很快就落進了李密的耳中。

在他看來，翟讓的存在始終是一個威脅和隱患。左右親信也力勸李密搶先下手，幹掉翟讓。李密遂下定決心，隨後設宴款待翟讓、翟弘、王儒信等人，席間趁其不備，將他們全部砍殺。翟讓的親信單雄信、徐世勣等人見主公已死，不得不倒向李密。

翟讓之死是瓦崗內部矛盾的一次集中展現。從表面上看，李密成功消除了一個潛在的威脅，順利收編了翟讓的心腹和部眾，使自己的權力和地位得到了鞏固。可實際上，瓦崗內部的隱患和不穩定因素並未就此消除，反而有愈演愈烈之勢。因為經過這場流血事件之後，翟讓的舊部普遍對李密懷恨在心，而且大多數文武將吏也都變得人人自危，一種看不見的恐慌和猜疑就像瘟疫一樣在瓦崗寨中蔓延。

從這個意義上說，翟讓之死並沒有為瓦崗的歷史掀開新的一頁，反而成為瓦崗從全盛走向衰落的一個轉捩點。雖然此後的瓦崗軍在戰場上仍然是所向披靡、勝多敗少，但是敗亡的危機卻已在表面的強大之下悄悄醞釀。

大業十四年（六一八年）正月初，屢屢被李密擊敗的王世充集結十幾萬重兵對李密發起反攻，不料卻因指揮失靈而再次遭遇慘敗，幾乎全軍覆沒，僅帶著幾千人脫逃。

李密連敗王世充，士氣大振，遂乘勝進攻東都，一舉奪取了金鏞城（舊洛陽城西北部）。隨後將瓦崗總部遷進城內，擁兵三十餘萬，進逼洛陽上春門。

眼看李密的場面越搞越大，東都附近的一大批隋朝官吏趕緊率部投降了李密，而遠近的義軍首領如竇建德、朱粲、孟海公、徐圓朗等人也紛紛遣使奉表，鼓動李密登基稱帝，屬下的裴仁基等人也勸李密早正位號。

可李密並沒有被勝利沖昏頭腦，他以東都未克為由婉拒了稱帝的建議。

這一年三月，宇文化及在江都弒殺楊廣，自立為大丞相，隨後帶領十幾萬大軍進入中原，意欲爭奪東都。楊廣被弒的消息傳到東都後，王世充、元文都等人擁立越王楊侗為帝。楊侗本來已經被李密打得焦頭爛額，如今又來了一個宇文化及，不免惶恐無措。有人建議招撫李密，用他來對付宇文化及。楊侗依計而行，馬上向李密拋出了橄欖枝——遣使下詔，拜李密為太尉、尚書令。李密本來也擔心遭到東都軍隊和宇文化及的前後夾擊，現在歸順東都朝廷，既有政治上的名份，又能避免腹背受敵，於是欣然答應。

此後，李密全力對付宇文化及，雖然經過幾場大戰，終於把這支勢力逐出了中原，但是瓦崗軍也元氣大傷，付出了慘重的代價。李密本人更是在激戰中被流矢射落馬下，差點死於亂兵之中，所幸秦叔寶拼死保衛，才逃過一死。

就在李密大戰宇文化及的同時，東都也發生了一場政變。王世充殺掉了元文都等人，架空了小皇帝楊侗，一手篡奪了朝政大權。

九月，李密與王世充不可避免地展開了一場終極對決。

由於東都缺糧已久，所以王世充親率兩萬精銳，甩開李密，全力東進，準備搶佔洛口倉。李密急命王伯當留守金鏞城，率部於邙山南麓紮營，在此阻擊王世充。

九月十一日深夜，王世充派遣兩百多名騎兵潛入邙山，埋伏在李密大營附近的山澗中，準備次日決戰時作為內應。

九月十二日晨，決戰的時刻終於到來。王世充集合部隊，向將士們高聲喊話：「今日之戰，不僅是爭一個勝負，生死存亡，在此一舉。如果贏了，榮華富貴自然到手；要是輸了，沒有一個人可以倖免。所以，這一戰關係到每個人的存亡，不僅僅是為了國家而戰，更是為了你們自己而戰！」

正所謂哀兵必勝。此時王世充的軍隊已經落入斷糧的絕境，所以對這兩萬名士兵來講，奮力前進，打敗李密，他們還有生還的機會；要是退縮，就算回到東都，無疑也是死路一條。所以，當這支背水一戰的軍隊進至李密大營時，王世充一聲令下，兩萬人便像離弦之箭射了出去，人人奮勇爭先，拼死砍殺，其勢銳不可當。這一仗打得空前慘烈。

兩軍激戰正酣時，王世充使出了早已準備好的一招殺手鐧。

他事先找了一個相貌酷似李密的人，在這一刻突然將其五花大綁推到陣前，命人高呼：「已活捉李密！」士卒皆高呼萬歲。瓦崗軍見狀，頓時士氣大挫。緊接著，昨夜埋伏在此的那些隋軍又忽然出動，直撲李密大營，縱火焚燒帳篷房舍。當瓦崗軍看到身後沖天而起的火光時，意志瞬間崩潰，開始四散逃命，許多將領當即投降王世充。李密眼見大勢已去，只好帶著殘部一萬餘人逃奔洛口。王伯當得知李密戰敗，也放棄金鏞退守河陽（今河南孟州市）。

李密絕對沒有想到，這一次逃亡竟然把他的人生徹底驅上了窮途末路。

他原本以為勝敗乃兵家常事，不用多久他就能重整旗鼓、東山再起。可他錯了，邙山之敗已經給他的軍事生涯和逐鹿大業徹底畫上了句號，同時也給波瀾壯闊的瓦崗歷史畫上了一個句號。

正所謂兵敗如山倒。短短一天時間，瓦崗群雄投降的投降（如單雄信等人）、被俘的被俘（如裴仁基等人），一下子樹倒猢猻散。駐守洛口倉的將領邴元真也暗中派人前去接應王世充的部隊，準備開門迎降。李密聞訊，慌忙掉頭逃往河陽。抵達河陽後，絕望的李密企圖拔劍自刎，被心腹王伯當死死抱住。李密知道自己已經走投無路，最後只好帶著餘眾二萬人入關，向李淵投降。

一度如日中天的瓦崗寨就此覆滅。

瓦崗之興，如麗日噴薄，霎那間照徹寰宇。

瓦崗之亡，如摧枯拉朽，一轉眼煙消雲散。

它之所以能夠迅速勃興，最主要的原因，是在於它擁有當時最頂尖的一批人才。如李密、徐世勣、單雄信、秦叔寶、程知節、裴仁基等等，皆一時之才俊。儘管瓦崗的草創者翟讓本身沒什麼能力，而且安於現狀、胸無大志，可他卻有容人的肚量，因而能夠吸引人才；此外，他還善於聽取部屬的正確意見，所以能夠留住人才、善用人才，讓每個人都有用武之地。

當然，最終對瓦崗的壯大和強盛起決定作用的還是李密。如果沒有他，瓦崗的資源優勢就得不到整合，發展空間也得不到拓展。

李密出身政治豪門，與隋朝重臣楊素父子又是至交，而且參與過楊玄感兵變，擁有一定的政治經驗，加之本人富有學識、胸懷遠大，其綜合素質自然非常人可比，可以算是一個天生的領導者。

而瓦崗群雄大多出身草莽，在智慧、韜略、眼光、胸懷等各方面，包括權力鬥爭的手腕，與李密都不可同日而語，因此李密才能後來居上，成為瓦崗的領袖。

但是瓦崗敗亡的根本原因也恰恰在此。

由於瓦崗寨原本就是由大大小小的幾十支勢力組成的，後來又吸納了各路隋朝降眾，人員素質良窳不均，利益關係錯綜複雜，權力結構非常不穩定。在此情況下，李密雖然取得了瓦崗的領導權，但他卻無法從根本上給這個組織注入向心力和凝聚力，當然也就不可能把瓦崗軍打造成一支以他為核心的具有高度忠誠與合作精神的團隊。這是瓦崗的先天因素所決定的，很難以個人的主觀意志為轉移。因此，李密才不敢採取西進關中的戰略，只能在東都這塊四戰之地苦苦鏖戰，最終把瓦崗軍的元氣和銳氣一點一點地打掉了。

此外，李密半路奪取了瓦崗的頭一把交椅，這就在他和翟讓之間結下了一個永遠無法解開的死結。就算翟讓可以與世無爭、甘心讓賢，他身邊的人也絕不答應。因為翟讓手中無權，他身邊的人自然也要跟著失勢，所以就像我們在前文看到的那樣，這些人肯定要煽風點火，慫恿翟讓奪回權力。從這個意義上說，瓦崗的高層內訌是注定要爆發的。而內訌的結果也就必然導致本來鬆散的人心進一步分崩離析。因此邙山一敗，才會有那麼多人爭先恐後地投降王世充。

其實自從除掉翟讓之後，就不斷有人建議李密斬草除根，把翟讓的舊部全部幹掉，以絕後患。比如幕僚房彥藻就曾力勸他除掉單雄信。他說單雄信是一個「輕於去就」的人，不可能從一而終，早殺早好。可李密始終下不了手，因為單雄信勇冠三軍，在軍中有「飛將」之稱，李密愛惜他的才能。再比如，部將宇文溫也曾勸他幹掉邴元真，說邴元真這個人是翟讓的死黨，留著這種人遲早是個禍害。可李密聽完卻不置可否，因為他不希望在攻克東都之前做太多的窩裡鬥。刺殺翟讓是因為情勢所逼，如果天天這麼自相殘殺，不等王世充來打，瓦崗自己就垮了。但是邴元真卻不可能不對李密心懷戒懼，因此自然就會生出二心。所以李密一敗，他才會迫不及待地向王世充打開洛口倉的大門……

總而言之，在瓦崗轟轟烈烈、光鮮亮麗的外表之下，其實一直都埋藏著「派系鬥爭」和「人心離散」這兩顆定時炸彈。李密明知如此，卻又無能為力。就算他想清理內部，也根本騰不出手。從他當上瓦崗領袖的那一天起，幾乎沒有一天不打仗。先是跟東都軍隊打，繼而跟王世充打，後來又跟宇文化及打，天天席不暇暖，枕戈待旦，如何有時間和精力整頓內部？更何況大敵當前，作為首領的李密只能盡量收攬人心、求同存異，又豈能挑起內訌、自毀長城？

如此種種，決定了瓦崗最終敗亡的命運。總而言之一句話——形勢比人強！

至於邙山之戰，儘管王世充打得很漂亮，可假如瓦崗寨能夠休戚與共、上下一心，區區一場敗仗又怎麼可能摧毀瓦崗？

所以說，世界上最堅固的堡壘都是從內部被攻破的。觀諸瓦崗之亡，此言可為注腳。

李密歸唐後，表面上得到了李淵的禮遇，實際上卻坐了冷板凳，只當了一個可憐巴巴的光祿卿。所謂光祿卿，就是管理宮廷膳食的，說白了就是管食堂的。李密英雄一世，到頭來居然落到這步田地，自然是惱恨交加、度日如年。

武德元年（六一八年）十二月，忍無可忍的李密終於叛唐，帶著王伯當等舊部出關，企圖殺回中原、重振瓦崗，但剛剛走到熊耳山，就遭到唐將盛彥師的伏擊，與王伯當雙雙被殺。李密死時，年僅三十七歲。

六、逐鹿中原

李淵於西元六一八年定都長安、開創大唐王朝，經過幾年的浴血奮戰，先後蕩平了隴右的薛舉父子、河西的李軌、河東的劉武周等，迅速成為四方群雄中最強大的逐鹿力量之一。

在這個開疆拓土的過程中，建功最著者首推李淵的次子——秦王李世民。

武德三年（六二〇年）七月，李世民剛剛平定劉武周，就又馬不停蹄地踏上了東征之路，揮師挺進中原，兵鋒直指東都。這一次，李世民將面臨兩大實力強勁的對手：一個是盤踞河南的王世充，一個是割據河北的竇建德。

此時的李世民意氣風發、鬥志昂揚，滿懷必勝的信念。可他並沒有料到，等待在他前方的將是一場曠日持久的惡戰。在這場長達十個月的中原之戰中，李世民將多次身陷重圍、命懸一線，經歷他軍事生涯中最為驚心動魄的幾個生死瞬間；此外，唐軍也將在洛陽城下遭到異常頑強的抵抗，付出慘重的傷亡；並且，就在東都久攻不下、唐軍師老兵疲之際，竇建德又親率十萬大軍南下援洛，對唐軍形成了前後夾擊之勢……

然而，就是在這種敵眾我寡、腹背受敵的嚴峻局面下，李世民卻以令人意想不到的方式扭轉乾坤，一戰生擒竇建德、逼降王世充，一舉消滅兩大割據政權，為李唐王朝統一天下徹底掃清了道路。

那麼，李世民究竟是怎麼做到的？

下面，就讓我們把目光轉向一千多年前那個金戈鐵馬、戰火紛飛的中原……

盤踞東都的王世充原是西域胡人，本姓支，因其祖母早年改嫁漢人，遂以王為姓。王世充從小頗涉經史，尤好兵法，年輕時擔任禁軍侍衛，後以軍功擢升兵部員外郎，大業年間官至江都郡丞。隋煬帝東幸江都後，王世充善察人主顏色，阿諛奉承，所言無不順旨，且精心營建宮室池台，廣搜天下奇珍以獻，故深得楊廣寵信。大業末年，四方叛亂紛起，王世充頻頻率部征討，頗立了一些戰功，越發獲得楊廣的信任和器重。

大業十三年（六一七年），瓦崗寨在李密的領導下飛速崛起，先後佔領了興洛倉和回洛倉，對東都形成了巨大威脅。楊廣急命愛將王世充馳援東都、討伐李密。在此後的一年間，王世充與李密在中原地區展開了激烈的較量，前後數十戰，雖然總體上敗多勝少，但最終卻在邙山會戰中大敗李密，悉數收降了瓦崗的部眾，而且兼併了瓦崗的大部分地盤。從此，王世充的實力空前壯大，遠近的割據勢力紛紛前來投靠，「東盡於海，南至於江，悉來歸附」。（《北史．王世充傳》）

唐武德二年（六一九年）二月，早已一手把持朝政的王世充廢掉了傀儡皇帝楊侗，在洛陽稱帝，國號為鄭。他原本以為從此可以割據一方，與其他政權鼎足而立，沒想到還沒過足皇帝癮，李世民的東征大軍就逼到了他的眼皮底下。

七月，唐軍進入東都戰場，前鋒羅士信進圍慈澗（洛陽城西），王世充接到戰報，立刻親率三萬人前往增援。七月末，李世民率領一隊輕騎兵在慈澗周圍偵察。第一個生死瞬間就在這時候悄然降臨。當時，李世民正在專心致志地勘察地形，誰也沒有料到王世充會在這個時候帶著軍隊從天而降。由於雙方兵力太過懸殊，唐軍士兵們大驚失色，一時間不知所措。可李世民卻鎮定自若，他一邊帶領騎兵們且戰且退，向著大營的方向突圍，一邊前後奔馳、左右開弓。弦聲響處，最先衝上來的鄭軍士兵紛紛墜馬，包括王世充的大將燕琪也被李世民一箭射落，唐兵立刻衝上去將其擒獲。王世充慌忙勒住韁繩，不敢再向前追擊。李世民遂和士兵們殺開一條血路絕塵而去。

死裡逃生的李世民回到軍營時，渾身上下沾滿塵土，守軍認不出他，差點放箭把他射殺。李世民摘下頭盔大聲呼喊，守門士兵才認出這個「土人」原來是他們的秦王。

次日清晨，對整個戰場地形已經了若指掌的李世民親率五萬步騎進攻慈澗，王世充怯戰，撤出慈澗退守洛陽。李世民隨即命各路兵馬縮小包圍圈：史萬寶自宜陽（今河南宜陽縣西）進軍，佔領龍門（洛陽城南）；劉德威穿過太行山，南下進圍河內（今河南沁陽市）；王君廓自洛口（今河南鞏縣東）出兵，切斷洛陽的糧食補給線；黃君漢自河陰（今河南孟津縣北）出兵，攻擊回洛倉城（今河南偃師市北）；最後，李世民親率大軍進駐邙山南麓，營陣相連，從北面威逼洛陽。

數日後，李世民與王世充在洛陽城北的青城宮列陣對峙，雙方隔著洛水河進行了一番對話。王世充向李世民喊話道：「隋室傾覆，唐稱帝於關中，鄭稱帝於河南，世充未嘗西侵，秦王為何舉兵東來？」

李世民不屑於跟他說話，命宇文士及回答：「四海皆歸順吾皇，唯獨你阻撓大唐的聲威教化，這就是我們東來的原因！」

王世充接下來的這句話充分暴露了他對即將到來的這場大戰的恐懼。他說：「你我和平共存，休戰止兵，豈不更好？」

宇文士及最後給他的答覆是——「我們奉詔取東都，沒有奉命與你和解！」

王世充知道，自己已經沒有退路了。只能拼死第一次世界大戰，別無選擇！面對四面合圍、聲勢浩大的唐軍，感到恐懼的絕不只王世充一個人。

他屬下的大多數將領都料定他不是唐軍的對手，於是在接下來的一個多月裡，洧州（今河南扶溝縣）、顯州（今河南泌陽縣）、尉州（今河南尉氏縣）、杞州（今河南杞縣）、夏州（今河南太康縣）、陳州（今河南淮陽縣）等數十個州縣，紛紛歸降唐軍。

九月下旬，李世民率麾下驍將尉遲敬德和五百名騎兵巡視戰場。當他們走到位於邙山腳下的「景陵」（北魏宣武帝元恪陵墓）時，王世充帶著一萬多名騎兵突然出現，迅速將他們包圍。鄭軍大將單雄信一馬當先，手中長矛直刺李世民。就在這千鈞一髮之際，尉遲敬德飛馳上前，一聲怒喝將單雄信挑落馬下，鄭軍士兵大為驚恐，不敢再往前逼近，眼睜睜地看著尉遲敬德保護李世民突出了重圍。稍後，屈突通率大軍來援，李世民隨即組織部隊反擊，大破鄭軍，俘虜六千人，斬殺一千餘人。王世充和單雄信僅帶著少數部眾逃回洛陽。

進入冬天後，唐軍的攻勢越來越猛，王世充的地盤迅速縮水：十月，管州（今河南鄭州市）、滎州（今河南滎陽市西）、陽城（今河南登封縣東南）、汴州（今河南開封市）等地紛紛降唐。與此同時，唐將李大亮也奉命進逼王世充之侄王弘烈駐守的襄陽，於十一月初連克襄陽周邊的十四座城寨，繼而將襄陽團團圍困。十二月初，在各路唐軍的強大攻勢下，許州（今河南許昌市）、亳州（今安徽亳州市）、隨州（今湖北隨州市）又全部歸降唐軍……

至此，洛陽已經徹底成為一座孤城，陷落只是遲早的事。在這個即將滅頂的時刻，近乎絕望的王世充不得不向一個人發出了求救信號。這個人就是竇建德。

竇建德，貝州漳南（今河北故城縣）人，自少慷慨俠義，頗為鄉黨所稱。大業七年（六一一年），隋政府招募東征高麗的士兵，竇建德因驍勇之名被任命為二百人長，同鄉好友孫安祖也在徵召之列。可孫安祖因家中遭遇洪災，老婆孩子全部餓死，故不願再替官府賣命，堅決不肯應徵。當地縣令大怒，將其逮捕並施以鞭刑。孫安祖憤而刺殺縣令，躲到了竇建德家中。

竇建德將他藏匿起來，隨後又幫孫安祖召集了二百多個壯士，讓他們到高雞泊一帶落草為寇。竇建德當時的心態頗為矛盾——儘管他也知道隋王朝已經失了人心，天下必將大亂，可他對自己在隋朝軍隊中的前程似乎還抱有幻想；儘管他可以不遺餘力地幫助孫安祖去反叛隋王朝，可他自己仍然捨不得扔掉「二百人長」這塊雞肋。

最後，還是當地官府幫他下了這個決心。

本來竇建德窩藏孫安祖一事，當地官府已經有所察覺，加之附近的張金稱、高士達等盜匪凡有洗劫，皆自動避開竇建德家所在的那條街，當地官府據此認定，竇建德必然與盜匪暗中勾結，於是發兵前去逮捕。碰巧那天竇建德不在家中，官兵為了洩憤，就把他的一家老小全都殺了。

至此，萬念俱灰的竇建德終於脫下隋朝軍裝，帶著手下的二百名士兵投奔了高士達。他之所以沒有去找孫安祖，是因為他知道，一旦去了高雞泊，孫安祖必定會讓出首領的位置，而一向仗義的竇建德當然不願這麼做，正所謂君子不奪人之美，所以他寧可去給高士達當副手。

竇建德有意成全孫安祖，可惜孫安祖能力平平，不久就在與張金稱的火拼中被殺，高雞泊的數千部眾群龍無首，旋即歸附竇建德。由於竇建德能夠禮賢下士，與普通士卒同甘共苦，所以人們都願意為他效命，越來越多的人投到了他的麾下，部眾很快增至一萬多人，聲勢日漸壯大。

大業十二年（六一六年），隋軍前來討伐，高士達自知謀略不及竇建德，遂任命他為司馬，把部隊交由他全權指揮。竇建德不負眾望，用詐降的辦法大破隋軍，由此威望日盛。不久，隋將楊義臣討平張金稱，乘勝進攻高士達。竇建德知楊義臣善用兵，勸高士達堅壁清野、避敵鋒芒，等敵疲累之時再發動進攻。無奈高士達擔心竇建德威望太高會威脅他的地位，於是斷然拒絕他的建議，親自率部迎戰，結果兵敗被殺。竇建德率餘眾突圍而去，隨後佔據饒陽，召集逃散的部眾，於是聲勢復振，自立為將軍。

竇建德雖然是農民出身，沒什麼文化，但他卻很懂得尊重讀書人，所以每當抓到隋朝的官吏士人，竇建德總是以禮相待，對於有才之人，更是將其奉為上賓。這些隋朝的官吏士人在走投無路的時候得到竇建德的禮遇，無不感恩戴德，樂得為其所用。因此，竇建德麾下的將帥和智囊越來越多，其仁義之名也逐漸傳開，遠近的隋朝將吏紛紛舉城歸附，部眾迅速發展到十萬餘人。

大業十三年（六一七年），竇建德眼見時機成熟，遂建都樂壽（今河北獻縣），稱長樂王，同時四處出兵，擴張地盤。武德元年（六一八年），竇建德改國號為夏，自稱夏王，同年大破幽州（今北京）魏刀兒的十萬之眾，盡得其地，從而雄踞河北。

唐武德二年（六一九年），宇文化及在東都被李密所敗，退保聊城。竇建德遂以討伐逆臣為名攻克聊城，擒殺了宇文化及。隨後，竇建德將宇文化及從江都擄掠而來的嬪妃宮女悉數遣散，而對於那些有才幹的隋朝舊臣，如裴矩、何稠、虞世南、歐陽詢等人，竇建德一律予以重用。至於那些不願為他效力，一心想投奔洛陽和長安的人，竇建德也概不強留，一律尊重個人意願，不但送給他們盤纏，還派兵護送他們出境。

竇建德的所作所為使他廣泛贏得了人心。所謂得人心者得天下。如果單純從這個意義上說，竇建德無疑是天下群雄中最有潛力、也最有資格與李淵父子抗衡的人。

唐武德三年（六二〇年），當王世充派遣使臣跑來求救時，竇建德立刻有了一種唇亡齒寒之感。他立刻就此舉行廷議。夏朝的中書侍郎劉彬對時局做了一番完整而透徹的分析：「唐有關中，鄭據河南，夏居河北，共成鼎足之勢。今唐軍傾其主力攻鄭，從秋至冬，唐強鄭弱，鄭力已竭，一旦鄭亡，夏朝也有唇亡齒寒之憂。不如出兵相救，夏軍攻唐軍之背，鄭軍攻唐軍之腹，可大破唐軍。唐軍敗退後，再靜觀其變，若鄭國可滅，則一併滅之，合兩國之兵，直搗關中，可定天下！」

竇建德完全同意劉彬的分析——洛陽是自己的南面屏障，一旦被唐朝平滅，李世民的兵鋒就會直指河北，所以他絕不能坐視王世充的滅亡。

武德四年（六二一年）正月，李世民在肅清洛陽周邊之後，率大軍進駐青城宮，準備對洛陽發起總攻。唐軍未及修築營寨，王世充便親率二萬人馬出城攻擊。諸將皆懼，李世民命精銳騎兵在邙山下列陣，對左右說：「王世充已經到了窮途末路，這次把全部兵力都投入戰場，準備決一死戰，若今日一戰破之，他便不敢再出城了！」於是命屈突通率五千人渡過谷水進攻王世充，隨後李世民一馬當先衝入敵陣。

在數十精騎的掩護下，李世民坐下的那匹「颯露紫」（著名的「昭陵六駿」之一）像一隻離弦之箭直直插入敵陣，最後竟然橫穿而出，一下打亂了鄭軍的陣腳。鄭軍士兵大為驚恐，被擊殺甚眾。可就在李世民縱橫馳騁、殺得興起的時候，谷水岸邊的一道河堤忽然擋住了他的去路。李世民匆忙掉轉馬頭，準備和大軍會合。可是周圍密密麻麻全是敵軍，就連保護他的數十名騎兵也在衝鋒中走散了。此刻，李世民的身邊只剩下一個將領丘行恭。

這是李世民自中原開戰以來第三次身涉險境。

敵人圍了上來，流矢紛紛射向李世民，「颯露紫」前胸正中一箭。危急關頭，丘行恭連發數箭，射殺了幾名敵兵，隨即翻身下馬，把自己的坐騎交給李世民，然後一手牽著「颯露紫」，一手執長刀，左衝右突，大聲叱喝，終於和李世民一起殺開一條血路，與趕上來的大軍會合。

李世民突出重圍後，王世充也迅速集結潰散的部眾，重新擺出陣形，繼續與唐軍鏖戰。

這一仗打得異常慘烈。從辰時（七時）一直激戰到午時（十三時），鄭軍多次被唐軍騎兵衝散，可王世充卻屢屢整兵再戰，表現出了前所未有的頑強。王世充知道，如果輸掉這一仗，今後他就只能龜縮在洛陽城裡，被唐軍壓著打了，所以他必須全力以赴。

然而，儘管王世充已經拼盡了全力，這一仗他還是輸了。午時過後，唐軍士兵越戰越勇，可鄭軍士兵卻個個筋疲力竭，開始往後潰退，再也不聽號令了。王世充萬般無奈，只好掉轉馬頭向洛陽狂奔。李世民乘勝追擊，一直追到了洛陽城下，總共斬殺並俘虜了七千餘人。

唐軍開始猛攻洛陽，但是最後的攻堅戰卻要比李世民想像的艱難得多。

因為鄭軍的防禦部署非常嚴密，而且還裝備了大量重型武器。比如投石機，可投擲五十斤的飛石，距離達二百步。可想而知，這樣的「炮彈」發射出去，每一發都可以把人砸成肉醬。此外，還有一種巨型連弩，把弓拉滿的時候形狀大如車輪，箭鏃形同大斧，每次可以連續發射八箭，射程可達五百步。在這樣一些「尖端武器」的猛烈打擊之下，唐軍傷亡重大，一連打了十多天，洛陽宮城還是巋然不動。唐軍將士筋疲力盡，以行軍總管劉弘基為首的一批高級將領紛紛請求班師。

可志在必得的李世民堅決不同意。他說：「我們大舉進攻中原，自應奪取洛陽，此乃一勞永逸之舉。而今東方各州皆已望風歸降，洛陽只是一座孤城，不可能堅持太久，眼看馬上就要成功，豈能棄之而去？」

隨後，李世民傳令全軍：「洛陽未破，師必不還，敢言班師者斬！」

武德四年（六二一年）二月末，竇建德親率十萬大軍渡河南下，進抵虎牢關。

虎牢關位於今河南滎陽市區西北十六公里的汜水鎮，是洛陽東面的天險和屏障，因西周穆王曾在此捕獲一隻猛虎、並將虎飼養於此而得名。其關隘修築於汜水西面的大伾山上，「北臨黃河，崖岸峻峭，岧岧孤危，高四十餘丈，勢盡川陸」。（嚴耕望《唐代交通圖考》）

李世民緊急召開了一個軍事會議，討論對策。以蕭瑀、封德彝、屈突通等人為首的一大批高級官員都表示，應該避其鋒芒，暫時退保新安，伺機再戰。

李世民知道，這些人的擔心是有道理的。唐軍與王世充已經打了足足八個月，早已疲憊不堪，而且在此前的攻堅戰中又遭遇挫折，士氣大不如前，而竇建德的夏軍則是養精蓄銳，以逸待勞，兩相比較，唐軍實在沒有多少取勝的把握。再者說，燕趙自古多豪傑，夏軍的戰鬥力絕對不可小覷，武德二年把李神通率領的河北唐軍打得一敗塗地就是明證。而且這一次竇建德幾乎出動了他的所有精銳，這十幾萬精兵強將絕對不是那麼好打發的。

按常理，李世民應該聽從大多數人的建議——暫時撤兵，伺機再戰。然而，李世民終究是一個不按常理出牌的人。他最終還是選擇了那個讓所有人都瞠目結舌的戰略——圍洛打援，兩線作戰！

李世民作出決議後，隨即兵分兩路，命齊王李元吉和屈突通率一部繼續圍困洛陽，自己親率驍勇之士三千五百人，進駐虎牢關。

「虎牢之戰」是中國歷史上的一場著名戰役。

李世民僅以數千騎兵破竇建德十餘萬眾，堪稱以少勝多的經典之作。

五月二日，李世民親率輕騎兵衝鋒在前，命主力隨後跟進。唐軍傾巢而出，快速掠過汜水，直衝夏軍陣地。

此時此刻，竇建德正在開朝會。很顯然，竇建德並沒有把這個年輕的對手放在眼裡。他以為自己的兵力數十倍於唐軍，李世民絕對不敢貿然放棄關隘之險，主動出關攻擊。

可他錯了。正當他還在和朝臣們商討圍攻虎牢關的策略時，震耳欲聾的喊殺聲突然傳進了大帳，文武百官驚恐萬狀，頃刻間亂成一團。竇建德愣了一瞬之後，立刻明白了自己的處境。他即刻下令騎兵反擊，可騎兵們卻被驚慌亂竄的朝臣擋住了去路。

竇建德連忙指揮百官退下，可剎那間唐軍已經大量殺到，竇建德萬般無奈，只好率領部分親兵向營地東面的高坡撤退。唐軍將領竇抗拼命追擊，夏軍奮死抵禦，將竇抗擊退。唐、夏兩軍陷入鏖戰，一時間殺聲震野、塵埃漫天。

夏軍雖然在人數上佔據絕對優勢，可他們的陣勢早已被唐軍衝垮，指揮系統幾乎完全癱瘓，只能各自為戰。為了徹底擊垮夏軍殘存的鬥志，李世民率程知節、秦叔寶等人，捲起旗幟，從夏軍陣地中穿過，從陣後突出，隨即將唐軍大旗高高豎起，夏軍見狀，以為已被唐軍包圍，頓時鬥志全喪，一舉崩潰，李世民率部追擊了三十里，斬殺了三千餘人。

混戰之中，竇建德被長矛刺中，一路向西逃奔，身邊的親兵各自逃散。竇建德逃至黃河岸邊的牛口渚時，傷口劇痛難忍，忽然栽落馬下。唐車騎將軍白士讓和楊武威尾追而至，以為他是一個普通的夏軍將領，揮起長矛正欲刺下，竇建德高喊：「不要殺我，我是夏王，可以讓你們富貴。」

夏王竇建德？

白士讓和楊武威對視一眼，無聲地笑了……一代梟雄就這麼完了。

竇建德歷經艱險奮鬥了整整十年的帝王功業，就這樣毀於一旦。

虎牢之戰，十餘萬夏軍全軍覆沒，除了被殺和逃散的之外，與竇建德一同被俘的還有五萬人，李世民隨後將他們就地遣散，命他們各回家鄉。

竇建德的妻子曹王后僥倖脫身，與左僕射齊善行一起，帶著數百名騎兵倉皇逃回洺州。

五月八日，李世民將竇建德裝進囚車，押到了洛陽城下，向王世充和洛陽守軍示威。王世充站在城頭上與竇建德遙遙對話，禁不住淚如雨下。最後，王世充召集諸將討論，準備殺出重圍，南逃襄陽。但是與會的所有將領卻一致反對，王世充徹底絕望，只好開門投降。

五月中旬，逃回洺州的夏朝左僕射齊善行意識到群龍無首的夏朝絕對不是李世民的對手，於是與右僕射裴矩率領夏朝文武百官，擁奉曹王后，向唐朝投降。

武德四年（六二一年）七月，李世民凱旋，同時將竇建德和王世充押解到長安。數日後，竇建德在鬧市中被斬首，終年四十九歲；同月，王世充也在流放途中被殺。

至此，曾經雄踞大河南北的兩大割據勢力徹底覆滅，王世充和竇建德曾經佔據的地盤全部併入李唐王朝的版圖。李唐王朝統一海內已經毫無懸念……

七、統一海內

隋王朝的崩潰始於大業七年（六一一年）。那年冬天，一個叫王薄的人在長白山（今山東鄒平縣南）點燃了隋末大起義的第一把烽火，然後彷彿在一夜之間，帝國的四面八方就爆發了數不清的叛亂，一個又一個亂世英雄爭先恐後地浮出了歷史水面。

天下從此分崩離析，前後不知有多少人稱帝稱王。到了大業十四年（六一八年），李淵父子雖然在關中建立了李唐政權，但是各路反王卻依舊擁兵割地、稱霸一方。

從唐武德元年（六一八年）到武德七年（六二四年），與李唐對峙的較大的割據政權就有：竇建德在樂壽（今河北獻縣）建立的夏，王世充在洛陽建立的鄭，劉武周在馬邑（今山西朔州市）建立的定楊，梁師都在朔方（今陝西橫山縣）建立的梁，薛舉父子在金城（今甘肅蘭州市）建立的西秦，李軌在涼州（今甘肅武威市）建立的涼，蕭銑在江陵（今湖北江陵縣）建立的蕭梁，劉黑闥在洺州（今河北永年東南）建立的漢，輔公祏在丹陽（今江蘇南京市）建立的宋……

正所謂「隋失其鹿，天下共逐之」！最終究竟鹿死誰手，還要用實力證明、靠槍桿子說話。

早在李淵登基的次月、亦即武德元年（六一八年）六月，西秦的薛舉就親率大軍入侵關中，對新生的李唐王朝構成了嚴重威脅。

當時，李淵命秦王李世民為元帥，率八道總管出兵禦敵。可是當唐軍進至高墌（今甘肅涇川縣東）、與薛舉兩軍對壘時，李世民卻忽然染上了瘧疾。在此情況下，李世民只好暫時把指揮權交給了副手劉文靜和殷開山，命其深挖壕溝、高築營壘，暫時採取守勢，不與薛舉交戰。可劉文靜和殷開山貪功心切，擅自與薛舉開戰，結果在淺水原（今陝西長武縣北）被薛舉擊潰，超過半數以上的士兵陣亡，劉弘基、慕容羅睺、李安遠等多名大將被俘。李世民只好率餘眾撤回長安。薛舉乘勝進佔高墌，並將唐軍的屍體堆成一座高台，以炫兵威。

這是李淵自起兵以來遭遇的第一次慘重失敗。李唐朝野頓時人心惶惶。

可讓李淵君臣意想不到的是——淺水原兵敗僅一個月後，薛舉就病死了，其長子薛仁杲繼任秦帝。

李淵大喜過望。他知道，這個薛家的新掌門刻薄寡恩，在當太子的時候就跟將領們明爭暗鬥、互相猜忌，現在雖然接了老子的班，可將領們大多不買他的帳。所以李淵料定，薛仁杲絕對不是唐軍的對手。

武德元年（六一八年）九月，李淵再命李世民進擊薛仁杲駐守的高墌城。李世民吸取上次兵敗的教訓，遲遲不與秦軍決戰，只是堅守營壘，同時不斷派兵襲擾，並切斷了對方的後勤補給線。

雙方對峙六十餘日後，高墌城中糧食耗盡，秦將梁胡郎等人紛紛率部歸降唐軍。李世民知道秦軍已經將士離心，遂於淺水原與秦軍展開第二次交鋒。此戰唐軍大獲全勝，繼而包圍高墌。薛仁杲意識到大勢已去，只好出城投降，隨後被押赴長安斬首，西秦就此覆滅。

薛舉父子敗亡後，西涼李軌趁機出兵攻佔了原屬西秦的張掖、敦煌等河西五郡。然而，表面上的強勢擴張絲毫不能掩蓋其內政的混亂——此時的西涼早已人心離散。

導致李軌喪失人心的原因有三：一，誅殺功臣，致使親信舊部個個惶惶不安，唯恐被李軌兔死狗烹；二，迷信巫師妄言，耗盡國庫修建了一座富麗堂皇的玉女台，幻想「天降玉女」、保其國運；三，民間遭遇嚴重災荒，以致百姓易子而食，可李軌卻拒絕開倉賑糧。

西涼衰亡之兆已顯，李唐的一個朝臣安興貴立即向李淵上奏，願前往西涼勸降李軌。由於安興貴家族世居涼州，在當地頗有勢力，其弟安修仁當時還在西涼擔任戶部尚書，深受李軌信任，所以安興貴對此胸有成竹。

武德二年（六一九年）五月，在取得李淵的同意後，安興貴隻身回到涼州，很快得到李軌的信任。但是，安興貴對李軌的勸降卻沒有成功，他只好決定採用武力。隨後，安興貴與安修仁一起暗中募兵，出其不意地發動了一場兵變，生擒李軌，把他和幾個弟弟、兒子一起押往長安，全部斬首。

至此，李淵不費一兵一卒就平了西涼，佔了河西。然而，李淵萬萬沒有料到，他這邊輕輕巧巧地佔據了河西，他的四子李元吉（時任並州總管）卻不戰而敗地丟掉了并州（原隋朝的太原郡）。

攻佔并州的正是據守馬邑的劉武周。

眾所周知，并州是李唐的龍興之地，而且是捍禦突厥的軍事重鎮，其戰略地位非同小可。所以當李元吉灰溜溜地逃回長安時，滿朝文武無不震恐。武德二年（六一九年）下半年，劉武周麾下猛將宋金剛橫掃河東，令唐軍節節敗退，連主動請纓北上的右僕射裴寂也被打得丟盔棄甲，毫無還手之力。

李淵不得不下詔告諭河東各軍，說：「賊勢如此，難以爭鋒，不如暫時放棄河東，堅守關中。」

李世民立刻站出來反對。他說：「太原是帝業的發祥地、國家的根本所在，而河東物產豐饒、民眾富庶，是京師的資源供應地，如果將其拋棄，兒臣竊感憤恨！請撥給兒臣精兵三萬，必能平定劉武周，克復汾晉。」

李淵甚為欣慰，馬上集結關中的所有精兵，全部交給了李世民。

十一月，李世民趁黃河結冰，率大軍自龍門踏冰西渡，進駐柏壁（今山西新絳縣南），與宋金剛對峙。李世民仍舊採取了他的一貫戰略——堅守營壘，拒不出戰，以此消耗對手的銳氣，也消耗對手的糧食。

從武德二年（六一九年）十一月到武德三年（六二〇年）四月，李世民與宋金剛整整對峙了將近半年，除了發動一兩次十拿九穩的奇襲之外，基本上按兵不動。四月下旬，宋金剛終於全線撤退。李世民抓住戰機，一日一夜追出了二百餘里，與定楊軍大小數十戰，連戰連捷，一直把宋金剛追到了介休。還沒等他們緩過一口氣，李世民已經兵臨城下。

就是在接下來的這場戰役中，李世民得到了宋金剛麾下的一員猛將——尉遲敬德。當時，不甘失敗的宋金剛命尉遲敬德防守介休城，自己在西門外列陣阻擊唐軍。李世民命李世勣發起進攻，而後佯裝敗退。當宋金剛揮師進攻的時候，李世民率精銳騎兵迅速繞到了他的陣地背後。腹背受敵的定楊軍頓時崩潰，被唐軍斬殺三千餘人，宋金剛帶著少數輕騎再度北逃。李世民又追出了數十里，一直追到張難堡（今山西平遙縣西南）才勒住了韁繩。

尉遲敬德料知大勢已去，只好歸降了李世民。

宋金剛慘敗的消息傳到并州後，血本無歸的劉武周就像被利器戳中了心臟，頓時全身癱軟。此次傾巢南下，他把自己的精兵良將全部交給了宋金剛。而今宋金剛全軍覆沒，劉武周還拿什麼逐鹿天下？

絕望的劉武周只好放棄并州，帶著少數部眾流亡東突厥。宋金剛本來還想收集殘部再戰，可士卒們風聞劉武周已經逃亡漠北，都不再聽從他的號令。宋金剛無可奈何，只能步劉武周之後塵，率一百餘騎逃奔突厥。但是突厥人覺得他們已經沒什麼利用價值，不久就把他們先後除掉了。

作為李唐王朝在北方最強勁的一個對手，劉武周的覆滅讓李淵長長地鬆了一口氣。他隨後便把目光轉向了關東。武德三年（六二〇年）七月，李世民大舉進軍中原，經過十個月的苦戰，佔據了王世充的大部地盤，最後把他死死地困在洛陽城內。次年五月，竇建德率十萬大軍來援，李世民力排眾議，採取「圍洛打援，兩線作戰」的戰略，擊潰竇建德，將其生擒，繼而逼降了王世充，一舉消滅了鄭、夏兩大割據政權。

就在李世民平定中原的同一年，趙郡王李孝恭和行軍總管李靖也大舉南下，進軍蕭梁。

武德四年（六二一年）十月，唐軍兵分四路，由李孝恭和李靖率二千餘艘戰船出巴蜀，浩浩蕩蕩順長江東下；另三位大將分別出襄州（今湖北襄陽）、辰州（今湖南沅陵縣）和夏口（今武漢漢口），從各個方向進逼江陵（今湖北江陵縣）。

在這生死存亡的危急關頭，蕭銑卻對戰局產生了重大誤判。他認為此時長江水勢大漲，不易行舟，因此並沒有及時進行防禦部署。李孝恭的唐軍主力遂一路勢如破竹，接連攻陷荊門和宜都兩處軍事重鎮，迅速進抵夷陵（今湖北宜昌市）。

梁朝門戶洞開，都城江陵一下子暴露在唐軍的眼皮底下，蕭銑這才慌了手腳，急命大將文士弘率數萬精銳進駐清江（今清江入長江口）布防。十月初，李孝恭和李靖大破文士弘，俘戰船三百餘艘，梁軍被殺和溺斃者數以萬計。唐軍艦隊長驅直入，兵鋒直逼江陵。梁江州（今湖北長陽縣西）總管蓋彥舉旋即以五州之地降唐。

文士弘潰敗、蓋彥舉叛降的消息傳回江陵，蕭銑頓感末日降臨。他迫不及待地向各地發出了十萬火急的勤王詔。然而，此刻蕭梁的大多數軍隊都遠在江南和嶺南，遠水根本救不了近火。

數日後，唐軍迅速攻破了江陵外城，俘獲艦船一千餘艘。李靖建議將這些艦船放入江中，任它們向下游漂去。眾將領大惑不解，紛紛反對說：「破敵所獲，理當為我所用，奈何棄之，以此資敵？」

可在李靖看來，這批戰利品還有一個更大的用途，他可以用它們一舉擊潰下游梁軍的軍心和鬥志，讓他們徹底放棄援救江陵的打算。這就叫不戰而屈人之兵！

眼見眾將領依舊是一臉迷惑不解的神情，李靖解釋說：「蕭銑所據之地，南到嶺表，東至洞庭，其軍隊數量仍然很大。我們孤軍深入，如果不能及時攻克江陵，等敵人援兵四集，我們必將陷入腹背受敵、進退兩難的困境，就算擁有這些戰船，又能起什麼作用？如果我們將這些艦船放棄，讓它們蔽江而下，各地梁軍見之，必然以為江陵已經陷落，不敢輕進；即便派人偵察，一來一往至少也要十天半月，到時候我們早已拿下了江陵。」

李孝恭和眾將領至此才恍然大悟，遂依計而行。

當一千多艘空無一人的「幽靈船」無聲無息又浩浩蕩蕩地漂向下游時，沿岸梁軍不禁大驚失色。

他們唯一的反應就是——江陵陷了，梁朝完了！

李孝恭和李靖率大軍將江陵內城團團圍困後，迅速切斷了它與外界的一切聯繫。梁帝蕭銑神色淒然對文武百官說：「天不佑梁，勢不能支，若竭力死戰，則生靈塗炭，豈能以我一人之故而使百姓蒙難！」隨後，蕭銑身穿麻衣，頭裹布巾，帶著文武百官來到唐軍大營，對李孝恭說：「當死者唯銑耳，百姓無罪，請勿殺掠！」

武德四年（六二一年）冬，蕭銑被押赴長安斬首，時年三十九歲。

蕭梁平定後，整個長江中下游基本上都納入了唐朝的版圖，但是此時的李淵卻亦喜亦憂——喜的是帝國南方的平定，憂的是河北劉黑闥的復叛。

劉黑闥是竇建德的舊部，夏朝覆亡後逃回家鄉。武德四年（六二一年）七月，原夏朝將領高雅賢等人擁他為首領，再度發動叛亂。劉黑闥起兵後，連戰連捷，聲勢迅速壯大。緊接著，兗州的徐圓朗也舉兵回應。隨後，鄆州（今山東鄆城縣）、曹州（今山東定陶縣）、杞州（今河南杞縣）、伊州（今河南汝州市）等八州豪強也紛紛起兵，一時間叛亂的烽火又開始熊熊燃燒，剛剛平定的大河南北風雲再起。

如果不能及時將這些反叛勢力撲滅，李世民中原決戰的勝利果實必將付諸東流，而李唐王朝統一天下的日子亦將遙遙無期！

武德四年（六二一年）九月，李淵急命淮安王李神通率領關中精銳火速馳援河北。李神通進抵冀州（今河北冀縣），與燕王羅藝會合，在饒陽與劉黑闥展開會戰。雖然唐軍在兵力上佔據了絕對優勢，但最後還是被劉黑闥擊敗，人馬和裝備都損失了大半。

經此一役，劉黑闥兵勢更盛，隨即遣使聯絡東突厥，頡利可汗立即出兵助陣。

此後，劉黑闥率突厥騎兵南下，接連攻克洺州（今河北永年縣東南）、相州（今河南安陽市）、黎州（今河南浚縣）等地，各路唐軍將領無人能擋其鋒，紛紛放棄抵抗逃回長安。短短半年之內，劉黑闥以所向無敵之勢橫掃河北，戰必勝、攻必取，全部克復夏朝舊境，創造了一個令人難以置信的戰爭神話。

武德五年（六二二年）正月初，劉黑闥自稱漢東王，定都洺州，改元天造。

危急時刻，李世民再次披掛上陣，率領東征大軍進入河北戰場，在洺水南岸紮營，威逼洺州。與此同時，幽州羅藝也率數萬兵馬南下，對劉黑闥形成了南北夾擊之勢。數日後，李世民又分兵繞過洺州，收復了北面的邢州（今河北邢台市）和太行山脈的一個重要關口井州（今河北井陘縣西北）。二月中下旬，羅藝一路南下，接連攻克定州、欒州（今河北趙縣）、廉州（今河北槁城縣）、趙州（今河北隆堯縣），兵鋒直指洺州。

至此，唐軍成功地對劉黑闥實施了合圍，將他壓縮在了洺州的彈丸之地，使其基本上喪失了轉圜空間和機動作戰能力。此時的劉黑闥可謂「四面楚歌」：北面的邢州和趙州落入唐軍手中，西面則有太行山脈的天然阻隔，南面是李世民的唐軍主力。三月初，羅藝率軍進抵洺水南岸，與李世民主力會師。劉黑闥不斷挑戰，李世民再次採用了他的一貫戰略，堅壁不出，只是派兵封鎖漢東軍的補給線。

隨後，李世民料定洺州城糧草將盡，劉黑闥必定要到洺水南岸來決戰，遂命部將到洺水上游攔河築壩，下令說：「待我與賊戰，乃決之！」（《資治通鑑》卷一九〇）所謂「乃決之」，就是決堤洩洪！

果然不出李世民所料。三月二十六日，陷入絕境的劉黑闥被迫出城決戰。

劉黑闥率步騎兩萬，南渡洺水，緊逼唐軍大營列陣。李世民親率精銳騎兵首先攻擊劉黑闥的騎兵，將其擊破，並乘勝衝入漢東軍的陣地，橫掃其步兵。劉黑闥深知，輸掉這一仗他就很難再有翻身的機會，於是率眾殊死奮戰。而他麾下這些剽悍驍勇的河北將士也人人抱定背水一戰的決心，所以打得異常頑強。兩軍一直從中午苦戰到黃昏，往來衝殺，難分勝負。唐軍雖然略佔上風，但始終未能取得決勝的優勢。

暮色徐徐降臨，雙方仍然鏖戰不止。漢東軍將領王小胡發現士兵們已經漸露頹勢，連忙對劉黑闥說：「看來是頂不住了，我們們還是趁早抽身吧。」劉黑闥雖然極不情願，但他對戰場上的形勢同樣不抱樂觀，無奈之下，只好和王小胡等少數將領暗中撤出了戰鬥。

劉黑闥就這麼腳底抹油、一走了之了，可他麾下的絕大部分將士卻根本沒有察覺，依舊在那裡拼死砍殺。最後，漢東軍再也無力堅持，只好向洺水北岸潰逃。

就在他們全部進入河溝的時候，洺水上游的滔天巨浪頓時轟然而下。

當筋疲力竭的漢東軍士卒睜著血紅的雙眼，看見一丈多高的洪水彷彿萬馬奔騰一樣席捲而來的時候，他們幾乎連恐懼和絕望都來不及體會，就在一瞬間被咆哮的洪水全部吞沒……

此次戰役的結果是：漢東軍被斬首萬餘級，溺死數千人，幾乎全軍覆沒，劉黑闥僅帶著二百餘騎逃奔東突厥。

聽到劉黑闥逃亡突厥的消息後，山東（太行山以東）地區的部眾頓時鬥志全喪，紛紛歸降唐朝。李世民乘勝東進，掃平了跟隨徐圓朗叛亂的鄆、曹等州，隨後班師。

原本以為劉黑闥叛亂已告平定，可出乎所有人意料的是，短短數月後，劉黑闥便藉助突厥人的力量捲土重來，連克河北數城。剛剛被李淵任命為河北道行軍總管的淮陽王李道玄在下博（今河北深州市東南）與其會戰，結果也兵敗被殺。

旬月之間，復仇之神劉黑闥再次克復夏朝全境，大搖大擺地進入了洺州。

對於李唐王朝的所有人而言，這顯然都是個壞消息。

但是有個人卻覺得這是天賜良機。他就是時任太子洗馬的魏徵。

眼看秦王李世民幾年來威望日增、功勳日隆，魏徵一直替太子李建成感到憂懼。所以在他看來，這一次絕對是李建成揚名立萬的大好機會。他對李建成說：「秦王功蓋天下，中外歸心；殿下但以年長位居東宮，無大功以鎮服海內。今劉黑闥散亡之餘，眾不滿萬，資糧匱乏，以大軍臨之，勢如拉朽，殿下宜自擊之以取功名，因結納山東（崤山以東）豪傑，庶可自安！」（《資治通鑑》卷一九〇）

李建成深以為然，隨即主動請纓。李淵大喜，立刻頒發了一道詔書，任命李建成為「陝東道大行台及山東道行軍元帥」，同時，宣布「河南、河北諸州並受建成處分，得以便宜從事」。也就是說，整個潼關以東的所有唐朝將吏全部要受李建成一體節制，且賦予了他臨事專斷之權。很顯然，李淵也擔心李世民的功勳和威望蓋過李建成，威脅其儲君之位，所以要刻意抬高李建成的身價，提升他的威望。

李建成出兵河北後，採納了魏徵的建議，採取政治與軍事手段雙管齊下的辦法，盡力安撫原夏朝的將領和官員，同時將漢東軍的戰俘全部釋放，讓他們各回家鄉，從而收攬了人心，並極大地削弱了劉黑闥在河北的群眾基礎。

武德五年（六二二年）十二月，李建成率部在昌樂（今河南南樂縣）與劉黑闥對峙。但是尚未開戰，劉黑闥的部眾便開始紛紛逃亡。劉黑闥無法禁止，只好率餘眾不戰而逃。李建成在後面緊追不放。武德六年（六二三年）正月，劉黑闥逃到饒陽，被他的部下、饒州刺史諸葛德威誘殺。至此，轟轟烈烈的劉黑闥叛亂徹底平定。

同年二月，徐圓朗勢窮力蹙，棄城而逃，被流民所殺，河南平定。

三月下旬，梁師都的大將賀遂、索同率領下轄的十二州降唐。梁師都的勢力從此大為削弱，雖然仗著突厥人的支持不時犯邊，但基本上已是日薄西山，難以有何作為。

此外，儘管各地還有一些零零星星的小規模叛亂，但都不成氣候，李唐王朝似乎已經完成了統一，天下似乎也已經恢復了安寧。

可是，就在這一年八月初，最後一波大規模的叛亂爆發了。

叛亂者是輔公祏。他在丹陽（今江蘇南京市）稱帝，國號為宋，還煞有介事地設立文武百官。然而，在天下皆已歸心李唐、海內普遍渴望和平的大背景下，輔公祏此舉無異於自取滅亡。

李淵當即下詔，命各地唐軍兵分四路，以李孝恭和李靖為首，大舉發兵討伐。武德七年（六二四年）三月，李孝恭和李靖在蕪湖擊敗宋軍，並迅速北上，一舉攻克梁山（今安徽和縣南）的三座軍鎮，進而攻至丹陽城下。輔公祏怯戰，率數萬人馬向東逃竄，但是一路上部眾卻不斷逃散，最後身邊只剩下數十個人。最後逃到武康（今浙江德清縣西），遭當地流民襲擊，輔公祏被生擒，旋即押赴丹陽斬首。

至此，江南徹底平定——「北自淮，東包江，度嶺而南，盡統之」。（《新唐書．河間王孝恭傳》）

李唐王朝從立足關中、帝國草創到掃滅群雄、統一海內，整整用了七年的時間！在這個定鼎天下的過程中，建功最著者當非李世民莫屬。

自大唐開國以來，每一場重大的戰爭，每一個危急的時刻，他總是挺身而出，並且每一次都取得了輝煌的勝利。他已經成了李唐王朝當之無愧的中流砥柱！

透過幾年來的南征北戰，李世民的地位、權勢、功勳、威望均已達到人臣的頂點；同時，天下的英雄豪傑與文人名士也紛紛集結到了他的麾下，形成了一個實力強大的政治集團。如此種種，不能不令高祖李淵和太子李建成感到深深的不安和憂懼。

所以，到了武德七年（六二四年），統一天下的戰爭剛剛結束，另一種更為殘酷的戰爭就開始了。

那是李唐王朝內部的戰爭。

準確地說，是李世民與李建成之間你死我活的政治博弈……

八、李建成謀反案

自從武德六年（六二三年）正月平滅劉黑闥之後，太子李建成就有了一種揚眉吐氣之感。他發現自己終於在李世民和天下人面前重拾了失落已久的自尊和自信，而日漸動搖的儲君地位也由此得到了鞏固。此外，這次東征還讓他得到了兩個額外收穫：其一是和四弟李元吉結成了政治同盟，一起把矛頭指向了李世民；其二是與燕王李藝（羅藝）深相交結，推薦他入朝擔任左翊衛大將軍，並把他納入了自己的陣營。

凱旋回朝後，李建成開始不遺餘力地擴充武裝力量。他私自招募長安及四方的驍勇之士兩千餘人，分別駐守東宮的左、右長林門，號「長林兵」；同時暗中派遣右虞侯可達志前往幽州，從李藝的舊部中抽調了三百名身經百戰的突擊騎兵，祕密屯駐東宮附近諸坊，準備進一步充實東宮衛隊。

李建成之所以搞這麼多小動作，目的只有一個——對付李世民。他知道，自己遲早有一天要和李世民刀兵相見。

然而，就在那三百名幽州騎兵剛剛進駐長安不久，事情就被人告發了。有人一狀告到了皇帝那裡，李淵頓感事態嚴重——一個儲君居然背著朝廷把一支地方軍隊千里迢迢地調入京師，這絕對是違法的！李淵立刻把李建成召去訓斥了一番，隨後便將東宮將領可達志流放嶲州（今四川西昌市），以示懲戒。

李建成很窩火。他知道，告密者肯定是秦王的人。可既然自己是違規操作被人抓了小辮子，他也無話可說，只好忍耐。

武德七年（六二四年）夏天，太子與秦王之間的矛盾衝突逐步升級，甚至出現了武力對抗的苗頭。李淵對此深感不安。

五月中旬，位於長安以北宜君縣境內的一座山中行宮——仁智宮竣工落成，李淵當即決定前往仁智宮避暑，紓解一下鬱悶的心境。他特意點名讓秦王（李世民）和齊王（李元吉）隨行，同時命太子李建成留守長安，負責處理日常政務。

李淵這麼做，顯然是有意把秦王和太子分開，以免他們趁他不在長安的時候鬧事。然而，此時的李淵並不知道，一起震驚朝野的「謀反」事件，馬上就將在他的眼皮底下發生。他的鑾駕前腳剛出長安，後腳就有兩個東宮軍官押著幾車「物資」悄悄離開京城，一路向西北急行。

這兩個人是太子手下的郎將爾朱煥和校尉橋公山。

他們車上裝的並不是普通物資，而是一大批嶄新的盔甲！二人奉太子之命，準備將盔甲運往慶州（今甘肅慶陽縣）交給都督楊文幹。

很顯然，這又是一次違規操作。就像前幾次一樣，李建成自以為這次私運兵器同樣做得神不知鬼不覺。可他絕沒有想到，他的一舉一動都沒有逃過秦王的眼睛。他更不會想到，這一次秦王會抓住這個把柄把他往死裡整！

六月初，也就是在李淵駕臨仁智宮的同時，爾朱煥一行也走到了位於長安與慶州中途的豳州（今陝西彬縣）。

武德七年（六二四年）這起震驚朝野的「李建成謀反」事件，就在這一刻東窗事發。不知道出於什麼原因，爾朱煥和橋公山到達豳州時就不再往前走了，而且突然向豳州方面舉報，聲稱有重大案情要上告。豳州地方官不敢怠慢，即刻將他們送到了天子所在的仁智宮。爾朱煥和橋公山隨即向李淵面奏，指控太子李建成準備與慶州都督楊文幹裡應外合，趁天子不在京城之機發動兵變！

那一刻，李淵幾乎不敢相信自己的耳朵。就在他極度震驚並且滿腹狐疑的時候，又有一個叫杜鳳舉的人也從寧州（今甘肅寧縣）趕赴仁智宮告發了太子。他的指控和爾朱煥、橋公山如出一轍。

這個杜鳳舉是什麼角色，史書並無記載，但有一點我們可以肯定，他和爾朱煥、橋公山的背後，一定有一種相同的力量在操縱，否則他們不太可能在同一時間發出對太子李建成同樣不利的指控。

面對這接踵而來的控告，李淵再也坐不住了，他立刻找了一個理由傳令太子到仁智宮面聖。無論太子謀反是真是假，李淵都必須在第一時間把他控制住。

接到天子的手詔後，李建成懵了。出了什麼事？天子為何平白無故召自己上山？

此時的李建成並不知道爾朱煥等人不但已經把他賣了，而且還給他扣上了大逆不道的謀反罪名。所以，他的第一反應只能是——私運盔甲之事又被秦王的人告發了！

私運盔甲雖然不是什麼死罪，但是這次卻不太一樣。因為運送的目的地是慶州，而慶州都督楊文幹是東宮舊部、太子嫡系，李建成當初組建衛隊時就曾經從慶州暗中徵調過一批將士。這些因素綜合起來，極易讓人產生豐富的聯想。何況此前可達志的事情已經是一次嚴厲的警告，這次又明知故犯，天子一定大為震怒，否則也不會這麼急著召他去行宮。要知道，身為儲君卻暗中與地方將領交結，並且頻頻徵調部隊、私運軍用物資，這些事情堆在一起很容易被人控以一個可怕的罪名，那就是——串通地方將領，陰謀反叛！

想到這裡的時候，李建成不禁驚出了一身冷汗。怎麼辦？

幕僚們開始七嘴八舌地獻計。太子舍人徐師謨提議，乾脆起兵，趁天子不在把京師佔了！

這顯然是個餿主意，跟挖一個坑把自己埋了沒什麼兩樣。所以，李建成並未採納。詹事主簿趙弘智則提出了一個比較理智的建議，他認為：太子應該貶損車服、摒棄隨從，獨自上山向皇帝請罪。李建成覺得事已至此，也只好這樣了，於是帶著東宮屬官前往仁智宮，在距行宮六十里外的毛鴻賓堡命隨從們留下，然後帶著十餘個侍衛上山。

一見到李淵，太子立刻作出一副痛心疾首的樣子，極力表明自己的清白，而且「叩頭謝罪，奮身自擲，幾至於絕」。（《資治通鑑》卷一九一）可李淵卻一臉怒容，不為所動，一直到太子表演完了，才命人把太子軟禁起來，當晚只給了他一碗麥飯充饑，並命殿中監陳福嚴加看管。

控制了太子之後，李淵立刻命司農卿宇文穎馳赴慶州，召楊文幹前來面聖，決定把案件查個水落石出。可出乎所有人意料的是，宇文穎此行不但沒有召來楊文幹，反而激起了他的兵變。

史書沒有記載宇文穎到底跟楊文幹說了些什麼，《資治通鑑》只有這麼一句話：「穎至慶州，以情告之，文幹遂舉兵反。」雖然我們無從得知宇文穎「以情告之」的「情」到底是實情還是謊言，但是卻不妨做一個推論，也就是說——究竟在什麼情況下，楊文幹才會不顧一切地悍然起兵？

如果宇文穎跟楊文幹說的是實情，亦即皇帝對謀反之事只是有所懷疑而並未確認，那麼楊文幹絕對不可能起兵造反。因為這麼做只能坐實李建成的謀反之罪，讓太子跳進黃河也洗不清。而楊文幹是太子死黨，他們的關係是一榮俱榮一損俱損，所以在皇帝尚未弄清太子謀反的事實真相之前，楊文幹根本沒有理由把自己和太子往火坑裡推。

由此可見，宇文穎說實話的可能性很小。既然如此，那麼促使楊文幹孤注一擲的原因只能有一個，那就是——宇文穎捏造了某種事實。也就是說，宇文穎很可能告訴楊文幹，說太子已被皇帝逮捕，隨時可能被廢黜，謀反行跡已經敗露，從而讓楊文幹產生絕望心理，最後不得不鋌而走險，悍然起兵。

如果我們的推論屬實，那麼接下來的問題就是：宇文穎為什麼要撒謊？

就像爾朱煥等人控告太子的動機在史書中是一團迷霧一樣，宇文穎誘使楊文幹起兵的動機同樣隱藏在歷史的背光處。然而，只要我們換個方式來提問，那麼有關「太子謀反」和「楊文幹兵變」的真相很可能就會浮出水面。

刑偵學的原理告訴我們，一起案件發生後，要鎖定犯罪嫌疑人，一個最基本也是最簡單的辦法就是，看看有哪些人會因為某人的被害而獲取利益（或消除風險），那麼兇手最有可能在這些人中間。

所以，我們的問題就是——在太子涉嫌謀反的情況下，「楊文幹兵變」對誰最有利？

進而言之，在爾朱煥、橋公山、杜鳳舉、宇文穎這幾個看上去毫不相關的人背後，是否有一隻看不見的手在操控一切？

六月二十四日，楊文幹兵變爆發。消息傳到仁智宮，李淵勃然大怒，同時也感到極度的傷心和失望。因為楊文幹的行動等於自動承認了他與太子串通謀反的事實。聯繫此前爾朱煥等人的告發，整個事件已經真相大白，似乎沒必要再尋找什麼證據了，李淵很容易就能得出結論——所有這一切的幕後主使不是別人，正是太子李建成！

意識到這一點的時候，李淵的難過自不待言。廢立太子看來是勢在必行了，可眼下的當務之急卻是如何消滅叛亂。次日，李淵立刻派遣左武衛將軍錢九隴，會同靈州都督楊師道出兵討伐楊文幹。

二十六日，也就是楊文幹起兵的第三天，李淵召見了李世民。

李淵首先詢問他對當前形勢的看法。李世民不假思索地說：「楊文幹這個豎子，竟敢如此狂逆！兒臣以為，他很快就會被自己的部將所殺，即便不會，派遣一個普通將領也足以將他討平。」

李淵搖了搖頭，說：「不然。文幹事連建成，恐應之者眾。你應該親自出征，回來後就立你為太子。但是，我不能效法隋文帝害死自己的兒子，所以，應該給建成留條後路，封他為蜀王。蜀地狹小、蜀兵脆弱，將來建成若能服從你，你就要保全他的性命；若不服從，你要制伏他也易如反掌。」

至此，整個太子謀反案最大的獲益者就是秦王李世民。

那麼，李世民在這次事件中到底扮演了什麼角色？

要弄清這一點，首先必須弄清一個問題：李建成有沒有可能謀反？

我們的答案是：可能性幾乎不存在。原因大致有以下三點：

第一，雖然太子與秦王的矛盾由來已久，且有愈演愈烈之勢，但是李建成的儲君地位始終是穩固的。最主要的原因是：李淵出於「立嫡以長」的原則和政治穩定的考慮，不可能像當年的隋文帝楊堅那樣隨意廢立太子。

事實上，當秦王勢強、太子勢弱的時候，李淵也始終站在抑制秦王、扶持太子的立場上，否則也不會在劉黑闥第一次起兵時遲遲不願起用李世民，更不會在劉黑闥二次起兵時全力支持李建成掛帥出征，建立戰功。而李建成討平劉黑闥之後，聲望顯著提升，勢力有所增強，儲君地位也隨之鞏固，根本無須擔心被李世民取而代之。武德中後期，李淵對世民「恩禮漸薄」，而建成和元吉則「轉蒙恩寵」（《舊唐書・隱太子建成傳》），只要李建成保持現狀，等到李淵百年之後，天子寶座自然就是他的。既然如此，在總體形勢對其絕對有利的情況下，作為既得利益者的李建成怎麼可能會謀反？

第二，就算李建成為了防患於未然，打算徹底消除威脅他儲君地位的危險因素，那麼他要對付的人也應該是秦王李世民，而不是高祖李淵。因為直到武德七年（六二四年），李淵仍然是李建成最大的政治靠山，而且即便是在李建成多次違規操作被揭發的情況下，李淵仍舊一如既往地對他寄予信任，否則也不會在前往仁智宮避暑的時候命太子監國、留守長安。

但是令人匪夷所思的是，李建成串通楊文幹謀反的目的卻是為了篡奪皇位。換句話說，他們矛頭所指正是李淵本人。試問，在明知道李世民對其太子之位虎視眈眈的情況下，李建成怎麼可能動手推翻自己的政治靠山呢？除非他有絕對的把握將李淵和李世民一舉翦除，否則以李世民的軍事才能和在軍隊中的勢力來看，李建成這麼做無異於是在自掘墳墓。

第三，退一步說，就算李建成真的鐵定了心要將李淵和李世民一網打盡，那麼他的謀反計劃也應該是首先在長安發動政變，徹底控制李淵，一舉消滅李世民（在後來的「玄武門之變」中，李世民正是一邊控制皇帝一邊翦除對手的），掌握了中樞大權後，再命令楊文幹在外圍起兵回應，這樣才能確保萬無一失。

可事實恰好相反，李建成偏偏是等到李淵去了仁智宮後，才讓楊文幹在異地起兵，此時無論是李建成從長安發兵還是楊文幹從慶州發兵，一路上都必須經過高祖仍然有效控制的州縣，最後才能打到宜君縣的仁智宮。這不但是鞭長莫及，而且是打草驚蛇！暫且不說叛軍有沒有能力打到宜君縣，就算其佔了先機，一路暢通無阻打到仁智宮，高祖和秦王肯定也早已揚長而去，並且極有可能調集了四方兵馬，給他們布下了一個天羅地網。所以說，這樣的謀反計畫是是十分愚蠢的。李建成縱然軍功不及李世民，可他也是開創李唐的元勳之一，其政治智商和軍事才能斷不至於如此低下！

就算我們換一個角度，假設李建成這麼做是想趁李淵離開京師、朝廷空虛的時候奪取政權，那麼這個謀反計畫是否就變得可行了呢？

很遺憾，這樣的設想同樣不能成立。

道理很簡單，在武德七年（六二四年）的李唐王朝，論政治號召力，高祖李淵依然是當之無愧的一號人物，他對政權的控制仍然是有力的；而論及在軍隊中的影響力和勢力，可以說整個李唐王朝無出秦王之右者。在此情況下，李建成就算控制了朝廷、佔領了京師，他所得到的，無非也是一個政權的空架子和長安一座孤城而已。

而高祖和秦王就算身在宜君縣的避暑行宮中，同樣可以在政治上和軍事上牢牢把握這個帝國，照樣可以從仁智宮發出一道道對全國州縣具有絕對權威的政令和軍令。而這一切，當了多年太子、長期在李淵身邊協理政務的李建成絕對不可能意識不到。

綜上所述，李建成謀反的可能性微乎其微，而《資治通鑑》中關於這個事件的記載也是漏洞百出，存在太多違背邏輯和自相矛盾的東西。

所以，當代的一些學者在深入研究後也紛紛提出質疑，最後作出了否定的結論。如李樹桐在《唐史考辨》中說：「《通鑑》內，有關楊文幹反事連建成案的記載，必與事實不符。」

牛致功的《唐高祖傳》稱：「事實證明，楊文幹造反與李建成沒有關係。」黃永年在《唐史十二講》中說：「李淵既然對李世民『恩禮漸薄』，而『建成、元吉轉蒙恩寵』，建成又何必冒險用軍事行動來奪取政權？如真有其事，何以第二年李淵還派建成前往幽州以備突厥，毫無恩寵衰薄的跡象？足見統統出於誣陷增飾，不是事實。」

事實上，就連《通鑑》的編纂者司馬光本人也不敢肯定太子謀反之事的真實性，所以才會在《通鑑考異》中引用劉餗（《史通》作者劉知幾之子）在相關著述中的話，說當時這個事件的起因是有人「妄告東宮」。

所謂「妄告東宮」，關鍵就在於這個「妄」字。也就是說，爾朱煥和橋公山對太子的指控很可能屬於誣告。那麼，此二人既然都是太子的手下，又為何會胳膊肘朝外拐呢？

很顯然，他們被人收買了，或者是遭到脅迫。那麼，又有誰會去收買或脅迫他們誣告太子呢？

答案只有一個——秦王府的人。

眾所周知，在武德年間，當「兩大集團正在進行激烈鬥爭的時候，與事無關者是不會陷害太子，為李世民出力賣命的」。（牛致功《唐高祖傳》）因此，我們有理由認為——不管是爾朱煥、橋公山，還是杜鳳舉和宇文穎，其背後很可能都有秦王府的力量在驅使和操控！

換言之，李世民就是幕後那隻看不見的手。

武德七年（六二四年）六月二十六日，當高祖對秦王鄭重作出廢立太子的承諾後，李世民一定以為自己已經在這場漫長的政治 **PK** 中勝出。然而，接下來事態的發展卻完全出乎他的預料。

就在他距離太子之位僅有半步之遙的時候，忽然間夢想幻滅，功虧一簣，一切都打回了原形——太子依然是太子，秦王照舊是秦王。李世民竹籃打水一場空。

這到底是為什麼？原因很簡單：李淵反悔了。

正當李世民意氣風發地率軍前去征討楊文幹時，李建成施展渾身解數，動用他的所有政治力量對皇帝施加影響，其中包括齊王李元吉、後宮的嬪妃群和當朝重臣、侍中封德彝，最後終於促使李淵回心轉意，收回了廢立太子的成命。

要說李淵是因為耳根子軟，禁不住這些人的軟磨硬泡才改變了主意，那就過於低估李淵的政治智慧了。就像我們前面分析的那樣，整個太子謀反事件漏洞百出，李淵不可能對此毫無察覺。尤其是當太子已經被軟禁、圍剿楊文幹的軍事行動也已展開的時候，李淵必定會冷靜下來，仔細思考整個事件的來龍去脈，這時候他自然會看出此案的眾多疑點；再加上身邊各色人等的解釋、勸說和提醒，李淵就會意識到自己廢立太子的決定做得過於草率了。整個事件中唯一能夠認定的太子過失，無非就是「私運盔甲」這一條，可要說楊文幹的起兵一定是太子的指使，那明顯是證據不足的。當然，太子私運軍用物資肯定也屬於違法行為，但斷不至於被廢黜！

所以，李淵最後肯定也會意識到，這起事件很可能是有人抓住太子違法的把柄，然後精心製造了一個太子謀反的假象，目的就是顛覆太子的儲君之位。

換句話說，這是一起陰謀！

至於說這起陰謀的製造者是誰，那就不言自明了。當今天下，還有誰比秦王更具有相應的動機和強大的策劃能力呢？

當然，李淵沒有證據。他只能猜測。但就算是這樣的猜測也足以讓他打消廢黜太子的念頭了。他隨後就把太子放了，命他仍回京師留守，然後各打五十大板，責備太子和秦王「兄弟不睦」，最後從東宮和秦王府找了幾隻替罪羊，把他們全部流放巂州，他們是太子中允王珪、太子左衛率韋挺，以及天策府兵曹參軍杜淹。

就在李淵作出上述決定的同時，李世民也輕而易舉地平定了楊文幹叛亂。

在這場短命的叛亂中，楊文幹唯一的戰績就是出兵佔領了寧州（今甘肅寧縣），可當李世民率領大軍進抵寧州城下的時候，楊文幹的軍隊就不戰自潰了。七月初五，楊文幹被部將刺殺，首級傳送長安。

武德七年夏天的「李建成謀反案」就這樣結束了。

高祖李淵以各打五十大板的方式給這起震驚朝野的事件畫上了一個並不算圓滿的句號。之所以說它不算圓滿，是因為這種「和稀泥」的處置方式即便能夠勉強維繫太子與秦王之間的平衡，但這卻是一種極其脆弱、危機四伏的平衡。毫無疑問，無論是太子還是秦王，對這個處置結果都不會感到滿意。所以，儘管讓李淵深感不快的這一頁好像翻過去了，但是對於不共戴天的李氏兄弟而言，事情卻遠遠沒有了結。

不把對方整垮甚至徹底消滅，太子和秦王就絕不會善罷干休！

九、玄武門之變

從武德七年（六二四年）的「楊文幹事件」之後，太子與秦王的政治PK就進入了白熱化狀態。經過楊文幹事件後，他們不約而同地意識到——運用常規政治手段解決紛爭已經不可能了，最後的辦法只能是訴諸武力。

在最後的生死對決到來之前，李世民決定先穩定自己的大後方——洛陽。為此，李世民特意命麾下驍將張亮率一千餘人前往洛陽，同時給了他一大筆金帛，讓他暗中結交山東（崤山以東）豪傑，盡快做好一切應變準備。萬一在長安的鬥爭中失利，李世民打算退守洛陽，與朝廷分庭抗禮；如果形勢一再惡化，實在迫不得已，李世民也不惜與李建成裂土而戰！

一千多名武裝人員忽然大舉調動，自然沒有逃過對手的眼睛。齊王李元吉立刻入宮，指控張亮陰謀反叛。李淵隨即下令逮捕張亮，命有關部門調查審理。

情況十分危險。萬一張亮的嘴被撬開，李世民的麻煩就大了。

所幸李世民沒有用錯人，張亮算得上是一條好漢。不管審訊官員採用什麼手段進行逼供，始終無法從他口中得到片言隻語。在毫無證據的情況下，朝廷只好將他釋放。張亮隨後便按原計畫率部趕赴洛陽。

面對秦王府的異動，太子李建成坐不住了。他舉辦了一場夜宴，特意邀請李世民出席。

當然，這是一場鴻門宴。

據《舊唐書・隱太子建成傳》記載：「（建成）與元吉謀行鴆毒，引太宗（李世民）入宮夜宴，既而太宗心中暴痛，吐血數升。」

所謂「吐血數升」可能是史家的誇張，但是李世民差點被太子毒死則是事實。當晚，一同赴宴的淮安王李神通趕緊把李世民送回了秦王府。

李淵聞訊，馬上下了一道手詔給李建成，說：「秦王一向不能飲酒，從今往後不准再舉辦夜宴。」言下之意是警告太子不要再玩什麼小動作。

這幾年來，儘管李淵也意識到了李世民的奪嫡野心，但是總體上他還是盡量做到一碗水端平，不想重蹈隋文帝楊堅的覆轍，更不想看到幾個兒子為了爭奪繼承權而兄弟鬩牆，自相殘殺。

李淵隨後親自前往秦王府探視李世民。他知道此刻的太子和秦王已經水火不容，於是就向李世民提出了一個消解紛爭的辦法。他說：「當初建立大計，後來又平定海內，都是你的功勞，當時就想立你為太子，可你卻堅決推辭，我也只好成全你的美意。再說建成年長，當太子的時日已久，我也不忍心剝奪他的繼承權。看你們兄弟好像不能相容，都住在京城裡，必定要產生衝突，我想讓你重新掌管陝東道大行台，居住洛陽，自陝州（今河南三門峽市）以東的國土都由你作主，准許你建立天子旌旗，一切仿照西漢梁孝王劉武的做法。」

李淵說完，秦王已經泣不成聲，以不願遠離膝下為由推辭。這當然是李世民在故作姿態。其實，高祖的安排正是他求之不得的。

我們知道，唐朝實行「兵農合一」的府兵制，士兵平時務農，農閒習武操練，戰時出征。所以，除非面臨戰爭，由天子下詔，兵部頒令，將領才有權統率軍隊，否則即使是像李世民這樣的十二衛大將軍，平時手中也沒有兵權。而在長安，東宮和齊王府的勢力加起來要比秦王府強大得多。東宮曾私募長林兵二千餘人，而齊王也一直在「募壯士，多匿罪人」（《舊唐書・巢王元吉傳》），二人兵力相加，總數應該不下於三千人。而秦王雖然也「素所蓄養勇士八百餘人」（《資治通鑑》卷一九一），但明顯處於劣勢，雙方一旦在京師開戰，秦王很可能會吃虧。所以，出鎮洛陽對於李世民來說，實在是進可攻、退可守的上上之策。李世民之所以命張亮經營洛陽，其用意也正在於此。

李淵最後說了一句：「天下一家，東西兩都，相距很近，我想念你的時候就去看你，你不必傷心。」於是事情就這麼定了下來。

聽到李世民即將被派駐洛陽的消息，太子和齊王大感不妙。秦王一旦到了洛陽，手上就掌握了土地、城池和軍隊，這無異於蛟龍入海、猛虎歸山，必將後患無窮；如果把秦王控制在京師，他就只是一介匹夫，要擺平他易如反掌！

太子隨後命人向高祖遞上密奏，聲稱：「秦王左右都是山東（崤山以東）人，一聽說要前往洛陽，沒有不歡呼雀躍的，觀察他們的心志，恐怕是一去不返了。」李淵想想也有道理，於是出爾反爾，取消了命秦王赴洛陽的計畫。

接下來的日子，太子和齊王開始不擇手段地翦除秦王的羽翼。首先，太子用重金賄賂秦王麾下的尉遲敬德、段志玄等將領，但無一例外地遭到了拒絕。齊王惱羞成怒，又派刺客去刺殺尉遲敬德，可同樣沒有成功。

太子陣營磨刀霍霍，秦王府的人惶惶不可終日。房玄齡、長孫無忌力勸李世民先下手為強，可李世民卻不置可否。

緊接著，太子和齊王又慫恿高祖，把李世民的得力助手房玄齡、杜如晦等人逐出了秦王府，進一步削弱了李世民的力量。

就在這個時候，北方邊境傳來戰報，稱東突厥數萬鐵騎正在圍攻烏城（今陝西定邊縣南）。李建成立刻奏請高祖，讓齊王李元吉取代秦王李世民出征，並要求徵調秦王府的尉遲敬德、程知節、段志玄、秦叔寶等一干驍將及精銳部隊，讓他們接受齊王李元吉的統一指揮。李淵全部照准。

太子和齊王已經圖窮匕見。

最後，太子李建成又制定了一個除掉李世民的計劃。他對齊王說：「眼下你已經兼併了秦王的精兵猛將，手握數萬部眾。我準備和秦王在昆明池（唐長安城西南）設宴為你餞行，然後在餞行宴上命壯士將他擊殺，告訴父皇說是暴病而亡，父皇不相信也得相信。我自當命人遊說，讓他把朝政大權移交給我。即位之後，我自當立你為皇太弟。尉遲敬德等人既然已落入你的手中，最好在出征途中隨便找一個藉口將他們全部砍殺，看誰敢不服！」

如果李建成的這個計劃成功，那麼歷史上就沒有「玄武門之變」了，而是「昆明池之變」！

關鍵時刻，有個小人物改變了歷史的走向。此人是李世民安插在東宮的臥底。他叫王晊，時任東宮的率更丞。太子和齊王的計謀剛剛議定，王晊就趕到秦王府，將這個絕密情報告知了李世民。

李世民隨即將此事告訴了長孫無忌，頓時激起了眾人的強烈反應。在最短的時間內，秦王府的幕僚們全都齊集到了他的左右。人人摩拳擦掌，義憤填膺，力勸李世民動手。

經過一番激烈的思想鬥爭，李世民終於下決心發動政變，武力奪嫡。玄武門之變就此爆發……

武德九年（六二六年）六月初一到初三，太白金星一連數日都出現在長安的上空。太史令（天文台長）傅奕趕緊入宮向李淵密奏，稱「太白見秦分，秦王當有天下！」（《資治通鑑》卷一九一）高祖李淵大為震驚。倘若秦王真有天命，那要把太子置於何地？極度不安的李淵隨即命秦王入宮，準備對他進行最後的警告，必要時也打算對他採取非常手段。不料，李世民卻反而呈上了一道密奏，指控太子和齊王淫亂後宮。李淵又驚又怒，宣布第二天早上讓三個兒子入宮對質。

武德九年（六二六年）六月四日凌晨，李世民親率長孫無忌、尉遲敬德、侯君集、張公謹、劉師立、公孫武達、獨孤彥雲、杜君綽、鄭仁泰、李孟嘗及數百名武士早早進入太極宮，伏兵於玄武門。玄武門是太極宮的北正門，也是皇城禁軍的屯駐地，更是帝國政治中樞的命門。誰控制了玄武門，誰就能控制太極宮，進而控制長安、號令天下！

李世民棋先一著，很早就收買了駐守玄武門的禁軍將領常何、敬君弘、呂世衡等人。而李建成卻對此一無所知。

就在李世民伏兵玄武門的同時，後宮的張婕妤十萬火急地趕到東宮，把昨夜探知的秦王密奏一五一十地告訴了太子。太子立刻通知了齊王。齊王警覺地說：「應該立刻集結軍隊隨時待命，同時托疾不朝、靜觀其變。」

如果李建成聽從李元吉的建議，那麼李世民的政變就將徹底落空。可李建成太自信了，他以為秦王如今已是一隻被翦除了翅膀和利爪的蒼鷹，再也無力搏擊長空了。所以，太子對齊王露出了一個不以為然的笑容，說：「衛戍部隊都已集結待命，我們大可以放心入朝，關注事態的進展。」

太子的自信和輕敵就此鑄成大錯。

太子和齊王走到臨湖殿的時候，李建成的心頭忽然生出一絲不祥的預感。因為周遭的一切太安靜了，靜得就像一座空山幽谷，讓人頭皮發麻、脊背生寒！李建成說不上這種怪異的寧靜意味著什麼，但是強烈的不祥之感還是像水上的漣漪一樣迅速在他的胸中瀰散開來。

李建成不由自主地勒住了韁繩。

「恐怕有變！」他低低地對齊王說了一聲，然後迅速掉轉了馬頭。

可是，一切都已經來不及了……

此刻，李世民忽然從玄武門中飛馳而出，大聲呼叫太子和齊王。

李元吉趕緊轉過身去，飛快地搭弓上箭。然而，令人匪夷所思的是，這個一向自詡勇武的大唐四皇子一連三次都沒能把手上的弓拉滿，結果三箭射出，都在距秦王一丈開外的地方頹然落地。與此同時，李建成正瘋狂地揮動馬鞭，帶著他的一小隊侍從頭也不回地朝東宮狂奔而去。

可是，李建成拍馬疾馳的速度顯然不會比李世民索命一箭的速度更快。

李世民穩穩地射出一箭。空中劃過一聲尖銳的呼嘯。

然後，這凌厲的一箭就不偏不倚地從李建成的後背沒入，從前胸穿出。李建成當場斃命。

看著眼前的一幕，李元吉頓時魂飛魄散。就在他愣神的瞬間，尉遲敬德已經率領七十多名騎兵緊隨李世民衝了過來。騎兵飛快地射出幾箭，李元吉應聲墜馬。

李世民的坐騎在疾速的奔跑中忽然失去控制，竄進了斜刺的一片小樹林中。由於騎速太快，來不及勒住韁繩，整個人被樹枝掛了下來，重重地摔在地上，頓時動彈不得。

此時，負傷的李元吉突然衝到李世民面前，奪下他的弓，猛然扼住了他的咽喉。

尉遲敬德大聲叱罵著追進樹林。李元吉不得不扔下李世民，朝武德殿的方向拔腿飛奔。尉遲敬德很快追上去，一箭將他射殺。

太子被殺的消息傳回東宮後，東宮將領馮翊、馮立頓時仰天長歎：「我等豈能在太子生時受其恩，而在他死後逃其難呢？」遂與東宮將領薛萬徹、齊王府將領謝叔方率領東宮和齊王府精兵二千人，迅速殺向玄武門。

大兵驟至，情勢危急，膂力過人的張公謹未及叫上左右，獨自一人關閉了沉重的宮門。

負責防守玄武門的禁軍將領敬君弘準備挺身出戰，左右勸阻：「事情未見分曉，暫且靜觀其變，等大兵會集再出戰也為時不晚！」

應該說，左右將士的擔心是有道理的。秦王雖然一舉除掉了太子和齊王，可接下來形勢會如何演變誰也無法預料，所以作壁上觀才是最安全的辦法。然而，對秦王忠心耿耿的敬君弘並未採納這個消極觀望的建議。他毫不猶豫地與中郎將呂世衡一起率部迎戰。可由於雙方兵力懸殊，一番血戰之後，敬、呂二將終因寡不敵眾而陣亡。

馮立、薛萬徹等人繼續指揮軍隊猛攻玄武門，戰鬥極為激烈。薛萬徹見部下多有傷亡而宮門久攻不下，馬上和士兵們一起鼓譟著要轉攻秦王府。玄武門上的將士大為惶恐——秦王府的精銳都已傾巢出動了，現在守衛王府的那些老弱殘兵根本沒有防禦能力！

正在眾人焦急措手之際，尉遲敬德突然縱馬疾馳到東宮和齊王衛隊的陣前。

他的手上高高舉著兩顆鮮血淋漓的頭顱。那是太子和齊王的首級。

東宮和齊王的部隊一見主子被殺，士氣盡喪，隨即四散逃逸。馮立、薛萬徹等人只好帶著數十名親信逃出長安城，亡命終南山。

按《資治通鑑》記載，當太子和齊王喋血玄武門時，高祖李淵正與裴寂、陳叔達、蕭瑀等人在海池（皇宮內的人工湖）上愜意地泛舟。

就在他們即將靠岸上朝的時候，渾身上下沾滿鮮血的尉遲敬德忽然大步向他們走來。他披戴盔甲，手執長矛，身後跟著一隊全副武裝的士兵。

李淵和大臣們頓時滿臉驚愕，面面相覷，直覺告訴他們——一定有非常嚴重而可怕的事情發生了！

直到尉遲敬德走到面前跪地叩首，李淵才回過神來，用盡全身的力氣厲聲質問：「誰人作亂？你來這裡幹什麼？」儘管李淵努力要表現出天子應有的威嚴，可他分明聽見了自己聲音中的顫慄。

「回稟皇上，太子和齊王叛變，秦王已率領軍隊將二人誅殺！唯恐驚動陛下，特意命臣前來護駕。」

就像一聲晴天霹靂轟然在耳邊炸響，李淵感到一陣劇烈的暈眩。他的身體搖搖欲倒，左右連忙上前攙扶。最可怕的事情還是發生了，長久以來的擔憂和疑懼終於變成了血淋淋的現實！

李淵艱難地把目光從尉遲敬德的身上移開，把臉轉向那些宰執重臣，用一種近乎虛脫的聲音說：「沒料到今日終於發生這種事，諸賢卿認為該怎麼辦？」

一向傾向於太子的裴寂比皇帝更加惶惑而茫然，張著嘴巴不知道該說什麼。而一向同情秦王的陳叔達和蕭瑀則斬釘截鐵地說：「建成和元吉當初就沒有參加起義，對於帝國的建立也沒有多大功勞，並且嫉妒秦王功高望重，所以才會共同策劃對秦王不利的陰謀。秦王今日既已將他們翦除，而且功蓋宇宙、天下歸心，陛下如果封他為太子，把朝政大權移交給他，便不會再有什麼事端了！」

此時此刻，老皇帝還有別的選擇嗎？

「你們說得對。」李淵喃喃地說，「這正是我的夙願。」

此時，玄武門的兵戈尚未停息，禁軍、秦王衛隊與東宮、齊王府衛隊依然在鏖戰不止。尉遲敬德向高祖提出要求，請他頒布一道敕令，命各軍一律服從秦王指揮。

李淵很清楚，這是秦王誅殺太子和齊王後必然要走的一步棋——第一步是兵權，第二步是儲君之權，而第三步，無疑就是皇權！這是一個奪嫡篡位者必然要上演的政變三部曲！

然而，明知如此，李淵也只能照辦。

片刻後，侍中宇文士及從東上閤門飛馳出宮，一路高聲宣布皇帝敕令，那些仍在糾纏惡鬥的士兵們才陸陸續續放下了武器。為了進一步穩定局勢，李淵又命黃門侍郎裴矩前往東宮曉諭眾將士，惶惶不安的東宮人心才逐漸安定下來。

政變當日，李建成的五個兒子和李元吉的五個兒子全部被斬首。

李建成死時三十八歲，李元吉死時二十四歲，他們的兒子能有多大，可想而知。

老皇帝李淵眼睜睜地看著十個孫子人頭落地，可他卻無能為力。

最後，秦王的部將還想殺光太子和齊王的左右親信。尉遲敬德竭力反對：「一切罪惡，只在兩個元凶！既然已經誅殺，就不能再擴大打擊面，這樣無法使人心安定。」

李世民採納了他的意見，於是屠殺行動宣告中止。

同日，萬般無奈的高祖頒下詔書：「凶逆之罪，止於建成、元吉，其餘黨羽，概不追究；朝政事務一概交由秦王裁決！」

六月五日，馮立和謝叔方主動投案，薛萬徹仍然在逃。李世民不斷宣傳他的寬大政策，薛萬徹才回到長安。李世民說：「這些人忠於他們的主人，是義士！」於是將他們無罪開釋。

六月七日，李淵正式冊封李世民為太子，並下詔重申：「自今日起，無論軍事、政治及其一切大小政務，皆交由太子裁決之後再行奏報。」

至此，李世民終於坐上了他夢寐以求的儲君之位。

武德九年（六二六年）八月初八，高祖李淵正式宣布傳位太子，退位為太上皇。八月初九，李世民在東宮顯德殿登基，是為唐太宗。

從此，大唐帝國的歷史掀開了新的一頁。

中國歷史上最偉大的時代之一——貞觀盛世——也從這一刻起掀開了帷幕。

這嶄新的一頁是如此絢爛恢宏，以至於玄武門前那些殷紅的血跡很快就被新時代噴薄而出的萬丈光芒所遮掩。然而，武德九年（六二六年）六月四日卻注定要成為李世民生命中永遠無法痊癒的傷口，也注定要成為李唐王朝記憶中永遠無法消解的隱痛。如果說李世民後來締造的整個貞觀偉業是一座輝映千古的豐碑，那麼它的基座無疑是一個荒草萋萋的墳塚。

上面寫著三個字——玄武門。裡面埋葬的不僅是李建成和李元吉，也不僅僅是他們那十個年少和年幼的兒子，同時也埋葬著另一個李世民的靈魂。

誠如某些學者所言：「玄武門那場唐太宗一生中最艱危的苦鬥，對他本人來說，絕不是可以誇耀後世的愉快記憶。……李世民和他父親這一段不愉快的往事，怎能在李世民受傷的心上摘脫乾淨？」（胡戟、胡樂《試析玄武門事變的背景內幕》）

也許，當我們從這個角度來看待貞觀的時候，就會發現在李世民締造這份赫赫功業的過程中，很可能一直有某種難與人言的潛在力量在參與和推動。

這樣的力量是什麼呢？也許，我們可以將其稱之為一種「內在的自我救贖」。

當年奪嫡繼位的手段越不光明，李世民為世人締造一個朗朗乾坤的決心就越大；玄武門事變對李世民造成的隱痛越深，他開創貞觀的動力也就越強；弒兄、殺弟、逼父、屠侄的負罪感越是沉重，他從造福社稷蒼生的事功中尋求道德解脫的渴望就越加強烈！

無論盛世貞觀在後人的心目中獲享怎樣的景仰和尊崇，也無論它在歷史上是一個多麼光輝而偉大的政治典範，但是在李世民心中某個塵封的角落，它卻可以是一種自我救贖的產物，也可以是一面招魂的旗幡。

換句話說，對於父兄和弟侄在道德與親情上的巨大虧欠，使李世民不得不用盡一生的努力去償還。而這樣的努力，也就構成了開創盛世的種種動因之中那最不為人所知卻又最不可或缺的一種。當然，這種努力對李世民本人來講很可能是不自覺的，是極為隱晦而難以自知的。但毋庸置疑的是，這種「靈魂的自我救贖」的確具有非凡的意義——就像是一種無上的信仰之於一個虔誠的信徒一樣，它造就了李世民登基御極後的種種自律、寬宏和堅忍。唯其如此，它才能推動李世民從「個體的小我」走向「歷史的大我」，從陰暗而血腥的玄武門走向華麗而光明的貞觀……

十、李世民向我們隱瞞了什麼？（上）

玄武門之變是李世民一生中最為重大的轉捩點，它將李世民一舉推上了大唐帝國的權力巔峰，同時也將他推上了一個彪炳千秋的歷史制高點。然而，不可否認的是，這個骨肉相殘的悲劇事件無疑也使他背上了一個沉重的道德包袱——終其一生，李世民也未能真正擺脫玄武門之變留下的心理陰影。

我們說過，這樣的一種負罪感在某種程度上被李世民化成了自我救贖的力量，成為締造盛世貞觀的潛在動力之一，但是與此同時，這種強烈的道德不安也驅使著李世民把權力之手伸向了他本來不應染指的地方。在幾千年的中國歷史上，這個地方歷來是「風能進，雨能進，國王不能進」的，然而這一次，唐太宗李世民卻非進不可。

形象地說，李世民「非法進入」的是「歷史殿堂」的「施工現場」。

準確地說，是李世民執意要干預初唐歷史的編纂。

進而言之，就是李世民很想看一看——當年那場骨肉相殘的悲劇事件，包括自己當年的所作所為，在史官筆下究竟是一副什麼模樣！

為此，當玄武門之變已經過去了十幾年後，李世民終於還是抑制不住內心的強烈衝動，向當時負責編纂起居注的褚遂良發出了試探。

貞觀十三年（六三九年），褚遂良為諫議大夫，兼知起居注。太宗問曰：「卿比知起居，書何等事？大抵於人君得觀見否？朕欲見此注記者，將卻觀所為得失以自警戒耳。」遂良曰：「今之起居，古之左、右史，以記人君言行，善惡畢書，庶幾人主不為非法，不聞帝王躬自觀史。」

太宗曰：「朕有不善，卿必記耶？」

遂良曰：「臣聞守道不如守官，臣職當載筆，何不書之？」

黃門侍郎劉洎進曰：「人君有過失，如日月之蝕，人皆見之。設令遂良不記，天下之人皆記之矣。」——（《貞觀政要》卷七）

李世民打算調閱起居注的理由是「觀所為得失，以自警戒」，聽上去很是冠冕堂皇，也與他在貞觀時代的種種嘉言懿行頗為吻合，可是褚遂良知道——天子的動機絕非如此單純！退一步說，就算天子的出發點真的是要「以自警戒」，褚遂良也不願輕易放棄史官的原則。所以，他毫不客氣地拒絕了天子的要求，說：「從沒聽說有哪個帝王親自觀史的。」

李世民碰了釘子，可他還是不甘心地追問了一句：「我有不善的地方，你也記嗎？」這句話實際上已經很露骨了，如果換成哪個沒有原則的史官，這時候估計就見風使舵，乖乖把起居注交出去了，可褚遂良卻仍舊硬梆梆地說：「臣的職責就是這個，幹嘛不記？」而黃門侍郎劉洎則更不客氣，他說：「人君要是犯了錯誤，就算遂良不記，天下人也會記！」

這句話的分量夠重，以至於李世民一時也不好再說什麼。

這次的試探雖然失敗了，但是李世民並沒有放棄。短短一年之後，他就再次向大臣提出要觀

「當代國史」。這一次，他不再找褚遂良了，而是直接找了當時的宰相、尚書左僕射房玄齡。

貞觀十四年（六四〇年），太宗謂房玄齡曰：「朕每觀前代史書，彰善癉惡，足為將來規誡。不知自古當代國史，何因不令帝王親見之？」

對曰：「國史既善惡必書，庶幾人主不為非法。止應畏有忤旨，故不得見也。」

太宗曰：「朕意殊不同古人。今欲自看國史者，蓋有善事，固不須論；若有不善，亦欲以為鑑誡，使得自修改耳。卿可撰錄進來。」

玄齡等遂刪略國史為編年體，撰高祖、太宗實錄各二十卷，表上之。

太宗見六月四日事，語多微文，乃謂玄齡曰：「昔周公誅管、蔡而周室安，季友鴆叔牙而魯國寧。朕之所為，義同此類，蓋所以安社稷、利萬民耳。史官執筆，何煩有隱？宜即改削浮詞，直書其事。」（《貞觀政要》卷七）

李世民這次還是那套說辭，可在聽到房玄齡依舊給出那個讓他很不愉快的答覆後，他就不再用試探和商量的口吻了，而是直接向房玄齡下了命令：「卿可撰錄進來。」在這種情況下，房玄齡如果執意不給就等於是抗旨了。迫於無奈，房玄齡只好就範。結果不出人們所料，李世民想看的正是「六月四日事」。

看完有關玄武門之變的原始版本後，李世民顯得很不滿意，命房玄齡加以修改，並且對修改工作提出了上面那段「指導性意見」。這段話非常著名，被後世史家在眾多著作中廣為徵引，同時也被普遍視為李世民篡改史書的確鑿證據。

當然了，純粹從字面上看，李世民說的這段話也沒什麼毛病，甚至還頗能展現他作為一代明君的坦蕩襟懷和凜然正氣。因為他告訴房玄齡：不必替他遮遮掩掩，反正玄武門事件本來就是像「周公誅管、蔡，季友鴆叔牙」那樣的義舉，目的是為了「安社稷、利萬民」，所以史官大可不必有什麼思想負擔，更不必用「隱語」和「浮詞」來替玄武門事件進行粉飾。最後，李世民要求房玄齡及其史官們：在修改的時候不必有什麼忌諱，大可「改削浮詞，直書其事」！

那麼，今天的我們到底該如何看待這段話呢？是把它看成李世民面對歷史、忠於事實的一種可貴品質，還是恰好相反，將其視為有損於李世民明君形象的篡改歷史的行為？

很遺憾，在絕大多數後世史家的眼中，李世民的上述言行被普遍判定為後者。

人們傾向於認為，李世民所謂的「周公誅管、蔡，季友鴆叔牙」、「安社稷、利萬民」等語，其實是為玄武門之變定下了一個政治基調，也是為史官們修改史書提供一個欽定的指導思想。比如牛致功就在《唐高祖傳》中說：「李世民要史官們把他利用陰謀手段奪取太子地位的宮廷政變寫成『安社稷、利萬民』的正當義舉，也就是要把他殺兄奪嫡之罪合理化。房玄齡、許敬宗正是遵照這種要求修改《實錄》的。」

既然皇帝已經給定了框架，史官們當然要努力把李世民塑造成「周公」、「季友」這樣的人物了，而他的對手李建成和李元吉，在貞觀史臣的筆下當然也要處處向「管、蔡」、「叔牙」看齊了，若非如此，又怎能襯托出李世民「安社稷、利萬民」的光輝形象呢？

時至今日，學界比較一致的看法是——貞觀史臣在玄武門之變的前前後後確實對李世民作了一定程度上的美化，與此同時，李建成和李元吉則遭到貞觀史臣不遺餘力的口誅筆伐，被描寫成了徹頭徹尾的昏庸之輩、卑劣小人，甚至是衣冠禽獸。對此，司馬光在《通鑑考異》中引述了《高祖實錄》和《太宗實錄》中的相關描寫，今節錄於下。

《高祖實錄》曰：「建成幼不拘細行，荒色嗜酒，好畋獵，常與博徒遊……」又曰：「建成帷薄不修，有禽犬之行，聞於遠邇。今上以為恥，嘗流涕諫之，建成慚而成憾。」

《太宗實錄》曰：「隱太子始則流宕河曲，遊逸是好，素無才略，不預經綸，於後統左軍，非眾所附。既升儲兩，坐構猜嫌。太宗雖備禮竭誠，以希恩睦，而妒害之心，日以滋甚。又，巢剌王性本凶愎，志識庸下，行同禽獸，兼以棄鎮失守，罪戾尤多，反害太宗之能……」

正因為兩朝實錄對建成和元吉極盡歪曲之能事，所以連一向傾向於李世民的司馬光也不得不在《通鑑考異》中下了一道按語：「按：建成、元吉雖為頑愚，既為太宗所誅，史臣不能無抑揚誣諱之辭，今不盡取。」而《劍橋中國隋唐史》也認為：「建成和元吉兩個人在正史上都被說得無甚是處。根據這些史書的記載，元吉酷嗜射獵，在戰陣上反覆無常，又是個好色之徒和一個虐待狂；太子建成則冥頑不靈，桀驁難馴，沉湎酒色。這些貶詞至少是傳統史料中這一時期的記載對他們故意歪曲的部分結果。」

趙克堯、許道勳在《唐太宗傳》中也提出了類似的看法：「唐朝官修史書總是把建成與元吉加以醜化，而對世民則盡量粉飾。直至五代，劉昫等編撰《舊唐書》，也持相同的觀點。……所謂『直書其事』，則未必能做到實事求是。」而牛致功更是在《唐高祖傳》中強調，從唐朝的《實錄》、《國史》到後來的《舊唐書》、《新唐書》、《資治通鑑》，無不受到李世民改史的惡劣影響。他說：「這幾部史書，是後來人們研究唐代歷史的主要依據。在這幾部史書的影響下，高祖缺乏果斷處事的能力，李建成庸劣無能，李世民功德卓著，幾乎成了婦孺皆知的常識。由此可見，李世民為了文過飾非而歪曲歷史、篡改《實錄》的影響多麼深遠。」

綜上所述，貞觀史臣確實曾經在李世民的授意下，對玄武門之變前前後後的歷史進行了一定程度的篡改。而篡改的主要方向有三個：一，對李世民加以美化和粉飾；二，對李建成和李元吉加以醜化和歪曲；三，對有關玄武門事件的許多關鍵性細節加以改動和增刪。

也許，正是由於一些重大的歷史細節被動過手腳，所以像「楊文幹事件」、「毒酒事件」、「昆明池密謀」、「傅奕密奏」、「秦王密奏」等一系列事件才會變得雲山霧罩、撲朔迷離，並且引起後世史家和學者的廣泛爭議，甚至屢屢被指斥為杜撰和造假。

但是，當後世學者在懷疑並指責李世民及其史臣篡改歷史的同時，有一個奇怪的現象卻非常值得我們關注，那就是——既然李世民要改史，為什麼不改得徹底一點？為什麼不把他弒兄、殺弟、逼父、屠侄的行徑全部抹掉呢？尤其是李世民在玄武門前親手射殺兄長李建成的那一幕，為什麼仍然白紙黑字地保留在史冊當中？假如把建成和元吉改成是死於亂刀之下、或者是身中流矢而亡，豈不是更能減輕他弒兄殺弟的罪名？還有，那十個被殘忍屠殺的侄子，李世民同樣可以把殺戮責任隨便推到某個小人物身上，或者乾脆也說死於亂兵之中，可為什麼他沒有這麼做呢？為什麼這一切，李世民都沒有掩蓋？

在此，我們似乎有必要重新審視一下李世民所說的「周公誅管、蔡」的那段話。也許那不僅只是一種冠冕堂堂的道德說辭，也不僅是為史臣改史所定的政治基調，很可能同時也是李世民努力要達成的一種自我說服。

也就是說，李世民需要告訴自己和世人，他誅殺建成、元吉的行為並不是一場爭權奪利的殺戮，而是一種鋤奸懲惡、濟世安民的義舉！進而言之，恰恰是毫不避諱地、大張旗鼓地將這段歷史昭示天下，他才能減輕自己內心的負罪感，獲得一種內心的安寧，也才能正大光明、堂而皇之地獲得一種道德解脫。

如果用宗教的語言來說，這種心態和做法可以稱之為「發露懺悔」，也就是主動袒露以往的某些「罪惡」，讓其暴露在世人的目光中，或者說讓其在道德與正義的陽光下渙然冰釋，從而讓自己獲得道德與靈魂意義上的新生。

綜上所述，在玄武門事件中，李世民真正要掩蓋的東西很可能並不是兄弟和侄子們的死亡真相，而是一種他難以在道義上重新包裝、也難以在道德上自我說服的行為。換言之，這種行為是他無論如何也不敢「發露」的，寧可背負著它沉重前行，也絕不願將其公之於世！

那麼，這種行為是什麼呢？

有關武德九年（六二六年）六月四日的那場流血政變，李世民到底向我們隱瞞了什麼呢？

貞觀十七年（六四三年），唐太宗李世民看了一本古籍中的一篇文章後，內心某個隱祕的角落忽然被觸痛，於是潸然淚下、悲泣良久。他動情地對身邊的侍臣說：「人情之至痛者，莫過乎喪親（父母）也。……朕昨見徐幹（東漢文學家、「建安七子」之一）《中論・復三年喪》篇，義理甚深，恨不早見此書。所行大疏略，但知自咎自責，追悔何及？」（《貞觀政要》卷六）

李世民說的「所行大疏略」，意思是高祖李淵逝世時，他所行的喪禮過於粗疏簡略，未盡到人子之孝，因此深感愧疚和自責，追悔莫及。

也怪不得李世民會感到痛心愧悔，因為對待高祖的身後事，他的許多做法的確有不盡如人意之處。比如埋葬高祖的獻陵在規格上就比埋葬長孫皇后（包括逝世後的太宗本人）的昭陵要遜色得多。獻陵是「堆土成陵」，規模和氣勢十分有限；而昭陵則是「因山為陵」，規模浩大、氣勢宏偉。高祖安葬後，李世民也並未流露出應有的思念之情，而對長孫皇后則是情深意長、無比懷念，曾「於苑中作層觀，以望昭陵」（《資治通鑑》卷一九四），結果立刻遭到魏徵的暗諷和譏刺。

而時隔多年之後，李世民突然對父親流露出的這種懺悔和內疚之情，難道僅僅是因為自己在高祖身後沒有盡到孝道嗎？在高祖生前，李世民又做得如何呢？之所以會有如此強烈的愧悔，是否跟武德九年（六二六年）的玄武門之變有關呢？

或者我們可以換一個方式追問：在武德九年（六二六年）六月四日清晨，當李世民在玄武門前一舉除掉太子和齊王之後，當守門禁軍與東宮齊王衛隊激戰正酣的時候，太極宮中到底發生了什麼？是否真如史書所載，高祖和近臣們正悠然自得地「泛舟海池」，沉浸在一片詩情畫意之中，對宮門前正在發生的慘烈廝殺一無所知？是否直到尉遲敬德滿身血跡、「擐甲持矛」地前來「宿衛」，高祖和一些近臣才如夢初醒？

事實上，六月四日高祖李淵「泛舟海池」的這一幕，歷來備受後世史家的強烈質疑。

因為它的疑點確實太多了！

首先，如同我們所知道的那樣，這天早晨是李淵召集三兄弟入宮對質的時間，為此一幫宰執重臣也都早早就位了。在此情況下，李淵怎麼可能有閒情逸致到海池去泛舟？其次，就算李淵和近臣發現三兄弟全都遲到了，許久等不到他們，百無聊賴之下才跑去泛舟，可是，就在宮廷的北正門，幾支軍隊正殺得雞飛狗跳、人喊馬嘶，而高祖李淵和那幫帝國大佬怎麼可能對此毫無察覺？就算他們一時間都被海池的美麗景色陶醉了，可宮中有那麼多的嬪妃、太監、宮女，難道他（她）們也全都被施了迷魂術和定身術，以至於沒有一個人察覺、沒有一個人趕來通報這駭人聽聞的政變消息？最後，退一萬步說，就算上面這些都是事實，可當尉遲敬德帶著武器擅闖皇宮大內，一直逼到皇帝的面前時，高祖身邊的侍衛都哪裡去了，為何史書中連一個侍衛的身影都看不到？在天子的人身安全遭遇重大威脅的時候，難不成他們全都約好了，在同一時間集體人間蒸發？

我們只能說——這樣的記載太不可理喻了！

如果說李世民和貞觀史臣確實是對玄武門事件動了手腳的話，那麼我們相信，這個所謂的「泛舟海池」應該就是被重點篡改，以至於改得毫無邏輯、牽強附會、面目全非。可是，為什麼李世民弒兄、殺弟、屠侄的那些真相都可以不改，卻偏偏改了這個地方呢？我們是不是可以認為，李世民派兵逼宮、控制高祖的真實內情要遠比所謂的尉遲敬德「擐甲持矛、入宮宿衛」複雜得多、性質也嚴重得多，所以只好授意史官進行篡改？我們是不是可以認為，李世民在武德九年（六二六年）六月四日對父親所做的一切，已經完全坐實了「不忠不孝、悖逆君父」的罪名，以至於比弒兄殺弟在良心上更難以承擔、以禮教倫常的標準來看更不可原諒，因而在面對後輩和世人的時候更難以啟齒呢？

也許正因為此，所以貞觀史臣最後才不得不虛構了「泛舟海池」的一幕來掩蓋真相；也許正因為為此，所以時隔多年之後，當身為君父的李世民在兒子們的奪嫡之爭中差一點目睹骨肉相殘的悲劇重演時，他才能深刻體會高祖當年的慘痛心境，也才能對自己當年的所作所為有所反省，從而才會藉「所行大疏略」為由，深切地表現出對高祖李淵的愧悔之情。

討論至此，我們似乎已經逼近了李世民向我們隱瞞的那個最後的真相！關於這個隱藏最深的真相，一部一千年後重現人間的敦煌殘卷，也在一定程度上為我們揭開了神祕的面紗……

西元一九〇〇年，敦煌莫高窟的藏經洞被意外發現，消息震驚中外，可清政府並未對此採取任何保護措施。於是隨後的幾年裡，一批又一批價值不可估量的古代文獻被西方的探險家和文物掠奪者陸續盜運到了歐洲。在斯坦因（匈牙利人，後加入英國籍）盜走的文獻中，有一部被冠以編號S.2630的敦煌寫本，內容就涉及了唐太宗和玄武門之變。王國維先生是中國第一個研究這份文獻的學者，將其命名為《唐太宗入冥記》。這份文獻雖然只是唐代的民間話本，算不上正規史料，而且作者已不可考，但是裡面透露的某些信息卻至關重要，非常值得我們關注。

卞孝萱先生在《「玄武門之變」與〈唐太宗入冥記〉》一文中說：「勝利者唐太宗為了維護其仁孝形象，對先發制人、殺兄誅弟、逼父讓位的行為加以塗飾。當日唐史臣秉承太宗之意，在兩朝實錄、國史中，篡改了『玄武門之變』前後一連串事實的真相。敦煌寫本《唐太宗入冥記》編造建成、元吉在陰司告狀，閻羅王勾太宗生魂入冥對質的故事，實際是為建成、元吉鳴『冤』。」

由此可見，這個唐代寫本雖然體裁近似小說，內容純屬虛構，但是它所透露出的信息卻不可等閒視之。換言之，值得我們關注的並不是它的故事情節，而是其中蘊含的寓意。

下面就讓我們來看看這個寫本的大致內容。

故事說的是唐太宗入冥之後，在陰司遇見了一個名叫崔子玉的判官，此人在陽世的身分是滏陽縣尉。也就是說，這是一個往來於陽世與陰間的「雙重身分者」（在中國古代話本和民間傳說中，這種「雙重身分者」代不乏人，據傳近代的國學大師章太炎也曾入冥充當判官）。由於崔子玉在陽世的身分是李世民的臣子（但是官職卑微），而現在皇帝李世民在陰間反而成了他的審判對象，於是崔子玉就決定利用自己在陰司的職權和太宗做一回交易，藉以換取自己在陽世的高官厚祿。他告訴太宗，建成和元吉入陰之後，「稱訴冤屈，詞狀頗切」，亦即暗示這件「官司」頗為棘手，然後讓太宗回答一個問題，說如果答得上來就可以回長安，答不上來恐怕就沒有生還的希望了。太宗一聽嚇壞了，連忙要求崔子玉提個簡單一點的問題，並且承諾說：「朕必不負卿！」

然而，崔子玉所提的問題卻一點都不簡單。

他看著唐太宗，一臉正色地說——「問大唐天子太宗皇帝在武德九年，為甚殺兄弟於前殿，囚慈父於後宮？」

李世民一聽，頓時啞口無言，「悶悶不已，如杵中心」，心裡彷彿橫亙著一塊木頭，良久才說，這個問題他回答不了。

崔子玉一看太宗的反應，知道自己的目的已經達到，於是替太宗想了一個答案，原文是：「大聖滅族□□」。後面脫了兩個字，但是大意還是清楚的，無非是太宗「大義滅親」云云。作為交換，太宗許給了崔子玉「蒲州刺史兼河北二十四州採訪使，官至御史大夫，賜紫金魚袋，仍賜蒲州縣庫錢二萬貫」的優厚條件，終於順利通過這場冥世拷問。

在這個故事中，崔子玉所提的那個問題是最重要的、也是最有價值的一個信息。其中，「殺兄弟於前殿」遍見正史記載，而且李世民本人對此也直言不諱，所以並不稀奇；真正讓李世民感到難以啟齒、同時也讓我們感到非同小可的是後面的六個字——「囚慈父於後宮」。

很顯然，這是一個被所有官修正史一律遮蔽掉的信息。

要解開被正史隱瞞的玄武門之變的另一半真相，這六個字就是一把至關重要的鑰匙。

雖然《唐太宗入冥記》的內容出於虛構，但是其題材和寓意在當時肯定是有所本的，不可能毫無依據。據卞孝萱先生分析，該作品很可能成書於武周初期。在唐人張鷟（約生活於武周至玄宗前期）的筆記史《朝野僉載》中，我們也發現了有關「唐太宗入冥」和「冥官問六月四日事」的記載（見《朝野僉載》卷六）。而王國維先生在相關的研究著作中，也曾引述《朝野僉載》、《梁溪漫志》、《崔府君祠錄》、《顯應觀碑記》等多種史料，考訂了唐太宗和崔子玉故事的源流，發現崔府君的故事在蒲州一帶流傳甚廣，山西省現存的碑刻中也保存了有關他的一些傳說。由此可見，《唐太宗入冥記》中所提到的「囚慈父於後宮」的說法，很可能在唐朝初期已經廣泛流傳於民間。

然而，就算這樣的說法淵源有自，可畢竟屬於民間傳聞，何況《唐太宗入冥記》也只有這語焉不詳的六個字，除此之外我們什麼都看不到。既然如此，那我們又憑什麼知道李世民在玄武門之變中對李淵都做了一些什麼呢？我們又憑什麼斷定「囚慈父於後宮」就是李世民向我們隱瞞的真相呢？

在相關史實已經被官修正史全部篡改或刪除的情況下，要破解這個真相確實難度很大，但是並非不可能。

因為我們相信，常識和邏輯的力量始終是強大的；況且，無論貞觀史臣如何竭力隱瞞真相，正史中還是留下了一些蛛絲馬跡。憑藉這些彌足珍貴的線索，再輔以合乎常識的分析、以及合乎邏輯的推斷，我們就有可能在一定程度上還原歷史真相。

十一、李世民向我們隱瞞了什麼？（下）

在前文，我們已經對武德九年（六二六年）六月四日李淵「泛舟海池」的一幕提出了諸多質疑，其中的核心問題就是——就算李淵和近臣真的在海池上泛舟，可宮中有那麼多的侍衛、嬪妃、太監、宮女，為什麼沒有一個人察覺到玄武門前的激烈戰鬥，也沒有一個人趕來通報這駭人聽聞的政變消息？

在此我們不妨先做一個假設：假如在玄武門戰鬥爆發時，有一個人（或侍衛、或嬪妃、或太監、或宮女，或隨便宮裡什麼人），他（她）的眼睛、耳朵、手腳功能都還正常，沒有被施以迷魂術和定身術，及時向皇帝通報了政變消息，那麼李淵會作何反應？

如果此刻的李淵還是一個精神正常的人、還是一個大權在握的皇帝，他會繼續悠然自得地泛舟，等著尉遲敬德或隨便哪個政變將領前來逼宮嗎？

顯然不會。這個時候，一個正常的皇帝只可能做三件事：一，第一時間離開海池，進入太極宮中某個最隱蔽且最易於防守的地方，命近衛禁軍刀出鞘、箭上弦，進入一級戰備狀態；二，火速下詔，由身邊的宰執重臣到玄武門宣旨，命令所有人放下武器，聽候裁決；三，立刻調集皇城中所有未參與政變的禁軍，逮捕兵變各方的首腦和主要將領，隨後調查事變真相，嚴懲政變者。

所以，只要整座太極宮中有一個人的視覺、聽覺和行動功能正常，及時向皇帝報警，那皇帝肯定會採取上述舉措。而一旦皇帝採取上述舉措，李世民的這場政變還有幾分勝算？就算李世民不會馬上潰敗，但是他必然要與皇帝開戰。而我們知道，在玄武門事變前夕，李淵對皇權的控制仍然是有力的，並未出現大權旁落的情況，所以，秦王斗膽與皇帝開戰的結果，恐怕不會令人樂觀。

由此可見，如果我們所見的正史記載是真實的，也就是尉遲敬德是直到前方戰鬥接近尾聲時才入宮去找高祖的，那麼李世民就等於是在打一個天大的賭。

賭什麼呢？賭好幾支軍隊在玄武門前乒乒乓乓地打仗，而整座太極宮中的所有人在那一刻全都喪失了正常的視覺、聽覺和行動功能！

這可能嗎？這當然不可能！

既然不可能，那麼李世民要如何保證玄武門前開戰的同時，太極宮中的所有侍衛、嬪妃、太監、宮女都不會去向皇帝報信呢？

答案只有一個——控制他（她）們。

如何控制呢？不言而喻——派兵入宮，用武力控制他（她）們的人身自由。這才是真正可行、真正有效的「定身術」！

到這裡，一個被李世民和貞觀史臣刻意隱瞞的重大真相就浮出水面了。

那就是——事實上玄武門之變有兩個戰場：一個在玄武門前，一個在太極宮中。

前者是我們熟知的，是公開的第一戰場；而後者是我們完全陌生的，是被遮蔽的第二戰場。

那麼，這個戰場的範圍有多大？是整個太極宮嗎？最需要控制的目標是誰？是所有侍衛、嬪妃、太監、宮女嗎？

這是不可能的。李世民絕不會笨到把有限的兵力放到整個太極宮中去漫天撒網。而且就算你控制了九十九個，只要有一個漏網，跑去跟皇帝報信，整個行動照樣是前功盡棄。所以，正確的做法應該是——直接派兵進入皇帝所在的地方，直接控制皇帝！

由此可見，即便只是從常識和邏輯的角度來分析，《入冥記》中提到的「囚慈父於後宮」的說法也完全可以成立。也就是說，李世民要想確保整個政變行動萬無一失，就必須在襲殺太子和齊王之後，第一時間入宮控制高祖。就像我們前面分析的那樣，作為一個精神正常、大權在握的皇帝，高祖李淵如果不是在第一時間被李世民控制，那他絕對會採取應變措施，也絕對有能力進行鎮壓，而玄武門之變最終也可能功敗垂成。由此，我們基本上可以斷定，史書中記載的高祖「泛舟海池」的一幕肯定是出自貞觀史臣的虛構，而事實很可能是——李世民在玄武門前襲殺太子和齊王後，立刻派兵入宮，把高祖和一些近臣囚禁了起來，而囚禁的地點有可能就是海池。

這應該就是李世民在太極宮中開闢「第二戰場」並「囚慈父於後宮」的真相。

儘管這個真相被貞觀史臣極力掩蓋，但是在現有史料中，我們還是發現了一些至關重要的線索和疑點。從這些線索和疑點入手，我們應該能夠在一定程度上還原歷史的本來面目。

首先，在《舊唐書・隱太子建成傳》中，我們注意到了這樣一段話：「俄而東宮及齊府精兵二千人結陣馳攻玄武門，守門兵仗拒之，不得入，良久接戰，流矢及於內殿。」此外，在《唐文續拾・卷二》李儼所撰的《杜君綽碑》中，我們也發現了「矢及宸闈」這樣的說法（據《舊唐書・長孫無忌傳》，杜君綽是進入玄武門埋伏的九人之一）。

「流矢及於內殿」、「矢及宸闈」……這樣的表述意味著什麼呢？

所謂「內殿」和「宸闈」都是指皇帝所住的地方。既然連箭都射到了皇帝面前，那麼李淵還怎麼可能安心地「泛舟海池」呢？

所以，我們有理由認為，所謂「流矢及於內殿」和「矢及宸闈」應該都是關於「第二戰場」的一種較為隱諱的說法。也就是說，在李世民派兵入宮控制高祖的過程中，肯定與皇帝身邊的禁軍侍衛發生了一定程度上的武裝衝突。因為皇帝身邊的侍衛不可能全被李世民收買，而一旦看見秦王帶著士兵殺氣騰騰地闖進宮中，那些侍衛也斷不會束手就擒或者坐以待斃，可見一定範圍內的戰鬥是不可避免的。而發生戰鬥的時間，應該是與第一戰場、也就是玄武門前的混戰同步，也就是東宮齊王兵正猛攻玄武門的那個時候。

要進一步證實我們的上述推斷，下面這些疑點和線索也是絕不容忽視的：

第一，回顧玄武門之變的整個經過（參見兩《唐書》、《資治通鑑》中相關記載），有一個現象令人滿腹狐疑，那就是——李世民在玄武門前射殺李建成並意外墜馬之後，忽然就從史料的記載中「消失」了，直到尉遲敬德迫使高祖發出敕令，交戰各方全部放下武器，一切都已塵埃落定，李世民才重新回到人們的視線中，演出了「跪而吮上乳」的一幕。

在此我們不禁要問：在無端「消失」的這段時間裡，李世民上哪裡去了？他都幹了一些什麼？如果說李世民是因為墜馬受傷，被扶到什麼地方休息去了，史書中為何隻字不提？此外，身經百戰、英勇過人的秦王李世民，會僅僅因為「墜馬」而喪失作戰能力嗎？在戰場上一向身先士卒、不顧槍林箭雨而衝鋒陷陣的秦王李世民，會僅僅因為受了一點輕傷就下火線嗎？他會放心大膽地把入宮控制高祖的關鍵行動交給手下，然後躲到安全的地方靜觀事態演變嗎？

答案只有三個字：不可能。

因為，從某種意義上說，玄武門之變是李世民一生中最重要的一次「戰鬥」，所以他必然會全力以赴，也必然會拿出百倍的勇氣、決心和力量來進行這場戰鬥，直到政變成功的那一刻。而當李世民襲殺建成和元吉後，能否迅速開闢太極宮中的第二戰場、能否在第二戰場取得成功，最終將決定玄武門之變的成敗！

在此情況下，即便墜馬受了一點輕傷，李世民也絕對不可能躲起來休息。所以，我們有理由認為，在「消失」的這段時間裡，李世民所做的唯一一件事，就是率兵入宮開闢第二戰場，控制高祖和那些宰執重臣。正因為此，貞觀史臣才會把李世民的這段去向全盤刪除，以致在現存史籍中給後人留下了一個匪夷所思的空白。

第二，在《舊唐書・隱太子建成傳》中，我們發現秦王麾下的「八百勇士」在政變過程中同樣出現了令人百思不解的異動。在我們前面引述的「俄而東宮及齊府精兵二千人結陣馳攻玄武門，守門兵仗拒之，不得入，良久接戰，流矢及於內殿」這句話之後，史書接著寫到：「太宗左右數百騎來赴難，建成等兵遂敗散。」

這裡所說的「左右數百騎」，很可能就是李世民「素所蓄養的八百勇士」之全部或大部。令人極為不解的是，當東宮和齊府兵猛攻玄武門、並且與守門禁軍「良久接戰」的時候，秦王麾下最親信的這支精銳上哪兒溜達去了？為什麼直到「玄武門守衛戰」已經接近尾聲，秦王左右數百騎才姍姍來遲地加入到玄武門前的戰鬥，從而扭轉了之前的不利形勢，致使東宮和齊府兵最終「敗散」？

唯一的解釋只能是——他們跟隨秦王奔赴更重要的地方了。而這個地方當然就是第二戰場、也就是李世民「囚慈父於後宮」的地方。

因此，從秦王麾下這支精銳部隊的異動中，我們足以解讀出三個方面的信息：一，它進一步向我們證實了第二戰場的存在；二，它讓我們看清了玄武門之變中李世民大致的兵力部署；三，它向我們解釋了第一戰場、亦即「玄武門守衛戰」為何險象環生的主要原因。

關於兵力部署：在李世民及其幕僚所制定的政變計畫中，襲殺太子和齊王後，負責防禦玄武門的只能是原本駐防在此的常何、敬君弘、呂世衡等部；而最精銳的秦王府八百勇士，則與李世民一同進入太極宮，負責消滅皇帝身邊敢於頑抗的禁軍侍衛，進而控制皇帝和重臣；同時，秦王的麾下驍將，如秦叔寶、程知節、侯君集、段志玄等人很可能也跟隨李世民進入了第二戰場。

只有這樣，我們才能解釋第一戰場一再遭遇險情的原因。諸如：東宮和齊府兵「馳趨玄武門」時，為何只有一個張公瑾獨閉關以拒之？那是因為：多數驍將和秦王府精銳當時都不在玄武門。還有，敬君弘、呂世衡為何會戰死？這只能證明：留在玄武門進行防禦的兵力實在是很薄弱。此外，當東宮齊府將士鼓譟著要轉攻秦王府時，秦王陣營為何「將士大懼」、束手無策？那是因為所有的兵力都被配置在第一戰場和第二戰場了，至於秦王府這個「第三戰場」，肯定只留下了一部分老弱殘兵，顯然是不堪一擊的。估計在李世民及其幕僚的計畫中，秦王府是無力也無意保全的，很可能早已做好了被攻破的打算。

第三，討論至此，我們就要引出又一個足以證明第二戰場存在的有力證據，那就是秦王妃長孫氏在玄武門之變中的動向、及其所發揮的相關作用。

按《舊唐書・文德皇后長孫氏傳》，當李世民「方引將士入宮授甲」時，長孫氏「親慰勉之，左右莫不感激」。《新唐書・文德長孫皇后傳》稱：「及帝授甲宮中，后親慰勉，士皆感奮。」兩《唐書》都記載了長孫氏跟隨李世民一起進入了太極宮，這究竟意味著什麼？難道她的任務僅僅是去慰勉將士的嗎？

我們認為，事實並沒有這麼簡單。

長孫氏之所以出現在太極宮中，至少可以證明以下三點：一，秦王府的精銳確實已經傾巢而出，府中防守空虛，早就做好失守的打算，所以李世民才會把長孫氏帶在身邊，以免遇害；二，既然兩《唐書》都明確記載，李世民和長孫氏不但一起帶著將士進入太極宮，而且還在宮中「授甲」，那麼李世民在宮中開闢第二戰場的事實就更是毋庸置疑了；三，在李世民「囚慈父於後宮」的過程中，他們夫婦肯定是有所分工的，長孫氏所充當的很可能是「安撫使」的角色。

也就是說，李世民及其將士負責對付皇帝身邊有可能頑抗的侍衛，手段是採用武力；而長孫氏則負責對付餘下那些嬪妃、太監和宮女，手段則是盡力安撫。道理很簡單，李世民入宮的目的是為了控制皇帝，而不是無端殺戮，所以他會盡量以最小的代價換取最佳的結果，只要是能夠安撫的人，李世民絕不會輕易訴諸武力。

因此，長孫氏此時所產生的，就是秦王府的任何人（包括李世民）都難以發揮的作用。憑著女性親切溫婉的先天優勢，加之秦王妃的尊貴身分，以及平素與後宮嬪妃的交情，還有誰比她更適合擔任「安撫使」的角色呢？

關於長孫氏在玄武門之變中的重要作用，《舊唐書・房玄齡傳》中還有一處記載可資佐證：「玄齡嘗因微譴歸第，黃門侍郎褚遂良上疏曰：『及九年之際，機臨事迫，身被斥逐，闕於謨謀，猶服道士之衣，與文德皇后同心影助，其於臣節，自無所負。』」

眾所周知，房玄齡在玄武門之變的功臣榜上名列第一（《舊唐書・房玄齡傳》：「貞觀元年，……論功行賞，以玄齡及長孫無忌、杜如晦、尉遲敬德、侯君集五人為第一」），假如長孫氏沒有在玄武門之變中發揮別人難以替代的作用，褚遂良又怎麼可能把她和第一功臣房玄齡相提並論呢？

綜上所述，我們完全有理由認為，李世民在玄武門之變中確實曾經「囚慈父於後宮」，而有關這個「囚父行動」的具體過程，雖然現有史料均不可考，但我們仍然可以依據常識和邏輯來作出進一步推斷。

首先我們可以提一個問題：李世民囚父的目的是什麼？

答案很簡單，當然是逼迫父親交出政權。

接著我們還可以問：假如李淵堅決反抗，誓死也不交權，那李世民該怎麼辦？

答案只能是一個字——殺！

至此，我們已經逼近了李世民竭力向我們隱瞞的那個真相的核心。

也就是說，在李世民的計劃中，他入宮控制高祖的行動必然會分成三步：第一步是「囚父」，亦即消滅有可能頑抗的禁軍侍衛，將高祖和近臣們徹底控制起來；第二步就是「逼父」，亦即讓某個將領出面，逼迫高祖下詔，把軍政大權移交秦王；最後一步，也是李世民最不希望走到的一步，那就是——假如高祖誓死不從，李世民就不得不在萬般無奈的情況下被迫「弒父」！

這樣的「三步走」是任何一場逼宮行動都不可避免的內在邏輯。因為對於高祖李淵這樣一個大權在握的皇帝來說，假如他始終不肯屈服於李世民的意志，堅決不肯以他的名義發布詔書，將軍政大權移交給李世民，那麼李世民唯一的選擇只能是殺了他。

或許有人會說，採用軟禁手段、然後矯詔奪權也未嘗不是一個辦法。但是如此一來，李世民無疑要承擔一個很大的政治風險——只要高祖不死，那麼即便秦王要矯詔奪權，那些仍然忠於皇帝的文臣武將們也有可能會識破秦王的陰謀，因而拒不奉詔，發兵與李世民對抗。到時候不光京師會爆發大規模的流血衝突，整個帝國也完全有可能陷入內戰。所以，在李世民率兵入宮的時候，他心裡肯定已經做好了「弒父」思想準備，因為這是代價最小、成本最低、最能夠避免上述政治後遺症的唯一辦法。

當然，誰都希望事情在第二步結束，誰都希望最後的結局是高祖妥協，與秦王達成政治和解，雙方相安無事。可是，誰敢保證事情不會發展到第三步呢？在尚未知悉高祖的反應之前，李世民又怎敢保證自己不會走到第三步呢？

可見，在武德九年六月四日，李世民所面臨的一個最可怕的道德困境和最艱難的人生抉擇，恰恰不是應不應該在玄武門前襲殺兄弟，而是如果形勢逼不得已，他應不應該痛下殺手、弒父弒君？

對於一個以「愛敬君親」為最高行為規範的社會而言，對於一個以恪守「忠孝之道」為人生準則的古代臣子而言，還有什麼行為比「弒父弒君」更加罪大惡極、不可饒恕的呢？還有什麼比這種行為產生的道德和輿論壓力更讓人難以承受的呢？

雖然後來事實的發展讓李世民有幸避免了這樣的罪惡，但是對於李世民本人來講，這樣的罪惡只要在他的心中預演過一次，就很可能在他的記憶中留下永遠無法抹除的陰影。

退一步說，就算「弒父弒君」這種未及實施的惡並未對李世民造成道德困擾，但是單純就「囚父」和「逼父」而言，李世民也注定要承受非同小可的道德壓力。更何況，「囚慈父於後宮」的過程必然不是一場溫文爾雅的談判。因為對於秦王的逼宮，高祖李淵肯定會盡一切力量抵抗，而忠於皇帝的禁軍也必定會與秦王部隊開戰，只有到了所有的武力對抗宣告失敗，而李淵的一切努力也均被秦王瓦解，他才可能無可奈何地舉手投降。至於像正史所載，尉遲敬德一進入海池高祖就乖乖交權的事情，基本上是不足採信的，這就算不是貞觀史臣的虛構，至少也是一種高度簡單化的曲筆。

根據李淵在玄武門之變中以及此後的種種表現來看，幾乎對一切事情都無能為力，完全喪失了一個皇帝應有的尊嚴和權力，所以我們基本上可以斷定：就算李世民沒有做出「弒父」的舉動，但最起碼也是把高祖逼到了生死存亡的邊緣，否則李淵不會是一副聽天由命、任人宰割的模樣。誠如清代史學家趙翼所言：「是時高祖尚在帝位，而坐視其孫之以反律伏誅而不能一救，高祖亦危矣！」（《二十二史札記》卷十九）

既然如此，那麼在李世民用盡一切手段迫使父親就範的過程中，有多少行為是可以在道義上站住腳的？又有多少行為是可以在後來改史時原封不動、公之於世的呢？

恐怕很少。

也許正因為此，所以時隔多年之後，李世民儘管可以大膽地把弒兄、殺弟、屠侄的真相昭示於天下，但唯獨不敢公開他在太極宮中開闢「第二戰場」並「囚慈父於後宮」的真相！

對李世民和貞觀史臣而言，當年那場逼宮行動確實難以在道義上重新包裝，也難以在道德上自我說服，因而只能盡力掩蓋。但是考慮到事件的完整性，有關高祖的情況在史書的編纂中又不能隻字不提，所以貞觀史臣最後只好挖空心思地編造了高祖和近臣「泛舟海池」的荒誕一幕，之後又大而化之地拋出了「尉遲敬德入宮宿衛，請降手敕」的粗糙情節，試圖以此掩人耳目，把整個玄武門之變最重要的一部份內幕和真相含糊其辭地敷衍過去。

然而，經由殘留在史書中的蛛絲馬跡，藉助常識和邏輯的力量，我們最終還是在一定程度上窺破了李世民極力向世人隱瞞的真相。

對於李世民篡改歷史的行為，今天有一部分讀者很不願意承認。這點我們完全可以理解，畢竟很多人心中都有一個「偉人情結」，沒有人願意看到千古一帝李世民的光輝形象因此受到玷污。但是，我們在崇拜偉人的同時，更需要尊重事實。時至今日，關於貞觀君臣改史之事在學界幾乎已成定論，所以我們也不必再「為尊者諱」。更何況，金無足赤、人無完人，李世民身上存在這樣或那樣的一些污點，絲毫改變不了他作為一代明君的事實，也絲毫不會影響他所創造的歷史功績。

與此同時，也有一些人故作驚人之語，把李世民改史的行為貶得一無是處，甚至指責他「腰斬」了中國幾千年來寶貴的「信史」傳統，言下之意是李世民開了篡改歷史的先河，「罪莫大焉」！

其實這樣的指責又未免矯枉過正了。中國的信史傳統和史官精神固然有不阿權貴、秉筆直書的一面，但是早在孔子時代，刪削歷史的行為就已經大行其道了。所謂「春秋筆法」、「微言大義」，其實就是在某種主觀目的的驅使下，對史實進行刪削、塗飾和修改。誠如梁啟超先生所說：「孔子作《春秋》，時或為目的而犧牲事實。……只能作經讀，不能作史讀。」（《中國歷史研究法》）可見，李世民並非「改史」的始作俑者。而且，在李世民身後，喜歡用權力擺弄歷史的統治者也代不乏人。

諸如宋太宗時期，官修的《起居注》和《時政記》就要時時送交皇帝「御覽」，而有關宋太祖趙匡胤之死的歷史記載，正是在太宗趙光義的直接干預和授意篡改之下，變成了又一樁千古懸案。到了清代，皇帝對歷史和文化的「熱中」程度更是盛況空前，不但大興文字獄，而且發展到了藉修書之名大規模消滅「異端」文化的地步，此亦眾所周知之事實。也許，正是在這樣的意義上，胡適才會說：「歷史是任人打扮的小姑娘。」

由此可見，在幾千年的中國歷史上，李世民絕不是第一個對「小姑娘」動過手腳的人，當然也不是最後一個。

十二、科舉制與社會公正

在中國幾千年的傳統社會中，一個人能否獲得成功、出人頭地，在很大程度上取決於他能否順利入仕。所謂「學而優則仕」，所謂「十年寒窗無人問，一舉成名天下知」，所謂「書中自有黃金屋，書中自有顏如玉」等等，說的都是一回事，那就是——一旦能夠順利走上仕途，該有的一切自然都有。換句話說，一旦擁有政治權力，連帶著就有了社會地位、有了名聲、有了榮譽、有了財富、有了女人、有了想要的一切！（中國社會之所以迄今為止仍然遺留著濃厚的「官本位」色彩，其主要緣由在此。）

簡言之，在古代中國，政治決定了人們的一切！

那麼，哪一些人才有入仕的資格呢？他們是以什麼方式、按什麼標準入仕呢？起點是否公平，規則是否公開，結果是否公正呢？

要回答這些問題，就需要考察古代的官員選拔制度。

（一）中國人的入仕之途

自秦漢以降，傳統中國的官員選拔制度基本上可以分為三個發展階段：兩漢的「察舉制」、魏晉南北朝的「九品中正制」和隋唐的「科舉制」。

兩漢選拔人才的方式有很多種，其中最主要、最普遍實行的是「察舉」。所謂察舉，就是由地方官對當地的吏民進行考察，以品行為標準，以地方輿論（鄉評）為根據，把人才選拔出來，向中央舉薦。察舉的科目繁多，其中最重要的一種叫「孝廉」。所謂孝廉，顧名思義，就是「孝子廉吏」。之所以要以「孝」和「廉」為標準，是因為「孝悌」是為人子者最重要的品格，而「廉潔」則是為官者最重要的操守。（《漢書・文帝紀》：「孝悌，天下之大順也。廉吏，民之表也。」）

孝廉之舉始於漢文帝，本來是不定期選舉，從漢武帝時代起則逐漸成為一種定期定員的選官制度。元光元年（前一三四年）和元朔元年（前一二八年），漢武帝曾兩次下詔，責令每個郡國每年必須選舉孝子廉吏各一人。到了東漢時期，中央政府更是嚴格規定：凡戶口滿二十萬的郡國每年必須舉薦孝廉一人，其中較大的郡可以舉薦二人，而戶口不滿十萬的郡則每兩年舉薦一人。

兩漢的察舉制度通常要經過這樣一些程序：一個年輕人必須先進入太學讀書，根據畢業考試的成績分成甲乙二科，甲科出身稱為「郎」，留在皇宮中擔任侍衛；乙科出身稱為「吏」，回到家鄉擔任地方官的僚屬。經過一段時間的試用和實習後，才由中央或地方的官員根據他們的各方面表現進行舉薦，最後再經過一次考試，合格者才能正式走上仕途，為官從政。

相對於先秦時期以血緣為基礎的世襲制和分封制，兩漢的察舉制度顯然是一大進步。因為從原則上說，它的政權是面向所有讀書人開放的，而且選官標準又是以德才為基礎，所以基本上打破了由貴族壟斷政權的局面。

然而，這看上去既合理又公正的一套選官制度，事實上卻存在一個非常嚴重的問題。

那就是——大多數人根本讀不起書。

兩漢時代，書籍都寫在竹或帛上，一片竹簡最多隻能寫二十來字，傳抄既費時又費力，更不便於攜帶和流通；帛雖然沒有這些問題，可它是昂貴的絲織品，用它來書寫，成本又太過高昂。如果是出生在書香門第的人，家中藏書豐富，要做到學富五車、滿腹經綸也不是什麼難事。可要是出生在沒有藏書的普通人家，為了讀幾本書，往往就要跋涉千里、尋師訪友，其讀書求學的艱難程度可想而知。

從這個意義上說，當時的官職雖然是不可世襲的，但是「書籍」卻是可以世襲的，因此詩書傳家的家庭就具有了某種「壟斷性優勢」。在當時的社會條件下，只要佔有「知識和學問」這種稀缺資源，就能比較輕易地獲得政治資源和經濟資源。換言之，一個讀書人的家庭很容易就可以變成一個做官的家庭，變成一個有錢有勢的家庭。所謂「黃金滿篋，不如遺子一經」，正是這種情況的鮮明寫照。

此外，家族中只要有人當過郡太守，擁有過察舉之權，那麼經他察舉進入仕途的人就成了他的門生故吏。這些人將來一旦在政治上得意，通常都會回過頭來報恩，也察舉他「恩師」的後人。因此在一個家族中，只要先輩曾察舉過別人，他的子孫被察舉的可能性自然就遠遠大於普通人。久而久之，每個郡中就會有那麼一兩個家族，幾乎永遠佔有「孝廉」的名額。這樣的家族慢慢就具有了後世所謂的「郡望」，形成了高高在上、擁有特權的「士族門第」。

兩漢的察舉制度本意是在消滅特權、破除世襲，不料到頭來又造成了新的特權階層和另一種變相的世襲。到了東漢末年，察舉制度已經流弊叢生、不堪一問了。選舉出來的都是名不符實的人，既無才又無德。就像桓、靈之際民間歌謠所唱的那樣「舉秀才，不知書；舉孝廉，父別居」，成了一個莫大的諷刺！

進入曹魏時期，兩漢察舉制度既壞，新的選官制度自然就應運而生。這項新制度就是曹操於漢獻帝建安年間所創立的「九品中正制」。

曹操是一個亂世梟雄，他的政治作風務實而功利、重才而輕德，所以選拔的都是具有實際能力和能夠對現實政治作出貢獻的人。所謂「漢末喪亂，魏武始基，軍中倉卒，權立九品；蓋以論人才優劣，非謂世族高卑」。（《宋書．恩幸傳序》）

此項制度本來也只是一種臨時性的行政措施，及至曹丕篡漢登基，便將其正式確立為政府的官員選拔制度。從延康元年（二二〇年）起，在兩漢延續了四百年的察舉制度徹底終結，「九品中正制」全面頒行，此後一直被魏晉南北朝沿襲，歷時又達四百年之久。

所謂九品中正制，是中央政府於州郡中特置「中正」之官，專門擔任選舉之責、品評地方人物，分其為三等九品：上上、上中、上下；中上、中中、中下；下上、下中、下下。人才評選的標準有三：一、「薄伐」（家世出身）；二、「狀」（才德行狀與政績表現）；三、「品」（人品優劣）。人物的品級評定後，再由各級中正官依次上報，最後報告中央司徒府。

曹魏推行這項制度的初衷，是為了矯正漢末察舉制度徒以名德標榜、不務實際的毛病，進而「杜絕朋黨」、「破除門閥」，加強曹魏中樞政權的力量。可施行不過數十年後，產生的流弊比之兩漢察舉便有過之而無不及。

九品中正制最致命的缺陷，就在於一切都取決於「中正官」的一己愛憎和個人好惡，選擇人才雖然有一個表面上的標準，但這套標準卻很難做到真正客觀，更無法量化，最終仍然是以中正官的個人意志為轉移。於是便滋生了「高下逐強弱，是非由愛憎」、「一人之身，旬日異狀」等種種弊端，導致「上品無寒門，下品無世族」、「世胄躡高位，英俊沉下僚」等等社會局面。最後，真正的人才湮沒無聞，政治權力被門閥世族完全壟斷，特權階層奢侈萬端，官場腐敗叢生，吏治一團黑暗。

九品中正制一直沿襲到了隋朝初年，至開皇中期才被罷廢。大業年間，隋煬帝楊廣創設了「進士科」，令天下士人「投牒自進」，由朝廷舉行策試，後又改試詩賦。這就是科舉制的開端。

科舉制雖由隋煬帝始創，但不久便遭逢戰亂，實際上並未得到真正有效的施行。直到唐太宗李世民的貞觀時期，科舉制才得以正式確立。

所謂科舉，即「開科舉士」之意。唐代先後所開的科舉名目甚多，主要有「秀才、明經、進士、明法、明書、明算、道舉、童子」八科，其中「秀才科」於高宗永徽年間罷廢，除「明經科」與「進士科」外，其他均為專科，不為世人所重；有唐一代，獨為世人所重者，唯有「進士」一科。五代的學者王定保說：「進士科始於隋大業中，盛於貞觀、永徽之際。縉紳雖位極人臣，不由進士者，終不為美。」（《唐摭言》）

陳寅恪先生也說：「進士之科雖設於隋代，而其特見尊重，以為全國人民出仕之唯一正途，實始於唐高宗之代，即武曌專政之時。及至玄宗，其局勢遂成凝定，迄於後代，因而不改。」（《唐代政治史述論稿》）

唐代的科舉考試在原則上面向所有人開放（工商從業者除外），任何人只要自認為有應舉的能力，就可以「懷牒自投」，向所在地的州縣報考，既不需要像兩漢那樣經過地方官察舉，也不需要像魏晉以來那樣等待九品中正評定。

雖然唐代的入仕之門面向全社會開放，但是其考試過程卻非常嚴格。考生必須先透過縣考、州考，然後才報送朝廷，參加禮部的大考。考試及第者並不是馬上就能當官，而是僅僅取得入仕的資格而已，必須再透過吏部舉行的考試，及格者才能正式授官。

吏部考試有四個條件：「身、言、書、判」。「身」是指容貌儀表，講究的是「體貌豐偉」；「言」是指口才談吐，講究的是「宏詞辯證」；「書」是指書法，講究的是「楷法遒美」；「判」是一種公文判例，講究的是「文理優長」，往往取一些州縣和大理寺過去的疑難案件，「課其斷決，而觀其能否」，要求考生必須通曉事理、諳熟法律，如此才能明辨是非、秉公而斷。也就是說，要在唐朝政府做官，除了要透過縣府、州府、禮部的層層考試之外，還必須透過吏部近乎苛刻的遴選：既要長得五官端正、一表人才，又要口齒伶俐、雄辯滔滔，還要寫得一手好字，最後還得精通人情世故和法律，能夠對疑難案件進行準確的研判，而且「判文」還必須寫得文辭優美、對仗工整、言約旨遠！

什麼叫人才？這就叫人才！

能透過這種考試的人完全可以稱之為出類拔萃、鳳毛麟角！

由於吏部考試的門檻相當高，所以科舉及第之後，屢試不中的人比比皆是。譬如以「文起八代之衰」著稱的大文豪韓愈，科舉及第後，三試吏部不中，十年猶然布衣。而這樣的人絕非少數，有唐一代，進士及第後整整二十年都未能通過吏部考試、長期不能入仕為官的，也大有人在。

唐代科考之嚴，於此可見一斑。正因為如此嚴格，它才能為國家選拔出真正的人才。

從貞觀時代起，唐代宰相中科舉出身者的比例就不斷上升：唐太宗時期為百分之三・四，唐高宗時期為百分二十五，武則天時期為百分之五十；及至中晚唐，宰相中進士出身者的比例更是高達百分之八十以上，如武宗時期百分之八十，宣宗時期百分之八十七，懿宗時期百分之八十一。（黃留珠《中國古代選官制度述略》）

（二）科舉制的生命力

一個國家的官員選拔制度，如果套用西方學者的話來說，可以視為是一種「社會上層的再生產」。（布羅代爾《十五至十八世紀的物質文明、經濟與資本主義》：「任何社會的基本任務就是實現社會上層的再生產。」）

那麼，在古代中國，對於身處社會中下層的廣大寒門庶族而言，能夠切實獲得一個公平、公正的發展機會，能夠以自由競爭的方式公開參與一個社會的「上層再生產」，其意義顯然是非同小可的。「朝為田舍郎，暮登天子堂」的平民理想，從貞觀時代起就有了一種制度化的保障，在以後一千多年的中國社會中更是表現為隨處可見的現實。

隨著唐代科舉制的確立、完善和全面實行，寒門庶族迅速崛起，越來越多的平民子弟通過努力躋身於社會上層，進入了帝國的權力中樞，甚至官拜尚書、宰相。比如高宗時代的宰相李義府就是一個寒門出身、「家代無名」的人，他在貞觀年間通過科舉考試入仕以後，擔心家世貧寒，難以躋身高位，因而賦詩表達自己的憂慮，其中一句是：「上林如許樹，不借一枝棲？」唐太宗李世民聽到後，當即表態，打消了李義府的顧慮。

李世民說：「吾將全樹借汝，豈唯一枝！」（《隋唐嘉話》）

後來，李義府果然仕途通達，位列宰輔。

自貞觀之後，像李義府這種平民子弟透過科舉入仕，最終官居宰相、位極人臣者已經不勝枚舉。據兩《唐書》列傳所載，終唐一代，寒門庶族出身而拜相者共有一百四十二人，其中不入傳者尚有多名，實際數字當不止此。而相應時期高門世族出身的拜相者，只有一百二十五人，已經低於前者。

由此可見，自貞觀時代起，終唐之世，唐朝社會已經從根本上打破了魏晉南北朝以來門閥世族對政治權力的壟斷，使國家政權向著廣大的寒門庶族開放，在全國範圍內選拔各個階層的優秀人才，從而充分展現了「機會均等、公平競爭、擇優錄用」的原則。

在隋朝播下種子的科舉制之所以能在貞觀時期盛開和綻放，自然是與唐太宗李世民求賢若渴、唯才是舉的政治理念息息相關。

打江山的時候，只有得人心者才能得天下。

坐江山的時候，只有得人才者才能「安」天下！

作為一個兼具創業與守成之長的傑出政治家，李世民深知其中的道理——一個王朝如果能夠向社會各階層、尤其是平民階層普遍開放上升之階，並且最大限度地獲得平民階層和讀書人的歸屬感與政治認同，最終整合社會各階層的利益，盡可能實現社會公正，那麼這個王朝必將因此打下一個長治久安的堅實基礎。

貞觀中期，李世民有一次目睹新科進士魚貫而出的盛況，情不自禁地發出這樣的感歎：「天下英雄，入吾彀中矣！」（《唐摭言》）

二百年後的唐文宗開成年間，詩人趙嘏也對貞觀時代所確立的科舉制發出了由衷的讚歎：「太宗皇帝真長策，賺得英雄盡白頭！」（《國史補》）

錢穆先生說：「科舉制度顯然是在開放政權，這是科舉制度之內在意義與精神生命。漢代的選舉，是由封建貴族中開放政權的一條路。唐代的公開競選，是由門第特殊階級中開放政權的一條路。唐代開放的範圍，較諸漢代更廣大，更自由。所以就此點論，我們可以說唐代的政治又進步了。」（《中國歷代政治得失》）

科舉製作為一種具有顯著優越性的選官制度，一經奠定便被歷朝歷代所繼承，從而對隋唐以後的中國歷史產生了無與倫比的深遠影響。一直到西元一九〇五年被廢除為止，它在中國歷史上存在的時間長達一千二百多年。

一種制度的生命力能夠如此長久，足見它在誕生和確立之初，一定有著極大的合理性與超前性，才能被歷朝歷代的百姓、士人和統治階層所信受奉行。然而，時代畢竟是不斷發展的，無論再好的制度也會在歷史的變遷中生發出種種流弊。尤其到了近代，當中國遭遇「三千年未有之變局」時，日益僵化的科舉制再也無法適應急劇變化的社會需求，終於在舉國上下的口誅筆伐中壽終正寢，退出了歷史舞台。

然而，誰也沒有想到，短短八十年後，當改革開放的中國人通過借鑑西方的文官制度，於二十世紀八〇年代建立了公務員考試制度之後，他們卻不無驚訝地發現——這套「先進」的西方制度居然是淵源於中國。原來西方文官制度的鼻祖，恰恰就是中國古代的科舉制。

歷史真是充滿了吊詭！

一九八三年，美國人事總署署長艾倫・坎貝爾應邀來北京講學，他所講的第一句話就是：「當我被邀來中國講授文官制度的時候，我感到非常驚訝。因為在我們西方所有的政治學教科書中，當談到文官制度的時候，都把文官制度的創始者歸於中國。」

很多西方學者認為，科舉考試制度是中國在精神文明領域對西方和世界的最大貢獻之一，是堪與物質文明領域中的四大發明相媲美的貢獻。為此，西方人把科舉制視為是「造紙術、印刷術、火藥、指南針」這四大自然科學發明之外的「第五大發明」。

對此，今天的中國人感到既驚訝又困惑：為什麼早在上個世紀初就被國人視為傳統糟粕並棄之如敝屣的科舉制，居然成了西方文官制度的鼻祖，並且備受推崇呢？

而更加讓人感到諷刺的是——時隔八十年後，它居然又被我們自己如獲至寶地「學習和引進」了回來！

這一切究竟是怎麼發生的？

科舉制為什麼會有這麼強大的生命力？

西方人對它如此青睞、推崇備至的原因到底是什麼？

中國科舉制度對西方產生的影響可以追溯到十六世紀後半葉。

最早向西方介紹中國科舉制的是葡萄牙的兩位傳教士：克魯茲和胡安。前者著有《中國遊記》一書，對中國透過科舉考試選拔官員的作法極力稱頌，後者則在《偉大的中國》一書中詳細介紹了科舉考試的方法和內容。他認為，中國是世界各國中治理得最好的一個，其根本原因在於中國具有「競爭性」的科舉制度，透過競爭開放一切官職，從而利用了所有中國人的聰明才智。這兩本書在歐洲出版後，迅速流傳開來，引起了歐洲人對中國政治制度極大的關注和興趣。據統計，一五七〇～一八七〇年之間，用英文出版的有關中國官吏制度和政治制度的書籍就多達七十餘種。

十八世紀以前的歐洲各國，其文職官員的選用辦法，要麼是君主賜官制，要麼是貴族世襲制，要麼是政黨分肥制。而無論這其中的哪一種，都會不可避免地導致任人唯親，進而引發吏治腐敗，同時極大地壓抑人才的發展，其合理性和公正性顯然要遠遠落後於「公開取士、擇優錄用」的中國科舉制。

所以，歐洲人一旦了解中國的科舉制後，無不交口稱讚、欣羨不已。他們普遍認為：這是一種「無與倫比的優秀制度」。法國啟蒙思想家伏爾泰說，中國只有透過嚴格考試的人才能出任官職，而且政治清明，經濟繁榮。另一個歐洲學者聲稱：「中國透過卓越的考試制度錄用文官武將，這是他們制度唯一不同於古今任何一個偉大的君主國家的地方。」

在中國科舉制的影響下，西方國家在十九世紀前後紛紛廢除了那些腐朽落後的制度，開始確立從競爭性考試中選拔文官的制度。一七九一年，法國首先試行文官考試，到一八七五年文官系統基本形成。一八二九年，英國為東印度公司選用文職人員實行了公開考試；一八五五年，英國政府成立了第一個文官委員會，開始推行文官考試，並於一八七〇年正式頒布法令，使其規範化和制度化。由於英國當時國力強盛，所實行的文官考試制度又較為系統並且卓有成效，因而成為其他歐美國家效法的榜樣。一八八三年，美國也建立了文官考試製度，並於一八九三年進一步完備。

《大英百科全書》在談到英國文官制與中國科舉制的淵源關係時說：「在歷史上，最早的考試制度出現在中國，它用考試來選拔行政官員，並對已經進入仕途的官員實行定期考核。」孫中山先生也在其所著的《五權憲法》中說：「現在各國的考試制度，差不多都是學英國的。窮流溯源，英國的考試制度，原來還是從我們中國學過去的。」

正是因為認識到中國科舉考試制度的優越性，孫中山才會在西方「三權分立」的理論基礎上，把考試權與立法權、行政權、司法權、監察權並列，創立了「五權分立」的政治學說。

隋唐的科舉制之所以能對後世和西方產生如此巨大而深遠的影響，究其原因，就在於它充分展現了「政權開放、機會均等、公平競爭」的原則。一言以蔽之，就是在當時的歷史條件下最大限度地實現社會公正。

無論何時，「社會公正」始終是人類孜孜以求的永恆理想。甚至可以說，它是一種超越時空、超越國界、超越種族和文化差異的普世價值。

因此，創始於隋朝、確立於貞觀的科舉制度才能在中國歷史上傳承不絕，並且在東西方的文明碰撞和文化交流中綻放出歷久彌新的光芒。也唯其如此，它才會在湮滅和消逝了將近一個世紀後，仍復以一種嶄新的面目重新回到誕生它的國度，並以其固有的精神和價值融入現代社會的制度框架之中，獲得一種「鳳凰涅槃」似的重生。

十三、貞觀的法治精神

中國是一個典型的成文法國家，從春秋末期李悝制定第一部系統法典《法經》六篇起，自秦漢以迄明清，歷朝歷代基本上都有自己的成文法典，其中尤以承前啟後的《唐律》對後世的影響最大、最為後人所稱道。

武德元年（六一八年），李淵廢除了隋煬帝的《大業律》，命裴寂、劉文靜等人依照隋文帝的《開皇律》，修訂了一部新律令，並於武德七年（六二四年）正式頒行，是為《武德律》。《武德律》雖然對《開皇律》有所損益，但基本上一仍其舊，沒有太大發展。所以李世民即位後，立即著手對《武德律》進行完善。他採納了魏徵「專尚仁義，慎刑恤典」（**《貞觀政要》卷五**）的建議，依據儒家的仁政思想，進一步加強「德主刑輔」的立法原則，於貞觀元年（六二七年）命長孫無忌、房玄齡等人重新修訂法律，積十年之功，成一代之典，於貞觀十一年（六三七年）正式頒行了一部嚴密而完備的法典——《貞觀律》。

唐永徽二年（六五一年），高宗李治命長孫無忌領銜，以《貞觀律》為藍本，修訂並頒布了《永徽律》。稍後，鑑於當時中央和地方在審判中對法律條文理解不一，李治又下令對《永徽律》逐條逐句進行統一而詳細的解釋。這些內容稱為「律疏」，附於律文之下，於永徽四年（六五八年）頒行天下，律疏與律文具有同等法律效力。這部法典當時稱為《永徽律疏》，後世稱之為《唐律疏議》(簡稱《唐律》)。

《永徽律疏》是唐高宗秉承李世民遺訓,在貞觀立法原則的指導下,按照《貞觀律》的基本精神修訂的。直至唐玄宗時,人們仍然認為《貞觀律》與《永徽律疏》是「至今並行」的。由此可見,《唐律》實際上是定型於貞觀時期,而完善於永徽年間。

《貞觀律》和《永徽律疏》的制定和頒行是中國法律史上的一個重要里程碑,它們確立了中國古代刑法的規範,並且影響遍及朝鮮、日本、越南等亞洲各國,乃至在世界法律體系中也佔有重要的一席之地,成為獨樹一幟的一大法系。

自唐以降,五代、宋、元、明、清各朝莫不奉《唐律疏議》為圭臬,雖代有損益,但終不敢越出其規範之外。元代律學家柳贇說:「所謂十二篇云者,裁正於唐,而長孫無忌等十九人承詔制疏,勒成一代之典,防範甚詳,節目甚簡,雖總歸之唐可也。蓋姬周而下,文物儀章,莫備於唐!」(《唐律疏議·序》)

清代律學家吉同鈞也說:「論者謂《唐律疏議》集漢魏六朝之大成,而為宋元明清之矩矱,誠確論也!」(《律學館大清律例講義·自序》)

由此可見,定型於貞觀時期、完善於永徽年間的《唐律疏議》,在後世法學家的眼中確實是歷史上最重要的成文法典。

（一）皇權與法權

在古代中國，法律其實一直處於一個比較尷尬的地位。因為它並不是至高無上的。在它頭上還有一個最高權威——皇帝。

也就是說，在古代中國，皇權絕對高於法權。法律之所以被皇帝制定出來，並不是用來約束皇帝本人的，而是為了更有效地對付臣子和老百姓。正所謂：「生法者，君也；守法者，臣也；法於法者，民也。」（《管子·任法》）韓非子也說：「君無術則蔽於上，臣無法則亂於下，此不可一無，皆帝王之具也！」（《韓非子·定法》）

布衣皇帝朱元璋說得更透徹：「法令者，防民之具、輔治之術耳。」（《明太祖實錄》）

總而言之，古代的法律就是皇帝用來統治臣民的一種專制工具。正是在這個意義上，人們說中國歷來是一個「專制與人治」的社會，而不是「民主與法治」的社會。此可謂確論！

在君主專制的社會中，法律並不是神聖不可侵犯的，它非但約束不了皇帝，反而經常被皇權所凌駕，甚至隨時可能被踐踏。

既然如此，那麼唐太宗李世民在這方面又做得如何呢？

作為中國歷史上最傑出的一部法典——《唐律》的總設計師，李世民又是怎樣看待「皇權與法權」的關係的呢？對此，李世民說過一句很有代表性的話：「法者，非朕一人之法，乃天下之法！」（《貞觀政要》卷五）

單純從這句話本身來看，李世民的法律觀念顯然與自古以來的法家思想和其他帝王完全不同，他並不把法律視為皇帝手中的工具，而是能夠承認並尊重法律的客觀性與獨立性。相比於朱元璋把法律當作一種「防民之具」和「輔治之術」，李世民的境界無疑要高出許多。

不過，即便我們相信這句話確乎是李世民「誠於中而形於外」的肺腑之言，我們也仍然要「聽其言而觀其行」，進一步考察他的實際行動，看其是否真的言行一致、表裡如一。

從下面這個事件中，我們應該就能得出一個比較公允的結論。

貞觀元年（六二七年）正月，有一個叫戴胄的大臣公然在朝堂上與李世民發生了激烈的爭執。

事情本身並不大，但是性質卻很嚴重。因為爭論的焦點就是——皇帝的敕令與國家的法律，到底哪一個更有威信？哪一個更應該作為斷案的依據？說白了，這就是皇權與法權之爭。

事情的起因是這樣的：在李唐立國之初的統一大戰中，很多將吏戰死沙場、為國捐軀，國家為了照顧他們的後人，就出台了「恩蔭」政策，讓烈士後代能夠承襲先人官爵。於是就不斷有人弄虛作假，謊稱自己是功臣元勳的後代，以此騙取朝廷恩蔭。此外，李唐朝廷在任用和提拔官吏的時候，也會優先選用那些曾經在隋朝為官、具有仕途資歷和從政經驗的人，所以就經常有人偽造資歷，企圖走一條加官進爵的捷徑。

上述這些現象就叫做「詐冒資蔭」。有關部門難辨真偽，對此大傷腦筋。針對這些現象，李世民專門頒布了一道敕令，嚴令作假者主動自首，否則一經發現立即處以死罪。

敕令頒布後，還是有不怕死的人頂風作案。後來有關部門查獲了一個叫柳雄的作假者，李世民決定殺一儆百，馬上要治他的死罪。案件送交大理寺後，負責判決的人就是大理寺少卿戴胄。

戴胄原本只是兵部的一個郎中，因有「忠清公直」的美譽，不久前剛被李世民破格提拔為大理寺少卿，相當於從一個國防部的小司長突然晉升為最高法院副院長。皇恩如此浩蕩，按理說戴胄應該知恩圖報、事事順著李世民的脾氣才對，可秉公執法的戴胄卻在柳雄這件案子上狠狠地觸逆了龍鱗。

根據當時的法律，這種罪最多只能判流放，所以戴胄便對柳雄做出了「據法應流」的判決。這個判決結果雖然是依法作出的，但顯然違背了李世民的敕令。

李世民勃然大怒，對戴胄說：「朕早就頒下敕令，不自首就是死路一條，你現在卻要依法改判，這豈不是向天下人表示，朕說話不算數嗎？」

戴胄面不改色地說：「陛下如果直接殺了他，臣無話可說；可陛下一旦把案件交付法司，臣就不能違背法律。」

李世民悻悻地說：「你為了讓自己秉公執法，就不惜讓朕失信於天下嗎？」

戴胄說：「陛下的敕令是出於一時之喜怒，而國家的法律卻是布大信於天下！陛下若以法律為準繩，就不是失信，而恰恰是『忍小忿而存大信』！假如不這麼做，臣只能替陛下感到遺憾。」

李世民沉默了。他知道，如果他執意要殺柳雄，誰也攔不住，因為他是皇帝，而且早有敕令在先。可問題是，這麼做雖然足以展現帝王的權威，但無疑會大大損害法律的權威。而法律的公信力一旦遭到破壞，朝廷的威信和人君的威信也就無從談起。

思慮及此，李世民立刻轉怒為喜，當著群臣的面對戴胄大加褒揚，說：「朕法有所失，卿能正之，朕復何憂也！」（《貞觀政要》卷五）

這是貞觀時期一個比較著名的事件，同時也是中國法制史上富有典型意義的一個案例。因為它凸顯了皇權與法權的衝突，並且以皇權的妥協告終，最後使得法律的尊嚴得到了維護。在這件事情上，李世民體現出了一個古代君主難能可貴的品質，那就是對法律的尊重，以及對司法獨立的尊重。這在中國幾千年的人治社會中實屬罕見。

「柳雄事件」之後，史稱「胄前後犯顏執法，言如泉湧；上皆從之，天下無冤獄」。（《資治通鑑》卷一九二）

貞觀時代吏治清明、執法公正應該是不爭的事實，可要說「天下無冤獄」，則未免有些言過其實。但是不管怎麼說，當一個王朝擁有像戴胄這種剛直不阿、執法如山的法官，並且擁有像李世民這種善於妥協、尊重法律的皇帝時，我們就完全有理由相信——貞觀時代即便不是歷史上最少冤獄的時期，起碼也是最少冤獄的時期之一。

（二）對生命的尊重

要了解一個國家的法律，最重要的是看它的刑法。

要了解一個國家的刑法，最重要的就是看它對待死刑的態度。

貞觀法治之所以被後人津津樂道，其中最主要的原因，就在於「寬仁慎刑」的理念，以及嚴格的死刑覆核制度。

早在貞觀元年（六二七年），李世民就依據「死者不可再生，用法務在寬簡」的立法思想，以詔令的形式對「死刑覆核」做出了嚴格規定：「古者斷獄，必訊於三槐、九棘之官，今三公、九卿即其職也，自今以後，大辟（死刑）罪皆令中書、門下四品以上及尚書九卿議之。如此，庶免冤

濫！」（《貞觀政要》卷八）

這就是中國歷史上著名的「三司推事、九卿議刑」的死刑覆核制度。李世民曾在貞觀元年（六二七年）正月廢除了五十多種絞刑條款，而隨後繼續修訂律法時，貞觀君臣又在隋朝律法的基礎上，把多達九十二種的死刑罪名降格為流刑，又把七十一種流刑降為徒刑。除此之外，「凡削煩去蠹、變重為輕者，不可勝紀」（《舊唐書・刑法志》）。在這種「寬仁慎刑」理念的引導之下，到了貞觀四年（六三〇年），國家就出現了「斷死刑，天下二十九人，幾致刑措」的良好的治安形勢。當時唐朝的戶數將近三百萬，若以平均一戶六口人計算，總人口大約一千八百萬。以這個人口數量來看，這個死刑人數的比例顯然是非常低的。

「幾致刑措」是中國歷史上經常用來形容天下太平、社會安定的詞彙，其意思是刑法幾乎到了擱置不用的地步。如果我們參考一下近代歐洲的相關數字，就更容易明白這種形容詞絕非過譽。

在十八世紀的英國，死刑罪名多達二百二十二種，不但名目繁多，而且濫用死刑達到了令人匪夷所思的程度，只要偷竊一先令，或者是砍了一顆不該砍的樹，又或者寫了一封恐嚇信，甚至僅僅是與吉普賽人來往，都有可能被處以死刑。到十九世紀初，還曾經有一個十三歲的少年因偷竊一把杓子而被判處絞刑。由於刑法的嚴苛和氾濫，導致每年被判死刑的高達一千人以上，而當時英國的總人口也不過才一千萬。

生命權是最為重要的人權。因此，對死刑的濫用就是對生命的蔑視和人權的踐踏。相反，對死刑的慎重自然就意味著對生命和人權的尊重。

如果單純從這個意義上說，我們似乎有理由認為——七世紀的唐朝在「人權領域」顯然要比十八世紀的英國先進得多。

當然，毋庸諱言，無論貞觀時代的法治精神多麼具有超越時代的先進性，當時的中國畢竟仍然是君主專制的社會；無論唐太宗李世民是一個如何尊重法律、慎用死刑的皇帝，他都難免有獨斷專行、枉法濫殺的時候。

貞觀五年（六三一年）發生的「張蘊古事件」就說明了這一點。

張蘊古，河內相州（今河南安陽市）人，曾任幽州記室，武德九年十二月因呈上一道「文義甚美，可為規誡」的奏疏《大寶箴》，博得李世民的賞識，被擢升為大理寺丞。

然而，就是這麼一個由皇帝一手提拔的人，也難免在皇帝的一時盛怒之下被錯殺。

事情緣於一個叫張好德的人，此人因患有精神方面的疾病，「妄為妖言」，被有關部門逮捕下獄。張蘊古上奏為他辯護，說他癲癇病的症狀十分明顯，胡言亂語在所難免，根據法律應該判處無罪。李世民覺得有道理，就同意了他的請求。張蘊古隨即前去探監，將皇帝準備赦免的消息透露給了張好德，並且頗為忘形地在獄中陪張好德下棋。以張蘊古的身分，這麼做顯然已經觸犯了法律，而且是執法犯法。侍御史權萬紀立刻發出彈劾，聲稱張好德的哥哥張厚德曾在張蘊古的家鄉相州擔任刺史，與張蘊古有過交情，所以張蘊古替張好德辯護顯然並不是在秉公執法，而是在徇私包庇。

李世民大怒，未及調查便下令將張蘊古斬於長安東市。

張蘊古被殺不久，李世民經過一番冷靜的反省之後，深感後悔。他對房玄齡等人說：「公等食人之祿，須憂人之憂，事無巨細，咸當留意。今不問則不言，見事都不諫諍，何所輔弼？如蘊古身為法官，與囚博戲，漏洩朕言，此亦罪狀甚重。若據常律，未至極刑。朕當時盛怒，即令處置。公等竟無一言，所司又不覆奏，遂即決之，豈是道理？」

李世民之所以責怪大臣們沒有及時諫諍，正是因為他認識到：即便張蘊古確有徇私，論罪也不至於死，自己顯然是在盛怒之下辦了一樁錯案。

為了杜絕此後類似錯案冤案的發生，李世民隨即下詔，規定今後「凡有死刑，雖令即決，皆須五覆奏」。（《貞觀政要》卷八）具體而言，就是凡判處死刑的案件，即便是下令立即執行的，京畿地區內也必須在二天內五次覆奏，其他州縣至少要三次覆奏，以確保司法公正，避免濫殺無辜。

此舉是對「三司推事、九卿議刑」的死刑覆核制度的進一步完善。隨後，這項「五覆奏」的死刑覆核規定就被納入了《永徽律》，成為正式的成文法。後來的《唐律疏議》對這條法律的執行進而做出了詳細解釋和嚴格規定：凡是「不待覆奏」而擅自處決死刑犯的官員，一律處以「二千里」的流刑；即便經過了覆奏，也必須在上級的最後一次批覆下達的三天後，才能執行死刑；若未滿三日即行刑，有關官員必須處以一年徒刑。

從這裡，我們足以看出唐代的死刑覆核制度之嚴，及其對待死刑的態度之慎重！

貞觀五年（六三一年），李世民在做出「五覆奏」的規定後不久，發現許多司法官員在審判中完全拘泥於法律條文，即使是情有可原的案子也不敢從寬處理。雖然如此執法不失嚴明，但李世民還是擔心這樣子難以避免冤案，於是他再次頒布詔令，規定「自今以後，門下省覆，有據法令合死而情可矜者，宜錄奏聞」。（《貞觀政要》卷八）也就是說，門下省在覆核死刑案件的時候，凡是發現有依法應予處死、但確屬情有可原的，應寫明情況直接向皇帝奏報。

「死者不可再生，用法務在寬簡」的貞觀法治精神在這裡又一次得到了充分的展現。

如果說，制定一部嚴明而公正的法律需要執政者具備一種卓越的政治智慧的話，那麼在執法過程中既能貫徹「法理」、又能兼顧「人情」，就不僅需要執政者具備卓越的智慧，更需要具有一種悲憫的情懷。

在李世民身上，我們顯然就看見了這種悲憫。貞觀六年（六三二年），李世民又做了一件令人不可思議的事情，更是把這種難能可貴的悲憫之心表現得淋漓盡致。

這就是歷史上著名的「縱囚事件」。

貞觀六年（六三二年）的十二月末，年關在即，李世民在視察關押死刑犯的監獄時，想到春節將至，而這些犯人卻身陷囹圄，不能和家人團圓，頓時心生憐憫，於是下令把這些已判死刑的囚犯釋放回家，但規定他們明年秋天必須自行返回長安就刑。

相信在當時，肯定有很多官員為此捏了一把汗。

因為要求死刑犯守信用，時間一到自動回來受死，簡直就是天方夜譚。而且這批囚犯的人數足足有三百九十個，其中只要有十分之一不回來，各級司法部門就要忙得四腳朝天了。況且，在把他們重新捉拿歸案之前，誰也不敢擔保他們不會再次犯案，這顯然是平白無故增加了社會不安定因素。

然而，出乎人們意料的是，到了貞觀七年（六三三年）九月，三百九十個死囚在無人監督、無人押送的情況下，「皆如期自詣朝堂，無一人亡匿者」。（《資治通鑑》卷一九四）

李世民欣慰地笑了。他當天就下令將這三百九十個死囚全部釋放。

這個「縱囚事件」在當時迅速傳為美談，而且成為有唐一代的政治佳話，著名詩人白居易的《新樂府》詩中就有「死囚四百來歸獄」之句讚歎此事。

然而，也有許多後人對此頗有微詞，他們認為這是李世民為了樹立自己的明君形象而表演的一場政治秀。北宋的歐陽修就專門寫了一篇《縱囚論》進行抨擊，說李世民此舉純粹是沽名釣譽、譁眾取寵。他說，這種標新立異的事情只能「偶一為之」，如果一而再再而三，那麼「殺人者皆不死，是可為天下之常法乎？」所以歐陽修認為，真正的「聖人之法」，「必本於人情，不立異以為高，不逆情以干譽」。也就是說，真正好的法律必須是合乎人之常情的，沒必要以標新立異為高明，也沒必要用違背常理的手段來沽名釣譽。

歐陽修的看法不能說沒有道理。這種「縱囚」的事情要是經常做，那法律就變成一紙空文了。不過話說回來，李世民也不會這麼愚蠢，他斷然不至於每年都來做一次「縱囚」。平心而論，「縱囚事件」雖然不能完全排除作秀的成分，但是如果認為此舉除了作秀再無任何意義，那顯然是低估了李世民，也錯解了李世民的良苦用心。

李世民這麼做，最起碼有兩個目的。

第一個目的，是要讓天下人明白：刑罰只是一種手段，不是目的。

眾所周知，「刑罰」只是社會治理的一種輔助手段，是不得已而為之的，其目的不僅是對「已然之罪」進行懲戒，更重要的是對「未然之罪」進行預防。從理論上說，如果採取道德教化的手段同樣可以達到這個目的，那麼刑罰的意義也就不復存在了。因此，當那些死囚都能遵守「君子協定」，在規定時間內全部返回，那起碼表明他們確實具有改過自新、棄惡從善的決心和行為。既然如此，李世民取消對他們的刑罰也就不足為怪了。

第二個目的，是讓人們認識到生命的價值與尊嚴。

就像李世民一直在強調的那樣，「死者不可再生，用法務在寬簡」，生命對於每個人只有一次，無論在什麼情況下都是彌足珍貴的。就算有人犯了罪，必須受到法律的懲罰，但是生命的價值與尊嚴並不因此就在他身上有所減損。而且整個社會，上至執法者，下至普通百姓，都有責任和義務挽救這些失足的人，提供一切可能的機會讓他們重新做人。其實法律真正的本意也正在於此。當然，剝奪一個人的生命是很簡單的，而改造人的生命卻要困難得多，但是後者絕對比前者更有價值，也更有意義。李世民的「縱囚」舉動，實際上就是凸顯了上述理念，只不過他採取的是一種最典型、最特殊、最不可複製的方式而已。

由此可見，「縱囚」事件絕不是李世民一時心血來潮的產物，更不是單純為了沽名釣譽，而是在「寬仁慎刑」的立法思想的基礎上，把「死者不可再生，用法務在寬簡」的貞觀法治精神發揮到極致之後必然會有的一種結果。

從今天的角度來看，我們甚至可以說，按照貞觀一朝的立法思想和法治精神，假如當時的歷史和社會條件允許的話，貞觀君臣就完全有可能將這種「寬仁慎刑」的法治進行到底，最終合乎邏輯地推演出「廢除死刑」的結果。

其實，我們這個假設並不是沒有歷史根據。

天寶初年，唐玄宗李隆基就曾秉承貞觀法治的精神，一度廢除了絞刑和斬刑。他在天寶六年（七四七年）發布的一道詔書中強調，這是為了「承大道之訓，務好生之德」（《冊府元龜・刑法部》）。這項刑法改革後來雖因「安史之亂」而中輟，沒有能夠延續下去，但足以表示貞觀的法治精神對後世的影響之深。

幾乎與唐玄宗大幅度削減死刑同步，日本平安王朝的聖武天皇也於神龜二年（七二四年）停止了死刑的適用，將所有死罪降為流罪，從而開創了日本刑法史上三百四十七年無死刑的奇蹟。而日本此舉，無疑正是受到了唐朝的影響。日本學者桑原騭藏曾經說過：「奈良至平安時期，吾國王朝時代之法律，無論形式與精神上，皆依據唐律。」

時至今日，限制死刑、廢除死刑已經成為一個國家文明與理性程度的標誌。

自從十九世紀以來，隨著人類的進步和人權運動的發展，限制並廢除死刑逐漸成為一種時代潮流。據有關學者統計，截止二〇〇一年，在全世界一百九十四個國家和地區中，在法律上廢除死刑和事實上停止死刑適用的國家已經達到一百二十三個，佔總數的百分之六十四。在歐洲，「廢除死刑」甚至成為加入歐盟的條件之一。此外，美國聯邦法律雖仍保留死刑，但已有十二個州廢除了死刑。

在這些保留死刑的國家和地區中，雖然短期內還不可能完全廢除死刑，但是在「少殺、慎殺、防止錯殺」這一司法原則上無疑具有普遍共識。

從這個意義上說，儘管時間已經過去了一千三百多年，儘管社會環境和時代條件已經發生了天翻地覆的根本性變化，但是直到今天，「寬仁慎刑」的貞觀法治精神無疑仍舊值得我們繼承和借鑑。而這種精神的核心，一言以蔽之，就是對生命的尊重。

十四、權力控制的遊戲：李世民的帝王術

有人曾經把管理稱為「權力控制的遊戲」。如果從人與人之間利益博弈的角度來看，此言可謂確論。作為一個管理者，不論是古代的帝王，還是今天的一個組織領導，要想高效地運用權力，除了依靠檯面上的制度和規則之外，更要有一些隱性的馭人手段。

在古代，這種隱性手段就是帝王術，稱之為「恩威並施」。用我們今天的話說，就是「胡蘿蔔加大棒」，而用日本「經營之神」松下幸之助的話來講，則是——慈母的手中緊握鍾馗的利劍。

那麼，李世民又是如何一邊扮演「慈母」、一邊揮舞「利劍」的呢？

看看李世民如何處理與李靖、尉遲敬德、李世勣、房玄齡等元勳功臣的關係，我們或許就能略窺李世民的馭人之術。

（一）「慈母之手」與「鍾馗利劍」

貞觀四年（六三〇年）春天，李靖一舉平滅東突厥，為大唐帝國立下了不世之功。凱旋回朝之日，本來滿腔豪情準備接受嘉獎的李靖卻突然被人參了一本。

參他的人是時任御史大夫的溫彥博，彈劾的理由是「（李靖）軍無綱紀，致令虜中奇寶，散於

亂兵之手」（《舊唐書．李靖傳》）。

聽到自己被彈劾的消息，李靖就像從三伏天一下子掉進了冰窟窿裡。得勝凱旋的喜悅還沒退去，功高不賞的憂懼已經襲來。

「虜中奇寶散於亂兵之手」？

李靖一邊硬著頭皮入宮覲見皇帝，一邊回味著這個讓人莫名其妙的彈劾理由。

天知道溫彥博人在朝中，他是用哪一隻眼睛看見數千里外的亂兵哄搶突厥寶物的。就算他所說屬實，可自古以來，在外征戰的將士一旦打了勝仗，隨手拿幾件戰利品也是常有的事，犯得著上綱上線嗎？更何況，相對於「平滅突厥」這樣的不世之功，那幾件所謂的「虜中奇寶」又算得了什麼？

李靖搖頭苦笑。

這種事其實是可大可小的。往小了說，就是個別士兵違抗主帥命令，犯了軍紀，大不了抓幾個出來治罪就是了；往大了說，卻是主帥縱容部屬乘機擄掠、中飽私囊，不但可以把打勝仗的功勞全部抵消，而且完全有可能為此鋃鐺入獄、前程盡毀！

李靖大感恐懼。他不知道此時此刻，會不會有一隻「兔死狗烹、鳥盡弓藏」的翻雲覆雨手正在那金鑾殿上等著自己。見到太宗李世民的時候，李靖內心的恐懼幾乎達到了頂點。因為李世民的臉上果然罩著一層可怕的冰霜。

接下來發生的事情似乎都在李靖的預料之中。李世民根據溫彥博奏疏中提到的那些事端和理由，把李靖劈頭蓋臉地訓斥了一頓，然而卻矢口不提此戰的功勳。李靖不敢辯解，更不敢邀功，只能頻頻叩首謝罪。（《舊唐書．李靖傳》：「太宗大加責讓，李靖頓首謝。」）

後來的日子，李靖頗有些寢食難安，時刻擔心會被皇帝找個理由滅了。有一天，太宗忽然又傳召他進宮。李靖帶著一種赴難的心情去見皇帝。

還好，謝天謝地！這回皇帝的臉色平和了許多。

太宗用一種語重心長的口吻對他說：「從前隋朝的將領史萬歲擊敗西突厥的達頭可汗，回朝後卻有功不賞，被隨便安了一個罪名就殺了。這些事情相信你也很清楚。不過你放心，朕是不會幹這種殺戮功臣的事情的。朕想好了，決定赦免你的罪行，獎勵你的功勳！」

聽完這一席話，李靖頓時感激涕零，連日來憂愁恐懼的心情一掃而光，取而代之的是一種喜獲重生的慶幸和感恩。

隨後，李世民就下詔加封李靖左光祿大夫，賜絹千匹，並賜食邑（與前共計）五百戶。

又過了幾天，李世民又對李靖說：「前些日子有人進讒言，說了一些對你不利的話。朕現在已經意識到這一點了，你可千萬不要為此介懷啊！」隨即又賜絹二千匹，拜李靖為尚書右僕射。

那一刻，李靖真的有一種冰火兩重天之感。幾天前還在擔心被兔死狗烹，現在居然頻頻獲賞，並且出將入相、位極人臣！如此跌宕起伏、乍起乍落的境遇真是讓他不勝欷歔、無限感慨。

換言之，李靖算是結結實實地領教了一回天子的「恩威」——一邊是皇恩浩蕩，如「慈母之手」化育萬物；一邊又是天威凜凜，如「鍾馗之劍」森冷逼人。李靖在感恩戴德之餘，不免惶恐之至，從此在餘生中平添了幾分臨深履薄的戒慎之心。

也許正因為此，所以當貞觀九年（六三五年）李靖再度出師大破吐谷渾、卻又再次遭人誣告謀反時，他就深刻汲取了上次的教訓，趕緊閉門謝客、低調做人。雖然史書稱太宗很快就把誣告的人逮捕治罪，證實了李靖的清白，可李靖卻從此「闔門自守，杜絕賓客，雖親戚不得妄進」（《舊唐書・李靖傳》）。

與李靖類似的故事也曾經發生在尉遲敬德身上。

貞觀六年（六三二年）九月的某一天，李世民在他的出生地武功的慶善宮賜宴百官。其時四夷賓服、海內晏安，君臣們自然心情舒暢，於是在宴席上奏樂觀舞、飲酒賦詩，一派喜慶祥和之狀。

但是觥籌交錯、歡聲笑語之間，卻有一個人滿面怒容。他就是尉遲敬德。

從一入席，尉遲敬德的怒火就騰騰地往上躥了。因為有某個功勳並不高的將領，此時此刻的座次卻在他之上，尉遲敬德無論如何也吞不下這口惡氣！他越想越是火大，於是藉著酒勁發飆，對那個將領怒喝：「你有何功勞，座次居然在我之上？」

對方懾於尉遲敬德的氣勢，也怕破壞宴會的氣氛，只好低下頭不敢吱聲。坐在尉遲敬德下面的任城王李道宗見勢不妙，趕緊過來打圓場，不住地好言勸解。沒想到尉遲敬德突然怒目圓瞪，額頭上青筋暴起，猛然揮出一拳砸在了這位親王的臉上。李道宗當場血流如注，一隻眼睛差點報廢。

慶善宮的喜慶氣氛在剎那間凝固。百官們目瞪口呆，搞不清這一幕究竟是怎麼發生的。

太宗李世民龍顏大怒，當即站起來拂袖而去。一場好端端的宴會就這樣不歡而散。

宴席散後，李世民把尉遲敬德叫到了自己面前。此刻，尉遲敬德的酒早已醒了。他滿心惶恐，意識到接下來要聽到的，很可能是足以讓他一輩子刻骨銘心的話。

果然，尉遲敬德聽見李世民說：「朕過去對漢高祖劉邦誅殺功臣之事非常反感，所以總想跟你們同保富貴，讓子子孫孫共用榮華、世代不絕。可是你身為朝廷命官，卻屢屢觸犯國法！朕到今天才知道，韓信、彭越之所以被剁成肉醬，並不是劉邦的過錯。國家綱紀，唯賞與罰；非分之恩，不可常有！你要深加反省，好自為之，免得到時候後悔都來不及！」

身為人臣，聽見皇帝當面說這些話，尉遲敬德所感受到的震撼和恐懼是不言而喻的。

儘管時節已近深秋，那一天他的全身還是被冷汗浸透了。

就是從這個時候起，這個大半生縱橫沙場的猛將一改過去的粗獷和豪放，為人變得謹小慎微，事事唯恐越雷池半步。因為他知道，要想保住自己的項上人頭和整個家族的榮華富貴，最好的辦法只有一個——學會自我克制！（《舊唐書・尉遲敬德傳》：「敬德由是始懼而自戢。」）

儘管尉遲敬德從這件事後就學會了夾起尾巴做人，凡事小心翼翼，但是，李世民還是沒有忘記隨時敲打他。貞觀十三年（六三九年），君臣間又有了一次非同尋常的談話。

李世民先是和尉遲敬德說了一些無關緊要的事，而後忽然話鋒一轉，說：「有人說你要造反，是怎麼回事？」

尉遲敬德頓時一怔。可他馬上就明白是怎麼回事了——皇帝這是在對他念緊箍咒啊！

「是的，臣是要造反！」尉遲敬德忽然提高了嗓門，悲憤莫名地說，「臣追隨陛下征伐四方，身經百戰，今天剩下的這副軀殼，不過是刀鋒箭頭下的殘餘罷了。如今天下已定，陛下竟然疑心臣要造反？」

話音未落，尉遲敬德嘩的一聲解下上衣——遍身的箭傷和刀疤赫然裸露在李世民的面前。李世民不無尷尬地看著這個一路跟隨他出生入死的心腹猛將，眼前那一道道觸目驚心的傷疤彷彿都在述說著當年浴血奮戰的悲壯和艱辛、以及君臣之間同生共死的特殊情誼……

李世民的眼眶濕潤了。他隨即和顏悅色地對尉遲敬德說：「賢卿快把衣服穿上。朕就是因為不懷疑你，才會跟你說這事，你還埋怨什麼！」

高明的帝王在運用「恩威術」的時候，都很善於把握一種「分寸感」，既不會一味施恩，也不會總是發威，而是在二者之間維繫一種動態平衡。李世民顯然是這方面的高手。

經過這次敲打，尉遲敬德越發低調內斂，而李世民對他的表現也感到滿意，所以自然而然地收起了「大棒」，很快就給出了一根足以讓尉遲敬德受寵若驚的「胡蘿蔔」。

有一天，照舊是君臣間在說話，李世民說著說著忽然冒出一句：「朕打算把女兒許配給你，不知賢卿意下如何？」

雖然這次不再是什麼壞消息，而是天大的好事，可尉遲敬德所感受到的詫異和震驚卻絲毫不亞於上次。

因為這一年，尉遲敬德已經五十五歲了，而太宗皇帝本人也不過才四十三歲，他的女兒能有多大可想而知。暫且不說皇帝的女兒身分如何尊貴，讓人不敢高攀，單純就年齡差異來說，雙方的懸殊也實在太大了，簡直大得離譜！

如此不可思議的恩寵，叫尉遲敬德如何消受？

好在尉遲敬德仕途多年、經驗豐富，聞言立刻跪地叩首，謝絕了皇帝的好意。他說：「臣的妻室雖然出身卑微，但與臣共貧賤、同患難已經幾十年了；再者，臣雖然不學無術，但也知道古人『富不易妻』的道理，所以迎娶公主一事，實在非臣所願。」

李世民微笑頷首，沒再說什麼。此事就這樣不了了之。

其實，尉遲敬德很清楚，皇帝並不是真想把女兒嫁給他。之所以沒頭沒腦地唱這麼一齣，無非是想表示對他的信任和恩寵罷了。所以，這種事千萬不能真的答應，而應該婉言謝絕。

換句話說，皇帝的這種美意只能「心領」，絕不能「實受」！

假如尉遲不開竅，真的順著桿兒往上爬，傻呼呼地應承下來，那等待他的很可能不是「抱得美人歸」的美妙結局，而是「吃不了兜著走」的尷尬下場。

尉遲敬德當然不會不明白這一點，所以他和李世民之間就配合得相當默契。

當皇帝的，要善於表明自己的慷慨，不妨偶爾表示一下額外的恩典；做臣子的，要懂得恪守自己的本分，知道什麼叫做器滿則盈、知足不辱。大家把該說的話都說得漂亮一點，不該說的則一句也不說。許多事情點到為止，心照就好……

也許，就是在這種反覆的君臣博弈之中，尉遲敬德居安思危的憂患之情越來越強烈，所以到了貞觀十七年（六四三年），五十九歲的尉遲敬德就不斷上疏「乞骸骨」（請求退休），隨後便以開府儀同三司的榮譽銜致仕。

而就在致仕的前一年，尉遲敬德就已經有意識地淡出現實政治、棲心於神仙道術了。史稱「敬德末年篤信仙方，飛煉金石，服食雲母粉，穿築池台，崇飾羅綺，嘗奏清商樂以自奉養，不與外人交通，凡十六年」（《舊唐書·尉遲敬德傳》）。

直到唐高宗顯慶三年（六五八年）去世，尉遲敬德基本上一直保持著這種遠離政治的生活方式。這一點和李靖晚年「闔門自守、杜絕賓客」的結局可以說是如出一轍。

不過，比起歷朝歷代那些「功高不賞」、「兔死狗烹」的功臣名將，他們實在應該感到慶幸了。就算是跟同時代的人比起來，他們也遠比後來因涉嫌謀反而被誅的侯君集、張亮等人聰明得多，也幸運得多。

從這個意義上說，也許正因為唐太宗李世民能夠把這種「恩威並施」的帝王術運用得爐火純青，從而牢牢掌控手中權力，所以才能與絕大多數元勳宿將相安無事、善始善終，而不至於像歷代帝王那樣，在江山到手、權力穩固之後就迫不及待地屠殺功臣，以致在歷史上留下難以洗刷的污點和罵名。

（二）「龍鬚湯」與貶謫令

除了李靖和尉遲敬德，還有一個初唐名將對李世民的恩威之術也體驗得非常深刻。這個人就是李世勣。

貞觀十五年（六四一年）十二月，時任兵部尚書的李世勣突然患病，郎中給他開了一副藥方，說必需要用「鬚灰」做藥引子才能治病。所謂「鬚灰」，就是人的鬍鬚所研成的粉末。李世民聽說這件事後，立刻前去探視李世勣，並且二話不說就剪下自己的鬍鬚，把它賜給了李世勣。

可想而知，當李世勣雙手捧著這幾綹天下最尊貴的「龍鬚」時，內心是何等的感激，又是何等的惶恐！他當即跪倒在地，「頓首見血，泣以懇謝」。

這副藥引子的份量實在是太重了！以至於李世勣不但感動得熱淚漣漣，而且把頭都磕出了血。可即便如此，似乎也遠遠不足以表達他對皇帝的感恩戴德之情。

李世民寬宏地一笑，說：「吾為社稷計耳，不煩深謝！」（《舊唐書・李勣傳》）

史書沒有記載李世勣是否因服用這副藥而很快痊癒，但是我們不難想見，當李世勣把這碗歷史上絕無僅有的「龍鬚湯」喝進肚子裡的時候，內心肯定是無比激動、無比滾燙的。換句話說，李世民的這幾綹鬍鬚就算沒有對李世勣的身體發揮作用，也足以在他的內心深處發揮某種神奇的效用。

這種神效就是——一個深受感動的臣子在有生之年對皇帝死心塌地的忠誠！

在李世民的帝王生涯中，恩威之術施展得最典型的一次，是在貞觀二十三年（六四九年）四月，也就是他生命的最後一刻。當時，李世民已經病勢沉重，知道自己即將不久於人世，於是把太子李治叫到身邊，給他交代政治遺囑。

在李世民的遺言中，主要提到的人就是李世勣（原姓徐，為避李世民諱改名李勣）。

李世民對李治說：「李世勣才智過人，但是你予他無恩，恐怕難以使他效忠。我現在把他貶黜到地方，如果他馬上出發，等我死後，你就重新起用他為僕射；要是他遲疑拖延，你只能把他殺了！」

五月十五日的朝會上，李世民一紙詔書頒下，把時任同中書門下三品的李世勣貶為疊州（治所在今甘肅迭部縣）都督。

沒有人知道在接到貶謫令的那一刻，李世勣心中作何感想。

相信他肯定有過一瞬間的震驚和困惑。然後就是一陣緊張而激烈的思考。

在皇帝病重、帝國最高權力即將交接的這一重大時刻，自己突然無過而遭貶，這到底意味著什麼？李世勣不知道彌留中的皇帝在想什麼，也不知道自己最終的結局究竟是福是禍，但是有一點他可以確定——一切都取決於他當下這一刻的選擇。

也就是說：是散朝後直接離開長安、趕赴疊州，還是暫時回到家中、靜觀事態演變？走還是不走經過片刻思索，李世勣很快做出了決定——他連家都沒回，連妻兒老小都來不及告別，逕直揣上詔書就踏上了貶謫之途。（《資治通鑑》卷一九九：「世勣受詔，不至家而去。」）

聽到李世勣當天就啟程前往疊州的消息，即將登基的太子李治長長地鬆了一口氣，而彌留中的太宗李世民也感到了莫大的安慰。

李世勣被貶當月，李世民撒手人寰。次月，李治即位。登基僅三天後，李治就把李世勣擢升為洛州（今河南洛陽市）刺史兼洛陽宮留守；半個月後，又加開府儀同三司、並「同中書門下，參掌機密」；同年九月，正式拜其為尚書左僕射。

至此，所有的人肯定都會為李世勣當初所做的那個決定慶幸不已。

因為這個決定不但讓李世民父子避免了誅殺功臣的惡名，而且也為高宗一朝留下了一位忠肝義膽的開國元老和輔弼重臣。假如李世勣當初不是當機立斷、毅然離京，而是多一念遲疑、回家多耽擱幾天，那麼下面這一頁輝煌歷史，有可能就不會這麼快出現：

高宗總章元年（六六八年），李世勣以七十五歲高齡掛帥出征，一舉平滅了高麗。這個曾經讓隋文帝楊堅、隋煬帝楊廣和唐太宗李世民三個皇帝傾盡國力、終其一生都無法戰勝的強悍小國，終於匍匐在了鬚髮皆白的老將李世勣的腳下、也匍匐在了大唐帝國的腳下！

此時此刻，唐太宗李世民倘若九泉之下有知，一定會露出欣慰的笑容。因為他在臨終前所走的最後一步棋，似乎仍然影響著他身後數十年的歷史。

假如當初沒有施展那一招先抑後揚、恩威並施的帝王術，李世勣能否對重新起用他的新天子李治感恩戴德呢？假如沒有貞觀二十三年（六四九年）「乍落乍起」的人生際遇，李世勣能否深刻意識到，只有在新朝再立新功，他才能福祿永固、富貴常保呢？如果沒有這一切，李世勣有沒有那麼強的動力在七十五歲高齡創造出「平滅高麗、鷹揚國威」的歷史功績呢。

這些問題或許永遠沒有答案。但是有一點我們不難發現——「帝王術」在古代政治生活中所佔據的比重絕對是不可小覷的，而它對歷史所產生的影響有時候也遠遠超乎我們的想像！

（三）政治是聰明人之間玩的遊戲

以上這些君臣博弈的故事，都是在李世民和武將之間展開的。那麼，在李世民與文臣之間，演繹的又是一個什麼樣的版本呢？

說起貞觀的文臣，其代表性人物當非房玄齡莫屬。

作為後人心目中居功至偉的一代「良相」，房玄齡對「貞觀之治」所作出的努力和貢獻是有目共睹、不言而喻的。史稱其「既任總百司，虔恭夙夜，盡心竭節，不欲一物失所。……明達吏事，飾以文學，審定法令，意在寬平。……論者稱為良相焉」（《舊唐書·房玄齡傳》）。

毫無疑問，在貞觀群臣中，房玄齡絕對是李世民最為信任、最為得力的心腹股肱之一。

然而，就是這樣一位兢兢業業、一心為公的宰輔重臣，也依然會時刻感受到李世民手中那把「鍾馗利劍」的森寒之光。

據《舊唐書》記載，大約在貞觀初年，房玄齡「或時以事被譴，則累日朝堂，稽顙請罪，悚懼踧踖，若無所容」。意思是他時常會因某些過錯而遭到太宗的譴責，以至於一連數日都要到朝堂上叩頭請罪，內心恐懼不安，一副彷徨失措、無地自容的樣子。

史書並未記載房玄齡到底犯了什麼錯。

不過，這一點其實並不重要。重要的是像房玄齡這種位高權重、深受寵信的臣子，身為皇帝的李世民自然要時常給他念念「緊箍咒」。這一點我們從李靖、尉遲敬德等人的遭遇就可以明顯看出來。

也正因此，所以房玄齡有時候就不僅僅是被「譴責」那麼簡單。只要太宗李世民認為「有必要」，房玄齡甚至會被勒令停職。按史書記載，房玄齡在貞觀年間至少曾經被停職三次。

第一次大概是在貞觀十年（六三六年），也就是長孫皇后病重的那些日子。《資治通鑑》稱「時房玄齡以譴歸第」，也就是說他遭到太宗的譴責，被勒歸私宅。長孫皇后臨終前，特意為此事勸諫李世民說：「房玄齡侍奉陛下時日已久，一貫謙恭謹慎，所有的朝廷機密從未洩露半句。如果沒有什麼重大過失，希望陛下不要捨棄他。」

此次房玄齡的停職原因史書同樣沒有交代，但是有一點我們很清楚——李世民之所以將房玄齡「譴歸私第」，絕不是要「捨棄」他，而充其量只是想「冷卻」他。暫時冷卻的目的，當然是希望在適當的時候再把他「解凍」，然後讓他以更加謹慎的態度和更加飽滿的熱情，加倍地發揮光和熱！

所以，不管有沒有人勸諫，李世民在適當的時候肯定是會召他回來的。

對此，長孫皇后其實也是心知肚明。不過該勸諫她還是得勸諫，因為第三者的勸諫有時候也未嘗不是給皇帝一個台階下，好讓君臣雙方在「握手言和」的時候顯得比較自然，也顯得比較有面子。

比如貞觀二十年（六四六年），房玄齡又一次被停職，時任黃門侍郎的褚遂良就連忙上疏，列舉了房玄齡對國家的諸多貢獻：「玄齡自義旗之始翼贊聖功，武德之季冒死決策，貞觀之初選賢立政，人臣之勤，玄齡為最。」（《資治通鑑》卷一九八）然後褚遂良說，假如不是犯了什麼不赦之罪，就不應該把他摒棄；如果是因為他年邁體衰，陛下可以暗示他主動致仕。若非如此，只是因為一些小過失，希望陛下不要拋棄跟隨數十年的元勳老臣。

褚遂良的諫言句句在理，當然給足了雙方面子，所以李世民很快就把房玄齡召回了朝廷。但是，並不是李世民每次把房玄齡「趕」回家去，都有和事佬出來打圓場。比如房玄齡這次復職沒多久，就再一次「避位還家」，史書還是沒有說明具體原因，但卻記載了這次復出的過程。

這個過程很簡單，但是卻很微妙。

再次把房玄齡「譴歸」後，過了好幾天，始終沒人來勸諫，李世民不免有些著急。朝中政務繁冗，絕不允許他把房玄齡晾太久，可李世民一時又找不到什麼好聽的理由公開讓房玄齡復職……該怎麼辦？李世民畢竟是聰明人，他很快就有了辦法。

這一天，李世民忽然告訴侍臣，說他要去芙蓉園遊玩。芙蓉園位於長安東南角的曲江，要去那裡必然要經過房玄齡的宅邸。房玄齡得知消息後，立刻命子弟灑掃門庭。子弟問其故，房玄齡笑著說：「皇上隨時會駕到！」

片刻之後，龍輦果然「順道」來到了房府的大門口，然後太宗李世民就「順便」進來看望賦閒在家的房玄齡，最後又「順帶著」用御輦把房玄齡接回了皇宮。

綜觀李世民跟房玄齡玩的這些政治遊戲，我們不難解讀出這樣一些內涵：

首先，不管是身為皇帝的李世民還是身為宰相的房玄齡，他們心裡都很清楚，要把貞觀的政治局面玩好玩大，要想建功立業、青史留名，他們兩個就誰也離不開誰。從這個意義上說，他們是「夥伴」關係；但是，君就是君，臣就是臣，這個界限到任何時候都是不能模糊的，所以，他們之間更主要的還是「主僕」關係。在這兩重關係之下，情況就變得有些微妙而複雜。

作為皇帝的李世民，必須「兩手抓，兩手都要硬」：一方面，李世民必須給予房玄齡最尊崇的地位和官爵，對他寄予最大的信任，賜給他人臣所能享有的最高恩典（比如把女兒高陽公主嫁給房玄齡的次子房遺愛，又讓弟弟韓王李元嘉娶了房玄齡的女兒當王妃），以此加強雙方的情感樞紐和利益聯結。這些都屬於「恩」的範疇，目的是為了贏得房玄齡對自己的絕對效忠。

另一方面，李世民又必須經常玩一些「小動作」，時不時把房玄齡「譴歸私第」、晾在一邊。這麼做的目的有三：一，檢驗自己對權力的掌控程度，以防被暗中坐大的「權臣」架空；二，藉此顯示皇權的威嚴，讓房玄齡懂得：君與臣之間，有一道永遠不能跨越的界限，所以，保持一個適當的距離對雙方都有好處；三，提醒房玄齡：雖然你很重要，但是你千萬不要以為朝廷離了你就不轉了！你應該始終保持戒驕戒躁、謙虛謹慎的態度，永遠不能驕傲自大、忘乎所以。

這些都屬於「威」的範疇，目的是讓房玄齡時刻牢記——我是君，你是臣；政治第一，友誼第二！

其次，對於房玄齡而言，或許一開始對李世民的帝王術還比較陌生，所以在貞觀初年一被批評就嚇得惶惶不可終日，可他後來就逐漸明白了——皇帝手中的那把「鍾馗利劍」儘管看上去有些可怕，可它通常只是起一種威嚇作用的；只要你忠心不改、恪盡職守，那把劍就不會真的往你身上招呼。

正因為房玄齡後來全盤領會了太宗試圖傳達給他的信息，所以他自然而然就有了「一顆紅心，兩種準備」。

一方面，他雖然仍舊對他的本職工作兢兢業業，但卻時刻有著被皇帝「譴歸私第」的心理準備。他不但再也不會被皇帝的批評嚇得寢食難安，而且就算被停職，他也權當是度假。因為他知道皇帝離不開他、朝廷離不開他，所以不管怎麼「譴歸」他都能很快官復原職，一點也不用擔心。

可另一方面，他也深深懂得，自己所享有的一切榮寵和恩澤都是天子的賜予，假如稍有不慎，隨時有可能被天子全盤收回。所以，必須時刻保持臨深履薄、戒慎恐懼之心，越是皇恩浩蕩，越要謙遜辭讓。總而言之一句話：為官要盡職，做人要低調。

有一件事可以充分說明房玄齡的這種「覺悟」。

貞觀十三年（六三九年），時任左僕射的房玄齡又被李世民加封為太子少師，不僅肩負國之重任，而且更兼輔弼少主之責，房玄齡大為惶恐，不斷上表請辭僕射之職。李世民當然沒有批准，而是下詔對他進行了勉勵，房玄齡沒辦法，只好硬著頭皮答應下來。到了太子拜師那天，東宮舉行了隆重的的儀式，一切都已準備停當，可房玄齡卻「深自卑損，不敢修謁，遂歸於家」。他深感自己不夠資格，所以不敢去東宮接受歹子禮拜，只好躲在家裡，始終不願露面。

房玄齡的謙卑贏得了時人的一片讚譽。《舊唐書》稱：「有識者莫不重其崇讓。」

這一切當然也被李世民看在了眼裡，所以他對房玄齡越來越感到滿意。

貞觀十六年（六四二年），李世民又進封房玄齡為司空，仍舊讓他總攬朝政，並且監修國史。房玄齡再次上表請辭，李世民又下詔勉勵他說：「昔留侯讓位，竇融辭榮，自懼盈滿，知進能退，善鑑止足，前代美之。公亦欲齊蹤往哲，實可嘉尚。然國家久相任使，一朝忽無良相，如失兩手！公若筋力不衰，無煩此讓。」（《舊唐書・房玄齡傳》）

這段話看上去好像是普通的慰勉之辭，實則大有深意。所謂「自懼盈滿，知進能退，善鑑止足」，其實正是李世民對臣下的一種要求。假如做臣子的都能具備這樣的美德，或者說都能諳熟這樣的遊戲規則，那皇帝自然就沒有什麼放心不下的。換言之，臣子越是謙讓，皇帝反而會更加信任他，越敢把權力交給他。所以，李世民才會毫不避諱地說了一句大實話：「朝廷一天沒有好宰相，就像失去了左膀右臂一樣！」

正是由於對房玄齡的信任，所以貞觀十九年（六四五年），當李世民御駕親征高麗的時候，他才會命房玄齡留守長安，把朝政大權全部委託給他，讓他「得以便宜從事，不復奏請」。（《資治通鑑》卷一九七）這實際上就是賦予了他皇權代理人的身分和權力。

那麼，面對李世民交給他的無上信任和權力，房玄齡又是怎麼做的呢？

有一天，房玄齡正在留守衙門辦公，有人突然闖進來，口口聲聲說要告密。房玄齡問他告誰的密，那人說：「告你的密！」

房玄齡一聽，連想都沒想，立刻命人準備車馬，把這個告密者直接送到了前線的天子行在。

李世民聽說留守送來了一個告密者，剛開始頗為詫異。因為以房玄齡的能力而論，他是不可能隨隨便便把皮球踢給皇帝的，更何況此時皇帝還在前線打仗。所以李世民斷定，若非出於某種特殊原因，房玄齡是絕不會這麼做的。李世民轉念一想，馬上就猜出了答案。

他隨即命人持刀列隊，然後接見告密者，問他要告誰，那人回答說：「房玄齡。」

李世民冷笑一聲：「果然！」當即喝令左右，二話不說就把那個告密者腰斬了。事後李世民給房玄齡下了一道手詔，責怪他不夠自信，還說：「更有如是者，可專決之！」（《資治通鑑》卷一九七）

這又是一個典型的按照規則來玩的政治遊戲。

作為房玄齡，雖然被皇帝賦予了專斷之權，但是碰上這檔子事，他是萬萬不能專斷的。因為這件事實際上是把房玄齡推到了一個極為尷尬的境地，那就是——要恪盡一個留守的職責，還是要謹守一個臣子的本分。如果房玄齡選擇前者，自作主張把這個人殺了，那固然是盡了留守的職責，可皇帝過後一旦知道了這件事，會不會對房玄齡起疑心呢？會不會覺得房玄齡過於獨斷專行，因而對他產生不滿和戒備呢？完全有這種可能。

所以，房玄齡寧可挨罵，也必須把事情交給皇帝處理。這麼做，一來可以證實自己的清白，二來可以表示自己的忠誠，最後還能夠向皇帝傳遞出這樣的信息——無論在任何情況下，他都會謹守人臣本分，碰到必須由皇帝親自處理的事情，他絕不會越俎代庖。

而作為李世民，他內心對房玄齡這種做法其實是很滿意的。他之所以在聽到告密者的回答時會說出「果然」二字，是因為他猜出了告密者的來意；而他之所以能猜出告密者的來意，恰恰是因為他了解房玄齡的性格，也知道房玄齡這麼做的用心所在。

可即便李世民覺得房玄齡這麼做是對的，表面上他也必須「責怪」他，並且重申對他的授權和信任，這樣才能展示一個皇帝用人不疑的胸懷。總之，君臣雙方其實都明白是怎麼回事，但都要按照遊戲規則把屬於自己的那個角色演好。所以，我們說——政治是聰明人之間玩的遊戲。

十五、魏徵：不想當忠臣的人

在中國歷史上，有資格被譽為「千古一帝」的皇帝肯定不多，就算能找出幾個，大半也都有爭議。如果一定要找一個共識最多、爭議最少的，那恐怕就非唐太宗李世民莫屬了。

但是，即便李世民能當之無愧地獲此殊榮，也並不表示他就是完美無瑕的。無論李世民如何天賦異稟、才智過人，他身上也難免會有一些人性的弱點。

換句話說，李世民之所以能夠成為中國歷史上屈指可數的傑出政治家，並不是因為他沒有弱點，而是在於他有一個辦法對治自己身上的弱點。

這個辦法說起來也很簡單，就是兩個字——納諫。

「納諫」這種事，說起來簡單做起來難。因為人都是愛面子的，沒有誰喜歡被人批評。就算是一個普通人，也不願意整天被人說三道四、指手畫腳，更不要說一個至高無上的皇帝了，通常更聽不進任何不和諧音。

然而，李世民偏偏就願意聽。不但願意聽，而且還對此求之若渴、甘之如飴！

這並不是說李世民天生就是一個受虐狂，而是因為他深知——「兼聽則明，偏信則暗」；「人欲自照，必須明鏡，主欲知過，必藉忠臣」；「明主思短而益善，暗主護短而永愚」……

鑑於隋朝二世而亡的歷史教訓，李世民一直具有非常強烈的憂患意識。他認為，倘若當皇帝的都像隋煬帝那樣「好自矜誇，護短拒諫」，那麼結果就是「人臣鉗口」，最終必然「惡積禍盈，滅亡斯及」。所以早在貞觀元年（六二七年），李世民就一再對大臣們強調：「前事不遠，公等每看事有不利於人，必須極言規諫。」（《貞觀政要》卷二）

在李世民的極力倡導和鼓勵下，貞觀群臣諫諍成風，人人勇於進言。而其中對李世民影響最大、對貞觀善政貢獻最多、在歷史上享有「第一諍臣」之美譽的人，無疑就是魏徵。

魏徵曾經有過一個奇怪的言論。

他說他不想當忠臣。

不想當忠臣，難道還想當奸臣？

不。魏徵說，他想當一個「良臣」。

貞觀元年（六二七年），當魏徵在朝堂上公然說出這番話的時候，李世民大為詫異：「忠臣和良臣有什麼區別嗎？」

魏徵說：「所謂『良臣』，應該像稷、契、皋陶那樣，身獲美名，君受顯號，子孫傳世，福祿無疆；而所謂『忠臣』，只能像龍逢、比干那樣，身受誅夷，君陷大惡，家國並喪，空有其名。從這個意義上說，二者區別大了！」

李世民恍然大悟，「深納其言」，當即賜給魏徵五百匹絹。

魏徵的這番言論乍一聽很有顛覆性，其實只是說明了這樣一個道理——當臣子的固然要對君主盡忠，但這種忠卻不應該是「愚忠」，而是「巧忠」。也就是說，進諫並不是以一味蠻幹、面折廷爭為美，而是要講究力道、角度、限度，以君王樂於接受為前提，以剛柔相濟、恰到好處、切實可行為美。

《菜根譚》中有一句話說：「攻人之惡勿太嚴，要思其堪受；教人之善勿過高，當使其可從。」魏徵的進諫有時候就頗能展現出這種中道的智慧。

比如貞觀二年（六二八年），李世民曾經用一種頗為自得的口吻對大臣們說：「人們都說天子至尊無上，所以無所忌憚，可朕就不是這樣子。朕總是上畏皇天之監臨，下畏群臣之瞻仰，兢兢業業，猶恐上不合天意，下不符人望。」

李世民所說的固然是實情，可像他這樣自己說自己的好，未免就有點「矜誇」的味道，而且潛意識裡也是希望博得群臣的讚美。

這個時候，魏徵發話了。他說：「此誠致治之要，願陛下慎終如始，則善矣。」（《資治通鑑》卷一九二）

魏徵這話聽上去像是在讚美，實際上卻是在針砭。

因為它強調的是「慎終如始」這四個字。這就等於是說——陛下能這樣子當然好，但是最好能夠保持下去。假如不能持之以恆，現在高興未免太早。

李世民是個聰明人，當然不會聽不出這層弦外之音。

這樣的進諫可謂寓貶於褒，既撓到了皇帝的癢處，又點到了皇帝的痛處，實在是含蓄而巧妙。

類似的對話在貞觀五年（六三一年）還有一次。當時國內安定、天下豐稔、東突厥又徹底平定，整個大唐帝國一片欣欣向榮，李世民又對侍臣說：「今中國幸安，四夷俱服，誠自古所希！然朕日慎一日，唯懼不終，故欲數聞卿輩諫爭也。」

這一次，李世民的話就說得比較全面了，他一方面為自己取得了「自古所希」的歷史功績而自豪，但另一方面也表示了戒慎恐懼之心。

所以，魏徵就說：「內外治安，臣不以為喜，唯喜陛下居安思危耳。」（《資治通鑑》卷一九三）

魏徵並不對這種「天下大治」的喜人形勢歌功頌德，而是對皇帝「居安思危」的謹慎態度表示讚賞。這種發言顯然要比純粹的附和之辭高明許多。

正是由於魏徵的諫言往往既委婉又能擊中要害，所以李世民才會評價說：「人言魏徵舉動疏慢，我但覺嫵媚。」（《舊唐書．魏徵傳》）

當然，魏徵的諫言並不都是這麼委婉「嫵媚」的。

如果每次進諫都拐彎抹角，那最後就算不流於阿諛諂媚，也會變得庸庸碌碌。倘若如此，那魏徵也絕不可能被李世民所倚重，更不可能以「諍臣」之名享譽後世。

所以，該據理力爭的時候，魏徵也絕不含糊。

史稱魏徵「犯顏苦諫」的時候，「或逢上怒甚，徵神色不移，上亦為之霽威」。（《資治通鑑》卷一九三）意思是說：每當李世民被魏徵的諫言刺激得怒不可遏的時候，魏徵總是毫無懼色，李世民到最後也不得不收起帝王的威風，把自己的怒火強壓下去。

有兩則小故事頗能說明李世民對魏徵的這種「忌憚」之情。

有一次魏徵離京去祭掃祖墓，回來的時候聽說皇帝打算去終南山遊玩，連儀仗隊和隨從都已整裝待發，可後來卻無故取消了，魏徵就問皇帝有沒有這回事。李世民尷尬地笑著說：「當初確實有這個想法，但是怕你生氣，只好作罷了。」（《資治通鑑》卷一九三：上笑曰：「初實有此心，畏卿嗔，故中輟耳。」）

還有一次，有人進獻了一隻漂亮的鷂鷹，李世民非常喜歡，就讓它站在自己的手臂上，正在逗弄玩耍，忽然看見魏徵走了進來，情急之下趕緊把鷂鷹塞進懷裡。魏徵其實早就看在了眼裡，可他嘴上卻不說，故意在奏事的時候把時間拖得很長。等到他告辭離去，鷂鷹早已活活悶死在李世民的懷裡了。

魏徵平常的諫諍一般都會講究方式方法，可要是碰到至關重要的大事，也會與太宗面折廷爭。

魏徵和李世民之間最激烈的一次言語交鋒，發生在貞觀六年（六三二年）春天。

當時的大唐王朝四海升平、國泰民安，所以滿朝文武都一再勸請太宗前往泰山封禪。「公卿百僚，以天下太平，四夷賓服，詣闕請封禪者，首尾相屬。」（《冊府元龜》卷三十五）

所謂「封禪」，是帝王祭告天地的一種大典。由於泰山是五嶽之首，所以封禪大典都在泰山舉行——於泰山設壇祭天曰「封」，於泰山南麓的梁父山辟基祭地曰「禪」。在古代中國，泰山封禪既是太平盛世的象徵，也是帝王功業鼎盛的標誌。但並不是所有帝王都有資格獲此殊榮。在唐朝之前，只有秦始皇、漢武帝，還有東漢的光武帝等少數幾個自認為建立了豐功偉業的帝王，才敢舉行封禪大典。

對此，李世民內心當然也是滿懷渴望。

但是當百官勸請時，李世民一開始還是謙虛地推辭了一下。他說：「諸位賢卿皆以封禪為帝王盛事，但朕卻不這麼看。如果天下安定，家家戶戶豐衣足食，就算不封禪，又有什麼損失？昔日秦始皇封禪，而漢文帝不封禪，後世難道以為文帝之賢不如始皇嗎？況且即使是祭拜天地，又何必一定要登泰山之巔、封數尺之土，才算表達出對天地的誠敬呢？」

群臣都知道這只是皇帝的客套話，所以還是極力勸請。後來，李世民就順水推舟地答應了。雖然表面上似乎有點勉強，可大家都知道，其實皇帝心裡還是很樂意的。

就在皇帝和滿朝文武其樂融融地探討具體的行程安排和相關事宜的時候，魏徵忽然表情嚴肅地站了出來，堅決表示反對。

李世民臉色一沉，問：「你不贊成朕封禪，是不是認為朕的功業還不夠高？」

魏徵說：「夠高。」

李世民又問：「那是不是德不夠厚？」

魏徵說：「夠厚。」

「是不是社稷還不安定？」

「已經安定。」

「是不是四夷尚未臣服？」

「都已臣服。」

「是不是莊稼還沒有豐收？」

「豐收了。」

「是不是祥瑞還沒有呈現？」

「呈現了。」

「既然如此……」李世民冷笑著說，「那為何還不能封禪？」

魏徵從容自若地回答道：「陛下雖然已經擁有這六項成就，但是，我朝承隋末大亂之後，戶口凋零，倉廩空虛，陛下一旦車駕東巡，千乘萬騎，每到一處，地方州縣必定難以承受各種負擔。更何況，陛下舉行封禪大典，四夷君長必定前來共襄盛舉，可如今自伊水、洛水以東，至於東海、泰山，村莊寥落，人煙斷絕，道路蕭條，進退艱阻，極目所見，千里蠻荒。這豈非引戎狄至我腹地，然後示之以虛弱嗎？再者說，即使給予四夷君長厚重的賞賜，也未必能滿足他們遠道而來的願望；縱然免除百姓幾年的捐稅賦役，也未必能彌補他們的損失。為了博得一個封禪的虛名，卻遭受一些實實在在的損害，這對陛下又有什麼好處？」

李世民聽完，不得不表示讚賞，立即停止了封禪的動議。「太宗稱善，於是乃止」，（**《貞觀政要》**卷二）然而他在感情上其實是不太情願的。

碰巧，幾天後黃河兩岸的幾個州突然爆發了嚴重的洪澇災害，滿朝文武再也不敢提半個字，封禪之事就此不了了之。可是在內心深處，李世民其實一直也沒有放棄封禪的想法。「終太宗世，未行封禪，然帝意亦非遂終止也。」（**《魏鄭公諫錄》**卷二）

魏徵這次諫諍雖然得到了李世民的採納，但此事多少還是傷及了皇帝的自尊心，所以那些日子李世民一直看魏徵不順眼，再也不覺得他「嫵媚」了。

有一天，可能魏徵又因什麼事情觸怒了太宗，所以散朝之後，李世民怒氣沖天地回到宮中，咬牙切齒地說：「找個機會一定要殺了這個鄉巴佬！」

長孫皇后大為驚愕，連忙問皇帝說的是哪個鄉巴佬。

李世民臉色鐵青地說：「就是魏徵！他經常在朝堂上當眾羞辱我。」

長孫皇后聽完，一聲不響地退回寢殿，片刻後就一身鳳冠霞帔地來到皇帝面前。李世民大吃一驚，問她怎麼回事。長孫皇后說：「臣妾聽說，君王英明，臣子一定正直；如今魏徵之所以敢直諫，正是由於陛下的英明，臣妾怎麼能不道賀！」

李世民本來也沒想殺魏徵，他這麼說其實只是發洩發洩而已。現在皇后又給了他這麼大一頂高帽，他當然更沒有理由生氣了，於是就把連日來的不愉快全都拋到了九霄雲外。

長孫皇后實在是一個既賢淑又聰慧的女人。

因為此舉不但保全了魏徵，而且維護了皇帝的尊嚴，誠可謂一舉兩得！

古代有一種傳說，說龍的咽喉部位「有逆鱗徑尺，人有攖之，則必殺人」。（《史記・韓非列傳》）其實意思就是說絕大多數帝王都容不得臣子進諫。所以，歷朝歷代因犯顏直諫、觸逆龍鱗而被帝王誅殺的臣子不知凡幾。

然而，貞觀一朝卻人人敢於犯顏直諫，這其中的主要原因就在於太宗李世民確實具有從諫如流的見識和氣度。而魏徵之所以在諫諍上表現得最為突出，也是因為他知道太宗求諫的誠意和決心要遠遠大於歷代帝王，因此必然需要像他這種知無不言、言無不盡的諍臣。

從這個意義上說，魏徵的諫諍行為也不完全是出於他的正直和勇氣，而是在相當程度上基於一種精明而準確的判斷。

關於這一點，魏徵自己就曾經當著李世民和其他大臣的面坦言：「陛下導臣使言，臣所以敢言。若陛下不受臣言，臣亦何敢犯龍鱗、觸忌諱也！」（《貞觀政要》卷二）

這確實是一句大實話。

可想而知，以魏徵那套「只當良臣、不當忠臣」的為官之道和處世哲學來看，假如李世民是一個猜忌刻薄的昏聵之君，那魏徵到頭來也只能是一個明哲保身的平庸之臣。

所以，只要李世民有成為明君的願望，魏徵必定就有成為諍臣的動力。他們二者是相互需要、相互成就的。用李世民自己的話說，他們的關係就如同魚和水──「君臣相遇，有同魚水，則海內可安」；又像是金礦與良工──「公獨不見金之在礦，何足貴哉？良冶鍛而為器，便為人所寶。朕方自比於金，以卿為良工。」（《貞觀政要》卷二）

如果我們問：李世民的「千古一帝」是怎樣煉成的？那麼從他自己的譬喻中，或許就能找到某種答案。

即便李世民是一個天賦異稟、才智過人的皇帝，最初他也只是像金子蘊藏在礦石中一樣，展現不出任何價值。只有經過「良工」耐心細緻的斧鑿敲打，日復一日，千錘百鍊，最終才能把他身上的雜質和瑕疵一一敲打掉，讓礦石中的黃金綻放出璀璨的光芒。換言之，假如沒有諍臣的監督、約束和針砭，李世民即使天賦再高、能力再強，最終也可能毫無建樹，甚至有可能重蹈隋王朝之覆轍，淪為像隋煬帝楊廣那樣的亡國之君。

正如《菜根譚》所言：「欲做精金美玉的人品，定從烈火中鍛來；思立掀天揭地的事功，須向薄冰上履過。」李世民的明君之路，又何嘗不是這麼走過來的！

魏徵一生對李世民的諫言無數，其中有一句出自《荀子》的話曾經被後人廣為傳頌，成為後世引用頻率最高的一句政治格言。這句話就是──「君，舟也；人，水也。水能載舟，亦能覆舟！」

在李世民二十三年的帝王生涯中，這也許是時刻縈繞在他耳旁、倏忽不敢忘懷的一句話。

貞觀十七年（六四三年）正月，魏徵病歿。李世民「親臨慟哭，廢朝五日，贈司空、相州都督，謚曰文貞」，並且親自撰寫了墓誌銘，書於碑石之上。

隨後的日子，李世民一直沉浸在綿長的哀思之中。

魏徵的離世不僅讓李世民失去了一個臣子，更是讓他失去了生命中最重要的一位良師益友。

在一種難以排遣的寥落和寂寞中，李世民不禁對侍臣發出了一番感歎，這番話從此也和他們君臣二人的名字一起，永遠鐫刻在青史之上，令無數後人感慨和深思——

「夫以銅為鏡，可以正衣冠；以古為鏡，可以知興替；以人為鏡，可以明得失。朕常保此三鏡，以防己過。今魏徵殂逝，遂亡一鏡矣！」（《舊唐書·魏徵傳》）

十六、長孫皇后：成功男人背後的女人

都說，一個成功男人的背後肯定站著一個女人。這句話絕對是至理名言。李世民當然算是一個成功的男人，而長孫氏無疑就是他背後的那個女人——一個優秀的女人。

古人經常用「母儀天下」這個詞來形容皇后，意思是作為皇后的這個女人，其修養、德行、智慧、才情、器度、儀容，都應該成為普天之下所有女性的典範和表率。

然而，縱觀中國歷史，我們卻不無遺憾地發現——有資格配得上這個稱號的皇后實在是寥若晨星、屈指可數！而在歷史上為數不多的好皇后中，長孫氏絕對是其中非常出眾的一位。她是一個絕對有資格稱得上「母儀天下」的女人。

在這個世界上，大多數男人都熱衷於追求權力，這一點應該是毋庸置疑的。而相當一部分女人在這方面似乎也不遑多讓。

所以，才會有哲人說：「男人透過征服世界而征服女人，女人通過征服男人而征服世界。」在男人看來，一旦得到權力自然就會得到一切；而在女人看來，一旦征服了男人自然就會得到權力。中國歷史上好幾個垂簾聽政的皇后相信都會對這句話深有同感。

可是，這句話在長孫氏身上卻不太適用。長孫氏既不熱衷於征服男人，也不熱衷於征服世界。她唯獨熱衷的事情只有一件——輔佐他的男人征服世界！

當我們翻閱史籍，不難發現，長孫皇后身上最值得後人稱道的第一個優點就是——盡力輔佐，但絕不干政。

早在長孫氏還是秦王妃的時候，就在政治上為李世民提供了很大的助力。當時，李世民正和太子、齊王鬥法，但在後宮這條戰線上顯然落於下風，於是長孫氏便「孝事高祖，恭順妃嬪，盡力彌縫，以存內助」，為李世民最終成功奪嫡創造了許多有利條件。而玄武門事變當天，長孫氏更是和李世民一起站在第一線，既解除了李世民的後顧之憂，更堅定了李世民及其麾下將士的信心和鬥志。（《舊唐書・文德皇后長孫氏傳》：「太宗在玄武門，方引將士入宮授甲，后親慰勉之，左右莫不感激。」）

正是由於一路走來，長孫氏能夠與李世民一起沐風櫛雨、同生死共進退，所以李世民登基之後對長孫氏更為倚重，時常想和她討論朝政，可長孫氏卻說：「『牝雞之晨，唯家之索』，妾婦人，安敢豫聞政事！」（《資治通鑑》卷一九一）李世民堅持要和她討論，可長孫氏卻始終保持沉默。

長孫氏不但自己絕不干政，而且她也極力避免讓自己的親族掌握太大的權力。

在中國歷史上，很多朝代的衰亡都和外戚擅權有直接關係，比如兩漢在這方面就表現得非常典型。長孫氏從小在舅父高士廉的影響下熟讀經史，自然對此深懷戒懼。所以在貞觀元年六二七年）七月，當李世民準備擢升長孫無忌為宰相的時候，長孫氏就極力勸阻，對李世民說：「妾既托身紫宮，尊貴已極，實不願兄弟子侄布列朝廷。漢之呂、霍可為切骨之誡，特願聖朝勿以妾兄為宰執。」（《舊唐書・文德皇后長孫氏傳》）

可李世民不聽，執意任命長孫無忌為尚書右僕射兼吏部尚書、左武候大將軍。

如果長孫皇后不再表示反對，默認了這件事，那人們似乎就有理由懷疑——她先前的勸阻只不過是一種欲迎還拒、故作謙讓的作秀罷了。

然而，長孫皇后絕不是作秀。詔書一下達，她私下裡立刻去找他的兄長，堅決反對他接受任命。長孫無忌沒辦法，只好向李世民一再請辭。最後搞得李世民也很無奈，只好改授他「開府儀同三司」的榮譽銜。至此，長孫皇后才如釋重負。

長孫兄妹有一個同父異母的兄長，叫長孫安業，比他們兄妹年長許多，是一個「嗜酒無賴」的紈絝子弟。當長孫兄妹尚且年幼之時，他們的父親長孫晟亡故，長孫安業立刻把兄妹二人趕出了家門，讓他們去投靠舅父高士廉。

當時的長孫安業當然不會想到，被他趕出家門的這兩個孩子日後居然飛黃騰達，一個成了帝國的宰相，一個成了天下最有權勢的女人——皇后。

而讓他更想不到的是，長孫氏得勢之後，不但沒有因為以前的事情報復他，反而以德報怨，屢屢讓皇帝對他「厚加恩禮」，最後還讓他當上了京城的監門將軍。

可惜長孫安業終究是一個不懂得慚愧和感恩的小人。

貞觀元年（六二七年）十二月，他居然恩將仇報，喪心病狂地參與了一次未遂政變，以至於把自己推向了滅亡的邊緣。

當時，心懷異志的利州都督義安王李孝常因事入朝，暗中聯絡右武衛將軍劉德裕和監門將軍長孫安業等人，與他們「互說符命」，準備利用他們手中掌握的禁軍發動政變。不料未及行動，他們的陰謀便全盤敗露。以李孝常為首的政變份子當即被一網打盡，全部被捕入獄。

這其中當然也包括長孫安業。

毫無疑問，等待他們的只有死路一條。按說這回長孫安業絕對是咎由自取、罪有應得，任憑天王老子來也救不了他。可是，居然還是有人想救他一命。

這個人就是長孫皇后。

不過，她之所以想救長孫安業，絕不是簡單地出於婦人之仁，而是有著更深層的考慮。她流著眼淚對李世民說：「安業之罪，誠當萬死！但是天下人都知道，他曾經對臣妾做過絕情之事，如今一旦將他處以極刑，天下人必然認為是臣妾想報復他，這對於朝廷的名譽恐怕會有損害。」

李世民覺得有道理，隨後便赦免了長孫安業的死罪，將他流放巂州（今四川西昌市）。

從長孫安業的事情上，我們不難發現，長孫皇后身上確實具有許多優秀的品質。首先，對長孫安業不計前嫌、以德報怨，這足以表示她的善良和寬容；其次，當不知好歹的長孫安業竟然又「以怨報德」的時候，長孫皇后能夠再次替他求情，這就不僅僅只是善良所能概括的了。這裡展現的是一種智慧——一種顧全大局的智慧。

如果說李世民是一塊蘊藏在礦石中的金子，那麼善於對他進行「斧鑿」的良工絕不僅僅只有魏徵一人。除了朝中還有很多善諫的大臣之外，在後宮，長孫皇后也是時常對李世民進行規諫的一大「良工」！

李世民揚言要殺魏徵的那一次，我們就已經領略了長孫皇后的聰明和善巧，下面這則故事同樣可以表示這一點。

有一次，李世民得到了一匹駿馬，喜歡得不得了，就命宮人好生飼養。沒想到剛養了幾天，這匹馬突然無病而暴死。李世民勃然大怒，立刻下令要殺了這個宮人。為了區區一匹馬而殺人，這顯然有損於李世民的明君形象。於是，長孫皇后當即站出來勸諫。

這一次，她還是用了一個巧妙的手段，並不直接進諫，而是給李世民講了一個故事。

故事說的是春秋時期，齊景公也因喜愛的馬死了，要殺養馬人，當時的三朝老臣晏子就指著那個養馬人的鼻子破口大罵：「你犯了三宗罪你知不知道？第一宗罪，好好的馬被你養死了；第二宗罪，害得我們的國君為馬而殺人，百姓聽說了，一定罵我們的國君不仁；第三宗罪，四方諸侯知道這事，也一定會輕視我國……」等晏子罵完這些話，旁邊的齊景公很自覺，一句話也沒說就把那個養馬人放了。

說完這個故事，長孫皇后對李世民說：「陛下肯定從史書中讀到過這個故事，莫非是把它忘了？」

李世民聽完後，反應和齊景公如出一轍，馬上就赦免了那個宮人。

類似這樣的勸諫還有很多。比如李世民有時候一生氣，難免會遷怒宮人，往往因為一些小事就要治她們死罪。而長孫皇后總是裝出一副比皇帝更生氣的樣子，讓皇帝把這些犯了錯的宮人交給她，由她處置。然後皇后便將她們暫時拘押，事實上是把這些宮人暗中保護起來。等過了一些日子，李世民的氣消了，長孫皇后才慢慢分析個中道理給他聽，證明那些宮人其實是無罪的，從而多次避免了濫殺無辜。史稱：「由是宮壼之中，刑無枉濫。」（《資治通鑑》卷一九四）

正是因為有長孫氏這樣的賢內助屢屢幫李世民矯正錯誤、彌補缺失，所以李世民才會頗為感慨地對房玄齡說：「皇后庶事相啟沃，極有利益爾。」（《貞觀政要》卷二）

很顯然，有長孫皇后和魏徵這一內一外兩大良工的「斧鑿」和「敲打」，李世民這塊礦石中的金子想不發光都難。

長孫氏在後人的心目中之所以能成為皇后的楷模，李世民夫婦之所以能成為歷史上著名的「模範夫妻」，其主要原因不僅是長孫氏能夠在政治上盡力輔佐李世民，更是因為在生活上，他們的伉儷情深也足以讓後人感動。

大約在貞觀七年（六三三年），李世民患上了「氣疾」（呼吸道疾病），將近一年都沒有痊癒，長孫皇后一直守候在李世民身邊，日夜悉心照料。由於擔心李世民的病情不能好轉，所以此時的長孫氏做出了一個令人意想不到的舉動。

她把一包毒藥藏在了衣帶中，對親近的侍女說：「皇上若是有什麼三長兩短，我絕不獨自求生！」（《資治通鑑》卷一九四：常繫毒藥於衣帶，曰「若有不諱，義不獨生。」）

而更讓人感動的是，長孫氏自己其實是一直抱病在照顧李世民的，因為她本人恰恰也是從小就患有氣疾。貞觀八年（六三四年），長孫氏陪李世民一起上九成宮避暑養病。有一天下半夜，柴紹等人突然上山，向李世民報告了一起突發事件（具體是什麼事件，史書無載）。李世民大為震驚，當即全副武裝到前殿詢問事件的詳情。長孫皇后意識到事態嚴重，立即帶病跟隨，左右極力勸阻，長孫皇后卻說：「皇上如此震驚，我豈能心安！」

或許是因為這次半夜出宮感染了風寒，再加上緊張和焦慮，長孫皇后的病情突然加重，從此一病不起。太子李承乾建議母親說：「所有該服用的藥物都用過了，您的身體還是沒有好起來，不如奏請父皇大赦囚犯，同時度化一些人出家，也許可以得到冥福的庇佑。」

長孫皇后不以為然地說：「生死有命，不是人力所能改變。若行善一定有福，那我從沒做過壞事，又何必擔心？若行善無效，何福可求？『大赦』是國家大事，而佛法是異國之教，對政治不見得有什麼助益，何況皇上從來也不信這個，豈能以我區區一介婦人而亂了天下之法？假如一定要照你的話做，我還不如速死！」

可李承乾沒有聽從他母親的話，還是認為自己的辦法肯定有效，可又不敢上奏皇帝，只好私下去找房玄齡。房玄齡轉而上奏李世民。李世民也覺得未嘗不可一試，於是準備大赦。長孫皇后得知後極力反對，李世民最後只好作罷。

貞觀十年（六三六年）六月，長孫皇后病重不治。彌留之際，她給李世民留下了這樣一些遺言：

第一，要求起用房玄齡：「玄齡事陛下久……苟無大故，願勿棄之。」

第二，再次強調不要讓自己的親族掌權：「慎勿處之權要，但以外戚奉朝請足矣。」

第三，要求薄葬：「願勿以丘壟勞費天下，但因山為墳，器用瓦木而已。」

第四，最後的諫言：「願陛下親君子，遠小人，納忠諫，屏讒慝，省作役，止遊畋，妾雖沒於九泉，誠無所恨！」（《資治通鑑》卷一九四）

講完這些，長孫皇后取出一直藏在衣帶中的毒藥，最後說了一句：「臣妾在陛下臥病的那些日子，發誓以死跟隨陛下，絕不像呂后那樣！」（西漢的呂雉在漢高祖劉邦死後，打擊劉姓宗室，極力扶植外戚，擅權攬政，歷時八年，史稱「呂氏之禍」）。

六月二十一日，長孫皇后崩於立政殿，年僅三十六歲。

長孫皇后生前曾經編纂了一本有關古代婦女言行得失的書，共三十卷，名為《女則》。但她只是將其作為自己立身處世的準則，並不是想以此博取聲譽，所以一直叮囑宮人不要告訴李世民。直到她去世後，宮人才把這本書交給了李世民。

李世民睹物思人，泫然淚下，悲慟不已，對近臣說：「皇后此書，足以垂範百世！朕非不知天命而為無益之悲，但入宮不復聞規諫之言，失一良佐，故不能忘懷耳！」（《資治通鑑》卷一九四）

無論從哪一個方面來看，長孫皇后的早逝對李世民而言都是一個莫大的損失。晚年的李世民之所以在政治上和生活中都犯下許多錯誤，未能做到「慎終如始」，其中一個很重要的原因，就是因為外無魏徵的犯言直諫，內無長孫皇后的拾遺補闕。假如長孫皇后能夠伴隨李世民走得更遠一點，共同走完人生歲月，那麼，我們似乎有理由相信——李世民千古一帝的形象一定會更加完美，而貞觀的歷史無疑也會更加璀璨！

十七、最具世界主義色彩的朝代

英國著名歷史學家湯因比曾經說過，假如讓他再活一次，重新選擇出生的城市，他會捨棄二十世紀的倫敦，選擇七世紀的長安。

一個精研世界歷史、遍覽東西方文化、一生中閱「城」無數、見多識廣的老人，為什麼會對一座中國古代的城市如此情有獨鍾呢？在皇皇數千年的世界歷史上，長安究竟擁有怎樣獨特而崇高的地位，又有著怎樣引人矚目、亙古長存的魅力呢？

下面，就讓我們回到一千多年前的唐朝，一起走近那座光芒四射的城市……

唐朝的長安是當時世界上最大的一座城市，也是世界歷史上第一個達到百萬人口的大都市。它東西長九千七百二十一米，南北寬八千六百五十一米，全城周長三十六・七公里，面積約八十四平方公里，比明清時期的北京城大一・四倍，是古代羅馬城的七倍。長安城內共有三個建築群：位於北部正中的是宮城，為皇帝和皇族所居；宮城南面是皇城，面積比宮城略大，是中央政府機構所在地；宮城和皇城之外是外郭城，為居民區和商業區。

整座長安城規模宏偉，布局嚴謹，結構對稱，排列整齊。外城四面各有三個城門，貫通十二座城門的六條大街是全城的交通幹道。而縱貫南北的朱雀大街則是一條標準的中軸線，它銜接宮城的承天門、皇城的朱雀門和外城的明德門，把長安城分成了東西對稱的兩部分，東部是萬年縣，西部是長安縣，東、西兩部各有一個商業區，稱為東市和西市。城內南北十一條大街，東西十四條大街，把居民住宅區劃分成了整整齊齊的一百一十坊，其形狀近似一個圍棋盤。

長安的每條街道都筆直而寬廣，其寬度達到了令人咋舌、近乎奢侈的地步。比如南北主幹道朱雀大街的寬度就達一百五十多米，而今天中國的「第一街」——北京長安街最寬的地段也沒有超過一百二十米。再如位於宮城與皇城之間的承天門橫街，寬度更是達到四百四十一米，堪稱人類有史以來最寬的街道，其氣勢之雄偉令人歎為觀止！

這些寬闊平坦的街道兩側大多種有整排的槐樹和榆樹，而宮城與皇城中則遍植梧桐和垂柳，整座城市綠樹成蔭，風景宜人，既繁華熱鬧，又不失幽雅和靜美。

貞觀八年（六三四年），唐太宗李世民在長安東北部的龍首原上初建了大明宮。龍首原地勢高聳，可以俯瞰整座長安城，故而大明宮的氣勢遠比太極宮更為煊赫。龍朔二年（六六二年），唐高宗李治又對大明宮進行了擴建，使其功能更為完備，規模更為宏大。從此，大明宮取代了太極宮，成為唐朝歷代皇帝的起居和聽政之所。

大明宮是當時世界上規模最為宏大、規制最為嚴整、規劃最具特色的宮殿建築群，其周長七·六公里，面積三·二平方公里，比明清紫禁城大了四·五倍；宮城四面有十一座城門，東、西、北三面都有夾城，南部有三道宮牆護衛；目前已探明的殿、台、樓、亭等基址共有四十餘處。在大明宮的中軸線上，自南而北依次是含元殿、宣政殿和紫宸殿，大明宮就是以這三個宮殿群為中心組成的。其中，含元殿是大明宮正殿，是唐朝皇帝舉行朝會大典以及閱兵、獻俘等重大儀式的殿宇；此殿殿基高達十五·六米，面闊七十五·九米，進深四十一·三米，面積三千一百三十四·六七平方米，比現存世界上最大的木結構宮殿——北京故宮太和殿的面積還大一・三倍。

在含元殿主殿的兩翼、即東南和西南方向，分別建有比主殿位置突出的翔鸞閣和棲鳳閣，兩閣相距一百五十米，各以曲尺形廊廡與主殿相連。整組建築兩翼突出、主殿縮進，呈「凹」字形。主殿前是左右兩條各長七十八米的蜿蜒迤邐而上的「龍尾道」。

在整個含元殿建築群的前方，是一個南北寬六百一十五米、東西長七百五十米的大型廣場，總面積達四十六萬一千二百五十平方米，比今天北京的天安門廣場還大，相當於六十多個標準的現代足球場。

站在這樣一個氣勢磅礡的廣場上仰望巍峨壯麗的含元殿，任何人都會為之悚然動容、心潮澎湃！

「九天閶闔開宮殿，萬國衣冠拜冕旒。」（王維）

哪一個中國人心中，沒有這樣的一個唐朝！

哪一個中國人心中，沒有這樣的一座長安！

走在長安車如流水馬如龍的寬衢大道上，你遇見的絕不僅僅只有唐朝人。你隨時會遇見突厥人、西域人、波斯（伊朗）人、大食（阿拉伯）人、拂菻（東羅馬）人、日本人、新羅人、天竺（印度）人、真臘（柬埔寨）人、驃國（緬甸）人……他們中有元首、大臣、使節、士兵、商人、學者、留學生，還有僧侶、藝術家、醫生、工匠、歌姬，甚至有「色黑如墨、唇紅齒白」的崑崙奴，可謂形形色色，不一而足。

在西元七世紀和八世紀，要感受什麼叫做國際性大都市，你必須來長安；要感受什麼叫做「對外開放」、「與時俱進」，你也要來長安；要了解當時的東西方和亞洲各國在政治、經濟、文化各方面交流的盛況，你更要來長安。

因為當時的大唐帝國是世界上最先進、最文明、最發達的國家，而大唐帝京長安則是整個亞洲的經濟和文化中心。歷史學家向達先生說，在唐朝，「一切文物亦復不間華夷，兼收並蓄。第七世紀以降之長安，幾乎為一國際的都會，各種人民，各種宗教，無不可於長安得之」（向達《唐代長安與西域文明》）。

湯因比說：「長安是舊大陸文明中心所有城市中最具世界意義的城市，在這方面超過了同時代的君士坦丁堡，唐帝國和中國文明不僅為朝鮮，而且為更遠的日本所讚賞和效仿，這顯示了中國的威望。」

據統計，唐朝曾先後與世界上三百多個國家和地區有所交往。為了接待各國使節和來賓，唐朝專門設立了鴻臚寺，由當時朝中的國際政治專家擔任主管官員。長安城中甚至有專供外國人長期居住或定居的「番坊」。有很多外國留學生到唐朝讀書之後，進而參加科舉考試，最後終生在唐朝為官。如日本人阿倍仲麻呂，中國名字叫晁衡，於唐玄宗開元五年（七一七年）來到長安的太學就讀，當時年僅十九歲，完成學業後留在唐朝任職，歷任左補闕、祕書監、左散騎常侍等職。

晁衡在長安與著名詩人李白、王維結成了好友。天寶十二載（七五三年），晁衡作為唐朝回訪日本的使者，與日本遣唐使一起返回日本，不料途中遇險，船隻漂到越南，友人們誤以為他已經遇難，極為悲傷，李白為此寫下了一首《哭晁卿衡》：「日本晁卿辭帝都，征帆一片繞蓬壺。明月不歸沉碧海，白雲愁色滿蒼梧。」後來晁衡又輾轉回到了長安，一直到唐代宗大曆五年（七七〇年）

去世，前後在中國一共生活了五十三年。

有一些外國使臣出使唐朝後也留了下來。比如波斯大酋長阿羅撼，於唐高宗顯慶三年（六五八年）出使中國後便留在唐朝為官，此後又以唐朝使者的身分出使拂菻（東羅馬）等國，因功被授予右屯衛將軍、上柱國、開國公，位尊爵顯，並一直在中國活到了九十五歲高齡。

西方著名漢學家李約瑟說過：「唐代確是任何外國人在首都都受到歡迎的一個時期。長安和巴格達一樣，成為國際間著名人物薈萃之地。」（《中國科學技術史》第一卷）

除了留學生和使節，在唐朝定居數量最多的就是商人。唐朝專門設立了互市監和市舶司管理對外貿易。當時的長安、洛陽、揚州、廣州、泉州、蘭州、涼州、敦煌，都成了唐朝對外貿易的重要城市。貞觀時，西域各國「入居長安者近萬家」，而各國商人在長安「西市」開店經商、長期居住的也有數千家之多。廣州是當時世界上最大的貿易港口，有唐一朝，曾有大量的外商在廣州定居，從事各種貿易活動，僅唐朝末年的黃巢起義，死於戰亂的外商就達十二萬人以上。

為了適應國際交往的需要，唐朝的對外交通相當發達。陸路從長安出發，經河西走廊，出敦煌、玉門關西行，直達中亞、西亞、東歐，這就是著名的「絲綢之路」。海路方面，可由登州（今山東蓬萊）、楚州（今江蘇淮安）或明州（今浙江寧波）出海，前往朝鮮半島和日本；此外，由揚州、明州、泉州或廣州出發，經越南海岸，在馬來半島南端穿越馬六甲海峽，過印度洋，可到達斯里蘭卡、印度等地；再越過阿拉伯海，可到達阿曼灣、波斯灣，並可遠至紅海，抵達埃及和東非的港口，這就是「海上絲綢之路」。

透過陸地和海上這兩條「黃金通道」，世界各地的人們紛紛來到了中國。

貞觀十七年（六四三年），東羅馬皇帝波多力遣使來唐，獻赤玻璃、綠金精等物，唐太宗回書答禮，贈綾、綺等絲織品。東羅馬的皇帝、貴族和婦女都極其喜愛中國的絲織品，拂菻也成了唐朝絲織物傳入其他國家的重要轉輸地。

七世紀初葉，伊斯蘭教創始人穆罕默德統一了阿拉伯半島。穆罕默德本人對中國文化非常嚮往，曾對他的弟子說：「學問雖遠在中國，亦當求之。」唐高宗永徽二年（六五一年），大食（阿拉伯）遣使與唐通好，在此後一個半世紀的時間裡，大食遣使來唐共達三十六次。唐朝文化因此大量傳入阿拉伯世界，其中最重要的就是造紙術。

中國的造紙術後來又從這裡傳入了歐洲，極大地推動了西方文明的發展。唐朝後期，火藥的主要成份——「硝」也傳入阿拉伯。阿拉伯人稱之為「中國雪」。與此同時，阿拉伯的天文、曆法、數學、建築、醫學也對唐朝產生了一定影響。阿拉伯的醫學是近代歐洲醫學的基礎，而其外科醫術就是在這時候傳入了中國。

七世紀中葉，波斯為大食所滅，波斯王卑路斯及其子泥涅斯，先後定居長安，客死唐朝。當時，許多波斯商人也流亡到了唐朝，紛紛在中國落戶。長安、洛陽、揚州、廣州等地都有波斯商人開設的「胡店」，以經營寶石、珊瑚、瑪瑙、香料、藥材馳名。通過貿易活動，波斯的菠菜、波斯棗傳入唐朝，而唐朝的絲綢、瓷器、紙張也傳入了波斯。

印度、巴基斯坦、孟加拉，在當時統稱天竺。唐初，中天竺的戒日王征服了五天竺，統一了印度半島，隨即遣使與唐通好。從此，天竺與唐朝的貿易往來日益頻繁。印度半島東西兩岸常有唐朝商船泊港，天竺商船也到廣州、泉州進行貿易。唐朝輸往天竺的商品有麝香、紵絲、色絹、瓷器、銅錢；天竺輸入的物品有寶石、珍珠、棉布、胡椒。中國的紙和造紙術傳入印度，從此結束了印度用白樺樹皮和貝葉寫字的時代。唐太宗也派人到中天竺學習製糖技術，據說學成歸國後製出的糖，其顏色和味道比印度原產的還好。

由於佛教經典的翻譯，在唐朝產生了與佛教密切相關的變文。敦煌、雲崗、麥積山、洛陽龍門石窟的壁畫、雕塑，都受到印度北部犍陀羅藝術風格的影響。此外，天竺的天文、曆法、醫學、音韻學、音樂、舞蹈、繪畫、建築，都對唐朝產生了一定的影響。唐朝「十部樂」中便有天竺樂，舞蹈中也有天竺舞的成份。

唐初，朝鮮半島上，高麗、百濟、新羅三國鼎立，都同唐朝有所往來。高宗時期，唐朝先後出兵平滅了百濟和高麗，新羅遂於西元六七五年（唐高宗上元二年）統一了朝鮮半島，此後與唐的關係進一步發展，貿易往來十分頻繁。新羅商人運至唐朝的牛黃、人參、海豹皮、朝霞紬、金、銀等物，佔唐朝進口物產的首位。他們同時也從中國帶回絲綢、瓷器、茶葉、書籍等物品。

新羅曾派遣大批留學生到長安學習，在唐朝的外國留學生，數量最多的就是新羅人。唐文宗開成五年（八四〇年），學成歸國的新羅學生一次就有一百零五人。不少新羅學生還參加唐朝的進士科考，中舉後就留在唐朝為官。

從貞觀十三年（六三九年）起，新羅就相繼設立醫學、天文、漏刻博士，專門研究唐朝的醫學、天文、曆法。西元六七五年，新羅開始採用唐朝曆法。八世紀中葉，新羅仿效唐朝的政治制度改革了從中央到地方的各級行政機構。唐德宗貞元四年（七八八年），新羅採用了科舉考試制度選拔官吏，以《左傳》、《禮記》、《孝經》為主考科目，此外又根據唐律改訂了刑律。新羅原來沒有文字，七世紀中葉，新羅學者薛聰創造了「吏讀」法，用漢字作音符來標注朝鮮語的助詞、助動詞等，幫助閱讀漢文，推動了文化的普及和發展。唐文宗太和二年（八二八年），新羅使者帶回了茶葉種子，開始種茶。唐末五代，雕版印刷術傳入新羅。（參見施建中主編《中國古代史·下冊》）

有唐一朝，與中國交往最為密切、受唐朝影響最大的國家，當屬日本。

當時的日本仍處於奴隸制向封建制過渡的時期，對大唐繁榮昌盛的文化和發達的物質文明無比嚮往、高度崇拜。日本人迫切希望能過上「像漢人那樣燦爛的文化生活」，於是不斷向中國派出遣唐使、留學生、學問僧。從唐太宗貞觀四年（六三〇年）到唐昭宗乾寧元年（八九四年）的二百六十年間，日本先後派出遣唐使十三次，派船迎送唐朝使者六次，共計十九次，其中實際到達長安為十五次。唐初，遣唐使團不超過二百人，可從八世紀初起，人數已多達五百五十人以上。

遣唐使給唐朝帶來了珍珠絹、琥珀、瑪瑙、水織等貴重禮品。唐朝回贈高級絲織品、瓷器、樂器、文化典籍。遣唐使團將中國的典章制度、天文、曆法、文學、書法、宗教、音樂、美術、舞蹈、醫學、建築、雕刻、工藝美術、生產技術、生活習俗帶到日本，推動了日本政治、經濟、文化、教育、科技的全面發展，對日本社會產生了巨大而深遠的影響。

日本留學生中最知名的是吉備真備，學問僧最知名的是空海。吉備真備回國後，用漢字楷體偏旁創造了「片假名」，學問僧空海不僅將中國大乘佛教的密宗學說帶回了日本，而且用漢字草體偏旁創造了「平假名」，使日本文化逐漸走上了獨立發展的道路。（參見施建中主編《中國古代史·下冊》）

而中國僧人東渡日本，傳播大唐文化，最著名的是鑑真和尚。

鑑真俗姓淳于，揚州人，對於大乘佛教的律宗造詣精深，在揚州大明寺講律傳戒。應日本聖武天皇之請，他東渡日本傳法，經六次努力，歷盡艱險，終於在天寶十三載（七五四年）到達日本。鑑真大師其時已經年近七旬、雙目失明，可他不僅將中國佛教的律宗傳到了日本，而且還向日本人傳授了佛寺建築、雕塑、繪畫、醫藥等各種知識。日本現存的唐招提寺，便是鑑真主持修建的。他在日本整整居住了十年，圓寂後葬在招提寺。

七世紀以前，日本沒有固定都城，直到西元六九四年，日本才興建了籐原京，此後又於西元七一〇年修建了平城京，西元七九四年修建了平安京。而這些都城的設計理念、城市布局和建築風格，無一例外，全都是模仿唐朝的長安城。比如城中均有「朱雀大街」、「東市」、「西市」等，甚至連建築用的磚瓦紋飾也和唐朝如出一轍。

基本上可以說，當時的日本京城儼然就是山寨版的長安。

除了上述國家之外，唐朝與南亞的林邑（越南）、真臘（柬埔寨）、驃國（緬甸）、尼婆羅（尼泊爾）、獅子國（斯里蘭卡），以及中亞的吐火羅（阿富汗）等國都有廣泛的商業聯繫與外交往來。

在長達幾個世紀的文化交流中，南亞的佛學、醫學、曆算、語言學、音韻學、音樂、舞蹈、美術，東亞的音樂、舞蹈，西亞和西方世界的祆教、景教、摩尼教、伊斯蘭教等等，如八面來風紛紛傳入中國，對中國文化產生了深遠的影響。

美國漢學家伊佩霞說：「與二十世紀前中國歷史上任何其他的時代相比，初唐和中唐時期的中國人自信心最強，最願意接受不同的新鮮事物。這個時期的中國人非常願意向世界敞開自己。」

英國歷史學家威爾斯說：「第七、八世紀，中國是世界上最安定最文明的國家。當時的歐洲人民尚處於茅舍塢壁的宗教桎梏之境，而中國人民的生活卻已經進入安樂慈愛、思想自由、身心愉悅的境域。」

唐太宗李世民說過這麼一句話：「自古皆貴中華、賤夷狄，朕獨愛之如一。」（《資治通鑑》卷一九八）正是因為以李世民為首的大唐君臣能夠具有如此博大的胸懷，西元七世紀初到八世紀中葉的唐朝，才能成為中國歷史上最自信、最開放、最寬容、最大氣、最具生機和活力、最具世界主義色彩的一個時代。

這就叫兼收並蓄，博採眾長；這就叫海納百川，有容乃大！

十八、玄奘：信仰的力量

西元六四二年，五天竺的最高領袖戒日王向當時的印度全境發布了一道敕命——他要在曲女城（今印度北方邦卡瑙季）舉行一場規模空前的「無遮大會」，亦即大型的佛教經義辯論會。會議邀請了十八個國王，還有各國的大小乘佛教僧人三千多人、著名的佛教聖地那爛陀寺的僧人一千餘人，以及婆羅門教和其他宗教的僧人二千餘人，幾乎集中了當時五天竺的所有政治和宗教精英。而邀請這些人與會的目的只有一個，那就是——與一個來自中國的僧人進行自由辯論。

大會正式舉行那天，整座曲女城人山人海、萬頭攢動、鑼鼓喧天。除了被邀請的代表外，雲集於此的還有各國的大臣、衛兵、侍從，以及慕名而來的社會各界人士。會場內外「或象或輿，或幢或幡，各自圍繞，……若雲興霧湧，充塞數十里間」。（《大慈恩寺三藏法師傳》）場面之盛大隆重可謂前所未有、百年不遇。

人們紛湧進入會場後，看見高壇的寶床上靜靜地坐著一個面目清癯、膚色白皙的僧人，在會場的門樓前高懸著兩部用大字書寫的大乘佛教論著——《會宗論》和《制惡見論》。

這位僧人就是論主，他寫的這兩部論就是本次大會的論題。與會的任何人都可以就這兩部論的任何一個論點提出質疑，進行辯論和駁難。戒日王命人在會場前高聲宣布：大會為時十八天；在此期間，任何人只要能從這兩部論中找出一個字不合義理，並且將論主駁倒，這個中國僧人就要當場被砍掉腦袋，向眾人謝罪。（《大慈恩寺三藏法師傳》：「若其間有一字無理能難破者，斬首相謝。」）

如果不是對自己的學識、智慧和辯才充滿自信，絕不敢作出如此承諾、誇下如此海口！

可是，這個中國僧人真有那麼厲害嗎？

要知道，在座的這些人絕非等閒之輩——「諸賢並博蘊文義，富瞻辯才」（《大慈恩寺三藏法師傳》）。也就是說，五印度最有學問、最有智慧、對佛法造詣最為精深的人都在這裡了，難道以他們多年的修行和深厚的學養，果真挑不出這個中國僧人一個字的毛病？

這幾乎是不可能的！然而，不可能的事情最後還是發生了。

在這十八天裡，不斷有人站出來挑戰，提出了尖銳的質疑，進行了激烈的辯難。而這個中國僧人卻始終神色自若，從容應對，引經據典，侃侃而談。最後，挑戰者無不理屈詞窮，一一敗下陣來。到大會結束時，確實沒有一個人能攻破他的學說、駁倒他的立論。與會的眾多高僧大德無不心服口服，對這個中國僧人佩服得五體投地。

戒日王非常高興，當即賜給他大量的金銀和法衣，在場的十八個國王也紛紛供養各種珍寶。按照印度慣例，無遮大會得勝的論主可以乘坐瓔珞莊嚴的大象遊行各地，接受人們的禮敬和瞻仰。可對於這些賞賜、供養和尊貴的禮遇，這個中國僧人全都婉言謝絕了。

本來人們對這位精通三藏、智慧如海的法師已經敬佩不已，而此刻他對名利的這種淡泊超然的態度越發贏得人們的崇敬。他的美名隨後就傳遍了五印度，大乘僧眾盛讚他為「大乘天」，小乘僧眾尊稱他為「解脫天」。

這位來自東土大唐、名震五天竺、並最終在世界佛教史上寫下輝煌一頁的中國僧人，就是玄奘。玄奘，俗姓陳，名禕，洛州緱氏人，世稱「唐三藏」（今河南偃師）（**「三藏」是指佛教的經藏、律藏、論藏；此稱號意謂對佛教典籍的精通，只是一種泛用的尊稱，並非玄奘專名**）。玄奘生於隋開皇十六年、即西元五九六年（玄奘生年多有異說，此處從梁啟超之說）。其祖上歷代為官，父陳惠曾任隋朝江陵縣令，後辭官歸隱，潛心儒學。

玄奘十一歲時，跟隨他的二兄、已出家的長捷法師進入洛陽淨土寺修學佛法，不久便熟習《法華經》、《維摩經》。隋大業四年（六〇八年），大理寺卿鄭善果奉旨到洛陽度僧，年僅十三歲的玄奘聞訊前往。素有「知士之鑑」的鄭善果見其容貌俊逸、器宇不凡，就問他是否想出家，玄奘說是。鄭善果又問他為何出家，他答：「意欲遠紹如來，近光遺法。」鄭善果大為讚歎，對身邊的人說：「若度此子，必為釋門偉器，但恐果與諸公不見其翔翥雲霄、灑演甘露耳！」（**《大慈恩寺三藏法師傳》**）

當時，玄奘的年齡尚幼，本來是不能出家的，可鄭善果卻破格錄取了他，將年少的玄奘剃度為僧。

鄭善果預料到這個少年終將成為「釋門偉器」、一代高僧，可他無論如何也不敢想像，自己此刻的這個決定竟然會深刻影響此後一千多年中國佛教的歷史。

玄奘出家後，很快就精通了《大涅槃經》、《攝大乘論》等重要的大乘經論。大業十四年（六一八年），天下分崩離析，熊熊戰火燃遍中原，洛陽更是首當其衝。為了躲避戰亂，同時也為了進一步深造，玄奘離開洛陽，前往天下的名山大寺參學，先是到了成都，後來又輾轉荊州（今湖北江陵）、揚州、相州（今河南安陽）、趙州（今河北趙縣）等地，於貞觀元年（六二七年）來到長安。

將近十年間，玄奘遍訪名師、究通各家，此時已成為備受讚譽的一介高僧。但是在多年參學的過程中，玄奘逐漸發現眾多名師對佛法的理解異說紛紜、歧義互見，而考諸現有各種佛典譯本，卻又頗多矛盾抵牾之處，令人無所適從，於是萌生了前往印度求取更多佛學原典、尤其是大乘經典的強烈願望。

恰逢當時中天竺的僧人頗密多羅來到長安，向他介紹了著名佛教聖地那爛陀寺（在今印度比哈爾邦邦巴特那縣）的學術規模，以及天竺高僧、該寺住持戒賢法師弘講《瑜伽師地論》的盛況，更加堅定了玄奘西行的決心。他立即向朝廷上表，要求出境前往天竺。可由於當時出國之禁甚嚴，他的申請被駁回了，但是玄奘始終沒有放棄「誓遊西方，以問所惑」的決心和信念，一直做著各種準備工作。

貞觀元年（六二七年）八月，長安和關東地區爆發了嚴重的霜災和饑荒，朝廷同意災民可以前往各地自謀生路。玄奘意識到時機成熟，終於做出一個大膽的決定——混在難民隊伍中偷越國境，西行求法。（玄奘西行的時間，普遍認為是貞觀三年，此處依據梁啟超在《中國歷史研究法》中的相關考證，確定為貞觀元年。）此行前途未卜，生死難料。

出發的這一刻，除了簡單的行囊和一腔求法的理想之外，玄奘什麼都沒有。

沒有人知道，十九年後，這個孑然一身的「偷渡客」竟然會帶著震古爍今的偉大成就載譽歸來，不僅受到舉國上下的盛大歡迎，而且得到太宗李世民的親自接見。

沒有人知道，他邁出長安的的這一步——是在書寫一頁前無古人、後無來者的歷史！

玄奘煢然西去的背影顯得寂寞而蒼涼……

走向天竺的這一路，充滿了常人難以想像的艱辛。

一路上雖然沒有白骨精和盤絲洞，沒有牛魔王和火焰山，沒有魑魅魍魎和九九八十一難，但是卻有一望無際的大漠黃沙，有荒無人煙的戈壁荒灘，有關卡盤查、官吏緝捕的困擾，有缺水斷糧、迷失方向的危險，所有這一切，都足以讓他葬身在沒有人知道的地方，或者迫使他心生懊悔、黯然東返……

然而，這一切都沒有擋住玄奘的腳步。早在邁出長安的那一刻起，玄奘就已發出宏大的誓願——

此行不求財利，無冀名譽，但為無上正法。

若不至天竺，終不東歸一步。

寧可就西而死，豈能歸東而生？（《大慈恩寺三藏法師傳》）

這就是信仰的力量！

正是這樣一種單純而偉大的信仰，使他能夠克服一切艱難險阻，甚至蔑視死亡的威脅，頑強地走向自己生命中的聖地……

玄奘從長安啟程，經秦州（今甘肅天水）、蘭州、涼州（今甘肅武威）、瓜州（今甘肅安西東南），出玉門關外五烽（五道重兵把守的關卡），進入「上無飛鳥，下無走獸，復無水草」的八百里戈壁——莫賀延磧，在克服了四天五夜滴水未進的困難之後，終於穿越這個可怕的死亡地帶，經伊吾（今新疆哈密市）抵達高昌（今新疆吐魯番東）。

高昌國王麴文泰盛情接待了他，但卻執意要求他留在高昌講經說法，否則就要把他遣送回國。玄奘無奈，只好以絕食相抗，「水漿不涉於口三日」。最後麴文泰終於被玄奘的至誠所感動，提出兩個放行的條件：一，與他約為兄弟；二，求法歸來後在高昌停留三年。

玄奘同意。麴文泰大喜，當即「為法師度四沙彌以充給侍，制法服三十具；以西土多寒，又造面衣、手衣、靴、韈等各數事；黃金一百兩，銀錢三萬，綾及絹等五百匹，充法師往返二十年所用之資；給馬三十匹，手力二十五人。」（《大慈恩寺三藏法師傳》）此外，為了玄奘能順利西行，麴文泰還專門準備了二十四封國書，命護送的大臣交給沿途的二十四國國王，每書奉送大綾一匹為禮物；並且還親手寫了一封辭義謙恭的信，隨信獻上「綾、綃五百匹，果味兩車」，請求西突厥統葉護可汗致信其勢力範圍內的西域諸國，為玄奘法師提供盡可能的幫助。

就這樣，玄奘離開高昌，過焉耆、龜茲等國，翻越凌山（蔥嶺北部），到達碎葉城（今吉爾吉斯斯坦托克馬克西南），會晤了統葉護可汗。隨後，在統葉護可汗致所經諸國的信件和護送使節的幫助下，玄奘順利經過西域諸國，過鐵門關（今烏茲別克南部），入吐火羅（今阿富汗北部），而後沿今巴基斯坦北部，過喀什米爾，進入了北印度。

貞觀五年（六三一年）秋天，玄奘終於抵達朝思暮想的佛教聖地——那爛陀寺。在這裡，玄奘拜戒賢為師，潛心學習梵語，研習各種大小乘經論，尤其專攻印度法相宗（唯識論）代表作《瑜伽師地論》，歷時五年。此後，玄奘遍訪五天竺，足跡留在了印度各地。

貞觀十五年（六四一年），玄奘重回那爛陀寺。此時他的學業已經粲然大成，戒賢命其升座為眾講解大乘唯識經典。在此期間，他著有《會宗論》，會通了印度大乘「瑜伽」、「般若」二宗，將唯識與中觀學說相互融貫，自成一家。此外，由於當時南天竺的小乘僧人著有《破大乘論》攻擊大乘學說，負面影響很大，玄奘就應戒日王之請，又撰寫了破除小乘見地的《制惡見論》。

從此，玄奘在印度聲名鵲起。

貞觀十六年（六四二年），玄奘又在戒日王舉辦的曲女城無遮大會上挫敗了五天竺所有的論敵，其盛名更是如日中天，幾乎取代戒賢，成為全印度造詣最深、聲譽最隆的佛教思想界領袖。

玄奘意識到自己的使命已經圓滿完成，遂於貞觀十七年（六四三年）告別了戒賢法師和戒日王，返回中國。經過兩年的時間，在貞觀十九年（六四五年）正月二十四日，玄奘終於回到了闊別將近二十年的長安。

和他一起回到中國的，是六百五十七部具有高度學術價值的梵文佛典。

玄奘大師的西行求法，前後歷時十九年，行程共計五萬里，堪稱世界中古史上一次艱難而偉大的探險之旅、朝聖之旅，也是意義最為深遠的一次學術和文化之旅！

玄奘回到長安的時候，受到了朝野上下隆重而盛大的歡迎，一切與他當年「偷越國境」時寂寞而蒼涼的境況相去不啻天壤。

然而，玄奘還是當年的那個玄奘，信仰還是當年的那個信仰。

唯一不同的，只是外在的評價和世人的目光。

貞觀十九年（六四五年）二月，玄奘去洛陽會見了唐太宗。太宗對他極為讚歎和欣賞，勸他還俗從政，玄奘力辭。於是，李世民就請他把西行路上的所見所聞記錄下來。隨後，玄奘在弟子辯機的協助下，用一年時間完成了價值不可估量的《大唐西域記》。

這是一部當之無愧的世界名著。

它記述了玄奘西行途中所歷所聞的一百五十個國家的政治經濟、語言文化、宗教信仰、歷史沿革、地理形勢、水陸交通、氣候物產、風土人情等等，不但是當時中國人了解外部世界不可多得的一部著述，而且成為後世研究中古時期中亞和印度歷史、地理及中西交通的彌足珍貴的第一手史料。

眾所周知，印度在哲學和宗教方面擁有燦爛的成就，可他們的歷史從來都是一筆糊塗帳。馬克思甚至聲稱：「印度社會根本沒有歷史！」（馬克思《不列顛在印度統治的未來結果》）因此，要研究印度古代史，《大唐西域記》就是一部誰也繞不過去的重要著作。

一回國，玄奘就開始著手翻譯帶回來的佛學典籍。唐太宗全力支持他的譯經事業，命房玄齡在弘福寺為他組織了一個規模完備的譯場，並「廣召碩學沙門五十餘人」當他的助手。貞觀二十二年（六四八年），玄奘譯出了一百卷的《瑜伽師地論》，太宗御筆欽賜《大唐三藏聖教序》。同年，太子李治為亡母長孫皇后祈福所建的大慈恩寺竣工落成，玄奘奉命成為住持，進入該寺繼續譯經。

唐高宗龍朔三年（六六三年），年已六十八歲的玄奘終於譯出了多達六百卷的《大般若經》，而他的生命也在彪炳千秋的譯經事業中走到了終點。

唐高宗麟德元年（六六四年）二月五日夜，玄奘大師在宜君山的玉華寺圓寂，終年六十九歲。出殯之日，莽莽蒼蒼的白鹿原上出現了一支一眼望不到頭的送葬隊伍。

這裡有朝廷官員，有佛教僧人，可更多的是自發為大師送行的長安百姓。史稱：「（玄奘）歸葬於白鹿原，士女送葬者數萬人。」（《舊唐書·玄奘傳》）

從回到長安的第二十七天起，玄奘就開始著手翻譯佛典，一直到去世前的二十七天，他才擱下手中的譯筆，誠可謂鞠躬盡瘁，死而後已！

十九年間，玄奘帶領弟子們共譯出佛教經論七十五部一三三五卷，計一千三百萬言。

由於玄奘大師對梵文造詣精深，而且學術態度極為嚴謹，所以由他主譯的這批卷帙浩繁的佛教經典，無論是在名相的辨析安立、文義的精確暢達，還是在翻譯體例的制定、矯正舊譯的訛謬方面，都取得了超越前人的成就，從而在中國譯經史上開闢了一個嶄新的紀元。後世因此將他與姚秦的鳩摩羅什、蕭梁的真諦、開元時代的不空，並稱為中國佛教史上的四大翻譯家。

尤其值得一提的是，在這四個人中，其他三個都是外籍僧人：鳩摩羅什祖籍天竺、生於龜茲，真諦是西天竺人，不空是南天竺人，只有玄奘是唯一的中國人。

梁啟超說：「自古至今，不但中國人譯外國書，沒有誰比他多、比他好，就是拿全世界人來比較，譯書最多的恐怕也沒有人在他之上。」「法相宗（唯識宗）的創造者是玄奘，翻譯佛教經典最好最多的是玄奘，提倡佛教最用力的是玄奘。中國的佛教，或只舉一人作代表，我怕除了玄奘，再難找到第二個。」（《中國歷史研究法》）

只有偉大的時代才能誕生這樣偉大的人物。

在古代中國，「盛世修書」一貫被視為國家富強、文明昌盛的重要標誌，而玄奘大師西行求法、「盛世譯經」的壯舉，又何嘗不是為貞觀時代添加了一筆不可多得的文化財富，又何嘗不是從宗教和文化的層面彰顯了大唐王朝的盛世榮光！

十九、天可汗時代：貞觀武功

西元七世紀初，大唐帝國無疑是世界上最強大的國家。

從貞觀元年（六二七年）起，唐太宗李世民就引領著大唐帝國走上了一條勵精圖治的強國之路，短短十餘年間就呈現出一派盛世景象——無論是政治的清明、經濟的繁榮、文化的昌盛，還是社會的穩定、民生的富庶、人口的成長，無不顯示出大唐帝國在文治方面所取得的傲人成就。

然而，文治的昌盛並不必然帶來國家的強大。

對此，作為一個從血與火的戰場上走過來的帝王，作為一個曾經用刀劍蕩平群雄、鼎定天下的創業之君，李世民比任何人都清楚——要締造一個繁榮而強大的帝國，既要有一襲「崇文」的華服，更要有一根「尚武」的脊樑。

換言之，李世民所追求的不僅是「垂衣天下治，端拱車書同」（李世民《重幸武功》）的煌煌文治，同時更憧憬著「指麾八荒定，懷柔萬國夷」（李世民《幸武功慶善宮》）的赫赫武功！

就在李世民執政的第四個年頭，亦即貞觀四年（六三〇年），一個威震四夷、功蓋八荒的時代就在他的憧憬和仰望中訇然降臨——這就是令無數後人熱血沸騰、心馳神往的「天可汗」時代。

第一個被唐朝征服的對手，是曾經盛極一時的東突厥。

從南北朝時代起，東突厥就是歷代中原王朝最強大的敵人。到隋大業年間，東突厥在始畢可汗執政時期臻於全盛——「東自契丹、室韋，西盡吐谷渾、高昌諸國，皆臣屬焉。控弦百餘萬，北狄之盛，未之有也。高視陰山，有輕中夏之志」。

大業末年，中原板蕩，天下分崩，東突厥的百萬鐵騎伺機屢屢入寇。其兵鋒所到之處，城郭宮室焚毀殆盡，財帛子女為之一空。而當時的逐鹿群雄如薛舉、劉武周、梁師都、李軌、竇建德、王世充、劉黑闥、高開道等人，都曾依附在東突厥的羽翼之下。就連唐高祖李淵晉陽起兵時，也不得不忍辱負重，向其北面稱臣。

唐帝國建立之後，頡利可汗（始畢可汗之子、處羅可汗之弟）「承父兄之資，兵馬強盛，有憑陵中國之志」，多次傾巢南侵，深入唐朝腹地。「高祖以中原初定，不遑外略，每優容之，賜與不可勝計」，而頡利卻越發變本加厲，「言辭悖傲，求請無厭」。（《舊唐書・突厥傳》）

如此強大的外患一天不剷除，大唐王朝就一天也不得安寧。

有道是風水輪流轉，從貞觀元年（六二七年）起，曾經兵強馬壯、囂張跋扈的東突厥終於露出了衰亡的徵兆。

一方面，其境內連續幾年遭遇空前嚴重的自然災害，「其國大雪，平地數尺，羊馬皆死，人大饑」。另一方面，頡利可汗又寵信佞臣，引發了政治上的動盪，導致原本臣屬於東突厥的薛延陀、回紇、拔也古等北方諸部相率反叛；此外，頡利和他的侄子、封藩於幽州北面的突利小可汗又素來不睦，雙方的矛盾衝突日趨激烈，最終甚至刀兵相見，致使突利不得不於貞觀二年（六二八年）四月向李世民呈上密表，請求歸降。

在此情況下，以杜如晦為首的許多大臣紛紛主張趁此機會蕩平東突厥。可李世民卻沒有大舉出兵。因為他考慮到，自己登基未久，當務之急是內政建設，還不宜發動大規模對外戰爭。但這並不等於李世民會無所作為。

他決定，趁東突厥自顧不暇之機，先用最小的代價斬斷其左膀右臂。

為此，李世民一邊派兵接應突利，一邊命夏州長史劉旻、司馬劉蘭成攻擊盤踞在朔方（今陝西橫山縣）的梁師都。

梁師都是隋末群雄中割據時間最長的一個。自從大業十三年（六一七年）起，他就在東突厥的支持下長期活躍在唐帝國的北部邊境，而且不遺餘力地充當東突厥的打手，始終是唐王朝的肘腋之患。

劉旻和劉蘭成接獲任務後，第一步是派遣輕騎兵深入梁國境內，不斷進行襲擾，並摧毀其農田莊稼，使其人心惶惶；第二步，他們發動了「間諜戰」，派出大量間諜潛入朔方，造謠生事，上下攛掇，成功離間了梁師都與群臣的關係，致使其文武官員紛紛叛逃，歸降唐朝。

二劉意識到時機成熟，遂上表請求出兵。李世民當即派遣柴紹和薛萬均率部進圍朔方，於貞觀二年（六二八年）四月末平定了梁師都。

貞觀二年（六二八年）冬，叛離東突厥的北方各部共同推舉薛延陀的首領乙失夷男為可汗。李世民得知後，隨即採取「遠交近攻」的戰略，立刻遣使對其進行冊封，並賜其「鼓纛」（巨鼓和大旗），正式承認了薛延陀的獨立。

很顯然，李世民這麼做目的就是要讓東突厥陷入腹背受敵的困境。

面對如此不利的戰略形勢，頡利可汗大為惶恐，遂於貞觀三年（六二九年）遣使向唐朝稱臣，並要求迎娶唐朝公主。然而李世民已經不給他機會了。

這一年十一月末，李世民任命兵部尚書李靖為北伐統帥，率張公瑾、李世勣、丘行恭、柴紹、薛萬徹、衛孝節等人，兵分六路，共計十餘萬人，從各個方向大舉進攻東突厥。

貞觀四年（六三〇年）正月，年屆六旬的李靖冒著嚴冬大雪，親率一部精銳騎兵長途奔襲，以迅雷不及掩耳之勢直搗頡利可汗的王庭——定襄（今內蒙古和林格爾縣）。頡利猝不及防，被李靖一舉擊潰，只好率餘眾逃往陰山，不料半路又遭到李世勣的阻擊，部眾傷亡殆盡，最後與殘部逃至陰山以北的磧口（今內蒙古四子王旗西北）。

隨後，頡利一邊召集逃散的部眾，一邊遣使向唐太宗謝罪稱臣，企圖以此麻痺唐軍，等實力恢復後伺機再戰。對於頡利可汗的詐降意圖，李世民當然是洞若觀火。他一邊派遣使臣唐儉前去與他周旋，一邊密令李靖繼續進兵，不讓頡利有絲毫喘息之機。

就在頡利以為他的緩兵之計已經得逞之時，唐軍前鋒蘇定方火速進抵磧口，突然殺進突厥大營，李靖大軍亦緊隨而至。頡利被迫再度逃亡，前往靈州（今寧夏甯武市）西北，投奔他的侄子沙鉢羅。

三月，唐軍張寶相部進逼沙鉢羅大營，生擒頡利。

至此，東突厥徹底覆滅。北起陰山、南抵大漠的廣袤土地，全部歸入唐帝國的版圖。此次出征，唐軍前後斬殺突厥騎兵數萬人，收降部眾數十萬。自北朝以來數百年間一直對中原王朝構成強大威脅的邊患，至此宣告終結。

貞觀四年（六三〇年）三月，四夷君長齊集長安，一起向唐太宗敬獻了史無前例的尊號——天可汗。一個彪炳千秋的天可汗時代從此拉開序幕。

在唐朝與西域諸國之間，有一條地形狹長的交通要道，稱為「河西走廊」。從長安往西北方向出發，經過河西走廊，出玉門關，可到達西域；再穿過西域，可直抵中亞、西亞諸國，甚至遠抵歐洲大陸。這條貫穿歐亞大陸的重要交通線和貿易通道，就是著名的「絲綢之路」。

吐谷渾就位於河西走廊的南側，扼守著絲綢之路的咽喉。

貞觀初年，吐谷渾可汗慕容伏允年事已高，將朝政大權委於宰相天柱王，對其言聽計從。天柱王是一個鷹派人物，傾向於對外擴張。在他的影響下，吐谷渾採取了陽奉陰違的做法，表面上經常遣使朝貢，背地裡又頻頻入侵唐朝的西北邊境，曾先後縱兵大掠蘭州、鄯州（今青海樂都縣）、廓州（今青海化隆縣西）等地，嚴重威脅唐朝邊境與絲綢之路的安全。

貞觀八年（六三四年）五月，李世民遣使對慕容伏允嚴加譴責，並命他親自到長安朝見。慕容伏允不僅拒絕入朝，而且再度縱兵入寇，甚至扣押了出使吐谷渾的唐朝使臣。李世民連續派遣多批使者與吐谷渾交涉，「諭以禍福」，但慕容伏允始終置若罔聞。

這一年十月，忍無可忍的天可汗終於出手了。

李世民命段志玄出兵，對吐谷渾發動突然襲擊。段志玄迅速擊潰了吐谷渾的邊境部隊，並向縱深追擊了八百餘里。然而深入吐谷渾的國境之後，段志玄卻擔心糧草不繼，於是下令撤兵。

唐軍的第一次西征就這樣無功而返。

如此結果當然令李世民很不滿意。貞觀九年，李世民再度任命六十四歲的李靖為西征軍統帥，以李道宗、侯君集擔任副統帥，下轄六大兵團，大舉進攻吐谷渾。

慕容伏允很清楚，以吐谷渾的國力和兵力而言，絕對不可能與強大的唐軍抗衡，如果硬著頭皮與其正面對決，無疑只有死路一條。所以，唯一的辦法只有一個字——拖。

他採取的具體戰略就是：首先，大幅度向吐谷渾西部的山區和沙磧地帶後撤，保存實力，避敵鋒芒；其次，利用吐谷渾國境的廣袤和縱深拖長唐軍的戰線，讓唐軍在尋找對手主力的過程中疲於奔命，使其行軍作戰和後勤補給同時陷入困境；最後，憑藉高原地區惡劣的自然環境挫盡唐軍的銳氣，再利用各種複雜地形進行阻擊，並從各個方向出動小股部隊進行襲擾，最終拖垮唐軍。

所以，當李靖的主力兵團剛剛抵達鄯州（今青海樂都縣），慕容伏允就丟棄了他的王庭伏俟城，帶著軍隊一撤二千里，輕裝進入了沙磧地帶（今青海柴達木盆地）。

臨走之前，慕容伏允下了一道命令，把青海湖沿岸的廣袤草場全部焚毀，給唐軍留下了千里赤地和一片焦土。

這是一記狠招。他想把唐軍的戰馬活活餓死。

對於慕容伏允這種自作聰明的打法，李靖不禁冷笑。

針對敵方的圖謀，李靖制定了一個「兵分兩路、迂迴包抄、大舉掃蕩」的宏大戰略——北路由他親自指揮，率領李大亮兵團和薛萬均、薛萬徹兵團，沿青海湖南岸由北向南作戰，掃蕩盤踞在大非川（今青海共和縣西南切吉平原）一帶的吐谷渾主力；南路由侯君集、李道宗兩路兵團組成，直插吐谷渾的大後方，進攻黃河源頭的吐谷渾各部落據點，最後在大非川與李靖兵團會師，完成南北夾擊、包抄合圍之勢，全殲吐谷渾軍隊的所有主力。

這是一場名副其實、艱苦卓絕的遠征。按照李靖的戰略部署，唐朝的兩路大軍必須在世界上海拔最高的地區——平均海拔四千米以上的青藏高原，深入吐谷渾國境數千里，克服種種惡劣的自然條件，穿越複雜而陌生的地形，在缺乏糧草和後援的情況下進行遠距離作戰，其艱難和危險的程度可想而知。這對於所有出征的將士──上至六十四歲的統帥李靖、下至每一個普通士兵來說，都是一場勇氣、耐力和意志的考驗。

由李靖率領的北線兵團，先後在曼頭山（今青海湖南岸日月山）、牛心堆（今青海湖南岸）、赤水原（曼頭山西）大破吐谷渾軍隊，而後又長驅直入，連戰連捷，一共俘虜了二十個親王，繳獲各種牲畜二十多萬頭；稍後，執失思力又在居茹川（茶卡鹽湖附近山川）擊退了吐谷渾軍隊的反擊。北線兵團在李靖的指揮下，以所向披靡之勢橫掃青海湖南岸，只用了不到一個月的時間，就悉數殲滅了盤踞在這一帶的吐谷渾主力。

在南路，侯君集和李道宗兵團遭遇了比北路更大的困難。因為南面都是高海拔地區，平均海拔起碼要比青海湖沿岸高出一千米以上。將士們不但要克服嚴重的高原反應，而且所經之地都是荒無人煙的千里冰川，將士們只好「人吃冰、馬啖雪」（《資治通鑑》卷一九四），克服了種種常人難以想像的艱難險阻。

不過，令人欣慰的是，辛苦總是有回報的。

南線兵團進抵烏海（今苦海，位於鄂拉山口西南）時，終於發現了一支吐谷渾的大股部隊，其首領是吐谷渾的親王梁屈忽。

好些日子沒打過仗的唐軍將士大為興奮，於是人人奮勇爭先。經過一番激烈廝殺，生擒梁屈忽，同時繳獲了大量牲畜。

獲得充分的補給之後，唐軍繼續向黃河上游挺進，從星宿川（今黃河源頭的星宿海）一路打到柏海（今青海鄂陵湖和札陵湖），連戰連捷，徹底摧毀了吐谷渾在黃河源頭一帶的軍事力量。最後，南線兵團勝利班師，與李靖兵團會師於大非川。

此次遠征，兩路大軍歷盡千難萬險，奔襲數千里，大小幾十戰，終於將吐谷渾軍隊的有生力量殲滅殆盡，完全實現了李靖預期的戰略目標。

此時，慕容伏允已經穿過柴達木盆地的戈壁荒漠，越過阿爾金山脈，一口氣逃到了突倫川（又稱圖倫磧，今新疆塔克拉瑪干沙漠）。唐軍稍事休整之後，李靖就發出了追擊的命令。前鋒將領契苾何力率一千輕騎直奔突倫川。時值盛夏，沙漠地帶又嚴重缺水，唐軍將士個個嘴唇乾裂、頭暈目眩。最後沒辦法，只好殺了心愛的戰馬，生飲其血。

就是靠著這種堅毅頑強的精神，唐軍再次跨越數千里，追上了慕容伏允。貞觀九年（六三五年）五月，走投無路的慕容伏允被親兵所殺。至此，吐谷渾宣告平定。

唐朝平定吐谷渾後，李世民又把目光投向了西域。

「西域」是一個統稱，泛指今天的青海、新疆以及中亞的東部地區，涵蓋的範圍十分廣闊。在西域之內，分布著大大小小數十個國家和部族，諸如西突厥、吐谷渾、黨項、高昌、焉耆、龜茲、疏勒、于闐、罽賓、康國等等，其中勢力最為強大，唯一能夠與唐帝國抗衡的國家，無疑就是西突厥。

貞觀中期，高昌（今新疆吐魯番市東）在西突厥的支持下，屢屢攔截西域各國入唐朝貢的使者、以及絲綢之路上的過往商旅，並多次出兵侵掠鄰國焉耆。李世民在多次警告無效的情況下，於貞觀十四年（六四〇年）命侯君集出兵攻滅了高昌。

同年九月，唐朝在高昌故地設置西州，並在交河城（今新疆吐魯番市）設置安西都護府，從而確保了絲綢之路的安全與暢通。

唐帝國在西域的強勢介入自然引起了西突厥的惱怒和不安。西突厥一貫將西域諸國視為自己的勢力範圍，絕不甘心就此放棄這個經營已久的「後花園」。

所以，圍繞著西域諸國的控制權，唐朝隨即與西突厥展開了一場激烈的較量。

貞觀十六年（六四二年）九月，西突厥突然發兵入侵伊州（伊吾）。唐安西都護郭孝恪將其擊退，並重創處月、處密二部落。

兩年後，原本一直親附唐朝的焉耆與西突厥重臣阿史那屈利聯姻，從而倒向了西突厥。貞觀十八年（六四四年）八月，郭孝恪徵得朝廷的同意之後，率部討伐焉耆，生擒其國王龍突騎支。但是阿史那屈利不久便在焉耆重新扶植了一個親突厥的傀儡政權。

此後的幾年裡，唐朝接連對高麗和薛延陀用兵，暫時無暇顧及西域。到了貞觀二十一年（六四七年），隨著一個新契機的出現，李世民當即決定大舉出兵，徹底解決西域問題。

這個契機源於西域的另一個國家——龜茲。

龜茲位於塔裡木盆地的北部、焉耆的西面，有大小城池八十餘座，算是西域諸國中實力較強的一個國家。就像其他的西域國家一樣，龜茲一直在西突厥與唐帝國之間採取騎牆策略，一方面對唐朝「歲貢不絕」，一方面又「臣於西突厥」，打算兩邊討好，兩邊都不得罪。可是在郭孝恪討伐焉耆時，龜茲卻犯了一個嚴重錯誤，不但「遣兵援助」焉耆，而且「自是職貢頗闕」。（《舊唐書·龜茲傳》）

龜茲之所以援助焉耆，很可能是出於唇亡齒寒的擔憂；而它之所以從此對大唐的朝貢銳減，估計是對唐朝強硬的西域政策心存不滿。

貞觀二十二年（六四八年）九月，李世民命阿史那社爾為統帥，會同安西都護郭孝恪，集結鐵勒十三部、東突厥、吐蕃、吐谷渾的騎兵部隊，共計十餘萬人，聯兵進討龜茲。

十月，阿史那社爾率大軍兵分五路，以犁庭掃穴之勢橫穿焉耆國境，兵鋒直指龜茲。焉耆國王薛婆阿那支丟棄王城，望風而逃，準備投奔龜茲。阿史那社爾遣兵追擊，將其捕獲，二話不說就把他砍了，另立其堂弟先那準為新國王，並命其對唐朝修藩臣禮、按時朝貢，從而在焉耆重建了一個親唐政權。

焉耆不戰而敗，龜茲舉國震恐，各地守將紛紛棄城而逃，唐軍如入無人之境，順利拿下龜茲都城伊邏盧城（今新疆庫車縣），生擒國王布失畢。龜茲國相那利逃脫了唐軍的追捕，從西突厥搬來救兵，大舉反攻郭孝恪駐守的伊邏盧城。郭孝恪寡不敵眾，與長子郭待詔一起壯烈殉國。

唐軍隨後重新奪回伊邏盧，擒獲那利。此後，阿史那社爾率領大軍如同秋風掃落葉一樣，接連攻克了龜茲的五座大城，同時招降了七十餘座小城，徹底佔領了龜茲全境。

唐朝成功征服龜茲之後，史稱「西域震駭」，「西突厥、于闐、安國爭饋駝馬軍糧」（《資治通鑑》卷一九九），以此表示對唐朝的臣服之意。

此役的勝利，標誌著在與西突厥爭奪西域的較量中，唐朝笑到了最後。

阿史那社爾在龜茲立下一塊石碑，把大唐遠征軍取得的赫赫武功永遠鐫刻在了碑石之上，然後班師凱旋。

在唐朝經營西域的這段時期，太宗李世民也一直沒有放棄對帝國北疆的經略。

儘管東突厥早在貞觀四年（六三〇年）便已被徹底平滅，可是代之而興的薛延陀卻趁「北方空虛」之機強勢崛起，雄霸漠北，麾下足足有「勝兵二十萬」。

李世民知道，如果不採取措施對其進行遏制，薛延陀必將成為唐帝國的一大勁敵。

貞觀十二年（六三八年）九月，薛延陀的真珠可汗命他的兩個兒子分別統轄其國的南部和北部，李世民立刻意識到這是分化其勢力的一個良機，隨即遣使冊封他的兩個兒子為小可汗，並「各賜鼓纛」，「外示優崇，實分其勢」。（《資治通鑑》卷一九五）

為了更有效地防範薛延陀，李世民冊封東突厥降將阿史那思摩為新可汗，命其率部返回漠南，重建東突厥。貞觀十五年（六四一年），阿史那思摩北渡黃河，建牙帳於定襄故城。同年十月，真珠可汗命其子乙失大度率二十萬人橫穿大漠，直撲定襄。阿史那思摩無力抵擋，一溜煙逃回了長安。

十一月，李世民迅速作出了反擊薛延陀的戰略部署。唐帝國一共出動十幾萬兵力，在東起營州、西至涼州的數千里戰線上，分成五路出擊，與薛延陀拉開了決一死戰的架勢。其中，兵部尚書李世勣率部進駐朔州，迎戰薛延陀軍隊的主力。乙失大度擔心被圍殲，立刻掉頭北逃。李世勣遴選了六千精銳，在背後緊追不捨。

乙失大度逃至諾真水（今內蒙古艾不蓋河），發現李世勣兵少，隨即列陣迎戰。兩軍開戰後，唐軍一度失利。可李世勣卻鎮定自若，一面與敵交戰，一面派薛萬徹率數千騎兵繞到敵軍後方，襲擊他們的備用馬匹。薛延陀軍的士氣頓時一落千丈，人人無心戀戰。唐軍乘勝追擊，砍殺三千餘人，生擒五萬餘人，大獲全勝。

乙失大度率殘部穿越大沙漠時，又碰上了暴風雪，結果又有大部分士兵與馬匹活活凍死。逃回王庭時，二十萬大軍只剩下不到兩萬。

貞觀十九年（六四五年）九月，真珠可汗卒，兩個兒子為了爭奪汗位大打出手，結果嫡出的小兒子殺了庶出的長子，自立為多彌可汗。

多彌可汗為了穩定政局，大肆清除異己，培植個人勢力，弄得舉國上下人心惶惶。不久，回紇、僕骨、同羅等部落一起發動兵變。多彌可汗被打了個措手不及，薛延陀陷入空前混亂。

貞觀二十年（六四六年）六月，李世民命李道宗、阿史那社爾等人數路並進，大舉北伐薛延陀。薛延陀舉國震恐，諸部大亂。多彌可汗逃亡途中被回紇所殺。至此，這個繼東突厥之後稱雄大漠十餘年的薛延陀，終於在唐帝國的致命打擊下徹底滅亡。

貞觀二十一年（六四七年）正月，唐太宗李世民下令在漠北設立六個羈縻都督府、七個羈縻都督州，合稱「六府七州」。

同年四月，唐朝設置燕然都護府（治所在今內蒙古烏拉特中旗），統轄六府七州。

大唐帝國從此走上了全盛的道路。

在大唐帝國開疆拓土的過程中，我們看見了一種強悍而勇武的英雄血性，也看見了一種自強不息、拼搏進取的民族精神。

天可汗時代雖然已經離我們遠去，可它卻變成了一座歷史的豐碑。

無論世事如何變遷，無論歲月如何久遠，天可汗的精神必將在每一個炎黃子孫的血脈中傳承，天可汗時代也永遠是中華民族記憶中不朽的驕傲與榮光！

二〇、李承乾謀反案

李承乾是李世民的嫡長子，武德二年（六一九年）生於太極宮承乾殿，遂以此殿命名。

他從小聰慧明敏，深受李世民喜愛。武德九年（六二六年）李世民登基，時年八歲的李承乾被立為太子。貞觀九年（六三五年），太上皇李淵駕崩，李世民為高祖守孝，朝廷政務皆由太子決斷。據說當時年僅十七歲的李承乾就「頗識大體」，把國家大事處理得井井有條。從那以後李世民便對他非常信任，「每行幸，常令太子居守監國」。（《舊唐書・恆山王承乾傳》）

貞觀初期，李世民對太子還是比較滿意的。可惜好景不長，差不多從貞觀十年（六三六年）起，李承乾身上的紈綺習氣就逐漸顯露出來了。李世民察覺後，一再對東宮輔臣于志寧、孔穎達等人說：「太子生長深宮，百姓艱難，耳目所未涉，能無驕逸乎？卿等不可不極諫！」（《資治通鑑》卷一九四）

在李世民看來，太子生長在深宮之中，不知民間疾苦，有一些驕奢習氣也在所難免，只要東宮大臣盡力輔佐、嚴加勸導，相信太子還是可以成器的。然而，李承乾卻未曾體會李世民的一片苦心。

他知道東宮輔臣們受父皇重託，必定會對他嚴格管教，所以就跟輔臣們玩起了陽奉陰違的變臉把戲。

由於從小接受了正規的宮廷教育，所以李承乾頗有幾分學識，而且口才一流。凡是在公開場合，他總是正襟危坐，開口閉口都是孔孟之道和忠孝節義。說到緊要處，他甚至會作出一副慷慨激昂、聲淚俱下之狀，令輔臣們悚然動容、嘖嘖稱歎。可私下裡，李承乾卻終日「與群小相褻狎」，沉湎於聲色犬馬，把所有聖賢學問全都扔到了爪哇國。

每當料到輔臣們要來進諫，李承乾都會主動出去迎接，一見他們到來，便大行跪拜之禮，然後「引咎自責」，用最嚴肅最誠懇的態度進行深刻的自我批評，把輔臣們精心準備的一大套說辭全都堵在了嗓子眼，搞得他們一臉窘迫，「拜答不暇」。

因為李承乾深諳變臉絕技，所以在他當太子的早期，朝野輿論一致認為他是一個賢明的儲君。李承乾自以為儲君之位穩如泰山，因此越發肆無忌憚。

不知從什麼時候起，他忽然迷戀上了少數民族文化，尤其喜歡突厥習俗。

他開始說突厥語，穿突厥衣服，還挑了一批面貌酷似突厥族的人，把他們每五人編為一個「迷你型」部落，讓他們頭梳小髮辮，身穿羊皮襖，在東宮的草地上牧羊，旁邊還插上一桿繡有五個狼頭的大纛。他甚至自己住到了帳篷裡面，每天親自殺羊，烤熟了以後就拔出佩刀，割成一塊一塊與左右分享。

幹完這些，李承乾還是不過癮，有一天忽然對左右說：「我假裝是可汗，現在翹了辮子，你們仿效突厥的風俗來給我辦喪。」說完兩眼一閉，往地上一倒，當即一動不動。於是左右侍從便騎馬圍著李承乾的「屍體」，一邊轉圈一邊號喪，並依照突厥風俗紛紛割破自己的臉，以表對「去世可汗」的沉痛悼念之情。

玩得興起時，李承乾常常眉飛色舞地揚言說：「有朝一日我繼承了天下，定要率數萬騎兵到金城（今甘肅蘭州市）以西打獵，然後把頭髮散開去當突厥人，投靠阿史那思摩，只要給我一個將軍當，我就絕不會落於人後。」

在李唐的宗室親王中，高祖李淵的第七子漢王李元昌也是一個活寶。他和李承乾臭味相投，經常在一塊玩打仗的遊戲：各自統領一隊人馬，披上鎧甲，手執竹槍竹刀衝鋒廝殺。手下人個個刺得渾身是血，可他們卻不亦樂乎。要是有人不願參與遊戲，就會被綁在樹上毒打，以致被活活打死。李承乾宣稱：「使我今日作天子，明日於苑中置萬人營，與漢王分將，觀其戰鬥，豈不樂哉！」又說：「我為天子，極情縱欲，有諫者輒殺之，不過殺數百人，眾自定矣。」（《資治通鑑》卷一九六）

紙終究是包不住火的，太子種種荒誕不經的言行很快就讓于志寧、孔穎達等輔臣們知悉了。他們嚇壞了，趕緊苦口婆心地對太子進行勸諫。

可太子一個字都聽不進去。

李承乾在玩火自焚的道路上越走越遠，有個人不禁看在眼裡，喜在心頭。

他就是魏王李泰。

李泰在李世民的兒子中排行第四，但卻是嫡出（長孫皇后所生）的次子，也就是說，假如李承乾被廢黜，他就是理所當然的繼任者。李泰生於武德三年（六二〇年），從小「善屬文」、「多藝能」，深得太宗歡心。貞觀二年（六二八年），年僅九歲的李泰便遙領揚州大都督一職，此後又兼任雍州牧、左武侯大將軍、鄜州大都督、相州大都督等重要職務，於貞觀十年（六三六年）改封魏王。

從貞觀十年起，隨著太子李承乾的日漸墮落和屢教不改，李世民日益失望，於是內心的天平便逐漸朝魏王李泰傾斜。因為李泰喜好文學，所以李世民就特准他在魏王府中開設文學館，任他自行延攬天下名士。許多政治嗅覺比較靈敏的朝臣立刻意識到——這是天子有意釋放的一個政治信號。

當年的秦王李世民不也是透過文學館延攬人才、樹立聲望，繼而才取代李建成的太子之位、最終登上天子寶座的嗎？

天子既然發出了這種政治信號，有心人當然要對魏王李泰趨之若鶩了，於是「士有文學者多與，而貴遊子弟更相因籍，門若市然」（《新唐書・濮恭王泰傳》）。

由於李泰身形肥胖，行動不利索，李世民就格外開恩，特許他入宮朝謁時可以乘坐小轎。這樣的寵遇在滿朝文武和所有的皇子中都是絕無僅有的。李泰是一個聰明人，當然不會辜負父皇對他的信任和寵愛。貞觀十二年（六三八年），李泰大開館舍，廣延才俊，開始大張旗鼓地編纂《括地誌》。

《括地誌》是一部大型的地理學著作，正文五百五十卷，序略五卷，全面記述了貞觀時期的疆域區劃和州縣建置，博採經傳地誌，旁求故誌舊聞，詳載各政區建置沿革及山川、物產、古蹟，風俗、人物、掌故等，在當時無疑具有很強的現實意義和政治意義。

此書歷三年而成，貞觀十六年（六四二年）正月，魏王李泰畢恭畢敬地將此書上呈天子。李世民龍顏大悅，命人將書收藏於宮中的祕閣，對李泰和參與修撰的人大加賞賜。

自從李泰開始編纂《括地誌》以來，李世民給魏王府的錢物賞賜就逐年逐月地增加，其數量遠遠超過了太子李承乾，到貞觀十六年（六四二年）初，賞賜達到了高峰；《括地誌》完成後不久，李世民又命李泰入居武德殿，以便於「參奉往來」。

對於這些做法，褚遂良和魏徵等人深感不安，遂上疏直諫，表示強烈反對。

李世民迫於大臣壓力，不得不在賞賜上有所節制，同時收回了讓李泰入居武德殿的成命。

儘管褚遂良和魏徵等人一直在竭力遏制魏王的奪嫡勢力，可畢竟有皇帝在背後替他撐腰，所以魏王李泰在李唐朝廷的人氣指數還是不斷攀升，許多朝臣和權貴自然也是紛紛向他靠攏。

李世民曾先後派遣黃門侍郎韋挺、工部尚書杜楚客（杜如晦之弟）等人出任魏王府的總管大臣。而這兩個人也就順其自然地成為魏王李泰的利益代言人，他們十分賣力地替李泰穿針引線，不惜以重金賄賂當朝權貴，極力稱讚魏王賢明，說只有他才是最有資格的皇位繼承人。權貴們為了尋找日後的政治靠山，當然也樂意把他們的籌碼押在獲勝機率更高的魏王身上，其中就有柴紹之子、駙馬都尉柴令武和房玄齡之子房遺愛等人。

短短幾年間，李泰就在帝國的政治高層中締結了一個以他為核心的「魏王黨」，其政治目標非常明確，就是兩個字——奪嫡。

可是，世上沒有不透風的牆。李泰暗中交結朋黨的行徑很快引起了李世民的反感和警覺。

在這件事情上，李泰顯然太過操切了。無論哪朝哪代，一個藩王如果對儲君之位表現出太過露骨的欲望，而且為了實現奪嫡野心，又在朝中拉幫結派，大肆樹立朋黨，那就肯定會觸犯皇帝的大忌。

儘管李世民一直對魏王李泰鍾愛有加，也不是沒有讓他取代承乾的想法，可在八字還沒一撇的情況下，李泰就表現得如此鋒芒畢露和迫不及待，終究還是讓李世民感到了深深的不快——你李泰的手未免伸得太長了。

再者，自從李世民透露出廢立之意後，以魏徵、褚遂良為首的朝廷重臣就極力反對，這也給李世民造成了非常大的政治壓力。所以，大約從貞觀十六年（六四二年）下半年起，李世民的態度就發生了重大轉變，逐漸打消了廢立之心。

這一年八月，李世民在一次朝會上問群臣說：「當今國家何事最急？」褚遂良馬上答道：「今四方無虞，唯太子、諸王宜有定分最急。」（《資治通鑑》卷一九六）

所謂「宜有定分」，實際上就是勸告天子徹底打消廢長立幼的想法，從而杜絕魏王的奪嫡之心。李世民深以為然，隨後便任命魏徵為太子太師，讓他一心一意輔佐太子。

眾所周知，魏徵是貞觀群臣中最以「忠直」著稱的人，同時更是嫡長制最堅定的擁護者，把他派去給太子當首席教師，一方面固然是希望把承乾打造成合格的儲君，另一方面，也是試圖以此「絕天下之疑」。

換言之，就是讓魏王李泰死了當太子的這條心。

儘管太子這些年來的所作所為讓李世民很不滿意，可他依然沒有放棄。

如果太子能夠痛改前非，李世民還是希望把他扶上帝位。

然而，李承乾終究是一個扶不起的阿斗。

就在李世民剛剛回心轉意、放棄廢立之念的同時，東宮就爆出了一樁令人不齒的醜聞。

事情源於一個叫稱心的樂童。「稱心」這個名字是李承乾起的。顧名思義，就是此男童讓太子頗感「稱心如意」。史書稱，這個小男孩「年十餘歲，美姿容，善歌舞」，所以深得李承乾寵愛。

寵愛到什麼程度呢？寵愛到「與同臥起」的程度。

在中國歷史上，演繹這一幕「斷背山」情節的絕非李承乾一人。遠有衛靈公與彌子的「分桃」

典故、魏昭王與龍陽君的「龍陽之好」；近有漢哀帝與董賢的「斷袖」之風、陳文帝與韓子高的「男后奇談」……歷朝歷代，有這種同性戀傾向和戀童癖行為的帝王將相可謂不勝枚舉。

但是，別人有十個稱心可能都沒問題，而李承乾只要擁有一個稱心就足以把他害死。因為眼下他的屁股正坐在一個火山口上，底下的奪嫡潛流正暗潮洶湧，隨時可能噴發。在這樣的危機時刻，李承乾的這些齷齪勾當又怎麼可能不被對手刻意曝光呢？

很快就有人把事情捅到了皇帝那裡，李世民勃然大怒，當即把稱心逮捕誅殺，並且把李承乾罵得狗血噴頭，恨不得馬上就把他廢了。

可是，李承乾不但沒有洗心革面、痛改前非，反而在東宮為稱心建了一座靈堂，供起一尊塑像，朝夕焚香祭奠，並暗中為稱心追贈官爵。

此外，李承乾又連續幾個月賭氣不上朝，還「命戶奴數十百人專習伎樂……晝夜不絕」，以致「鼓角之聲，日聞於外」。（《舊唐書．恆山王承乾傳》）

對於太子的所作所為，李世民當然是忍無可忍，屢屢流露出了廢黜之意。李承乾知道自己徹底喪失了父皇的信任。他思來想去，最後決定孤注一擲，發動政變。

他暗中組織了一個一百多人的刺殺團，頭目有左衛副率封師進、刺客張師政、紇干承基三人。刺殺團的任務首先是幹掉李泰，其次是伺機刺殺太宗李世民。

為了保證政變成功，李承乾又祕密聯絡了一幫王公大臣，其中有漢王李元昌、開國元勳侯君集、東宮侍衛賀蘭楚石（侯君集的女婿）、禁軍將領李安儼、駙馬都尉杜荷（杜如晦之子，娶李世民的女兒城陽公主）、開化公趙節（其母是李世民的姐姐長廣公主）等人。這幫人歃血為盟，發誓同生共死。杜荷對李承乾說：「我最近仰觀天象，發現有變化之兆，我們應該立即採取行動，殿下只要聲稱突發重病、生命垂危，皇上一定親來探視，到時候計畫必能成功！」

就在太子集團蠢蠢欲動之際，齊王李祐起兵造反的消息傳到長安，李承乾冷笑著對紇干承基等人說：「東宮的西牆，距大內不過二十步，我們要是想幹大事，豈能輪到他一個小小的齊王！」

然而，李承乾萬萬沒有料到，他的「大事」最終就是壞在這個齊王李祐身上。

李承乾及其黨羽還沒來得及動手，一場滅頂之災便已從天而降。

齊王李祐是李世民的第五子，貞觀十年（六三六年）授齊州（今山東濟南市）都督。和李承乾一樣，這個李祐也是一個飛鷹走馬的紈綺子弟，偏偏太宗派來輔佐他的長史權萬紀又是一個性情偏狹、極端嚴厲之人。於是，李祐和權萬紀便經常死磕，雙方矛盾越演越烈，李祐一怒之下殺了權萬紀。由於擔心太宗追究，加之左右的慫恿，李祐索性起兵造反。

但是李祐畢竟不是一個做大事的人，所以叛亂很快就被平定。李祐被押赴長安賜死。

李祐敗亡後，朝廷按照連坐之法，窮究他在長安的餘黨，事情竟然牽連到了太子的手下紇干承基。有關部門立刻將紇干承基逮捕，關進了大理獄，準備處以死罪。死到臨頭的紇干承基為了自保，不得不主動上告，把太子黨的政變陰謀一股腦兒全給抖了出來。

齊王李祐剛剛伏誅，太子謀反案旋即爆發！

在如此接踵而來的重大打擊面前，李世民頓時心如刀絞、五內俱焚。

貞觀十七年（六四三年）四月，李世民召集了長孫無忌、房玄齡、蕭瑀、李世勣等宰輔重臣，以及大理寺、中書省、門下省的主要官員，對太子謀反案進行會審。

審理結果，此案證據確鑿，李承乾反形已具，罪無可赦。

儘管這樣的結果早在李世民的意料之中，可事到臨頭，李世民還是感到了無比的心痛和無奈。他神情黯然地問大臣們：「該如何處置承乾？」

群臣面面相覷，沒人敢發話。

太子謀反是帝國政治中最嚴重、最惡劣、最敏感的事件，這種事情誰敢替皇帝拿主意？

朝堂上一片沉默。最後，終於有一個小官站了出來，打破了這種難捱的沉默。

這個人叫來濟，是隋朝名將來護兒的兒子，時任通事舍人。他對皇帝說：「陛下不失為慈父，太子得盡天年，則善矣！」（《資治通鑑》卷一九七）他的意思很明白，就是希望保住李承乾一命。

這樣的答案當然也是李世民想要的。

四月六日，李世民頒下詔書，廢黜太子李承乾，將其貶為庶民，囚禁在右領軍府。不久後將其流放黔州（治所在今四川彭水縣）。李承乾在這邊瘴之地度過了兩年生不如死的歲月，於貞觀十九年（六四五年）憂鬱而終。

處置完李承乾，接下來就輪到他那幫黨羽了。李安儼、杜荷、趙節等人全部被斬首，但是另外兩個人，李世民卻想對他們網開一面。

一個是漢王李元昌。李世民打算饒他不死，無奈群臣極力反對，李世民只好將李元昌賜死於家中。

另一個就是侯君集。剛剛逮捕侯君集時，李世民就對他說：「朕不想看到你在公堂上遭刀筆吏的侮辱，所以親自審問你。」但是不管李世民怎麼審，侯君集就是拒不認罪。最後他的女婿賀蘭楚石跳了出來，把老丈人與太子暗中勾結、策劃政變的經過一五一十地向朝廷揭發了，侯君集無話可說，只好低頭認罪。

李世民念在侯君集跟隨自己多年，而且是開國功臣，打算法外開恩，饒他一命。然而滿朝文武卻一致反對。李世民沒辦法，只好將他斬首，家產抄沒，妻兒流放嶺南。

太子出局後，魏王李泰躊躇滿志，自以為儲君之位非他莫屬。而太宗李世民確實也屬意於他。無論從哪一方面來看，李世民一直都覺得這個兒子最像自己——他有志向、有韜略、有智慧、有才情，由這樣一個兒子來繼承帝業，應該是沒有什麼放心不下的。更何況，李泰是嫡次子，眼下承乾既然已經廢了，由李泰來繼任儲君，就是理所當然、名正言順的事情，相信那些一貫堅持嫡長制的朝臣們也沒什麼話可說了。

基於這樣的考慮，李世民終於向李泰當面承諾——準備立他為太子。

與此同時，李世民也就此事與朝臣們進行了商議。但是大大出乎他意料的是，朝臣們在新太子的人選上卻產生了重大分歧。

大臣們分成了兩派。中書侍郎岑文本、黃門侍郎劉洎等人力挺魏王李泰；而司徒長孫無忌、諫議大夫褚遂良等人卻提出了另一個人選——年僅十六歲的晉王李治。

褚遂良甚至在私下裡警告太宗：如果一定要立魏王，晉王的人身安全必定會受到威脅。換言之，一旦魏王當上天子，李承乾和李治很可能都會被他斬草除根。

李世民不得不承認——褚遂良的擔憂是有道理的。以李泰的性格和手段，他完全有可能在當上皇帝後剷除所有政治上的異己。

猶豫再三之後，李世民終於決定放棄魏王，改立晉王。他隨後便在朝會上當眾宣布：「承乾悖逆，泰亦凶險，皆不可立。」

貞觀十七年（六四三年）四月七日，李世民親臨承天門，下詔冊立晉王李治為太子。隨後，李世民對宰執大臣們公開表態：「我若立泰，則是太子之位可經營而得。自今太子失道、藩王窺伺者，皆兩棄之，傳諸子孫，永為後法。且泰立，則承乾與治皆不全；治立，則承乾與泰皆無恙矣。」（《資治通鑑》卷一九七）

數日後，李世民下令解除了李泰的雍州牧、相州都督、左武侯大將軍等一應職務，降爵為東萊郡王。原魏王府的官員，凡屬李泰親信者全部流放嶺南。

不久，李世民又改封李泰為順陽王，將其遷出長安，徙居均州的鄖鄉縣（今湖北鄖縣）。名曰改封，實則與流放無異。

永徽三年（六五二年），鬱鬱不得志的李泰卒於鄖鄉，年僅三十三歲。

在這場波譎雲詭、驚心動魄的奪嫡大戰中，鋌而走險的李承乾和處心積慮的李泰最終兩敗俱傷，反而意外地促成了李治這匹政治黑馬的最終勝出。

這個結果真是大大出乎人們的意料。

正應了那句老話——鷸蚌相爭，漁翁得利。

未來的唐高宗李治顯然就是這樣一個幸運的「漁翁」。

二一、親征高麗：李世民的「滑鐵盧」

隋唐之際，朝鮮半島上共有三個國家：高麗、新羅、百濟。

高麗為高句麗之簡稱，是中國古代東北少數民族扶餘人於西漢末期建立的一個政權，其疆域東西跨度三千一百里，南北跨度二千里，大抵包括今遼寧東部、吉林南部和朝鮮半島的北部與中部。

值得一提的是，古代高麗與後來的王氏高麗根本不是一回事，無論從歷史淵源、疆域範圍還是從民族構成來看，二者之間都毫無本質聯繫。古代高麗是中國古代東北少數民族建立的政權，其領土有三分之二在遼東，亦即今天中國的遼寧省東部，朝鮮半島的地盤實為擴張所得。而王氏高麗則是在古代高麗滅亡二百多年後創立的王朝，其創立者王建也根本沒有高句麗族的血統。據王建在《十誡書》中自稱：「朕賴三韓山川陰佑，以成大業。」可見王建是三韓人，與古代的高麗人毫無關係。（所謂三韓人，是朝鮮半島南部古代居民的總稱，包括馬韓、辰韓、弁韓三支；三韓人是後來朝鮮半島居民的主要來源）

朝鮮半島的另外兩個國家——新羅和百濟，分別位於半島南部的東面和西面，國土面積比高麗小，實力稍弱。三個國家長期處於三足鼎立的狀態，相互之間矛盾重重，經常爆發戰爭。

儘管它們自古以來同是中國的藩屬國，自兩漢以迄魏晉南北朝，一直都向中原王朝稱臣納貢、接受冊封，可自從隋文帝時代起，高麗就開始屢屢挑戰隋朝宗主國的地位，不但「驅逼靺鞨，固禁契丹」，出兵入寇遼西，而且南征新羅和百濟，大有強力擴張之勢。

於是，有隋一朝便先後對高麗發動了四次規模浩大的遠征。隋文帝曾發兵三十萬討伐，但卻因瘟疫流行、糧草不繼和自然災害等原因被迫撤兵，結果未及與高麗交戰便損失了十之八九的士兵。到了隋煬帝時代，好大喜功的楊廣更是連續三次親征高麗，僅第一次出動的軍隊就多達一百一十三萬餘人，後兩次據稱也都在百萬人以上，然而結果卻出乎所有人的意料——隋煬帝的三次遠征全部鎩羽而歸。

最後一次儘管取得了表面上的「勝利」，可付出的代價卻極為慘重。

而更讓世人料想不到的是，三征高麗竟然成了隋帝國由盛而衰的致命拐點。短短幾年後，一度繁榮強大的隋王朝就因國力耗盡、民變四起而轟然崩塌。

武德年間，高麗與唐帝國之間有過一個短暫的蜜月期。雙方曾經交換戰俘，高麗還於武德七年（六二四年）遣使上表，奉唐正朔，在國內頒行唐朝曆法。唐高祖李淵也分別對高麗、新羅和百濟進行了冊封。

然而好景不長，從武德末年開始，高麗便又故態復萌了。它不但頻頻阻撓新羅和百濟從陸路對唐的朝貢，而且不時出兵侵擾新羅和百濟。即位之初的唐太宗李世民不願輕啟戰端，於是積極施展外交手段，遣使對三國進行調解。高麗表面上作出謝罪與和解的姿態，暗地裡卻一直秣馬厲兵、積極備戰，並於貞觀五年（六三一年）在邊境線上修築了一條一千餘里的長城，東北起於扶餘城（今吉林四平市），西南直達渤海的入海口。

在貞觀初期和中期，由於唐帝國對內實行休養生息的政策，對外積極經略漠北和西域，所以暫時無暇顧及遼東，但是李世民卻一直密切關注著高麗的一舉一動。他曾經對朝臣說：「高麗本是漢朝四郡之地，只是後來國家不武，以致淪為異域。倘若我們發精兵數萬進攻遼東，高麗必以傾國之兵相救，到時候再派一支海軍從東萊直趨平壤，海陸夾擊，要攻取高麗並非難事。只是如今中原地區仍然凋敝，我不忍心發動戰爭，讓百姓受苦。」

由此可見，一旦時機成熟，李世民必定要征服高麗，完成隋朝兩代帝王未盡的事功。

貞觀十六年（六四二年），高麗國內爆發政變，其東部總督泉蓋蘇文殺了國王高建武，擁立高建武的侄兒高藏繼位，然後一手把持軍政大權，成了高麗王國的實際統治者。

貞觀十七年（六四三年）九月，新羅遣使向唐朝告急，說百濟悍然出兵攻佔了新羅的四十餘座城池，並與高麗結盟，新羅危在旦夕，請求唐朝火速發兵救援。李世民立刻遣使前往高麗，對高麗發出了嚴厲警告。不料，泉蓋蘇文卻始終堅持強硬立場，對唐帝國的戰爭警告完全不予理睬。

李世民勃然大怒：「泉蓋蘇文弒君篡權、逆天虐民，今又違我詔命、侵暴鄰國，不可不討伐！」

隨後，太宗李世民做出了一個讓滿朝文武大為驚愕的決定——他要御駕親征、討平高麗。大臣們紛紛勸諫，但李世民決心已定，誰勸都沒有用。

貞觀十八年（六四四年）十一月，經過一年多的戰爭準備，李世民親率長孫無忌、李世勣、李道宗、張亮等，共率水陸大軍十萬餘人，兵分兩路進軍遼東。

從貞觀十九年（六四五年）三月到六月初，是這場戰爭的第一階段。在此期間，唐軍勢如破竹、所向披靡，接連攻克高麗在遼東的幾座軍事重鎮：蓋牟城（今遼寧撫順市）、卑沙城（今遼寧大連市）、遼東城（今遼寧遼陽市）、白岩城（今遼寧燈塔市西）。此外，唐軍還數度擊潰泉蓋蘇文派來的援軍，沉重地打擊了高麗軍隊的士氣。

初戰告捷之後，躊躇滿志的李世民將目光轉向遼東的最後一座軍事重鎮——安市城（今遼寧海城市）。只要拿下它，大唐遠征軍就可掃平遼東半島，繼而跨過鴨綠江，一舉奪取平壤。

貞觀十九年（六四五年）六月中旬，李世民率領遠征軍迅速南下，於二十日包圍了安市城。

在遼東境內的所有高麗據點中，安市城的情況最為特殊。嚴格來講，它現在處於半獨立狀態。

當初，泉蓋蘇文發動政變、大權獨攬後，高麗各地方的守將和城主都懾於他的淫威，不得不向他屈服，唯獨安市城主拒不承認泉蓋蘇文的新政權。泉蓋蘇文勃然大怒，數度發兵攻打。由於安市城城防堅固，加上安市城主英勇善戰、指揮有方，所以屢屢將政府軍擊退。泉蓋蘇文沒轍，最後只好放棄，任憑安市城變成了一個沒有歸屬的「獨立王國」。

但是此時此刻，泉蓋蘇文卻不能再對安市城置之不理了。

因為遼東的其他重鎮均已陷落，只剩下這座安市城可以阻遏唐軍的兵鋒。雖說它的南部還有建安、後黃、銀城、烏骨等城池，可這些地方的防禦都相當薄弱，根本經不起唐軍一擊。換句話說，安市一旦失陷，唐軍就可以輕而易舉地跨過鴨綠江，直搗平壤。

所以，泉蓋蘇文決定不惜一切代價保住安市城——保住這遼東的最後一道屏障。

就在唐軍進圍安市城的次日，泉蓋蘇文就命令北部總督高延壽、高惠真，統領高麗、靺鞨兵共計十五萬人，大舉救援安市城。

十五萬人是什麼概念？是傾國之師，是高麗王國目前可以動用的所有機動兵力和後備部隊。

毫無疑問，唐帝國的遠征軍與傾國而來的高麗軍隊必將在安市城展開一場大決戰。安市城的存亡將對這場戰爭產生決定性的影響。

李世民很清楚——安市城是一顆硬釘子，要拔下它並不容易。所以一開始，李世民曾打算繞過安市城，先把南部的建安城打下來。可李世勣卻不同意皇帝的戰略，他的理由是：建安在南，安市在北，唐軍的補給中轉站在遼東城，如果繞過安市進攻建安，那麼後方的運輸線很容易被安市守軍切斷；反之，如果先攻下安市城，則建安城唾手可得。

李世民尊重李世勣的意見，遂決意攻打安市城。

當高延壽的救援大軍火速向安市城推進的時候，李世民對當前的形勢作出了三種判斷。他說：「現在高延壽有三種戰略選擇：第一，率領大軍前進，與安市城的守軍互為犄角，佔據險要地形，派出靺鞨騎兵抄掠我們的牛馬，一旦我們進攻受挫，要撤退又受阻於沼澤，就會陷入困境，這是上策；第二，救出安市城的軍民，然後撤退，這是中策；第三，自不量力，與我們在戰場上一決勝負，這是下策。諸位等著瞧，高延壽必出下策，要生擒他易如反掌。」

與此同時，高麗軍中的一個謀士也正在向高延壽獻策：「李世民對內掃除群雄，對外制伏戎狄，是一個雄才大略的皇帝，如今傾國而來，我們不是他的對手。而今之計，只有堅壁清野，避其鋒芒，做好打持久戰的準備，然後派出奇兵切斷唐軍的補給線，一旦唐軍的糧食告罄，求戰不得，欲歸無路，我軍便可大獲全勝。」

很顯然，這個謀士的策略正是李世民所說的上策。可惜的是，剛愎自用的高延壽根本聽不進去。

他斷然拒絕了謀士的建議，毅然揮師西進，決意與李世民一決雌雄。

當高麗援軍距離安市城四十里地的時候，李世民擔心他們不敢前進，於是命阿史那社爾率一千名突厥騎兵去誘敵深入。阿史那社爾與高麗軍剛一交鋒，就佯裝敗北。高麗士兵大喜，互相喊著說：「唐軍太容易對付了！」於是爭先恐後地追擊，直抵安市城南八里，然後緊靠山麓紮營列陣。

李世民隨即親自到高麗軍營附近作了一番偵察，然後遣使給高延壽送了個口信，說：「泉蓋蘇文強臣弒主，所以我前來問罪，至於交戰，本來就不是我的意願。我大軍深入你們國境，糧食供應不上，所以先奪你們幾座城池，等你們政府恢復藩臣的禮節，自然會將城池還給你們。」

很顯然，這是李世民有意釋放的煙霧彈。高延壽果然中計，隨後便放鬆了警惕。

李世民連夜召開軍事會議，抓住戰機進行決戰部署。他命李世勣率領步騎混成兵團一萬五千人，搶佔西面的山頭；又命長孫無忌率精銳部隊一萬一千人，從山北狹谷祕密行軍，迂迴到高麗大軍的後方；而他本人則親率四千人坐鎮北山，將總指揮部設置於此，從這裡俯瞰整個戰場，以戰鼓、號角及各種旗幟作為指揮作戰的信號。

六月二十二日清晨，李世勣率部悄悄佔領了西嶺。當薄霧逐漸散去，高麗軍隊才赫然發現唐軍早已在他們身邊擺出了一個攻擊陣形。

高延壽大驚失色，立即下令軍隊準備作戰。可一切都已經來不及了。

此刻，長孫無忌的奇兵已經穿過狹谷，進入了預定戰場，並且掀起漫天塵埃，向指揮部發出了信號。

李世民一見，即刻命鼓手和旗手發出進攻的指令。霎那間，唐軍各部以排山倒海之勢從各個方向對高麗軍營同時發起了攻擊。高延壽根本弄不清唐軍到底有多少兵力，更不知道唐軍的作戰意圖。他試圖分兵抵禦，可是軍營長達四十里，戰前又毫無準備，所以根本來不及對十五萬士兵發出不同的作戰指令。

唐軍各部就像幾把尖刀從各個方向猛然插入高麗軍營。高延壽的部下們得不到主帥的指令，只能硬著頭皮各自為戰。十五萬人瞬間變成了十五萬隻無頭蒼蠅。在唐軍的猛烈攻擊下，猝不及防的高麗軍隊全線崩潰，十五萬大軍被殺二萬多人，餘眾作鳥獸散，只剩下不足四萬人跟著高延壽逃進深山，依險固守。長孫無忌按照原定計劃，毀壞了後方河流的所有橋樑，徹底切斷了高延壽的退路。

隨後，李世民命令各軍守住各個山口，把這支殘敵團團圍困。

六月二十四日，高麗軍隊的最後一點軍糧告罄。高延壽、高惠真意識到大勢已去，只好帶著餘眾三萬六千八百人向唐軍投降。高延壽全軍覆沒，令高麗舉國震驚。

位於安市城後方的後黃城、銀城等地（均在今遼寧岫岩縣北）的高麗軍民有如驚弓之鳥，紛紛棄城而逃，一口氣跑過了鴨綠江。

安市徹底成為一座孤城。然而，就是這座孤城，卻成了李世民軍事生涯中的「滑鐵盧」。

李世民萬萬沒有想到，他很快就將在這座安市城遭遇與楊廣如出一轍的命運。

安市城的防禦超乎尋常的堅固，而安市軍民的抵抗也出人意料的頑強。

唐軍圍攻了一個多月，安市城依舊巋然不動。每當李世民的御駕經過安市城下的時候，城上守軍就擂鼓喊叫，肆意取笑大唐天子，氣焰極為囂張。

看著皇帝一陣青一陣白的臉色，李世勣憤然提議——「克城之日，男子皆坑之！」（《資治通鑑》卷一九八）這個可怕的消息很快傳遍了安市城。城中軍民越發同仇敵愾，人人抱定與城池共存亡的決心。安市城全民皆兵，對唐軍的抵抗也更加頑強。

戰事陷入了膠著狀態，一轉眼時節已近深秋。

遼東早寒，如果再這麼拖下去，等到草木乾枯、河水結冰的時候，唐軍的後勤補給勢必更加困難，到時候大量的士兵和戰馬很可能不是戰死在沙場上，而是凍死在雪地裡。

在這關鍵時刻，高麗降將高延壽、高惠真向唐太宗獻計：「安市城全民皆兵，不易攻拔，不如繞過安市，直取烏骨城。烏骨城主年已老邁，大軍定可朝至夕克，進軍途中的其他小城也會望風而逃，只要收取這些城池裡的糧食輜重，大軍的供給就不會匱乏，而後乘勝前進，平壤指日可下！」

這個計畫得到了絕大多數將領的支持。他們說：「我軍在南部還有張亮的四萬海軍，可命他即刻向烏骨城進軍，與主力會師，攻佔烏骨城，然後渡過鴨綠江，直取平壤。」

李世民略微沉吟後，很快同意了繞道計畫。

可就在這個時候，長孫無忌發言了。他說：「天子親征，跟諸位將軍不同，不能抱著僥倖之心去冒險。如今安市、建安的守軍還有十餘萬眾，如果繞過它們攻打烏骨，萬一兩城軍隊傾巢而出，襲擊我們的後背怎麼辦？所以，臣以為應該先破安市、後取建安，然後長驅而進，這才是萬全之策。」

在此，「是否要繞道」已經成為整個高麗戰爭中最具決定性的一步棋。

如果不採用繞道計劃，一意要拔下安市城這顆硬釘子，就得面臨遼東早寒的威脅。假如進入冬天還拿不下安市城，那麼李世民只能選擇撤兵，此次遠征就會功虧一簣。

而如果繞過安市直取平壤，看上去是一個出奇致勝的妙招，但是唐軍的運輸補給線勢必更加漫長。萬一平壤不像人們想像的那樣防禦薄弱，而是跟安市城一樣又臭又硬，那麼唐軍就會陷入給養匱乏、饑寒交迫、腹背受敵的困境。比如當年的隋煬帝楊廣，其第一次親征就是因為繞道深入、糧草不繼而遭遇慘敗的。

所以，無論哪一種戰略都各有利弊，絕無萬全之策。

這是一個艱難的抉擇。最後，李世民內心的天平傾向了長孫無忌。

他決定放棄繞道計畫，在冬季來臨之前拿下安市——不克安市，誓不罷休！

高麗戰爭的結局就此注定。

隨後的日子，唐軍對安市城展開了空前猛烈的進攻。士兵們每天都發起六七輪的衝鋒，各種攻城武器也都拉上去了，無奈安市城城高牆厚，拋石機拋出的巨石只能砸塌城牆上的雉堞，根本轟不倒城牆。就連被砸塌的雉堞，安市守軍也馬上在缺口處修築木柵，令唐軍無機可乘。

眼看天氣一天比一天寒冷，勝利的希望也越來越渺茫。李道宗情急之下想出了一個辦法——築一座土山。築一座比安市城牆還高的土山，然後居高臨下發動攻擊。

隨後，唐軍花了整整六十天的時間，動用了五十萬人次的勞力，終於築起了一座比安市城牆還高出數丈的土山。

安市城徹底暴露在了唐軍的眼皮底下。安市軍民目瞪口呆。

如果不出現什麼意外，安市城轉眼就會成為唐軍的囊中之物。

然而，這個世界總是充滿了意外。就在土山剛剛竣工的當口，令交戰雙方都大驚失色的一幕發生了：土山突然崩塌了一角，而且壓垮了安市城的一段城牆！

原本固若金湯的安市城就這樣莫名其妙地被撕開了一個缺口。

只要唐軍抓住戰機從這裡缺口處衝進去，安市城就完了。可就在這千鈞一髮的時刻，守衛土山的唐軍將領傅伏愛卻不知上哪溜達去了，根本不在軍營，只剩下一群士兵面對這突如其來的情況手足無措。

趁唐軍愣神的間隙，高麗軍隊迅速組織了一支數百人的敢死隊，從倒塌的缺口處衝出來，向守衛土山的唐軍發起攻擊。唐軍的這支部隊本來人數就不多，加上將領又開小差，士兵們無人指揮，頓時亂成一團。於是被殺的被殺，逃跑的逃跑，只不過片刻工夫，就把這座耗費了兩個月時間修築的土山拱手讓給了高麗人。高麗軍隊佔領土山後，立刻挖掘戰壕，修築防禦工事，並派出重兵把守。

等到唐軍最高統帥部得到消息，土山早已變成了高麗人手中的一座堅固堡壘。

李世民的肺都快氣炸了，馬上把怠忽職守的將領傅伏愛拖出去砍了腦袋，然後對所有將領下了死命令——不惜一切代價奪回土山！

接下來的三個晝夜裡，一波接一波的唐軍士兵對這塊彈丸之地發起了不間斷的攻擊，而高麗軍隊也進行了最頑強的抵抗。誰都知道這座土山的重要性。唐軍只要將其奪回，安市城立刻玩完；而高麗人只要拼死守住，安市城就能高枕無憂。所以，雙方都傾盡全力、志在必得。

這三個晝夜簡直成了一場噩夢。雙方在小小的土山上扔下了無數具屍體，鮮血染紅了這裡的每一寸土地……遺憾的是，整整三天過去之後，土山依然牢牢控制在高麗人的手中。

此時已經接近九月下旬，從唐軍圍攻安市城以來，時間已經過去了三個月。漫山遍野的草木都已枯黃，刺骨的北風在耳旁呼嘯，而唐軍將士們仍然穿著單薄的夏裝，糧草也已逐漸告罄……這場戰是無論如何也打不下去了。

除此之外，漠北的局勢也在此時驟然緊張了起來。薛延陀的真珠可汗死後，他兒子自立為多彌可汗，隨即蠢蠢欲動，不斷派出小股部隊騷擾河套地區……唐帝國與薛延陀的戰爭已經無法避免。

所以，無論從哪一方面來看，李世民都只能立刻從高麗撤兵，別無選擇。

這場親征高麗的戰爭，就這樣以勢如破竹的勝利開場，卻以萬般無奈的撤兵告終。

在這片遼東的土地上，此刻的李世民與三十三年前的楊廣一樣，播下的是信心和希望的種子，收穫的卻是沮喪和失敗的果實。

兩代帝王躊躇滿志地親征高麗，卻遭遇了如出一轍的歷史命運。

李世民頓有一世英名毀於一旦之感。就在班師途中，他忍不住仰天長歎：「魏徵若在，不使我有是行也！」（《資治通鑑》卷一九八）

這場戰爭的失敗，給李世民的內心投下了一道永遠無法抹去的陰影。

從遼東回國之後，李世民的身體便每況愈下。癰病、風疾、重感冒等疾病交替困擾著他，逐漸耗盡了他的生命能量。

貞觀二十二年（六四八年）六月，不甘失敗的李世民下詔宣布，要於次年發兵三十萬二征高麗。然而，上蒼再也沒有給他機會了。貞觀二十三年（六四九年）五月二十六日，李世民在終南山翠微宮與世長辭，終年五十一歲。

沒能親手征服高麗，成了這個雄才大略的帝王一生中最大的遺憾。

二十一、房遺愛謀反案

西元六五〇年，年輕的李治躊躇滿志地開始了他的帝王生涯。與此同時，太宗皇帝給他留下的兩個顧命大臣——長孫無忌和褚遂良——也在他們的職位上表現得兢兢業業、盡職盡責。史稱他們「同心輔政，上（李治）亦尊禮二人，恭己以聽之，故永徽之政，百姓阜安，有貞觀之遺風」。（《資治通鑑》卷一九九）

永徽之初，一切看上去都很美。君臣同心，上下一致，帝國馬車在貞觀時代開創的寬衢大道上筆直地向前奔馳，沒有人感覺有什麼不妥。

可是到了永徽三年（六五二年）十一月，長安卻突然爆發了一起驚天大案。

一切都來得太過迅猛，讓朝野上下的所有人都感到猝不及防。而帝國的首席宰相長孫無忌則利用此案廣為株連，大肆剷除異己，在帝國政壇上掀起了一場前所未有的血雨腥風。

沒有人會料到，這場血雨腥風的源頭，居然僅僅是一起毫不起眼的性騷擾案。

這起被長孫無忌利用並擴大化的案件，就是唐朝歷史上著名的「房遺愛謀反案」。引發這場大案的人，就是太宗皇帝最寵愛的女兒——高陽公主。

說起這個高陽公主，當時的長安可謂無人不知、無人不曉。因為她除了一貫明目張膽地給老公戴綠帽之外，婚外情的對象也比較特別，幾乎是清一色的世外高人，不是和尚就是道士，基本沒有世俗中人。

高陽公主的老公是房玄齡的次子房遺愛。房玄齡還在世的時候，表面上闔家安樂、太平無事，可房玄齡一去世，房家立刻就熱鬧了。因為高陽公主鬧著要分家，不但要和房家長子房遺直爭奪財產，而且還要爭奪梁國公（房玄齡的封爵，依例由長子繼承）的爵位。

面對這個任性刁蠻的公主，房遺直無計可施，最後只好告到了太宗那裡。太宗勃然大怒，把公主叫來狠狠訓斥了一頓，從此對她的寵愛大不如前。高陽公主惱羞成怒，不但對房遺直恨之入骨，連帶著對父皇李世民也懷恨在心。

這件事剛過去不久，高陽公主給老公戴綠帽的事情就被徹底曝光了。

事情壞在公主的情人辯機和尚身上。

當時，朝廷的御史在調查一起盜竊案，不知何故牽連到了辯機，從他那裡查獲了一個鑲金飾玉的「寶枕」，御史們大感蹊蹺。

倒不是說這個枕頭特別值錢，懷疑這個和尚用不起，而是因為這個寶枕是御用物品，為何會跑到一個和尚床上去了呢？

御史隨即提審辯機，這個花和尚扛不住，不僅供認寶枕乃高陽公主所贈，而且老老實實交代了他和公主的姦情。御史後來還從辯機的住所查獲了價值上億的各種財物，證實均為高陽公主所贈。

此案一曝光，朝野輿論一片譁然。

公主與和尚通姦！這真是一條爆炸性新聞，要多八卦有多八卦，要多香豔有多香豔。所以，在此後相當長的一段時間裡，這條新聞一直是長安坊間的娛樂頭條，成了百姓們茶餘飯後的笑料談資。

太宗皇帝得到御史的稟報後，氣得差點吐血。如此齷齪的醜聞居然發生在自己最寵愛的女兒身上，這對太宗無疑是一個無情的嘲諷，也是一個嚴重的打擊。可太宗皇帝終究捨不得拿這個寶貝女兒怎麼樣，只好把滿腔憤怒發洩到辯機和其他人身上，即刻命人腰斬了辯機，還把高陽公主身邊的十幾個僕人和婢女全部砍殺。

出了這麼一樁大糗事，高陽公主卻絲毫沒有愧悔之心。她不但沒有愧悔之心，而且當她眼睜睜看著自己的情人被砍成兩截後，心裡更是充滿了對太宗的怨恨。所以，後來太宗駕崩的時候，公主的臉上根本沒有半點哀容。

高宗李治即位後，高陽公主越發變本加厲、肆無忌憚。當初的辯機被砍成了兩截，她立刻又找了一堆辯機，其中有善於「占禍福」的和尚智勖，有「能視鬼」的和尚惠弘，還有醫術高明的道士李晃等等。這幫世外高人抱定牡丹花下死、做鬼也風流的勇氣和決心，前仆後繼地拜倒在公主的石榴裙下；而高陽公主則是擺出一付誓將婚外情進行到底的姿態，義無反顧地奔跑在追求性福的大道上。

與此同時，高陽公主又不斷慫恿房遺愛與大哥房遺直爭奪爵位。她認為連當初的太宗皇帝都管不了她，如今這個仁弱的兄弟李治更是拿她沒轍，於是拚命追著房遺直死纏爛打，不達目的誓不甘休。

高宗李治被這樁無聊官司糾纏得實在受不了，乾脆各打五十大板，把房遺愛貶為房州（今湖北房縣）刺史，把房遺直貶為隰州（今山西隰縣）刺史，打算把他們全都轟出長安，眼不見為淨，耳不聽不煩。

高陽公主一見老公被貶，頓時傻眼了，沒想到偷雞不成反倒蝕了一把米。她憤憤不平，整天絞盡腦汁，決定要在老公離京赴任之前，想一個辦法把房遺直一舉置於死地。

後來，她終於想出了一個絕招。

她認為這一次出手，房遺直就算不死也要脫層皮，梁國公的爵位就非她老公莫屬了。

然而，高陽公主無論如何也不會想到，她準備置房遺直於死地的這個陰謀，竟然變成了一根導火索，莫名其妙地引發了大唐開國以來最殘酷的一場政治清洗，最終不但害死了她自己，害死了老公房遺愛，而且還給李唐朝廷的一大幫親王、駙馬、名將、大臣，惹來了一場殺身流放、家破人亡的滅頂之災……

高陽公主想出的絕招其實並不高明，但是卻足夠陰毒。

某一天，她裝出一付花容失色、滿腹委屈的樣子跑進皇宮，向高宗李治告了御狀，說房遺直非禮了她。

李治聞言，不禁大為驚愕。這房家究竟是撞了什麼邪了，怎麼盡出這等齷齪事呢？

高陽公主畢竟是自己的親姐妹，天潢貴冑，金枝玉葉，如今居然被人性騷擾了，他這個當皇帝的兄弟當然不能袖手旁觀，於是李治準備著令有關部門嚴加審理。

就在這個時候，太尉長孫無忌站出來了，自告奮勇地接下了這樁案子。

堂堂的當朝一品太尉、首席宰相、天子舅父，居然要親自主審一樁性騷擾案，這不是殺雞用牛刀嗎？可是，人們根本沒有想到，長孫無忌要殺的並不是一隻雞，甚至也不僅是一頭牛。他是要利用這隻上躥下跳不知死活的雞，牽出躲藏在暗處的一大群牛！準確地說，長孫無忌是要利用這個案子，把朝中的所有政敵一網打盡！其實，長孫無忌等這一天已經等了很久了。事情要從貞觀十七年（六四三年）的那場奪嫡之爭說起。

當時，太子李承乾與魏王李泰圍繞著儲君之位展開了你死我活的爭奪。可是從一開始，李承乾就明顯處於劣勢，因為他私行不檢，屢屢爆出醜聞，令太宗失望不已；而魏王李泰的奪嫡呼聲則一直居高不下，因為他有志向，有韜略，聰明穎悟，多才多藝，深受太宗的賞識和寵愛。李承乾最後不得不鋌而走險，企圖發動政變奪取帝位，可未及動手就被太宗粉碎，旋即被貶為庶民，不久後流放黔州（今四川彭水縣）。

太子出局後，李泰自然就將儲君之位視為自己的囊中之物。因為他不僅本人聰明幹練，胸藏韜略，深得太宗歡心，而且背後還擁有一個實力強勁的政治集團，其中包括當時的宰相劉洎、岑文本，以及一些元勳子弟，如房玄齡之子房遺愛、杜如晦之弟杜楚客、柴紹之子柴令武等。

就在朝野上下的人們認定魏王李泰入主東宮已經是板上釘釘的事情之時，年僅十六歲的晉王李治就像一匹政治黑馬驀然闖進人們的視野之中。而力挺他的人，就是時任司徒的長孫無忌。

長孫無忌之所以堅決擁立李治，是在於他年齡小，性格柔弱，易於掌控。熟悉中國歷史的人都知道，當一個外戚極力擁護一個幼主繼承皇位的時候，毋庸諱言，其原因就是這個外戚試圖在日後掌握朝政大權。長孫無忌擁立李治的深層動機正在於此！

正是因為他擁立晉王，而房遺愛卻是眾所周知的魏王心腹，所以長孫無忌自然就對房玄齡也產生了敵意。雖然沒有證據表示房玄齡加入了魏王黨，但是長孫無忌擁立晉王李治的時候，房玄齡顯然也沒有站在長孫這一邊。表面上房玄齡似乎保持中立，可實際上他內心的想法和太宗初期一樣，無疑都是傾向於魏王的。所以，從長孫無忌力挺晉王的那一天起，他就已經把房玄齡及其家族視為自己政治上的對立面了。

李治即位後，儘管當年的奪嫡之爭已經成為如煙往事，房玄齡也早在貞觀二十二年（六四八年）就已作古，可長孫無忌卻始終沒有忘記，房家的人曾經是魏王黨、曾經是他政治上的反對派！因此，在永徽的頭三年裡，長孫無忌對房家的監控從沒有一天間斷過。在此期間，以房遺愛為圓心，以李唐宗室和滿朝文武為半徑，所有和房遺愛走得比較近的人，全都落進了長孫無忌的視線，並且一個不漏地列入了他的黑名單……

第一個被列入黑名單的人，是駙馬都尉薛萬徹。

薛萬徹是初唐的一代名將，驍勇善戰，早年追隨幽州羅藝，後來成為太子李建成的忠實部下，在玄武門之變中曾率部與秦王將士力戰。李世民成功奪嫡後，念在他忠於其主，且作戰英勇，遂既往不咎，仍予以重用。薛萬徹果然沒有辜負太宗的期望，在貞觀年間平定東突厥、平定吐谷渾、北擊薛延陀、東征高句麗等一系列重大戰役中，都曾經出生入死、屢建戰功。貞觀十八年（六四四年），薛萬徹升任左衛將軍，並娶了高祖的女兒丹陽公主，拜駙馬都尉，此後歷任右衛大將軍、代州都督、右武衛大將軍等軍中要職。

然而，到了貞觀二十二年（六四八年），薛萬徹的輝煌人生就開始走下坡路了。原因是他的副將裴行方控告他在軍中「仗氣凌物」，並有「怨望」之語。所謂怨望之語，意思就是涉及政治的牢騷話。當裴行方與薛萬徹就此事當廷對質的時候，據說薛萬徹理屈辭窮，無法辯白，隨後便被朝廷「除名徙邊」，也就是開除官職，流放邊疆。

薛萬徹也許真的是說過一些牢騷怪話，否則也不至於在對質的時候啞口無言。可如果以為他純粹是因為這個被貶黜流放，那就把問題看得太簡單了。其實，真正的原因是朝中的政治傾軋和派系鬥爭。

貞觀二十三年（六四九年）六月，高宗即位，大赦天下，薛萬徹遇赦回京，並於永徽二年（六五一年）被起用為寧州（今甘肅寧縣）刺史。如果薛萬徹能因為這次流放的遭遇而深刻認識政治鬥爭的殘酷性，從此安分守己，夾著尾巴做人，他也許可以避開最後的這場災難。

可惜沒有。就在被重新起用的這一年，薛萬徹因足疾回京療養，期間便與房遺愛打得火熱，並再次「有怨望語」。他憤憤不平地對房遺愛說：「今雖病足，坐置京師，鼠輩猶不敢動。」所謂「鼠輩」，意指朝廷的當權派，實際上就是指長孫無忌。

聞聽此言，房遺愛當年被徹底粉碎的「擁立夢」再度被激活了。他帶著滿臉的興奮之情對薛萬徹說：「若國家有變，當奉司徒、荊王元景為主！」

房遺愛所說的這個荊王李元景，是高祖的第六子，時任司徒，他的女兒嫁給了房遺愛的弟弟房遺則，和房家是親家關係。

在房遺愛的小圈子中，除了薛萬徹和李元景，還有一個就是駙馬都尉柴令武。

柴令武是柴紹之子，娶的是太宗的女兒巴陵公主。當初柴令武和房遺愛都是魏王黨的核心成員，魏王被廢黜後，柴令武自然也是一肚子失意和怨氣。高宗即位後，朝廷給了柴令武一個衛州（今河南衛輝市）刺史的職務，顯然有把他排擠出朝廷之意。柴令武更加不爽，以公主身體不適、要留在京師就醫為由拒絕赴任。柴令武就這麼賴在京師不走了，據說還長期與房遺愛「謀議相結」。

永徽三年（六五二年）十一月，被貶黜到均州鄖鄉縣（今湖北鄖縣）的魏王李泰終於在長久的憂鬱寡歡中一病而歿。消息傳至長安，長孫無忌發出了數聲冷笑。

他意識到，收網的時刻到了。

而恰恰就在這個時候，高陽公主狀告房遺直非禮的案件又適時出現，長孫無忌心中暗喜，隨即主動請纓，全力以赴地展開了對此案的調查。

從一開始，長孫無忌就根本沒打算往性騷擾案的思路上走，而是準備不擇手段地朝政治案的方向靠。所以他一入手，就挖出了高陽公主身上的一個政治問題——「主使掖庭令陳玄運伺宮省禨祥，步星次。」

這句話的大意是說，高陽公主曾經指使掖庭令陳玄運（內侍省的宦官），暗中窺伺宮禁中的情況和動向，並且觀察星象變化。

很顯然，光憑這一條，就可以給高陽公主直接扣上一個謀反的罪名。因為，禁中是天子所居的重地，而天象的解釋權也只能歸朝廷所有，所以無論是窺伺禁中還是私窺天象，其行為都已經觸犯了天子和朝廷的權威，其性質也已經屬於嚴重的政治犯罪。

高陽公主的政治問題一曝光，案件立刻自動升級，長孫無忌頓時信心倍增——既然公主都已經涉嫌謀反了，她老公房遺愛又豈能逃得了干係？

就在長孫無忌準備拿房遺愛開刀時，房遺直又主動站了出來，對房遺愛夫婦進行了檢舉揭發，把他們夫婦平日裡的種種不軌言行一股腦兒全給抖了出來，令長孫無忌大喜過望。

其實，也怪不得房遺直會在這種關鍵時刻落井下石，因為高陽公主誣告他的那個罪名實在是讓他沒法做人，房遺直為了保住自己的名譽和身家性命，當然要和房遺愛夫婦拼個魚死網破。

揭發了房遺愛和高陽公主之後，房遺直知道房家被這兩個喪門星這麼一折騰，必定難以逃脫家破人亡的命運，止不住發出悲涼的長歎：「罪盈惡稔，恐累臣私門！」意思是房遺愛夫婦罪孽深重、惡貫滿盈，恐將累及房氏一門。

房遺愛一到案，整個案件就徹底複雜化並擴大化了。長孫無忌精神抖擻，對房遺愛軟硬兼施，終於從他嘴裡把薛萬徹、李元景、柴令武等人一個一個撬了出來。

事情到了這個地步，一切當然都是由長孫無忌說了算。換句話說，在滿朝文武當中，長孫無忌想讓誰三更死，那個人就絕對活不過五更。

貪生怕死的房遺愛為了自保，不僅把他的「戰友」全部出賣，而且還在長孫無忌的威脅利誘之下，張開血盆大口，一個接一個地咬住了一群無辜的人。他們是：司空、梁州都督吳王李恪；侍中兼太子詹事宇文節；特進、太常卿江夏王李道宗；左驍衛大將軍、駙馬都尉執失思力。

這些位尊爵顯的朝廷大員無論如何也不會想到，這個該死的房遺愛居然會咬上他們。

彷彿就是一覺醒來，這些皇親國戚和帝國大佬就成了房遺愛的造反同謀，成了朝廷的階下之囚，成了十惡不赦的亂臣賊子，更成了長孫無忌砧板上的魚肉！

長孫無忌為什麼會指使房遺愛咬上這些人呢？

原因很簡單——長孫無忌不喜歡他們。

吳王李恪是太宗的第三子，其生母是隋煬帝楊廣的女兒。史稱李恪文武雙全，富有才能，所以太宗李世民十分欣賞這個兒子。在十四個皇子中，李世民總是說只有李恪最像自己。貞觀十七年（六四三年），晉王李治被立為太子後，太宗曾一度後悔，想廢掉李治，重新立李恪為太子。長孫無忌得知後，堅決表示反對。太宗頗為不悅地說：「是不是因為李恪不是你的外甥，所以你才反對？」

太宗這句話說得非常尖銳，基本上是把長孫無忌的私心一下子戳穿了。可長孫無忌卻面不改色，振振有辭地提出了兩個理由：一，李治仁厚，最適合當一個守成之君；二，儲君是國家根本，豈能輕言廢立，一再更換？

太宗想想也有道理，只好放棄李恪，繼續保持現狀。

李恪聽說這件事後，不禁在心裡把長孫無忌的十八代祖宗都問候了一遍。他斷然沒有想到，連他那英明神武的父皇幾乎已經決定的事情，都會被這個該死的長孫無忌一口推翻，你長孫無忌到底憑什麼呢？

恨歸恨，可李恪一點辦法也沒有。因為在貞觀後期，長孫無忌確實具有很強的政治能量，這股能量甚至可以左右天子的意志，不管你服不服，這就是現實！

就這樣，吳王李恪和長孫無忌結下了樑子。每逢李恪回京朝謁的時候，長孫無忌總能看見李恪像刀子一樣的目光，從自己臉上狠狠劃過。

毫無疑問，長孫無忌討厭這種目光。一旦有機會，他當然要讓這種目光從世界上消失。

高宗李治即位後，表面上政治清明、天下太平，可長孫無忌很清楚，朝野上下有一股政治戾氣在悄然湧動，這股戾氣既來自殘餘的魏王黨，也來自像吳王李恪這種「名望素高，為物情所向」的宗室親王。

像李恪這種人，萬一哪一天振臂一呼，其結果就有可能是應者雲集。所以，長孫無忌必須防患於未然——無論在公在私，他都必須把吳王李恪除掉！除了吳王李恪，遭長孫無忌陷害的其他三個當然也都是他不喜歡的人。

不過，這「不喜歡」的原因卻各自不同。

宇文節雖然身為宰相，和長孫無忌同朝秉政，但卻是房遺愛的好友，顯然和長孫無忌不是一個鼻孔出氣的，所以長孫無忌一直想把他做掉，另行安插自己的人。此外，房遺愛被捕入獄後，宇文節又本著為朋友兩肋插刀的精神，為他多方奔走，極力營護，這無疑是在往長孫無忌的刀口上撞。長孫無忌索性把宇文節一塊抓了，扔進大牢給房遺愛當鄰居，讓他們在獄中暢敘友情。

江夏王李道宗是高祖李淵的族侄，從十七歲起就跟隨秦王李世民南征北戰，滅劉武周、平竇建德、破王世充，在大唐的開國戰爭中「屢有殊效」，立下了汗馬功勞。武德中期，李道宗負責鎮守帝國的北部邊境，不但屢屢擊退東突厥與梁師都聯軍的入侵，並且「振耀武威，開拓疆界，斥地千餘里」，因而「邊人悅服」，且深受高祖讚賞。

貞觀年間，李道宗又與李靖等人先後平定了東突厥和吐谷渾，在大唐帝國開疆拓土的過程中建立了赫赫功勳。所以到了貞觀十八年（六四四年），太宗李世民才會在把他與李世勣、薛萬徹一起，並譽為當世的三大名將。

然而，就是這樣一個戰功卓著的宗室親王和帝國元勳，卻同樣逃脫不了無所不在的政治迫害。

在這起案件中，李道宗也許算得上是最無辜的一個。

從個人品質來看，由於他早年曾因貪贓受賄而一度下獄，遭到罷職免官和削除封邑的嚴厲懲罰，所以李道宗深刻汲取了教訓，越到後來就越是謙恭自持。史稱他「晚年頗好學，敬慕賢士，不以地勢凌人」，因而深受時人稱譽，「為當代所重」。

此外，從政治表現來看，李道宗既不像薛萬徹那樣隸屬於房遺愛的小圈子，也不像吳王李恪那樣被視為政治上的不安定因素，而且平日裡既無反動言論，更無謀反形跡，可以說是一個典型的韜光養晦、淡泊自守的人物。

但即便如此，李道宗同樣逃不開長孫無忌的陷害，這到底是為什麼呢？

很不幸，唯一的原因僅僅是——「長孫無忌、褚遂良素與道宗不協」。

所謂「不協」，也就是雙方的關係不太和諧。

在當權者長孫無忌的眼中，無論是「當世名將」的金字招牌，還是「為當代所重」的社會名望，都是蒼白無物、不值一文的，只要你膽敢和他「不和諧」，你的末日就到了。

永徽年間，長孫無忌的政治哲學基本可以化約為這麼一句話——不是我的朋友，就是我的敵人！

遭長孫無忌陷害的另一個人——駙馬都尉執失思力，也是貞觀朝的一員勇將。他是東突厥人，本是頡利可汗的心腹重臣，東突厥覆滅後歸降唐朝，任左驍衛大將軍，娶了高祖的女兒九江公主。貞觀年間，執失思力在平定吐谷渾、北伐薛延陀的戰爭中也曾立下戰功。這個人究竟是哪裡得罪了長孫無忌，史書沒有記載，但估計也是和李道宗一樣，與長孫無忌不太「和諧」，所以就一併被清洗了。

永徽四年（六五三年）二月，審理了三個多月的「房遺愛謀反案」終於塵埃落定。

在長孫無忌的壓力下，高宗李治無奈地頒下了一道詔書：將房遺愛、薛萬徹、柴令武斬首；賜李元景、李恪、高陽公主、巴陵公主自盡；將宇文節、李道宗、執失思力流放嶺南；廢李恪的同母弟蜀王李愔為庶人，流放巴州（今四川巴中市）；貶房遺直為春州銅陵（今廣東陽春市）縣尉；將薛萬徹的弟弟薛萬備流放交州（今越南河內市）；罷停房玄齡在宗廟中的配饗（以功臣身分配享於太宗別廟中的祭祀牌位）。

這個結果不僅令朝野感到極度震驚，而且同樣大大出乎高宗李治的意料。

他做夢也沒有想到，一個小小的性騷擾案居然牽出了一個這麼嚴重的政治案件，還把一些元勳重臣和皇親國戚一舉打入了萬劫不復之地！

李治深感困惑，他不相信這些人全都參與了房遺愛的謀反，可是在長孫無忌威嚴的目光下，李治也只能懷著無比沉重的心情，在長孫無忌早已擬定的詔書上緩緩地蓋下天子玉璽。

詔書頒布之前，李治決定以他微弱的力量進行最後的努力，懇求長孫無忌留下其中兩個人的性命。他們就是荊王李元景和吳王李恪。

面對以長孫無忌為首的一些宰執重臣，年輕的天子流下了無聲的淚水，他用一種哀傷而無力的聲音說：「荊王，朕之叔父，吳王，朕兄，欲匄其死，可乎？」

「匄」，同「丐」，乞求的意思。此時此刻，早已大權旁落的李治唯一能做的事情，也只有低聲下氣的乞求了。然而，天子的乞求卻遭遇了死一般的沉默。因為長孫無忌面無表情、一言不發。他不開口，其他大臣就更是不敢吱聲。

許久，長孫無忌向兵部尚書崔敦禮使了一個眼色，崔敦禮隨即出列，用一種中氣十足的聲音回應了天子的乞求。兩個字——不可。

那一刻，李治感覺自己的天子顏面蕩然無存。

一切都已無可挽回。

長孫無忌要做的事情，整個大唐天下無人可以阻攔。

該砍頭的砍頭，該賜死的賜死，該貶謫的貶謫，該流放的流放……一個都不饒恕！

行刑的那一天，薛萬徹面無懼色地站在刑場上，對著那些奉旨監斬的昔日同僚大叫：「薛萬徹大健兒，留為國家效死力固好，豈得坐房遺愛殺之乎？」

臨刑前，薛萬徹從容脫下上衣，光著膀子叫監斬官快點動手。據說，劊子手懾於薛萬徹的氣勢，手腳不停打顫，以至於連砍兩次都砍不斷薛萬徹的脖子，薛萬徹厲聲斥罵：「幹嘛不用力？」劊子手鼓足勇氣砍下第三刀，薛萬徹的頭顱才應聲落地。

而吳王李恪在接到賜死的詔書後，則面朝蒼天，發出一句可怕的詛咒：「長孫無忌竊弄威權，構害良善，宗社有靈，當族滅不久！」

沒有人會想到，李恪臨死前的這句詛咒竟然會一語成讖。

顯慶四年（六五九年）七月，也就是在房遺愛案爆發的短短六年後，長孫無忌也同樣遭遇了家破人亡的命運。當白髮蒼蒼的長孫無忌在偏僻荒涼的流放地黔州（今重慶彭水縣）被逼自縊的時候，不知道他的耳旁會不會響起李恪的這句詛咒？

一二三、唐高宗：天子突圍

千百年來，人們一提起唐高宗李治，眼前似乎馬上就會浮現出一張蒼白羸弱、畏葸無能的臉。無論是在傳統史家的筆下，還是在普通百姓的眼中，李治好像從來都是一個軟弱的、懼內的、毫無主見的傀儡皇帝。

據說，李治從小就熟讀《孝經》，所以屢受太宗褒獎；他母親長孫皇后死時，他又是三個同胞兄弟中哭得最傷心的一個，因此人們很自然地給他貼上了「寬仁孝友」的標籤。稍長，他的兩個哥哥因奪嫡之爭而兩敗俱傷，結果年紀尚幼、性情仁厚的李治反而被長孫無忌推上了儲君之位。按照長孫無忌的說法，正是因為李治仁厚，所以最適合當一個「守成之主」。其實所謂「仁厚」，不過就是「仁弱」的代名詞罷了；而長孫無忌之所以要擁立他，無非也是為了日後能夠輕而易舉地掌控他。

毋庸諱言，在李治即位後的最初幾年中，由於長孫無忌的政治影響力太過強大，李治確實顯得非常弱勢，甚至一度被長孫無忌等人架空。從某種程度上說，永徽年間的李治只能算是一個「影子皇帝」，而權傾朝野的長孫無忌則是當之無愧的無冕之王。

然而，李治並不是甘當傀儡而無所作為。從他意識到自己被長孫無忌架空的那一天起，他就無時不在想著重新奪回天子大權。只因為長孫無忌精心編織的那張權力之網始終將他緊緊籠罩（長孫無忌權力極盛時，七個宰相有六個是他的人），才使李治不得不韜光養晦、默默隱忍。

到了永徽六年（六五五年），李治苦苦等待的突圍時機終於出現在他的眼前。

這就是武昭儀與王皇后的后位之爭……

在初唐歷史上，永徽六年（六五五年）是一個極不尋常的年份。

這一年，長安的後宮掀起了一場可怕的風暴。這場風暴不僅令高宗的後宮發生了翻天覆地的變化，而且對帝國政壇也造成了強烈的衝擊，導致長孫無忌強力構建的單邊政治格局開始瓦解，使得永徽朝廷首次出現了君權與相權勢均力敵的博弈局面。

王皇后與武昭儀的後宮之戰在永徽五年（六五四年）初發生了一個重大轉折。當時，王皇后遭到武昭儀暗算，在「女嬰猝死案」（參見《曠世女皇武則天》）中成了主要的犯罪嫌疑人，雖然元氣大傷，但由於她背後站著強勢宰相長孫無忌，所以短時間內還沒有被扳倒的跡象。天子李治和武昭儀就先禮後兵，於永徽五年（六五四年）年底，專程到長孫府上進行「賄賂」，希望長孫無忌在皇后廢立的事情上做出讓步，可長孫無忌卻裝瘋賣傻，對天子的強烈暗示視而不見，李治和武昭儀只好帶著極度失望的心情憤然離去。

到了永徽六年（六五四年）六月，武昭儀逐漸失去了耐心，於是繼「女嬰猝死案」後，又對王皇后發動了一次致命的打擊——控告王皇后和她母親柳氏在暗中施行巫術。

武昭儀所控告的這種巫術稱為「厭勝」，意思是因厭憎某人而製作其形象——或泥塑木雕，或畫在紙上——然後刺心釘眼，繫手縛足，以此詛咒對方早日死於非命。

這是一種很歹毒的巫術，論罪也相當嚴重。按照《唐律》，敢玩這種「厭勝」之術的人可以按謀殺罪減二等論處，倘若詛咒的對象是至親長輩，則不可減罪，依律當斬。

沒有人知道武昭儀的控告是否屬實，總之天子未經調查就迫不及待地頒下了詔書，將皇后的母親柳氏驅逐出宮，並嚴禁她再踏進皇宮一步。次月，天子又將皇后的母舅吏部尚書柳奭逐出朝廷，貶為遂州（今四川遂寧市）刺史。柳奭剛剛走到扶風（今陝西扶風縣），天子又暗中授意地方官員指控他「漏洩禁中語」，於是再度把他貶到更為偏遠的榮州（今四川榮縣）。

至此，王皇后徹底陷入了勢單力孤的境地。緊接著，李治為了讓武昭儀能夠向皇后之位再靠近一步，又挖空心思地發明了一個「宸妃」的名號，準備以此冊封武媚。

此舉立刻遭到宰相們的強烈抵制。唐依隋制，後宮的一品妃歷來只有貴、淑、德、賢四名，如今為了一個武昭儀而特設一個「宸妃」之號，顯然不合舊制，無據可依。侍中韓瑗與中書令來濟以此為由，在朝會上與天子面折廷爭，堅持認為「妃嬪有數，今別立號，不可」（《新唐書．則天武皇后傳》），硬是把皇帝的旨意生生頂了回去。

誰都知道，韓瑗與來濟之所以敢和天子針尖對麥芒地大幹一場，無非是因為他們背後站著長孫無忌；而看上去已經徹底變成孤家寡人的王皇后，之所以還能牢牢佔據皇后的寶座，也是因為她背後站著長孫無忌！

此時此刻，高宗李治強烈地意識到，如果不能利用這場後宮之戰向長孫無忌的超級權威發出挑戰，奪回本該屬於自己的權力和尊嚴，那他就只能永遠充當一個有名無實的傀儡天子！

永徽六年（六五五年）已經是李治君臨天下的第七個年頭。這一年，他已經二十八歲。對此時的李治而言，如果連給自己心愛的女人一個實至名歸的身分都辦不到，如果連選擇誰來當皇后的權力都沒有，那他還算什麼皇帝？如果不能通過這件事情讓長孫無忌認識到他李治在政治上已經成熟，完全具備了獨立掌控朝政的能力，那麼李治還要繼續夾著尾巴做人到什麼時候！

所以，李治決定向長孫無忌宣戰，無論如何也要把武昭儀扶上皇后之位，無論如何也要奪回自己的天子權威！

至此，這場後宮之戰的熊熊戰火終於從內宮蔓延到了外朝。表面上看，這是王皇后與武昭儀圍繞著皇后之位展開的一場廢立之爭，而實際上，這是天子李治與長孫無忌（及其背後的宰相團）圍繞帝國的最高權力進行的一場政治博弈。

換言之，到了永徽六年（六五五年），這場後宮之戰已經擴大升級，從女人們的戰爭演變成了男人們的戰爭。而促成這一轉變的人，正是高宗李治。

高宗李治準備向長孫無忌宣戰，決心固然是很大，可當下的政治現實又不免讓他有些心虛。因為滿朝文武當中，除了一個司空李勣，幾乎就沒有一個是他的親信；反觀長孫無忌，不但牢牢掌控著整個宰相團，而且透過房遺愛案大肆清除異己、殺戮立威，使得文武百官人人俯首貼耳、個個噤若寒蟬……

在雙方實力如此懸殊的情況下，高宗又如何打贏這場仗呢？

這不僅是天子李治的憂慮，同時也是昭儀武媚的憂慮。他們不約而同地意識到，要戰勝長孫無忌，唯一的辦法只能是——盡快在朝中打造一支自己的政治勢力。

換言之，就是要在朝中物色一批利益代言人，或者說扶植一些政治打手，讓他們在這場漸趨白熱化的後宮之戰和君臣博弈中，為天子和武昭儀搖旗吶喊、衝鋒陷陣，最終奪取皇后之位，並且從長孫無忌手中奪回朝政大權。

有需求就有供給。這個簡單的經濟學規律不僅適用於經濟領域，也同樣適用於政治領域。就在高宗李治因勢單力薄而萬分焦慮的時候，朝中已經有一批素懷野心的政客，敏銳地覺察出了天子的需求。他們是：中書舍人李義府、衛尉卿許敬宗、御史大夫崔義玄、中書舍人王德儉、大理丞袁公瑜等。

眼見天子用最短的時間就糾集了一些政治打手，並且擺出一副決一死戰的架勢，長孫無忌、褚遂良等人意識到事態嚴重，連忙召集他們的人，祕密舉行了一個碰頭會，談論當前的政治形勢。在會上，長安令裴行儉一臉義憤，聲稱如果讓武昭儀當上皇后，「國家之禍必由此始！」（《資治通鑑》卷一九九）

就是這句憂患之言，為裴行儉惹來了禍端。

因為他們的一舉一動早已在武昭儀的掌控之中。

祕密會議剛一開完，一直在暗中偵察的大理丞袁公瑜就把會議詳情一五一十地通報給了武昭儀的母親楊氏。武媚聽到這個消息後，嘴角掠過了一抹冷笑。

幾天後，裴行儉就被貶出了朝廷，並且一下就被踢到了帝國最遼遠的西北邊陲，擔任西州（今新疆吐魯番市東）都督府長史。

裴行儉的被貶是一個強烈的政治信號，意味著高宗和武昭儀已經向長孫集團發出了挑戰。而就在貶謫裴行儉的幾天後，也就是這一年的九月初一，高宗又忽然把許敬宗擢升為禮部尚書。眾所周知，禮部主管朝廷的冊封事宜，高宗讓許敬宗擔任禮部的一把手，其用意不言自明，就是衝著皇后廢立去的，同時也等於是在對長孫集團進行示威。

永徽六年九月，高宗李治向長孫無忌等人攤牌，堅決表示要廢立皇后。老謀深算的長孫無忌始終不表態，只是把他的心腹褚遂良、韓瑗、來濟等人推到台前，讓他們和天子死磕。就在雙方相持不下之際，時任司空的李勣私下對李治說：「此陛下家事，何必更問外人？」（《資治通鑑》卷一九九）

李治大喜，隨即下定廢后的決心。

與此同時，禮部尚書許敬宗也在朝中到處放話，說：「田舍翁多收十斛麥，尚欲易婦；況天子欲立一后，何豫諸人事而妄生異議乎？」（《資治通鑑》卷一九九）

一個莊稼漢多收了十斛麥子，尚且打算換掉老婆；何況天子打算另立皇后，跟別人有何相干，竟然妄加非議？

許敬宗這話雖然有點粗俗，但是話糙理不糙。尤其在武昭儀聽來，許敬宗的「換妻」高論簡直像歌聲一樣動聽。為了讓更多人聽到這句話，武昭儀當即命左右親信到處傳播，一意要讓它成為朝野上下眾口一詞的輿論。

數日後，宰相褚遂良被貶為潭州（今湖南長沙市）都督。

永徽六年十月十三日，高宗李治頒布了一道廢黜王皇后和蕭淑妃的詔書。

十月十九日，李治正式冊立武昭儀為皇后。

永徽六年這場後宮之戰的結果，傳統史家往往把它歸功於（或者歸罪於）武則天的個人因素。在傳統目光的解讀之下，武則天純粹是因為施展了狐媚之術迷惑高宗，並且處心積慮陷害皇后，不遺餘力拉攏朝臣，最終才得以正位中宮。而高宗李治則被普遍描述成一個毫無主見、純粹被武則天利用的昏庸皇帝。

事實上，這未免高看了當時的武則天，也未免低估了當時的李治。

解讀歷史都難以避免事後諸葛亮。人們往往是因為武則天日後締造了一個女主登基、牝雞司晨的歷史事實，並且因為李治確實對日後陰盛陽衰的政治局面負有不可推卸的責任，所以才會以此倒推，從一開始就把武則天視為一個徹頭徹尾的野心家和陰謀家，也才會把李治始終看成是一個懦弱的丈夫和無能的皇帝。

可實際上，這是一種錯誤的目光，因為它把動態的歷史靜態化了，也把複雜多變的人簡單化和臉譜化了。

武則天固然是一個自信、堅忍、工於心計、不甘被命運擺布的人，但是在人生的不同階段，或者說在不同的時勢和情境當中，她的生命能量必然要受到不同程度的制約，尤其是在正位中宮之前，無論她有多大的野心和陰謀，其力量和手段也終歸是有限的，所以，不能認為她當時就已經把李治玩弄於股掌之中。

每個人的人生都是一個逐漸成長、逐漸成熟的過程，武則天當然也不例外。從深宮中的武才人，到感業寺裡的女尼，再到二度入宮的武昭儀，她強勢的人格特徵是一點一滴養成的，她巨大的生命潛能也是一步一步開發的。對於當時的武則天來說，未來如同一條迷霧中的河流，誰也不知道前面是暗礁、是激流、還是深不可測的漩渦，所以她只能小心翼翼地摸著石頭過河，絕不可能以一種未來女皇的姿態無所顧忌地往前衝！

武則天如此，李治亦然。

永徽初年，李治是一個躊躇滿志的年輕帝王，他渴望像父親太宗那樣建功立業，也渴望走出父親的陰影，締造屬於自己的時代。然而，元舅長孫無忌卻把他視為永遠長不大的幼主，不僅架空了李治，而且以他的巨大權威牢牢束縛著李治。

長孫無忌的身分是絕無僅有的——天子舅父、開國元勳、顧命大臣、首席宰相，這些特殊身分就像一道道璀璨奪目的光環在他身上交織閃耀，令朝野上下的所有人都不敢直目而視。可想而知的是，長孫無忌身上有多少重光環，李治頭上就會有多少重緊箍咒。所以，血氣方剛的天子李治必然會有突圍的欲望和衝動，而武則天與王皇后的後宮之戰，無疑給李治壓抑已久的欲望和衝動提供了一個釋放的機會。

因此，在廢立皇后這件事上，與其說李治是一個被熾熱的愛情燒壞了頭腦的男人，與其說他是一個純粹被武媚利用和支配的昏懦之君，還不如說他是在藉機消解長孫無忌的權威，並且在此過程中扶植自己的親信，進而鞏固岌岌可危的皇權。

換言之，武媚固然是利用了李治對她的愛奪取了皇后之位，可李治又何嘗不是以愛情的名義，奪回了一度旁落的天子之權？

說白了，在永徽年間這場爭位奪權的大戰中，李治和武媚不僅是一對被火熱愛情吸引到一起的恩愛夫妻，更是一對被相同利益捆綁到一起的政治拍檔！

後宮大戰塵埃落定之後，文武百官知道長孫無忌已經失勢，所以全都站到了高宗和武后一邊。

顯慶元年（六五六年）正月，太子李忠被廢為梁王、貶到梁州（今陝西漢中市），武后的長子、年僅四歲的李弘被立為太子。二月，武后的亡父武士彠又被追贈為司徒，賜爵周國公。日後武則天的國號「大周」，正是源於武士彠的這個爵號。

顯慶二年（六五七年）春，高宗和武后開始對長孫一黨正式發難。

許敬宗、李義府這一對忠實鷹犬再次衝鋒在前。他們聯名上奏，稱侍中韓瑗、中書令來濟與被貶在外的褚遂良暗中勾結，所以故意把褚遂良從潭州調到桂州；而桂州是軍事重地，可見韓、來二人是要以褚遂良為外援，「潛謀不軌」。

八月十一日，高宗下詔，將韓瑗貶為振州（今海南三亞市）刺史，來濟貶為台州（今浙江臨海市）刺史；同時，再度將褚遂良貶為愛州（今越南清化市）刺史，將柳奭貶為象州（今廣西象州縣）刺史。

至此，長孫一黨被斥逐殆盡，只剩下一個光桿司令長孫無忌。他比誰都清楚，貶謫流放的命運很快也會降臨到自己身上。可是他無能為力。

從永徽六年（六五五年）的那場君臣博弈中敗下陣來之後，長孫無忌就意識到大勢已去了。無論他和他的親信們曾經建立了一個看上去多麼堅固的權力堡壘，可它終究是一座沙堡。

因為，倘若沒有君權的支持作為根基，外表再強大的相權，其實質也是脆弱的。除非這種相權具有取代君權的野心，而且確實也凌駕了君權。可長孫無忌顯然沒有這種野心和傾向，雖然自從高宗即位以來，他就一直表現得很強勢，可他充其量只是架空了君權而已，並沒有像歷史上很多權臣那樣完全凌駕於君權之上，或者動不動就擅行廢立。

從這個意義上說，長孫無忌的權力在很大程度上是李治自覺不自覺地「讓渡」出去的。雖說這和李治仁弱的性情有一定關係，但這種「讓渡」在任何政權過渡期間和新君年少的情況下，都屬於正常現象，並不能全然歸咎於李治的弱勢或長孫無忌的強勢。

既然長孫無忌的權力歸根結底是屬於李治的，那麼只要哪一天李治意識到這種「權力的讓渡」對自己構成了威脅，而自己也具有了收回權力的能力，各方面的助力和客觀條件又已成熟，他就隨時有可能把權力收歸己有。

因此，長孫無忌的真正錯誤並不在於從李治手裡拿走了「太多」權力，而是在於他沒有「及時」把這些權力歸還李治。換言之，他把暫時由他保管的東西，誤以為是他自己的了。

人生有兩條真諦，一條叫該出手時就出手，另一條叫該放手時就放手。長孫無忌只知前者，不知後者，對權力過度迷戀，不懂得及時放手，最終當然要為此付出代價。

從顯慶三年（六五八年）冬天到顯慶四年（六五九年）秋天，高宗和武后聯手對長孫一黨進行了毫不留情的政治清洗，無論是打擊範圍還是打擊力道，都比長孫無忌在永徽四年（六五三年）製造的房遺愛案有過之而無不及。

砍頭、抄家、貶謫、流放……一個都不饒恕！

顯慶四年（六五九年）四月，長孫無忌以謀反罪名被流放黔州（今重慶彭水縣），數月後在貶所被逼自盡。

長孫無忌之死宣告了「後貞觀時代」的終結。

高宗李治成功突圍，帝國的歷史掀開了新的一頁……

二四、帝國的擴張

自從高宗李治即位的十幾年來，雖然帝國的政治高層風雲變幻，始終沒有停止過權力鬥爭，但是這一切並沒有影響到國計民生。由於高宗治下的唐王朝繼承了貞觀時代的強大國力，所以這些年裡，大唐帝國在總體上依然保持著安定、繁榮和強盛的局面。

尤其令人振奮的是，唐朝的軍事力量和國際威望也在這個時期達到了頂峰，甚至超過了太宗時期。截至咸亨元年（六七〇年）之前，高宗統治下的帝國疆域達至極盛，比前、後的各個時期都更為廣闊，唐朝的影響力也進而擴大到中亞和東亞的大部分地區。

那麼，這一頁輝煌歷史又是如何鑄就的呢？

接下來，就讓我們把目光拉回到永徽初年……

永徽二年（六五一年）春天，高宗李治剛登基不久，西域就傳來了一個令人不安的消息——原西突厥降將，時任左驍衛大將軍兼瑤池（今新疆阜康市）都督的阿史那賀魯叛逃了。

此時，西突厥的在位可汗是乙毗射匱。此人才具平庸，西突厥各部早已不服其統轄，所以當阿史那賀魯突然前來進攻時，乙毗射匱馬上亂了陣腳。他倉促集結部眾抵禦阿史那賀魯，結果一戰即潰，其部眾全被阿史那賀魯吞併。

阿史那賀魯一戰平滅了西突厥可汗，其野心大為膨脹，隨即在雙河與千泉（今吉爾吉斯斯坦北部）一帶建立了王庭，自立為沙鉢羅可汗。原乙毗射匱可汗轄下的十個直屬部落一齊歸附。數月之間，阿史那賀魯搖身一變就成了西突厥的頭號人物，麾下擁有精兵數十萬眾。稍後，處月（今新疆新源縣境）、處密（今新疆塔城市境）兩大部落以及西域諸國，又相繼投靠了阿史那賀魯。

永徽二年（六五一年）七月，志得意滿的阿史那賀魯率部入侵庭州，很快就攻陷了庭州境內的戰略要地金嶺城（今新疆鄯善縣西北）和蒲類縣（今新疆奇台縣東南），殺死並俘虜了數千唐軍。

在隨後的數年裡，高宗朝廷先後派遣梁建方、程知節等人進行了兩次西征，雖然殲滅了西突厥的一些有生力量，但始終未能平滅阿史那賀魯。對此，高宗李治自然是極不甘心。

顯慶二年（六五七年）閏正月，也就是二次西征剛剛結束的兩個月後，高宗就發動了對西突厥的第三次遠征。

為了確保此次遠征的勝利，唐軍決定兵分兩路，征討與安撫並重：一路由蘇定方擔任統帥，徵調回紇騎兵，從北線直接進攻西突厥；另一路由西突厥降將——右衛大將軍阿史那彌射、左屯衛大將軍阿史那步真為安撫大使，從南線西進，負責招撫他們在西突厥的舊部。

北路，蘇定方率部沿金山（今新疆阿勒泰山）山脈直進，消滅了盤踞在此的處木昆、突騎施二部落。阿史那賀魯聞訊，立刻集結十萬大軍，在曳咥河（今中亞額爾齊斯河）阻擊唐軍。

此時，蘇定方的部隊只有一萬人。面對十倍於己的敵軍，蘇定方毫無懼色。他知道，突厥軍隊雖然人數眾多，卻是由十個部落構成，其中的左廂五部還曾一度反對阿史那賀魯。而右廂五部中的泥孰部落也歷來與阿史那賀魯不睦。所以，突厥人表面上強大，實則內部矛盾重重。

蘇定方一邊命步兵在南部平原上密集排列，擺出了一個長槍陣，一邊親率精銳騎兵在後方的北部平原上列陣。西突厥軍隊依仗人數上的絕對優勢，對唐軍的步兵陣連續發起了三次衝鋒，可是在如林的長槍面前，突厥人付出了極大的傷亡，卻始終無法撕開唐軍的防線。

當突厥軍隊的第三波攻擊又被唐軍擊退後，蘇定方知道其戰鬥力已經衰竭，立刻下令全體騎兵跟隨他一起衝鋒。決戰時刻，西突厥十個部落貌合神離的弱點暴露無遺。在唐軍的猛烈進攻下，突厥人各自為戰，互不相援，最後全線潰敗。蘇定方親率騎兵深入追擊了三十里，斬殺並俘虜了數萬人。

曳咥河會戰次日，蘇定方繼續勒兵追擊，阿史那賀魯自恃兵力仍佔優勢，於是回頭再戰。雙方激戰正酣時，右廂五部突然臨陣倒戈，左廂五部也無心戀戰，倉皇逃回駐地。阿史那賀魯只好帶著殘部向西逃竄。

緊繼蘇定方大破阿史那賀魯之後，由阿史那步真率領的南線唐軍也到了左廂五部駐地，將其逼降。稍後，南線的另一路唐軍阿史那彌射也利用他在西突厥原有的影響力，成功收降了處月、處密兩部落。

顯慶二年（六五七年）冬天，蘇定方親率主力，冒著嚴冬大雪長途奔襲，直逼阿史那賀魯的王庭。阿史那賀魯再次被打了個措手不及，一口氣逃到石國西北部的蘇咄城，結果被蘇咄城主誘捕，旋即被交給唐軍，最後被押往長安。

戰後，大唐帝國在西突厥的土地上設置了昆陵都護府和濛池都護府：以阿史那彌射為昆陵都護，封為「興昔亡可汗」，統領西突厥的左廂五部（五咄陸）；以阿史那步真為濛池都護，封為「繼往絕可汗」，統領西突厥的右廂五部（五弩失畢）。兩個都護府均歸屬安西都護府管轄，曾經強盛一時的西突厥汗國宣告瓦解。

由於西突厥汗國已經不復存在，原本臣服於西突厥的中亞各國，紛紛回過頭來歸附大唐。顯慶四年（六五九年），唐朝廷又在中亞的石國、米國、史國、大安國、小安國、曹國、拔汗那、悒怛、疏勒、朱駒半等國設置了州、縣、府共一百二十七個（這些國家大致分布在今新疆西部、烏茲別克斯坦、阿富汗一帶）。

龍朔元年（六六一年），中亞的吐火羅、嚈噠、罽賓、波斯等十六個國家又相繼歸附大唐帝國。唐朝先後在這十六個國家建立了八個都督府、七十六個州、一百一十個縣、一百二十六個軍府，並將其全部劃入安西都護府的管轄範圍。至此，大唐帝國的疆域已經由西域延伸到了中亞，又從中亞進一步拓展到了西亞的伊朗高原。

顯慶五年（六六〇年）春天，也就是在大唐帝國剛剛平定西突厥後，高宗李治接到了來自新羅的一道奏表。準確地說，這是一封求救信——新羅國王金春秋發出的一封十萬火急的求救信。

他在信中說，百濟再度勾結高麗屢屢入侵，已經佔領了新羅的大片土地，唐朝要是再不出兵，新羅就徹底完蛋了！

看完信後，一股按捺已久的怒火終於在高宗李治的心中升騰起來。當年太宗皇帝親征高麗失敗，不久後便齎志而沒，這件事一直是李治心頭的一個陰影。登基之後，李治暗下決心，總有一天要出兵踏平桀驁不馴的高麗和百濟，完成隋唐三代帝王（隋文帝、隋煬帝、唐太宗）未了的心願，以慰父皇李世民在天之靈！

而高宗之所以遲遲沒有動手，是因為自從他即位以來，帝國高層的權力鬥爭就一天也沒有停止過，他不得不把主要精力放在一系列的政治鬥爭上；同時，帝國為了征討西突厥的阿史那賀魯，在西線共發動了三次遠征，前後歷時六年，付出了相當高的戰爭成本，所以高宗一直無法騰出手來處理朝鮮半島的事務。

雖然這些年來唐帝國沒有對朝鮮半島發動大規模戰爭，但始終沒有停止過對高麗的打擊和襲擾。

自從貞觀十九年（六四五年）親征高麗鎩羽而歸之後，太宗李世民就深刻汲取了失敗的教訓，他認識到——沒有一支強大的海軍承擔運輸和迂迴助攻任務，單憑陸地運輸和陸軍作戰，絕對無法取得高麗戰爭的勝利。於是，太宗隨後就開始大規模擴建海軍，不遺餘力地製造戰船。很快，唐帝國就擁有了一支強大的海軍力量。與此同時，太宗還制定了「有限戰爭」的戰略，不以殲滅敵軍、攻城掠地為目的，而是頻繁出兵，重點襲擊並破壞高麗的農耕區，以此打擊高麗的經濟，為最終平滅高麗鋪平道路。

從貞觀二十一年（六四七年）到顯慶五年（六六〇年）的十幾年間，唐帝國在上述戰略的指引下，從海陸兩線屢屢出兵，持續不斷地對高麗發動襲擾戰。帝國名將如李勣、薛萬徹、程名振、蘇定方、契苾何力、薛仁貴等人，都曾先後開赴高麗作戰，對高麗實施了沉重的打擊。

然而，高麗卻始終是一副死豬不怕開水燙的樣子。就在永徽六年（六五五年），高麗還曾聯合百濟和靺鞨部落，再次悍然入侵新羅，一共佔領了新羅三十三座城池。

當時，唐帝國正在對西突厥用兵。為了避免兩線作戰，高宗李治只好暫時隱忍，只派遣程名振和蘇定方從陸路對高麗發動了一次小規模的進攻，在取得小勝之後就撤回國內，目的顯然不是要與高麗全面開戰，而僅是實施一次必要的戰略威懾。

也許高麗把高宗的隱忍當成了懦弱，所以這一次，高麗才會再度與百濟聯手攻擊新羅，以此向唐帝國叫板。

上帝要讓人滅亡，必先使其瘋狂！

此刻高宗李治眼中的高麗和百濟無疑就是這種自取滅亡的瘋子。因為這是顯慶五年（六六〇年），不是永徽六年（六五五年）。此時，征討西突厥的戰爭已經取得圓滿勝利，權傾朝野的長孫集團也已經全面垮台，高宗李治更是早已奪回一度旁落的天子之權。在此情況下，高麗和百濟居然還敢跟唐帝國叫板，這不是活得不耐煩了嗎？

顯慶五年（六六〇年）三月，高宗制定了先取百濟、再滅高麗的戰略，命蘇定方率水陸十萬大軍出征百濟。同年八月，唐軍由海路進抵朝鮮半島南端的熊津江口，海軍立刻從正面對百濟守軍發動進攻，陸軍則在強行登陸後迅速迂迴到百濟防線的後側進行攻擊。在唐軍的前後夾擊之下，百濟軍隊的防線迅速崩潰，被唐軍斬殺數千人，餘部被迫後撤。

佔領熊津江口後，唐軍水陸並進，直逼百濟都城。

百濟國王扶餘義慈自知此城難保，在唐軍圍城之前，便帶著太子扶餘隆等人逃往北部，只留下次子扶餘泰留守都城。扶餘泰守禦無方，城中軍民紛紛逾城而降。扶餘泰萬般無奈，只好舉城歸降唐軍。

就這樣，唐軍不費一兵一卒便拿下了百濟的都城。百濟都城的失陷頓時引發了多米諾效應，群龍無首的各城城主紛紛舉城歸降。稍後，走投無路的老國王義慈和太子隆也乖乖回來投降了唐軍。不到一個月的時間，百濟的五部、三十七郡、二百座城池和七十六萬戶人口就全部歸降。

唐高宗大喜過望，隨即下詔在百濟設置了五個都督府。

然而，一個立國六百多年、擁有人口將近四百萬的國家，會這麼輕易屈服嗎？

答案是否定的。百濟勇將黑齒常之很快就揭起了反旗，以破竹之勢一連收復了將近二百座城池。緊接著，僧人道琛、將軍福信等人也在周留城聚眾起事，並從日本接回了百濟王子扶餘豐，擁立他為百濟的新國王。

蘇定方屢屢出兵鎮壓叛亂，無奈卻被黑齒常之一一挫敗。面對來勢洶湧的百濟復國浪潮，蘇定方一籌莫展，最後只好留下中郎將劉仁願鎮守熊津都督府，然後撤兵回國。至此，蘇定方在百濟取得的戰果基本上都打了水漂，百濟名義上是唐朝的五都督府，實則只有一座熊津城掌握在唐軍手中。

道琛、福信隨後又率大軍猛攻熊津。危急時刻，高宗緊急起用老將劉仁軌，命他火速援救劉仁願。龍朔元年（六六一年）三月，劉仁軌率部馳援熊津，接連突破百濟反抗軍重兵布防的多道防線，一舉解除了熊津之圍。

稍後，百濟的軍事高層出現內訌。福信刺殺了道琛，兼併了他的部眾，奪取了百濟復國軍的最高指揮權。隨後又大力召集各地的流亡部眾，勢力更加強大。

龍朔元年（六六一年）四月，高宗再命蘇定方進攻高麗。從這一年七月兵圍平壤，到次年（龍朔二年）二月，蘇定方兵團對平壤整整圍攻了八個月，但是這座堅城卻依然固若金湯。

高宗又派出了一支海軍前去增援蘇定方，卻在蛇水（今朝鮮合井江）遭到高麗軍隊的頑強阻擊，結果全軍覆沒。平壤城下的蘇定方兵團得知援軍覆沒的消息，頓時士氣大挫。高宗知道勝利的希望已經渺茫，只好命蘇定方班師。

此時，百濟戰場上的劉仁軌和劉仁願已經在孤城熊津堅守了整整一年。高宗擔心他們無法長期堅持，不得不下了一道敕書——命他們放棄熊津，撤往新羅。

高宗的這道敕令顯然是出於對將士們的關心和體恤，但是作出這個決定卻是痛苦而無奈的。因為最後這支部隊一旦撤出百濟，就意味著唐帝國這兩年來在朝鮮半島上付出的所有努力將全部付諸東流！

劉仁軌無法接受這個結果。他努力說服劉仁願和其他將士，決定苦守熊津，並設法挽救危局。龍朔二年（六六二年）七月，在劉仁軌的計畫和指揮下，熊津城中的唐軍忽然主動出擊，以迅雷不及掩耳之勢，對百濟復國軍發起一場閃擊戰，一連攻克了支羅城、尹城、大山、沙井（均在朝鮮半島西南部）等多座堡壘，殲滅了大量敵軍，繼而又佔領熊津城東面的一座戰略要地——真峴城。

拿下真峴城是百濟戰爭的一大轉折點。因為此城位於百濟與新羅的交通要道上，佔據此城，就等於打通了熊津與新羅的運輸通道，從此唐軍就可以源源不斷地從新羅獲得必要的糧食和給養。

隨後，劉仁願迅速上表向朝廷報捷，並要求增兵。眼見百濟這盤死棋忽然走活了，高宗大喜過望，急命孫仁師率七千人渡海增援。

就在唐軍發動反攻的同時，百濟內部再次爆發了內訌。福信和扶餘豐互相猜忌，最後扶餘豐刺殺了福信，並清除了他的黨羽，然後遣使前往高麗和日本乞援。

孫仁師率援兵進入百濟後，與劉仁願、劉仁軌合兵一處，唐軍聲勢大振。龍朔三年（六六三年）秋天，經過長時間休整的唐軍決定對百濟復國軍發起全面反攻。唐軍兵分兩路：孫仁師、劉仁願會同新羅軍隊從陸路進攻；劉仁軌則與副將杜爽、百濟降將扶餘隆率海軍出熊津江，在白江口與陸軍會師，一同夾擊周留城。

與此同時，日本應扶餘豐的請求，已經出動一支龐大的海軍支援百濟。

這一年八月二十六日，當劉仁軌率領海軍進抵白江口時，日本海軍已經在此嚴陣以待。

中日海軍在歷史上的第一次大規模會戰——白江口戰役，就此拉開序幕。

日本海軍的兵力將近四萬人，擁有一千艘戰船；而大唐海軍的兵力大約是一萬三千人，戰艦一百七十艘。作為中日兩國海軍的首次交鋒，雙方都不了解彼此的實力，所以在第一天的戰鬥中都表現得比較謹慎。兩軍只是彼此發動了幾次試探性進攻，試圖摸清對方的戰術和打法，隨後便各自收兵。第一天的戰鬥，以日軍損失幾艘戰艦而告終，唐軍小勝。

八月二十七日，中日海軍在白江口的決戰正式打響。白江口碧波萬頃的海面上，戰船密布，千帆相連，日本海軍採用既定的戰術，憑藉數量上的絕對優勢，率先對唐軍發動進攻。當一千艘日軍戰艦以排山倒海之勢向唐軍徬來時，唐軍的戰艦上萬箭齊發，瞬間便有大量日軍士兵中箭身亡。

兩軍接戰之後，日軍迅速以穿梭戰術插入唐軍艦隊之中，憑藉六比一的優勢將唐軍各艦團團包圍。就在此刻，唐軍艦船上的投射機突然拋出無數火球，全部砸向日艦。頃刻之間，日本的數百艘軍艦同時燃起熊熊大火，滾滾濃煙沖天而起，海面上到處是一片鬼哭狼嚎，日軍士兵紛紛跳入海中逃生，但是一個個都成了唐軍弓箭手的活靶子，就算不被燒死溺死，最後也都被箭射死……

困獸猶鬥的日本海軍不甘失敗，連續四次重整隊形，前後對唐軍發動了四次衝鋒，但是每一次都有大量艦船被毀，眾多士兵傷亡。這一天，「煙炎灼天，海水盡赤」，唐軍「四戰皆捷，焚其舟四百艘」。（《資治通鑑》卷二〇一）日軍殘部倉皇撤離白江口海面，張起船帆拚命逃回了日本。

隨後，唐軍水陸兩路並進，迅速攻克了百濟反抗軍的總部周留城。

發生在西元七世紀的這場中日大海戰，以中國海軍的全面勝利告終。

同時，白江口海戰也是百濟戰爭中規模最大的一次會戰，此戰的勝利宣告了百濟復國運動的徹底失敗。日軍勢力撤出朝鮮半島後，百濟國王扶餘豐萬念俱灰，只好流亡高麗，他的兩個兒子忠勝、忠志率百濟殘部向唐軍投降。稍後，百濟猛將黑齒常之、沙吒相如等人也相繼率部歸降。

到此，百濟全境終於重新回到唐軍手中。

百濟的滅亡，讓北方的高麗不可避免地產生了一種唇亡齒寒的憂懼。

乾封元年（六六六年），從泰山封禪歸來的唐高宗李治得到了一個令他喜出望外的消息——高麗權臣泉蓋蘇文死了。高宗李治開始密切關注高麗的局勢。

不久，泉蓋蘇文的三個兒子爆發內訌，長子泉蓋男生被次子泉蓋男建篡奪了相位，逃亡遼東，並派遣兒子泉蓋獻誠前往長安，請求唐高宗發兵救援。這無疑是征服高麗的天賜良機！

乾封元年（六六六年）十二月十八日，高宗任命李勣為遼東道行軍大總管，以郝處俊、契苾何力、龐同善為副大總管，率高侃、薛仁貴、郭待封等人，分海陸兩路大舉進擊高麗。

這一年，李勣已經七十五歲高齡，是燦若星辰的大唐開國名將中真正碩果僅存的老將。從大業年間開始，李勣歷經隋末的群雄混戰、大唐的開國戰爭、以及貞觀時代的平滅東突厥、薛延陀之戰，可謂是身經百戰、軍功赫赫。更重要的是，在貞觀末年太宗親征高麗的戰爭中，李勣作為主將之一，累積了豐富的遼東作戰的經驗。所以，除了李勣，沒有誰更適合擔任此次東征高麗的統帥。

乾封二年（六六七年）九月，李勣親率陸路主力進入遼東，一舉攻克高麗在遼東的軍事重鎮新城（今遼寧撫順市北），然後揮師東進，以破竹之勢連下遼東十六座城池，高麗舉國震恐。

泉蓋男建慌忙派遣軍隊對駐守新城的唐軍發起反攻，被薛仁貴擊退。稍後，高侃兵團進抵金山（今遼寧康平縣東），與高麗大軍展開遭遇戰。唐軍失利，被迫後撤，高麗大軍乘勝追擊，準備一舉吃掉高侃兵團。就在此時，薛仁貴兵團突然從高麗軍隊的側翼殺出，將其截為兩段。高侃兵團隨即掉過頭來，與薛仁貴前後夾擊，高麗軍隊猝不及防，隨即四散潰逃。

這一戰打得異常慘烈，高麗軍隊一共被斬首五萬餘級，遭到前所未有的重創。薛仁貴與高侃挾新勝之威，又連克南蘇（今遼寧西豐縣南）、木底（今遼寧新賓縣）、蒼岩（今遼寧清原縣東）三城，並與泉蓋男生會師。

二月，李勣揮師繼續向高麗縱深挺進。猛將薛仁貴在金山大捷之後，又擔任前鋒攻下了遼東的另一座軍事重鎮——扶餘城（今吉林四平市）。一聽說重鎮扶餘城被薛仁貴一戰而下，扶餘平原上四十餘城的守將頓時膽破，沒過多久就全部望風而降。

唐軍在遼東戰場上所向披靡，泉蓋男建大為恐慌。他隨即調集結了五萬大軍，火速向扶餘城逼近。總章元年（六六八年）二月底，兩軍在薛賀水（流經遼寧鳳城市境）展開大規模會戰，結果高麗軍隊再次遭遇慘敗，陣亡三萬餘人。

薛賀水大捷後，李勣又乘勝東進，攻克了鴨綠江西岸的軍事重鎮——大行城（今遼寧丹東市）。拿下該城，意味著廣袤的遼東土地已經全部落入唐軍手中，平壤的門戶已經轟然洞開。

總章元年（六六八年）夏天，各路唐軍會師於大行城，經過數月休整之後，於八月對鴨綠江的高麗守軍發起強攻。此時，屢戰屢敗的高麗軍隊的士氣已經落到了低谷，而唐軍挾數次大捷之威，士氣正空前高漲。高麗軍隊當然抵擋不住唐軍的強大攻勢，很快就全線崩潰。

唐軍越過鴨綠江，進入朝鮮半島，一鼓作氣向東追擊了二百餘里，並順勢攻下了半島北部的要塞辱夷城（平壤城西北）。至此，高麗大勢已去。其他各城的守將聞風喪膽，要麼棄城而逃，要麼舉城歸降，唐軍如入無人之境。勇將契苾何力擔任前鋒率先殺到平壤城下，緊接著，李勣的主力也進抵平壤，隨即將其團團圍困。

平壤作為高麗的都城，經過多代人的苦心經營，其防禦體系可謂固若金湯。此前蘇定方曾經對它圍攻了八個月，最後也不得不黯然收兵，可見平壤的確是一座名副其實的堅城。

然而，世界上最堅固的東西並不是城牆，而是人心。

隋唐兩朝的多位帝王之所以屢屢在高麗這個東夷小國折戟沉沙，並不僅僅是因為高麗的城牆特別堅固，而主要是因為高麗君臣能夠團結一致，舉國上下同仇敵愾。而今日，平壤雖然依舊擁有堅固的城牆，但是此刻的高麗君臣顯然已經失去了拒敵的勇氣和抗戰到底的決心。所以，這樣一座貌似堅固的堡壘，到頭來也就避免不了從內部被攻破的命運。

唐軍圍攻平壤一個月後，高麗國王高藏就帶著泉蓋男建的弟弟泉蓋男產，以及高麗朝廷的各級文武官員共九十八人，趁泉蓋男建不備，偷偷縋下城牆，手舉白幡歸降了唐軍。

不久，泉蓋男建的心腹，手中握有兵權的武僧信誠又派祕使與李勣接洽，表示願意充當內應，投降唐軍。總章元年（六六八年）九月十二日，信誠忽然打開城門，唐軍隨即蜂擁而入。李勣命士兵攀上城牆，插上唐軍旗幟，擂鼓吶喊，並且焚燒城牆四周的各個城樓，平壤城頓時陷入一片混亂。

聽著驚天動地的喊殺聲，看著到處燃燒的熊熊火焰，泉蓋男建絕望了。他拔出佩劍，狠狠刺進了自己的胸膛……這一天，平壤陷落，立國長達七百零五年的高麗王國宣告滅亡。

戰後，唐朝將高麗劃分為九個都督府、四十二個州、一百個縣，同時在平壤設立安東都護府，統一管轄。各都督、刺史、縣令的職位由一部分有功的高麗舊將出任，另外也配備了一部分中國官員協同治理。薛仁貴由於在此次東征中戰功卓著，被擢升為右威衛大將軍，並出任安東都護，率二萬人馬鎮守。

高麗戰爭的勝利是來之不易的。隋唐兩朝、四代帝王都曾經為了征服高麗而傾注大量心血——隋文帝楊堅於開皇十八年（五九八年）發動三十萬大軍征討高麗，結果未及踏上高麗國土就遭遇天災和疾病，導致士兵死亡十之八九；隋煬帝楊廣更是因為三征高麗而耗盡國力，引發國內風起雲湧的全面叛亂，最終葬送了隋朝江山；天縱神武的唐太宗李世民一生中最大的失敗，也是因為在貞觀十九年（六四五年）親征高麗，此次失敗不但拖垮了他的身體，而且沉重打擊了他的精神，使他在短短幾年後就抱憾而終、齎志而沒；直到唐高宗李治的時代，即便他繼承了貞觀時代強大的國力和豐厚的人才資本，可還是在龍朔二年（六六二年）第一次東征高麗時遭遇了失敗，並因此幾乎放棄對整個朝鮮半島的經略……如此種種，足以證明高麗人確實具有一種出乎尋常的堅韌與頑強。

作為朝鮮半島上的蕞爾小國，高麗屢屢橫挑強鄰，頻頻遭到大軍征伐，卻一次又一次以弱勝強，在當時周邊國家無不被唐帝國一一征服的情況下，唯獨只有它始終屹立不倒，誠可謂絕無僅有，亦足以令人刮目相看。

如果不是泉蓋蘇文之死，以及後來他三個兒子為了爭奪權力而爆發內訌，唐帝國征服高麗的時間表，也許還要被大大推遲。

平滅高麗，標誌著唐王朝的軍事擴張達到了一個巔峰，大唐的版圖也至此臻於極盛。

二五、曠世女皇武則天（上）

唐貞觀十二年（六三八年）深冬，一個大雪紛飛的早晨，已故荊州都督、應國公武士彠的次女被一駕皇家馬車接進了宮中。送別女兒的那一刻，應國夫人楊氏忍不住潸然淚下。她為女兒此去的命運擔憂，也為今生很可能不復相見而傷感。沒想到年僅十四歲的女兒卻一臉從容地對她說：「見天子庸知非福，何兒女悲乎？」（**《新唐書・則天武皇后傳》**）見天子怎知不是福分，何必像小兒女一樣悲泣？

楊氏怔怔地看著自己的女兒，驀然止住了哭泣。那一刻，她的目光中滿是錯愕。因為女兒讓她感到了一種陌生。要到很多年以後，楊氏才會明白女兒這句話意味著什麼。

太宗皇帝的後宮是一座姹紫嫣紅、爭奇鬥妍的大花園，除了成百上千的普通宮女之外，皇帝還擁有四妃（一品）、九嬪（二品）、九婕妤（三品）、九美人（四品）、九才人（五品）、二十七寶林（六品）、二十七御女（七品）和二十七采女（八品）。這八級一百二十一人共同組成了皇帝的妃嬪群，制度上的名稱叫「內官」，都有各自不同的分工和職能。武則天入宮後，被封為五品才人，職責是「掌敘宴寢，理絲枲，以獻歲功」（**《舊唐書・職官志》**），亦即安排宮廷宴樂，伺候天子起居晏寢，管理宮女的蠶絲紡織等等。

事後來看，武則天擔任的這個「掌敘宴寢」的職務多少還是有點近水樓台先得月的優勢，因為她畢竟經常有伺候天子沐浴更衣、休息晏寢的機會。雖然史書沒有明確記載武則天是否得到過太宗的臨幸，但是從她的工作性質來看，至少在機率上，武則天曾經為太宗侍寢的可能性還是很大的。此外，史書明載太宗皇帝曾給她賜名「武媚」，這起碼也算是一個旁證，足以表示李世民曾一度對武則天產生過關注和興趣。

然而，儘管武則天很可能得到過太宗的臨幸，可她並未因此得寵。太宗就像是在百花爭豔的花園裡隨手摘下其中一朵，放在鼻子邊嗅了嗅，然後就隨手拋棄了。年輕的武則天從此開始了她漫長而寂寥的深宮生涯，她生命中最美麗的花樣年華就這樣在星移斗轉、浮雲變幻的歲月中逐漸消逝。

貞觀十九年（六四五年）冬天，太宗李世民在遼東戰場上遭遇了他一生中最慘重的一次失敗。這一前所未有的失敗給他的內心造成了難以治癒的創傷，與此同時，他的身體也開始被各種各樣的病魔纏繞。一向仁孝的李治對太宗的病情滿腹牽掛，他每隔一天在東宮聽政，其餘時間則始終待在太宗居住的承慶殿，「入侍藥膳，不離左右」。（《資治通鑑》卷一九八）太宗不忍心看到太子總是奔波於東宮和承慶殿之間，便命人在寢殿之側安置了一座別院，專供太子休息。

才人武媚與太子李治就這樣邂逅於太宗皇帝的病榻前。

一樁命中注定的宮闈情緣從此把他們的命運緊緊捆綁……

貞觀二十三年（六四九年）五月，太宗駕崩。按規定，沒有子嗣的妃嬪必須循例出家，武則天隨即被送往感業寺削髮為尼。這一年，武則天二十五歲。這原本是一個女人生命力最旺盛的年齡，可一襲冷酷的緇衣卻把她飽滿欲滴的生命徹底囚禁了，令她在清規戒律的樊籠中無可逃脫地乾癟和枯萎。

每當夜闌人靜的時候，武則天總是鋪開一紙素箋，用筆墨一遍遍傾訴著自己的愛斷情傷。其中一首名叫《如意娘》的樂府，後來被收進了《全唐詩》中：「看朱成碧思紛紛，憔悴支離為憶君。不信比來長下淚，開箱驗取石榴裙。」

永徽元年（六五〇年），當武則天依舊在感業寺裡「看朱成碧」、「憔悴支離」的時候，年輕的天子李治正在以一種意氣風發的姿態指點著大唐江山。如果不是在太宗周年忌日的時候，高宗李治必須循例前往感業寺行香，如果詭譎的命運沒有再度安排他和她邂逅相遇，那麼日理萬機的年輕天子也許會把那個風情萬種的才人武媚徹底遺忘，而中國歷史或許也就不會出現那個空前絕後的女皇武則天。

這一年五月二十六日，新君李治在文武百官的陪同下來到感業寺行香。人群後的一個女尼忽然用力撥開擋在她前面的幾個人，逕直走到了天子面前。

四目相對的這一刻，天子李治就像被雷電擊中一樣，張大了眼睛，木立當場。過後，李治避開眾人，悄悄把武則天叫到了客堂。武則天走進客堂的時候，一眼就看見了天子臉上複雜的表情——那上面寫滿了激動和驚喜，同時也有一絲隱隱的尷尬和歉意。

這樣的時刻，有太多的言語需要表達，有太多的衷腸需要傾訴，但是武則天卻讓它們全都化成了幸福而感傷的淚水，任它們在自己的臉上肆無忌憚地奔湧和流淌。

此情此景，天子李治再也無法抑制胸中沸騰的情感，兩行清淚順著他的臉頰潸然而下。

那一瞬間，李治和武則天執手相看淚眼，竟無語凝噎。（《唐會要・皇后》：「上因忌日行香，武氏泣，上亦潸然。」）

天子在感業寺與武則天相見對泣之事很快就傳進了王皇后的耳中。

王皇后雖然表面上貴為皇后，可她卻是一個不幸的女人。因為李治的寵愛幾乎都在另一個女人蕭淑妃的身上。由於長期得不到李治寵愛，所以她始終沒有生育。與她相反，蕭淑妃則在短短幾年間就生下了一子二女。

都說母以子貴，有了這一子二女，蕭淑妃不僅後半生的榮華富貴有了保障，而且隨時有可能取代王皇后。對此，王皇后一直感到岌岌可危。所以當她得知天子在感業寺有一段舊情時，心裡馬上有了一個計策。

王皇后隨即命人暗中把武則天控制起來，並讓她偷偷蓄髮，然後又以皇后的身分擺出一副寬容大度的姿態，極力勸說天子把武則天納入後宮。李治與武則天本已舊情復燃，皇后的這個建議無疑給他們提供了一個再續前緣、舊夢重溫的機會，於是李治欣然採納。

永徽二年（六五一年）七月，在王皇后的祕密策劃和安排下，武則天終於結束了感業寺的尼姑生涯，再度進入了太極宮。

第一次入宮，她十四歲。現在，她已經二十七歲。

從表面上看，命運繞了一大圈，彷彿又回到了原來的起點。然而武則天知道，這絕對是一個全新的起點。

可是，有一點武則天卻不得不承認，儘管她擁有天子之愛，可如今的她卻沒有絲毫名分，甚至比十三年前初入宮的時候還不如——當時的她至少也是一個五品才人，可眼下的她只是王皇后身邊的一個小小侍女。從這個意義上說，她目前的起點甚至比過去的還低。

所以，武則天知道自己必須把所有的鋒芒都深深斂藏。換言之，她必須比以往任何時候都更加謙恭、更加謹慎、更加韜光養晦、更加低調做人。而最重要的是——她必須把王皇后伺候得舒舒服服，並且取得她的絕對信任。（《資治通鑑》卷一九九：「武氏巧慧，多權數，初入宮，卑辭屈體以事后。」）

武則天知道，只有這樣，最終才能將王皇后取而代之！

在王皇后這個「貴人」的蔭庇和幫助下，武則天終於迎來了生命中的第一次輝煌——大約在永徽三年（六五二年）七月左右，她被立為二品的「昭儀」，位列九嬪之首，地位僅次於皇后和四妃。

在立為昭儀的數月之後，武則天又雙喜臨門，生下了長子李弘。天子李治的欣喜之情溢於言表，對武則天的寵愛更是有增無減。相形之下，那個曾經壟斷了天子之愛的蕭淑妃，其命運則是一落千丈，幾乎已被天子徹底遺忘。

王皇后大喜過望。可她無論如何也不會料到，老對手蕭淑妃雖然倒下了，可更為強勢的對手馬上又出現了。她就是王皇后一手提拔起來的昭儀武媚。

就在王皇后完全沒有防備的情況下，這個曾經溫順而乖巧的武媚，這個看上去絲毫不構成威脅的武媚，居然明目張膽地發起了對皇后之位的挑戰！猝不及防的王皇后被迫與她過去的敵人蕭淑妃重新聯手，硬著頭皮匆匆投入了戰鬥……

這場驚心動魄的後宮之戰最初是以情報戰的方式打響的。

據說，王皇后是一個不善於籠絡人心的人，史書稱她「性簡重，不曲事上下」。（《新唐書・則天武皇后傳》）因此她雖然入宮多年，但從未在後宮中培植起一支真正屬於自己的勢力，也沒有在天子左右安插自己的耳目和親信。

相形之下，武則天就要比她高明許多。

從二度入宮的第一天起，武則天就知道，要想在這個地方站穩腳跟並且出人頭地，僅僅依靠天子的寵愛是不夠的，你還必須擁有一個堅實而寬廣的群眾基礎。所以武則天再入宮門之後，就一直不遺餘力地廣結善緣，不管對方身分高低，只要是她認為有用的，就一定會刻意逢迎，與其建立良好的關係。到她被立為昭儀、並且與王皇后的矛盾逐漸公開化之後，武則天更是加緊了籠絡人心的步伐。尤其是那些被王皇后一家子輕視和冷落的人，武則天更是傾力結交。凡是天子賞賜給她的錢物，她總是一轉手就送給了那些人，自己則不留分毫。（《新唐書・則天武皇后傳》：「昭儀伺后所薄，必款結之，得賜予，盡以分遺。」）

武昭儀的平易近人和慷慨大方迅速贏得了宮中各色人等的心，她的人氣指數直線飆升。凡是跟她打過交道的人，無不被她的人格魅力深深吸引，因而都願意為她效犬馬之勞。短短幾年間，武則天就成功地締造了一張無孔不入的後宮情報網。從此，王皇后和蕭淑妃的一言一行、一舉一動，都在她的眼皮底下和掌握之中。武則天穩穩盤踞在這張網的中央，每天聽取並收集著從各種管道傳遞到她手中的情報，然後一一甄別，挑出對王皇后和蕭淑妃不利的東西，第一時間就告到了天子那裡。

與此同時，王皇后和蕭淑妃當然也是使盡渾身解數，尋找一切可能的機會對武昭儀進行反擊。

但是這種蜚短流長、捕風捉影的情報戰，其效果似乎並不理想。因為天子李治對女人們在背後互相使絆子這一套好像不太感冒。他採取了裝聾作啞、不聞不問的方式，不管雙方說了多少對方的壞話，他一概不表態，讓所有讒毀之言自來自去、自生自滅。

武則天很快就意識到這樣的手段實在難以奏效，要想把對手徹底打垮，似乎應該另闢蹊徑，尋找更為有力的辦法。

時光很快走到了永徽五年（六五四年）的年初，那時候除了長子李弘之外，武昭儀又給天子生下了一個活潑可愛的小公主。李治對這個漂亮的小公主鍾愛有加，每天政務之餘都會抽空過來看上一眼，抱上一抱。

當時，王皇后與武昭儀的矛盾已經是人所共知的事實，而且誰都知道，不能生育的皇后對連生二胎的武昭儀恨之入骨，嫉妒得要發狂，就跟她當初嫉妒蕭淑妃時一樣。可是作為後宮之主，在得知武昭儀又產下一女之後，王皇后卻不得不故作姿態，隔三岔五總要來看望一下武昭儀和小公主，以表關心和慰問。每次來「慰問」的時候，出於必要的禮貌，也出於女人的天性，王皇后總不免要抱起女嬰逗弄一番。

有一天，王皇后照例來看望小公主，武昭儀也不動聲色地在一旁陪著笑臉。王皇后剛剛離去後，李治上完早朝也過來了。當他掀開溫暖的錦衾，抱起的卻是一具冰冷的屍體。極度震驚的天子向周圍的人發出了暴怒的質問，而武昭儀則猛然發出一聲淒厲的哭喊，同時身形搖晃，狀若暈厥。

是誰殺了小公主？負責伺候小公主的宮女們在第一時間被叫到了天子面前。在天子的厲聲質問下，眾人異口同聲地說——剛剛只有皇后來過。

那一刻，天子咆哮如雷：皇后殺了我的女兒，皇后殺了我的女兒！

王皇后聽到這個可怕的消息時驚訝得目瞪口呆，她無論如何也想不到自己會變成一個扼殺女嬰的凶手，然而所有不利的證詞和懷疑的目光都在同一時刻指向了她，令她百口莫辯、無以自解。滿腹冤屈的王皇后很快就清醒過來了，她確信這是心狠手辣的武昭儀對她實施的一個苦肉計，可她卻沒有任何辦法證明這一點。

而且她知道，就算她說出來也沒有人會相信她。因為人們寧可相信一個受到傷害的可憐的母親，也不會相信一個被嫉妒之火燒壞了心腸的女人。

永徽五年（六五四年）的這樁「女嬰猝死」案直到千百年後仍然是一個未解之謎。按照相關正史的記載，人們普遍認為是武昭儀親手扼死了自己的女兒，以此嫁禍於王皇后。然而後世史家卻不斷有人提出質疑，理由是「虎毒不食子」，儘管武則天在對付政敵的時候確實非常殘忍，可是作為一個母親，她怎麼可能對自己的親生女兒下此毒手呢？

論者從普遍人性與人之常情的角度提出質疑，應該說是不無道理的，但他們卻忽略了一個最基本的事實，那就是——武則天從來就不是一個可以按世俗規範去衡量、可以用常情去揣度的人物。如果一般的道德規範可以束縛武則天，那她就絕不可能成為中國歷史上獨一無二的女皇帝；如果世間的常情常理可以界定武則天，那她一生中大多數所作所為就通通變成不可理喻的了，又何止殺嬰一事？

暫且不說武則天在後來漫長的一生中還有多少突破常規的作為，單純從她早年的許多言行和經歷來看，我們就不難看出她那非同尋常的人格特徵，尤其是在她的人生遭遇瓶頸或者陷入困頓的時候，她的表現就更是迥異於常人。比如十四歲離家入宮的時候，她母親楊氏哭得何其悲切，可她居然說出「見天子庸知非福」的話，那份鎮定、樂觀和自信，又豈是同齡人可以比擬？再如當年為了博得太宗的賞識和青睞，在馴馬場上故作驚人之語，用想像中的鐵鞭、鐵錘和匕首「殘殺」了太宗鍾愛的獅子驄，其表現又是何等出格出位？又如在太宗的病榻之側，居然敢和太子激情燃燒、共浴愛河，那份渴望改變命運的勇氣和冒險精神，又豈是常人可以理解和想像？

所以，當武則天在通往皇后寶座的道路上遭遇障礙的時候，當她發現女兒的犧牲足以成全她對於權力的野心和夢想的時候，她為什麼就不能像從前屢屢做過的那樣，再一次逾越人性的藩籬，再一次顛覆世俗的道德規範，毅然決然地扼住女兒的咽喉呢？

其實，對於那一刻的武則天而言，與其說她扼住的是女兒的咽喉，還不如說她扼住的是敵人的咽喉、命運的咽喉！

誠如學者胡戟所言：「當時的情勢之下，武則天除非施展宮廷陰謀，腳踩自己女兒幼小的屍體，否則是很難朝皇后位置進一步的。……既然沒有退路，她絕不安分守己聽天由命。於是下毒手嫁禍於人的做法，也就是在最不合情理的情理之中了。」（胡戟《武則天本傳》）

當然，不論武則天如何決絕和無情，這件事對她造成的傷痛仍然是巨大而深遠的。時隔十二年後，武則天還專門為女兒舉辦了一場異常隆重的遷葬儀式，葬禮規格用的是「鹵簿鼓吹」的「親王之制」，顯然已經逾制。此外，她還把這個夭折的長女追封為「安定公主」，諡號為「思」。這個諡號不僅表達了她對女兒的綿長哀思，而且蘊藏著另一層更深的意味。

依照有唐一代的諡法，「追悔前過曰思」。於是，我們就有理由問這樣一個問題：在時過境遷的十幾年後，還有什麼樣的「前過」值得母儀天下的武則天追悔不已的呢？

答案是不言自明的——這是武則天對長女的虧欠。

事後來看，「女嬰暴卒」事件無疑是永徽年間這場後宮之戰最重要的轉捩點。因為高宗李治就是從這個時候起產生了廢后之意，他對王皇后由冷淡變成了憎恨，而對武昭儀的寵愛和信任則與日俱增，超過了以往的任何時候。（《新唐書・則天武皇后傳》：「后無以自解，而帝愈信愛，始有廢后意。」）

永徽六年（六五五年）十月，高宗和武昭儀在李勣、許敬宗、李義府等大臣的襄助下，終於力挫反對派長孫無忌等人，把王皇后和蕭淑妃雙雙廢黜，隨即冊立武昭儀為皇后。

這一年十一月初一，太極宮隆重舉行了新皇后武則天的冊封大典。當盛妝華服的皇后武則天終於出現在肅義門巍峨雄偉的城樓上時，整座太極宮霎時間鐘鼓齊鳴，等待已久的人們懷著無限神往的心情紛紛把目光投向城樓。那天有風從終南山的方向吹來，人們看見皇后武則天的衣袂和裙裾在風中款款拂動，宛如一隻展翅欲飛的彩翼鳥。

許多初次目睹皇后儀容的官員和藩使都不約而同地在心裡發出了一聲驚歎。讓他們感到訝異的是，這個新皇后的容貌雖然談不上什麼沉魚落雁、羞花閉月，但是她的氣質、風韻和神采卻分明讓人有一種超凡出塵、絕世驚豔之感，尤其是她身上自然散發出的那種攝人心魄的女性魅力，更是絕大多數婦人所沒有的。

在響徹雲霄的鐘鼓之聲中，司空李勣和左僕射于志寧代表朝廷向武則天奉上了皇后璽綬。這一刻，武則天的眼前忽然閃現出十七年前那個大雪飄飛的冬日。想當年，十四歲的武則天只是一株含苞待放的青澀花蕊，被隨意栽植在掖庭宮的某個角落裡寂寞成長；而今天，三十一歲的皇后武則天已經以一種母儀天下的姿態佇立在肅義門上，接受萬眾的頂禮膜拜。

武則天知道，自己的輝煌人生其實才剛剛開場……

二六、曠世女皇武則天（中）

顯慶五年（六六〇年）十月，也就是高宗李治剛剛從長孫無忌手中奪回大權不久，還沒等他仔細品嘗一下獨攬朝綱的滋味，李唐皇族的遺傳病——風疾就在他身上爆發了。史稱其「風眩頭重，目不能視」，也就是眩暈、頭痛、視力嚴重衰退，並伴有間歇性失明。

發病的這一年，李治才三十三歲，本來正是精力旺盛的年齡，可這個該死的遺傳病卻讓他好像一下子老了三十歲。李治為此大為苦惱，可是又萬般無奈。每當百官奏事的時候，力不從心的李治不得不經常讓武則天一同臨朝聽政，協助他裁決政務。

就這樣，剛剛正位中宮的武則天再次得到了上天的眷顧。在她本人都始料不及的情況下，命運之手就把她一下子推到了政治舞台的中心。

不過，武則天很快就進入了角色。

她天性聰穎，反應敏捷，加上深厚的文史素養，以及對政治的天然熱衷和高度悟性，這一切都使她在處理政務的時候顯得從容不迫、遊刃有餘。高宗李治對皇后的表現非常滿意，「由是始委以政事，權與人主侔矣」。（《資治通鑑》卷二百）

從此，武則天開始順理成章地與她的夫皇分享帝國的最高權力。

在隨後的幾年中，高宗的健康狀況始終不見改善，所以武則天干政的機會越來越多，而她的政治野心也隨之不斷膨脹。高宗李治不無悲哀地發現——當年那個「屈身忍辱，奉順上意」的武媚已經不見了，取而代之的是一個從頭到腳都生長著權力欲望的女人。這個女人非但不再順從他、尊敬他，反而一步一步架空他，甚至已然凌駕了他！

悲哀之餘，李治感到了一種強烈的憤怒。（《資治通鑑》卷二〇一：「（武則天）及得志，專作威福，上欲有所為，動為后所制，上不勝其忿。」）

一切都和當年的長孫無忌如出一轍。

不，是比當年的長孫無忌有過之而無不及！

麟德元年（六六四年）冬天，忍無可忍的高宗李治密令宰相上官儀起草詔書，準備廢黜武則天。關鍵時刻，武則天的宮廷情報網再次發揮了生死攸關的作用。她得到密報後，立刻去找高宗，迫使他收回成命，並且處死了上官儀。這場有驚無險的廢后風波過後，武則天反而獲取了更大的權力。史稱：「自是，上（高宗）每視事，則后（武則天）垂簾於後，政無大小皆預聞之。天下大權，悉歸中宮；黜陟生殺，決於其口。天子拱手而已，中外謂之二聖。」（《資治通鑑》卷二〇一）

一個「二聖臨朝」的時代就此掀開大幕。

這一年，武則天四十歲。

上元元年（六七四年）八月，武則天玩了一個「追尊祖宗」的把戲，給李唐的歷代祖宗都加上一些尊貴的字號，然後以「避先帝、先后諱」為由，尊高宗李治為「天皇」，自稱「天后」。皇后與天后一字之差，就讓武則天從古往今來的眾多皇后中脫穎而出，成了獨一無二的「天字頭」皇后，只此一家，別無分店。

說是為了避諱，好像很謙虛，其實誰都看得出來，「天后」絕對要比「皇后」尊貴得多。因為「后為坤德」，皇后再怎麼尊貴也絕不能和「乾」、「天」扯上關係，可如今武則天居然自稱「天后」，這顯然已經突破了宗法禮教的限制，把自己與至高無上的天子完全並列了！

變身天后的這一年，武則天五十歲。

這是繼麟德元年「二聖臨朝」之後，武則天在通往女皇的道路上邁出的又一大步。

上元二年（六七五年），隨著高宗身體的日漸衰弱，更隨著武則天在政治上的日益強勢，一個異常敏感而微妙的問題，就突顯在李唐朝廷的面前。

那就是——萬一重病纏身的高宗駕鶴西去，大唐帝國的最高權力將落入誰的手中？是天后武則天，還是太子李弘？

此時的李弘已經二十四歲，早已成年，而且是法定的皇位繼承人。在正常情況下，高宗一旦賓天，當然應該由他入繼大統。這本來是毫無疑問的。可它之所以變成一個問題，是因為武則天早把李弘當成了政治上的對手。

從小到大，生性仁厚的李弘對專橫冷酷的武則天一直心懷反感，所以母子之間的關係非常緊張，屢有抵牾。早在麟德元年（六六四年），廢太子李忠（王皇后的義子）被賜死於黔州，死後暴屍荒野，無人收葬。李弘得知後，深感哀憐，立刻上表請求高宗收葬這個異母兄長。此事令武則天非常不快，儘管她表面上也不得不跟著高宗和其他人一起稱讚太子仁厚，可實際上從這個時候起，她對這個頗有主見的兒子就開始生出不滿和警惕了。

到了咸亨二年（六七一年），又一個敏感事件的發生，導致李弘與武則天的矛盾衝突迅速趨於尖銳、並且完全公開化了。

這個事件是由蕭淑妃的兩個女兒——義陽公主和宣城公主引發的。

那一年，由於關中饑荒，高宗和武則天率文武百官前往東都就食，讓李弘留在京師監國。一個偶然的機會，李弘忽然發現義陽、宣城二公主自從她們母親死後一直被幽禁在掖庭冷宮。這個意外發現讓李弘大為驚訝，同時也產生了強烈的惻隱之情。當時，義陽公主大約二十七八歲，宣城公主也已二十四歲，由於唐朝女子出嫁的高峰年齡段都在十五歲左右，所以二公主顯然已屬大齡女了。

有鑑於二公主這麼多年來一直受到不人道的待遇，而且早已過了適婚年齡，所以李弘立刻上奏，請求高宗和武則天為她們選擇夫婿，讓她們出嫁，過正常人的生活。

看見太子的奏疏後，高宗當即應允，可武則天卻勃然大怒。

眾所周知，蕭淑妃是武則天當年的死敵，她和王皇后的結局之悲慘，朝野上下的人們都有目共睹，並且記憶猶新。所以這麼多年來，儘管大家明知道蕭淑妃的兩個女兒受到了不公正待遇，可始終沒有人敢替她們說話。

可人們萬萬沒有料到，在事過境遷的多年之後，居然會有人站出來幫兩個落難公主求情。更讓人出乎意料的是，這個人居然是武則天的親生兒子李弘……

這真是一個絕妙的諷刺！

在武則天看來，太子這麼做，擺明了是在以他的慈悲仁義襯托她的冷酷無情，更擺明了是在挑戰她這個母親的權威！

然而，武則天畢竟是一個城府極深的女人，不管她心裡如何翻江倒海，表面上還是不動聲色。面對太子的上疏，武則天拿出了一副寬宏大度的姿態，當即把義陽、宣城二公主許配給了高宗的兩個近身侍衛。

整個事件以武則天再一次妥協退讓、李弘又一次如願以償而告終。表面上什麼問題都沒有，可事實上，經過這個「請嫁二公主」事件之後，武則天與李弘的母子關係已經瀕臨破裂的邊緣。史稱，太子李弘「由是失愛於天后」。（《資治通鑑》卷二〇二）

也許就是從這個時候起，太子李弘的悲劇就已經注定了。

上元二年（六七五年）四月，高宗忽然對太子李弘表示，準備將皇位內禪於他。

這個突如其來的消息對武則天而言不啻於晴天霹靂。

後來發生的事情眾所周知——上元二年（六七五年）四月，大唐帝國的太子李弘隨高宗、武則天從幸東都，忽然暴亡於合璧宮綺雲殿。

李弘死後，朝廷在第一時間以高宗名義發表了官方聲明，宣稱李弘是因「沉瘵嬰身」、「舊疾增甚」而自然死亡，然而大多數史料卻認為李弘是被武則天鴆殺。比如《資治通鑑》就稱：「太子薨於合璧宮，時人以為天后鴆之也。」此外，《舊唐書・肅宗諸子列傳》、《唐會要・追諡皇帝》這兩種史料，都記載了中唐名臣李泌與唐肅宗的一段談話，明確認為是武則天鴆殺了李弘：「孝敬皇帝，為太子監國，而仁明孝悌。天后方圖臨朝，乃鴆殺孝敬。」

《新唐書》的記載也毫不含糊。該書的《則天武皇后傳》直截了當地說：「后（武則天）怒，鴆殺弘。」《高宗本紀》也說：「己亥，天后殺皇太子。」《孝敬皇帝傳》稱：「后（武則天）將騁志，弘奏請數拂旨。上元二年，從幸合璧宮，遇鴆，薨。」

李弘死後，大唐帝國的儲君位子並沒有虛懸太久。

上元二年（六七五年）六月，也就是李弘暴亡的兩個月後，有個人立刻補上了這個空缺。

他就是高宗和武則天的次子——雍王李賢。

相對於多愁善感、體弱多病的故太子李弘而言，新太子李賢的出現頓時讓朝野上下有一種眼前一亮的感覺。因為李賢和他那病懨懨的大哥截然不同，他身體強健、文武雙全，是一個標準的陽光男孩。

不過，此時的李賢並不知道，無論他過去的生命有多麼陽光，在未來的日子裡，他很快就將被一團巨大的陰霾所籠罩。因為他坐上了大哥李弘曾經坐過的位子，所以他必然也要面對李弘曾經遭遇的命運。

一場新的噩夢開始了……

隨後的日子，武則天擺出一副嚴厲的面孔，開始對李賢進行調教。她命北門學士送給了李賢兩本書，一本是《少陽正範》，專門教他怎麼做一個好太子；另一本是《孝子傳》，專門教他怎麼做一個乖兒子。與此同時，武則天還不斷寫信給李賢，對他的種種過失和缺點大加數落，最重要的，當然是指責他不孝。

然而，讓武則天斷然沒有料到的是，李賢不僅把她送的書扔到了一邊、把她的諄諄教誨全都當成了耳旁風，而且還用一種意想不到的方式，對她進行了強有力的還擊。

李賢的還擊就是——寫書。他很快召集了一些學者，開始撰寫《後漢書注》。

在浩如煙海的文史典籍中，李賢為什麼單單選擇了這部《後漢書》呢？原因很簡單，整個東漢一朝最顯著的歷史特徵，莫過於太后臨朝和外戚擅權。而今李賢專門挑出這部書來作注，擺明了就是要跟武則天叫板。

儀鳳元年（六七六年）十二月，李賢的《後漢書注》大功告成。此舉至少達到了三個目的：第一，向朝野上下顯示自己的才學，進而提升自己的政治威望；第二，效法當年的秦王和如今的武則天，延攬學士，建立自己的政治班底；第三，以此對母后進行堅決的反擊。

看著李賢得意洋洋地捧出他的《後漢書注》，武則天的憤怒可想而知。

她斷然沒有想到——眼下的李賢居然會比當初的李弘走得更遠，對她的挑釁和攻擊也更為有力、更加明目張膽！

這是武則天絕對無法容忍的。

調露二年（六八〇年）八月，武則天等待已久的時刻終於到來。

此前不久，東宮的諫官、司議郎韋承慶上書勸諫太子，勸他不要過度縱情聲色、嬉戲宴遊，應該「博覽經書以廣其德，搟退聲色以抑其情」。（《舊唐書・韋思謙傳》）

可令人遺憾的是，太子李賢卻對此置若罔聞，依然我行我素。

說起李賢的私生活，本來也沒什麼大問題。唐代享樂之風盛行，王公貴族的生活更是慣以飛鷹走馬、嬉戲宴遊為主題。李賢不是李弘，他從小並沒有受到嚴格的儲君教育，私生活自然要比太子放縱一些，這其實也無可厚非。更何況，李賢也並非不學無術的紈絝子弟，他的才學修養在王公貴族中還是屬於上乘的，否則也不會受到高宗的一再褒揚，更不可能拿出《後漢書注》這樣的學術著作。

然而，儘管李賢的私生活基本沒什麼問題，可還是在某方面讓人抓了小辮子。

那就是李賢的性取向。

雖然已經是三個孩子的父親，可李賢的性取向依然是男女通吃，極度寵愛一個叫趙道生的戶奴，時常與他同床共寢、出雙入對，而且賞賜極厚。諫官韋承慶所批評的「縱情聲色」，主要就是針對此事。熟悉中國歷史的人都知道，古代貴族男子經常有這種斷袖之風、龍陽之好，所以就算李賢有雙性戀的傾向也沒什麼大不了的。但是問題在於——現在的李賢不是普通貴族，而是堂堂帝國儲君！既然是這樣的身分，他當然不能隨心所欲，而必須比別人更為檢點。

貞觀年間的太子李承乾就是因為寵幸孌童稱心，才被矢志奪嫡的魏王泰抓住了把柄，一狀告到了太宗那裡，最終被廢黜。可見有唐一朝，對這方面的要求還是比較嚴格的。如今李賢當上了太子，還一如既往地把親密愛人趙道生帶在身邊，這不啻於是給自己埋下了一顆定時炸彈。尤其是他現在正處於和天后激烈交鋒的非常時期，就更應該愛惜自己的羽毛。

可李賢畢竟太年輕了。他似乎沒有意識到——在你死我亡的政治角鬥場上，任何一個細微的破綻最終都有可能導致嚴重的政治後果！

如今他既然露出了這麼大一個破綻，精明過人的武則天當然不會輕易放過。她立刻命人對太子發出指控，旋即立案審查。武則天親自點名，命不久前剛剛升任宰相的薛元超、裴炎，會同御史大夫高智周，組成三司合議庭，開始了對李賢的審查。

按照唐制，只有性質特別嚴重的大案要案，才需要由中書、門下兩省長官會同御史大夫共同審理，現在武則天做出這麼一個豪華陣容，擺明了就是要把這個普通的「風化案」整成大案，就像當初的長孫無忌硬是把一起「性騷擾案」弄成了震驚朝野的謀反案一樣。

而此次的兩位主審官——薛元超和裴炎，又恰恰是武則天一手提拔上來的。由這兩個一心想要創造政績的親信來審案，李賢當然是在劫難逃了。

薛元超和裴炎首先從李賢的情人趙道生身上打開了突破口。有司把趙道生逮捕歸案後，還沒有動用大刑，趙道生就一五一十全招了，聲稱太子李賢唆使他刺殺了術士明崇儼（此人是武則天心腹，曾公開散布對李賢不利的政治謠言）。趙道生一招供，案件的性質突然就嚴重了，從毫不起眼的「風化案」變成了富有政治色彩的「教唆殺人案」。但是據此還不足以徹底整垮太子，於是主審官們再接再厲，又從東宮的馬坊中搜出了幾百副嶄新鋥亮的盔甲。至此，案件再度升級，從教唆殺人案又變成了謀反案。武則天非常滿意，馬上為此案定調，宣稱太子謀逆，其罪當誅！

武則天已經把絞索套上了李賢的脖子，長年躲在深宮中養病的高宗才如夢初醒。他慌忙要求武則天手下留情，寬宥太子的過失。然而一切已經來不及了。武則天嚴詞拒絕了天子的請求，說：「為人子懷逆謀，天地所不容；大義滅親，何可赦也！」（《資治通鑑》卷二〇二）

武則天聲色俱厲，一副得理不饒人的樣子；而高宗則只能低聲下氣，苦苦請求。最後的處理結果相對折衷：太子賢免於一死，但廢為庶人，押往長安幽禁；那幾百副惹來滔天大禍的盔甲在洛水橋當眾焚毀。一年後，李賢又被流放到了離京師二千多里的巴州（今四川巴中市），在那個邊瘴之地度過了生命中的最後幾個春秋。

李賢被廢後，武則天乘機發動了一場大規模的政治清洗。幾位支持太子的宰相先後被罷黜，其他一些與太子友善的宗室親王和朝臣也遭受株連，或貶謫或流放，被驅逐殆盡。而在此案中立下大功的兩位主審官則在一年後再次榮升：裴炎升為侍中，薛元超升為中書令。

至此，一度與武則天分庭抗禮、激烈爭鋒的太子賢被徹底打入了萬劫不復之地，他在朝中的勢力也被全部肅清。武則天以她的心機和鐵腕，又一次剷除了權力之路上的障礙，在天下人面前牢不可破地樹立起了她的無上權威！

調露二年（六八〇年）八月二十三日，亦即李賢被廢的第二天，高宗和武則天的第三子——英王李哲（原名李顯）被立為太子。

有唐一朝，民間長期流傳著一首政治歌謠，名為《黃瓜台辭》，相傳為李賢所作：種瓜黃台下，瓜熟子離離。一摘使瓜好，再摘使瓜稀。三摘猶自可，摘絕抱蔓歸！

如今，武則天這個種瓜人已經親手摘下了兩條黃瓜，顯然已是「再摘使瓜稀」了。

接下來，她還會「三摘」嗎？

開耀元年（六八一年）閏七月，高宗的病情進一步惡化，眼看高宗已經時日無多，武則天自然要鄭重考慮夫皇的身後事。

準確地說，武則天必須確保在高宗賓天的時刻，自己還能牢牢掌控帝國的政局。

為此，她決定想辦法讓高宗離開長安，東幸洛陽。因為長安是關隴集團的發祥地，是李唐舊勢力盤根錯節的老巢，在這裡，武則天難免會受到掣肘，無法放開手腳。而東都洛陽則不同，那是她經營多年的根據地，只有在那裡，武則天才能自如地掌控一切。

順利地把高宗弄到洛陽之後，武則天接下來要做的，就是以最快的速度重組宰相班子。

四月二十二日，高宗和武則天剛剛抵達洛陽；二十四日，武則天就以閃電速度提拔了四個官員入相。他們是：郭待舉、岑長倩、郭正一、魏玄同。加上此前已經拜相的裴炎和薛元超，整個宰相團基本上已經掌握在武則天手中。

永淳二年（六八三年）十二月初四深夜，唐高宗李治崩於東都洛陽的貞觀殿，享年五十六歲。高宗留下遺命，由宰相裴炎輔佐朝政，同時留下了一份政治遺囑，命太子於柩前即皇帝位，並強調「軍國大事有不決者，兼取天后進止」。

十二月十一日，二十八歲的太子李哲正式登基，是為唐中宗；同時尊天后為皇太后。李哲雖然在名義上成了皇帝，可仍然處於服喪期間，因此朝政大權自然還是掌握在武則天手中。

然而，按照皇家守喪「以日易月」的規定，民間服喪一月，李哲只須服喪一天，所以，最遲在新年到來之際，武則天就必須歸政於皇帝。

除非武則天真有「還政於君」的心思，否則她就必須在這短短二十天的時間裡，利用手中短暫的過渡性權力，全面控制局勢，以便在新君李哲脫下喪服之後，仍然能夠把帝國的最高權柄牢牢抓在自己手裡。

時間異常緊迫，可武則天還是以一副胸有成竹、舉重若輕的姿態，不慌不忙地出手了。在短短二十天之間，武則天一共完成了四項意義重大的政治舉措：一，安撫李唐宗室；二，調整宰相班子；三，控制禁軍；四，鎮撫地方。

武則天已經做好了全面奪權的準備。接下來，新皇帝李哲又將面臨怎樣的命運呢？

二七、曠世女皇武則天（下）

西元六八四年注定是李唐王朝的多事之秋。

這一年，朝廷先後更換了三個年號：嗣聖、文明、光宅。頻繁改元的背後，是一段波譎雲詭變幻莫測的歷史。朝野各種勢力在這一年裡競相登場，展開了一幕幕有聲或無聲的博弈和廝殺。而武則天則獨自一人站在權力金字塔的頂端，眼觀六路，耳聽八方，翻掌為雲，覆手為雨，把各式各樣的對手一個個打入萬劫不復之地，或者逕直推入死亡的深淵……

第一個被她從天堂打入地獄的對手，就是她的第三子——中宗李哲。

新年的正月初一，剛剛脫掉喪服的新君李哲就迫不及待地改元嗣聖，大赦天下，同時冊立太子妃韋氏為皇后。

然而，此刻的李哲卻不無鬱悶地發現——儘管他已經貴為皇帝，可武則天絲毫沒有還政於君的意思。

而更讓他感到悲哀的是——滿朝文武，宮廷內外，幾乎都是他母親的黨羽。放眼所及，根本就沒有一個可以讓他信賴的人。

李哲憤怒了。既然讓我當這個天子，你就要給我天子的權力！

李哲開始憤而行使自己的天子權力了。就在冊立韋后的同一天，李哲就把韋后的父親韋玄貞從小小的普州參軍（正九品下）一下子提拔為豫州刺史（從三品）。正月十日，李哲又把韋后的一個遠親、時任左散騎常侍的韋弘敏任命為太府卿、同中書門下三品，讓他一步跨入了宰相的行列。

很顯然，血氣方剛的中宗李哲既不想當傀儡天子，也不想當光桿司令，所以他必須培植自己的政治勢力。如今既然滿朝文武沒有一個人值得他信賴，那他當然只能倚重外戚了。

又過了幾天，李哲再次做出了一個令人瞠目結舌的舉動——宣布要將岳父韋玄貞從尚未坐熱的刺史交椅上再度擢升為侍中，並且還想把乳母的兒子提拔為五品官。

面對新天子任性而魯莽的驚人之舉，顧命大臣兼首席宰相裴炎頓時有一種啼笑皆非之感。儘管他很了解新君李哲此時此刻的心情，可他對李哲的行為卻不可能抱有絲毫同情。職是之故，裴炎十分堅決地把天子的旨意頂了回去。

李哲勃然大怒，忍不住指著裴炎的鼻子咆哮：「我就算把整個天下送給韋玄貞又有何不可？何況一個小小的侍中?!」

李哲的首度帝王生涯，就在這句沒頭沒腦的氣話中悄然畫上了句號。

裴炎看著暴跳如雷的天子，什麼話也沒說，一轉身就去晉見太后，並把天子的話原封不動地向太后作了彙報。

武則天的嘴角掠過一絲冷笑。

她比誰都了解這個兒子。她知道，以他的能耐，不可能在天子的位子上坐太久，遲早有一天，他自己就會露出馬腳，然後乖乖滾下台。只是武則天沒想到李哲會這麼沉不住氣，才當了幾天皇帝就犯下如此低級的錯誤！

當天，一個廢立皇帝的計畫就在武則天與裴炎的密談中定了下來。

嗣聖元年（六八九年）二月六日，武則天命宰相裴炎和禁軍將領程務挺勒兵上殿，當廷廢黜了中宗李哲，貶為廬陵王。那一天，當全副武裝的禁軍士兵不容分說地把天子從御榻上拖下來的時候，李哲一邊掙扎一邊扭頭大喊：「我有何罪？」

帷簾後傳出了武則天不容置疑的聲音：「汝欲以天下與韋玄貞，何得無罪？」（《資治通鑑》卷二〇三）

驀然聽見這句話，剛才還在拚命掙扎的李哲頓時像洩了氣的皮球一樣癱軟下來，任由士兵把他架出了大殿。

目睹這突如其來而又驚心動魄的一幕，百官們面面相覷，整座乾元殿鴉雀無聲。

一個由高宗親自指定的接班人，一位登基還不到兩個月、實際當政不過三十六天的皇帝，就這樣說廢就廢了。武則天似乎連一根小指頭都沒動過，一場不流血的政變就這樣在轉瞬之間宣告完成！

二月七日，亦即中宗被廢次日，武則天的第四子豫王李旦就以一個普通親王的身分被武則天直接冊立為皇帝，是為唐睿宗；同日改元文明、大赦天下，並冊立睿王妃劉氏為皇后、六歲的嫡長子李成器為皇太子。然而，李旦雖然掛了一個皇帝的頭銜，可只不過是個政治花瓶，一切政務皆由太后處置。李旦被安置在別殿裡，不得參預政事，實際上形同軟禁。

二月八日，武則天將高宗所立的皇太孫李重照廢為庶人；將李哲的岳父韋玄貞流放欽州（今廣西欽州市）。

二月九日，武則天派遣左金吾將軍丘神勣前往廢太子賢的流放地巴州（今四川巴中市），表面上是讓他監視李賢，其實是暗示他逼李賢自盡。

二月十二日，武則天親臨武成殿，由皇帝李旦率王公大臣向武則天重上太后尊號，正式確立了武則天臨朝稱制的合法性。從此，洛陽宮的紫宸殿上赫然升起了一道淡紫色的紗帳，在薄如蟬翼的紗帳背後，端坐著一個睥睨天下撥弄乾坤的女人——太后武媚。

這是武則天獨斷朝綱的開始。這一年，武則天六十歲。

四月末，廬陵王李哲被流放房州；幾天後，李哲再次被押往均州（今湖北房縣）湖北丹江口市），軟禁在當年魏王李泰住過的那所舊宅裡。

在高宗去世後的短短幾個月裡，武則天以迅雷不及掩耳之勢廢黜李哲、挾持李旦、逼殺李賢，輕而易舉地排除了所有障礙，把帝國的最高權柄緊緊攥在了掌心。做完這一切，武則天才長長地鬆了一口氣，開始回頭料理高宗的後事，命睿宗李旦護送高宗靈柩返回長安，於八月安葬於乾陵。

隨著高宗的入土，武則天頓時有了一種如獲新生之感。

因為從這一刻開始，她將不再扮演別人的妻子和配角，而將徹底成為自己命運的主人！從四十六年前入宮到今天，她歷經各種曲折艱險與榮辱悲歡，在你死我活的政治鬥爭中擊敗了各路對手，閱盡滄桑，幾度浮沉，如今終於擁有了一個全新的起點。驀然回首，四十餘載的歲月恍如一夢。從今往後，她將獨自佇立於僅容一人駐足的權力之巔，笑傲天下，指點江山，再也無人可以阻止她去實現改天換日、翻轉乾坤的宏大夢想……

這一年九月六日，武則天宣布改元光宅，大赦天下，將東都洛陽改稱神都，將洛陽宮改稱太初宮，並且將所有旗幟旌幡全部改成了鮮豔奪目的金黃色；同時，中央各級政府機構和官職名稱也全部更換一新。

緊接著這次規模宏大的改弦易幟之後，武則天不等朝野上下回過神來，再度做出了一個令人心驚肉跳的舉動——授意她的侄子、時任禮部尚書的武承嗣上表，奏請追封祖先爵位，並建立「武氏七廟」。

按照禮制規定，只有皇帝才有資格建立「七廟」（祭祀七代祖先的宗廟），如今武則天竟然作出如此明目張膽的僭越之舉，到底是何居心？

面對武則天越來越出格的舉動，首席宰相裴炎終於忍無可忍了。在隨後舉行的一次朝會上，裴炎鼓足勇氣站了出來，對武則天說：「太后母臨天下，當示至公，不可私於所親……獨不見呂氏之敗乎？」（《資治通鑑》卷二〇三）

這是裴炎自當上宰相以來，第一次和武則天公開唱反調，而且言辭激切，直接把歷史上最典型的反面教材——西漢初年的「呂氏之禍」給搬了出來，實在是大出武則天意料之外。

武則天目光炯炯地盯著裴炎，冷然一笑：「呂后是把權力交給那些在世的外戚，所以招致敗亡。如今我只是追尊已故的祖先，有什麼值得大驚小怪的？」

裴炎不敢直視武則天的目光，但嘴上還是寸步不讓：「凡事皆當防微杜漸，不可助長！」

武則天聞言，頓時怫然作色。滿朝文武噤若寒蟬，人人緘默不語。

當天的朝會就此不歡而散。

鑑於裴炎的強烈反對，武則天也不得不有所收斂，隨後放棄了建立「七廟」的打算，只追封了五代祖先，並且在家鄉文水建立了「五代祠堂」。

雖然武則天在這件事情上作出了讓步，但這並不意味著她會放緩改朝換代的步伐，更不意味著她會原諒這個公然背叛她的裴炎。

當武則天正在思考下一步應該如何行動的時候，揚州突然爆發了一場來勢兇猛的叛亂，一下子打亂了她的步驟。這就是震驚朝野的李敬業兵變。

李敬業（其後被剝奪皇姓，改回徐姓）是一代名將李勣之孫，承襲了祖父英國公的爵位，時任眉州刺史，因故被貶柳州司馬。李敬業為此憤懣不平，於是糾集了一批同樣遭到貶謫的鬱鬱不得志的低級官吏，在揚州揭起了造反大旗。

李敬業打出的旗號是——討伐武氏，擁立李哲，匡扶唐室。他自稱匡復府上將兼揚州大都督，以唐之奇、杜求仁為左右長史，李宗臣、薛仲璋為左右司馬，魏思溫為軍師，駱賓王為記室，短短的十天之間便集結了十幾萬軍隊。為了加強號召力，李敬業還千方百計找到了一個相貌酷似李賢的人，以他的名義號令天下。

李敬業既然打出了討伐武氏、匡扶李唐的旗號，身為外戚的武承嗣和武三思自然就坐立不安了。為了防止李唐宗室與李敬業裡應外合、共討諸武，武承嗣和武三思屢屢上表，慫恿武則天找個藉口處置目前資格最老的兩個宗室親王：韓王李元嘉（高祖第十一子）和魯王李靈夔（高祖第十九子）。武則天拿著二武的奏章試探宰相們的口風，想看看他們的屁股究竟坐在哪一邊。宰相劉禕之等人都保持沉默，唯獨裴炎據理力爭、堅決反對。

武則天心中殺機頓熾，可臉上卻不動聲色。她不再言及李唐宗室之事，而是話題一轉，詢問裴炎有何良策討伐叛亂。

裴炎似乎對武則天眼中的殺機渾然不覺，高聲奏答：「皇帝（李旦）年長，不親政事，故豎子得以為辭。若太后返政，則（叛亂）不討自平矣！」（《資治通鑑》卷二〇三）

此言一出，不啻於是利用這場叛亂要脅武則天還政。原本氣定神閒的武則天終於按捺不住了，當眾逮捕裴炎，把他扔進了監獄。

不久，武則天下詔將裴炎斬首，並利用此案大肆株連，把平素與裴炎交好的宰相劉景先、胡元範、郭待舉等人，以及戰功赫赫的將領程務挺、王方翼等人或殺或貶，鏟除殆盡，同時迅速拔擢了一批擁戴她的朝臣。

穩定了朝中的局勢後，武則天又運籌帷幄、調兵遣將，僅用了兩個多月的時間就平定了徐敬業叛亂。

西元六八四年歲末的一天，武則天召集文武百官在紫宸殿上訓話：「朕輔佐先帝逾三十年，憂勞天下。諸卿之爵位富貴，皆拜朕之所賜；天下安寧與百姓福祉，皆賴朕之所養。先帝棄群臣而去，以社稷託付於朕，朕不敢愛一身，唯知愛天下人。為何如今公然反叛者，皆出自公卿將相？諸卿負朕何其深也！」

這一刻，帝國廟堂的袞袞諸公全都俯首貼耳、鴉雀無聲，唯有武則天中氣十足的聲音在空曠的大殿中迴盪：「諸卿當中，有誰是顧命老臣，且桀驁不馴如裴炎者？有誰是將門貴種，旬日之間糾集十萬亡命如徐敬業者？有誰是手握重兵，驍勇善戰如程務挺者？此三人皆當世豪傑，不利於朕，朕能戮之！諸卿有自認才能超過此三人者，可以及早動手。如若不然，便應從此洗心革面，忠心事朕，不要再讓天下人恥笑！」

武則天話音未落，滿朝文武齊刷刷跪伏在地，異口同聲地說：「唯太后所使。」

就在武則天這番赤裸裸的教訓與恐嚇中，一個天地變色、乾坤倒轉的時代已經無聲地揭開了序幕……

垂拱二年（六八六年），為了進一步鏟除異己，為她的篡唐稱帝掃清障礙，武則天盛開告密之門，並擢用了索元禮、周興、來俊臣等一大批酷吏，開始施行恐怖統治。從此，大唐帝國掀起了一場前所未有的血雨腥風，朝野上下人人自危，李唐社稷風雨飄搖。

垂拱四年（六八八年），武承嗣在一塊玉石上刻下「聖母臨人，永昌帝業」八個字，命人獻給武則天，聲稱是從洛水中打撈出來的天賜神物。河出圖，洛出書。這是聖人出現、盛世降臨的標誌。武則天大喜，當即把這塊石頭命名為「寶圖」（稍後又改為「天授聖圖」），隨後宣布將在十二月親臨洛水舉行受圖大典，全國各州都督、刺史以及李唐宗室、外戚一律要在典禮舉行的十天之前趕赴神都。

這一年五月，武則天自加尊號，稱「聖母神皇」。不久，武則天又命人鑄造了三顆神皇玉璽。所有的跡象都在表示，武則天以周代唐的歷史性時刻馬上就要到來。

一起都進入了倒計時狀態。

接到赴洛陽參加大典的詔書之時，李唐宗室的親王們彷彿看見了自己的死亡通知書。他們不約而同地意識到——武則天分明是要藉此機會一網打盡、斬草除根！

李唐諸王絕不可能坐以待斃。隨後，一個以韓王李元嘉父子、越王李貞父子為核心的反武同盟宣告成立。由於宗室諸王全都在各州擔任刺史，具備隨時募兵起事的條件，所以，如果他們能夠制定一個周密計畫，並且統一指揮、協調行動的話，勢必對洛陽形成四面合圍之勢，也必將從政治上和軍事上對武則天形成強大的威脅。

然而，天有不測風雲。在這個告密之風已經深入人們骨髓的時代，幾乎沒有什麼祕密是可以藏得住的。就在李唐宗室聯合起兵之前，他們的祕密就洩露了。

告密者正是宗室的內部成員——魯王李靈夔的兒子李藹。

得知計畫洩露後，琅邪王李沖、越王李貞先後起兵，但旋即敗亡。武則天隨即以李貞父子叛亂為藉口，開始大肆屠殺李唐宗室。隨後，韓王李元嘉、魯王李靈夔、黃公李譔、高祖之女常樂公主、霍王李元軌、紀王李慎、舒王李元名、澤王李上金、許王李素節等人先後死於非命，其親屬亦全部流放嶺南。

從垂拱四年（六八八年）八月李貞父子起兵算起，截至天授元年（六九〇年）九月武則天以周代唐前夕，在整整兩年的時間裡，武則天以鐵血無情的手段和犁庭掃穴之勢，對李唐皇族及其親黨實施了一波又一波的清洗和屠殺，就像一隻異常凶猛的燕子，幾乎將花繁葉茂的李唐宗枝啄食淨盡。

以《舊唐書》所載的李唐皇族子弟二百一十五人來看，自高祖武德年間迄於武周革命時期，共有一百一十三人遭遇非正常死亡，而其中被武則天所殺和貶死者就達六十三人，佔百分之六十，若加上流徙、削爵和潛逃者十四人，遭遇重大政治變故的比例竟然高達百分之七十三。《資治通鑑》在記述這段歷史的時候，也不禁發出一聲悲涼的長歎：「唐之宗室，於是殆盡矣！」隨後，所有遭到鎮壓的李唐皇族全部被開除宗籍，並改姓「虺」（ㄏㄨㄟˇ，一種苟活於骯髒陰濕之地的爬蟲，比如毒蛇、蜥蜴之類）。

垂拱五年（六八九年）正月初一，武則天在剛剛落成的明堂（萬象神宮）舉行了首次祭祀大典。她身著天子袞冕，手執大珪（帝王專用的一種祭祀玉器），行初獻禮，睿宗李旦行亞獻禮，太子李成器行終獻禮。先拜昊天上帝，次拜高祖、太宗、高宗，再拜魏國先王（武士彠），最後拜五方帝座。禮畢，武則天親御則天門，大赦天下，改元永昌。

此次大饗，武則天儼然已是以一副天子的姿態在主持祭獻之禮。有心人不難發現，這幾乎就是一次隆重的登基預演。

永昌元年（六八九年）十一月，武則天再饗萬象神宮，宣布廢除沿用千百年的夏曆，啟用周曆，以十一月為歲首正月，改永昌元年十一月為載初元年正月。按照儒家學說，夏、商、周各承天命，皆以建立正朔來表示其為天命所歸。武則天自稱姓出姬周，所以在此刻改行周曆，顯然是為其政權革命建立意識形態的基礎——正朔易則新命生，武周興而李唐除！

拜洛水，受寶圖，建明堂，改正朔……在武周革命的藍圖上，武則天已經用正統的儒家意識形態為自己的新王朝撐起了一根擎天大柱。接下來，她當然就要利用佛教的意識形態，為新王朝的殿堂打造一個金碧輝煌的寶頂了。

武則天的情人和尚薛懷義，當仁不讓地挑起了這項重任。在武則天的授意下，薛懷義組織了東魏國寺僧法明等人，於載初元年（六九〇年）七月打造出了武周王朝的佛教聖典——四卷本的《大雲經》及其注疏。薛懷義等人在經疏中盛言，聖母神皇「乃彌勒佛下生，當代唐為閻浮提主」。

（**《資治通鑑》卷二〇四**）

載初元年九月三日，侍御史傅遊藝突然率關中父老九百多人詣闕上表，聲稱「天無二日、土無二王」，請求神皇改國號為「周」，代唐自立。

九月八日，第二波大規模請願出現。洛陽百姓，番人胡客，和尚道士共計一萬二千餘人，齊集於宮闕之前，再度擁戴勸進。

九月九日，第三波請願來勢更為洶湧。共有文武百官、宗室外戚、遠近百姓、四夷君長等五萬餘人，浩浩蕩蕩地來到則天門下，「守闕固請」，一副不達目的誓不甘休的勁頭。

就在同一天，據說有鳳凰從南方飛來，先棲於明堂之巔，接著飛到上陽宮，然後又飛到左肅政台的梧桐樹上；繼而又有數萬隻朱雀，遮天蔽日從東方飛來，雲集於朝堂之上……

此時此刻，武則天端坐於九重宮闕之中，聆聽著百官萬民山呼海嘯般的請願之聲，目睹百鳥朝鳳、鳳棲梧桐的稀世祥瑞一幕幕出現，臉上終於綻放出一個等待多年的笑容。武則天十四歲進宮，二十五歲入感業寺為尼，二十七歲二度入宮，三十一歲當皇后，四十歲以二聖之名垂簾聽政，五十歲晉升天后，六十歲以太后身分臨朝稱制……這一年，她六十六歲。歷經半個多世紀的滄桑沉浮，踏著無數的鮮血和白骨，武則天終於走到了今天的這一步。

這一步邁過去，前面就是巍巍煌煌的武周之天！

西元六九〇年陰曆九月九日，武則天的登基大典正式舉行，中國歷史上空前絕後的一代女皇就在這一天宣告誕生。

九九重陽，豔陽高照。武則天身著天子袞冕站在巍峨的則天門上，粲然而無聲地笑了。

二八、恐怖時代：酷吏的那些事兒

武則天的一生有兩大污點最為後人詬病：一個是豢養男寵，再一個就是任用酷吏。二者都對當時的政治生活和社會秩序構成了相當程度的污染和破壞，可要論負面影響之深、波及範圍之廣、造成的惡果之大，自非酷吏莫屬。

初唐（高祖、太宗、高宗時代）本來是中國歷史上一個法律體系最為完備、司法制度最為健全的時期之一，尤其在唐太宗貞觀時代，「寬仁慎刑」成為立法、司法的主要原則，使人權在這個時代得到了最有效的保障和展現（參見《貞觀的法治精神》）。迄於高宗初年，宰相長孫無忌等人更是在《貞觀律》的基礎上制定了古代中國最具有典範性的一部法律——《永徽律》及《律疏》（後世合稱為《唐律疏議》）。

然而，這一切優良的制度傳統卻在武周革命前後遭到了嚴重的破壞和致命的顛覆。在酷吏肆虐的十餘年間，朝廷的司法制度形同虛設，所有的法律全都變成了一紙空文。君臣之間相互猜忌，朝野上下人人自危，真情賤如糞土，人與人之間最起碼的信任蕩然無存。在這個黑白顛倒、正邪易位的恐怖年代裡，世界就像一個驀然打開的潘多拉盒子，人性中所有最醜陋的事物都在陽光下盡情飛舞，瘋狂地吞噬著一個個無辜的生命，無情地踐踏著法律、道德、公序、良俗、正義、良知，以及生命的價值與尊嚴……

而這一切的根源，就在於武則天要革李唐王朝的命，締造她的大周天下。

換言之，她必須放手讓酷吏製造一個人人自危的恐怖世界，才能讓自己擁有一個為所欲為的自由王國！為了順利走向這個自由王國、成功登上女皇的寶座，早在武則天篡唐登基的四年前，她便已悄然開啟了一扇門。

這扇門面向天下所有人開放。它的名字叫「告密之門」。

就是透過這扇告密之門，酷吏們紛紛走上金鑾殿，拜倒在武則天的腳下，然後躊躇滿志地接過她的旨意，向李唐皇族祭起了屠刀，向所有異己勢力亮出了獠牙……

從垂拱二年（六八六年）的春天起，武則天便以她那慣用的驚世駭俗的方式，面對天下人打開了一扇「告密之門」。她發布詔書明令所有州縣：凡有告密者，各級官吏皆不得過問，只負責提供車輛驛馬；在旅途中，各地官府一律按五品官的禮遇接待告密者，並負責將其安全送抵神都；即便是農夫樵人，也都由武則天親自召見，夜宿官方館舍，所奏之事若得到武則天認可，則破例授予官職，就算捕風捉影查無實據，也可免於問罪；各級官吏若有敢於阻攔告密的，以該告密者所告之罪懲處該官吏。

皇太后的這道懿旨一下，就像有一股巨大的魔力瞬間攫住了帝國的萬千子民，讓他們即刻陷入一種空前的亢奮和癲狂之中。「於是四方告密者蜂起」（《資治通鑑》卷二〇三），人人都懷抱著一夜騰達的夢想，爭先恐後、絡繹不絕地向神都洛陽湧去。每一條道路、每一個驛站都擠滿了上京告密的人群，讓沿途的各級官吏疲於應付、焦頭爛額。

令滿朝文武頗為驚訝的是，在詔書頒布之後的日子裡，太后果然言出必行、說到做到。每天一大早，她都會精神飽滿地登上紫宸殿，以一種超乎尋常的耐心和毅力親切接見每個告密者。即便形形色色的告密者以及他們所操的方言俚語經常把武則天搞得哭笑不得，但她從來沒有失去耐心，而是樂此不疲，並且對所有人都是和顏悅色，恩賞有加。直到好幾年後，當席捲整個帝國的告密風潮漸趨消歇之時，據說她已經親自接見了近萬人之眾。

武則天的辛苦沒有白費。因為她亟需的一批特殊人才就是乘著告密的東風來到洛陽的。

這些新時代的弄潮兒裹挾在告密者的人流中，帶著異於常人的一身本領，帶著出人頭地的強烈欲望來到了洛陽。而武則天則用一種鷹隼般銳利的目光，彷彿沙裡淘金一樣，一眼就從成千上萬的告密者中把他們挑了出來。

胡人索元禮是最早被武則天樹立起來的酷吏樣板。他因告密之功被擢升為游擊將軍，專門負責審理武則天欽定的大案要案。史稱其生性殘忍、嗜血好殺，每審一人必牽連羅織數十百人。武則天大為賞識，頻頻召見，賞賜有加，並且不斷賦予他直達天聽、臨機獨斷的實權。

在索元禮示範效應的帶動下，醴泉人侯思止、長安人周興、萬年人來俊臣等大批酷吏聞風繼起、紛紛效法。這些人的發跡都充滿了傳奇色彩。

侯思止是個文盲，原來的職業是賣燒餅的，由於好吃懶做，後來連燒餅鋪也關門了，只好去給一個將軍當僕人。告密風起後，他抓住時機狀告本州刺史裴貞與宗室親王李元名串通謀反，從而博得武則天賞識，被授予游擊將軍之職。按說，從一個卑賤的僕人變成一個五品將軍，侯思止已經算是一步登天了，可他仍未滿足，又去找武則天要官，一開口就是御史。

武則天笑問：「你又不識字，如何當御史？」

早有準備的侯思止振振有詞地說：「神獸獬豸何嘗識字？可它卻能憑藉本能和直覺辨別忠奸善惡！」

武則天笑了。她不得不承認，侯思止是一個聰明的文盲。這句話確實撓到了她的癢處。如今她需要的不是凡事講求程序和證據的法官，更不是那些滿腹經綸卻處處與她意志相左的朝臣，而是像侯思止這種來自於體制之外、無知無畏、百無禁忌的人。只要他具有一種絕對效忠於武則天的本能，只要他能夠憑直覺去對付武則天的敵人，文盲白丁又有何妨？

資源放錯了位置就是廢物，廢物放對了位置就是資源！

就這樣，文盲侯思止得到了他夢寐以求的侍御史的職位，從此成為武則天最忠實、最得力的鷹犬之一。

周興是雍州長安人，自幼學習法律，深諳帝國的典章律令。高宗時代，周興曾以河陽縣令的身分被召見，在朝堂上對答如流。高宗大為賞識，準備予以擢用。可周興退下之後，就有人告訴高宗，說周興不是科舉出身，不便入朝任職，高宗頗為遺憾，只好作罷。周興不知道事情已經黃了，還帶著滿腔希望，天天眼巴巴地等著皇帝和宰相給他封官。宰相們都在背後笑他沒有自知之明，可就是沒人把真相告訴他，天天任他坐在朝堂外頭傻等。後來，一個叫魏玄同的宰相實在看不下去，就好心對他說，周興啊，你升職的事兒還要研究研究，我看你還是先回去吧。

周興聞言，一顆火熱的心頓時跌入了冰窖。他誤以為是這個叫魏玄同的宰相擋了他的升官之路，從此就牢牢記住了這個人。此後，周興雖然也透過長期的勤勉苦幹升至尚書省都事，但仍然是個不入流的芝麻綠豆官，整天只能埋首於如山的公文中，忙忙碌碌，抄抄寫寫，出人頭地的希望日益渺茫。

然而，誰也沒有料到，武周革命的時代大潮轉瞬來臨，告密求官之風迅速席捲天下。當周興驀然從高高的公文堆中抬起頭來時，他又驚又喜地發現——一夜騰達不再是遙不可及的夢想！周興隨即躊躇滿志地加入了告密的行列，並很快就被武則天看中，旋即從芸芸眾生中脫穎而出，開始了他名聞天下的酷吏生涯。

一個半輩子以法律為業、專門維護公序良俗的法官，到頭來竟然變成了踐踏法律、專以羅織陷害為業的酷吏，這種極具顛覆性的人生經歷不但沒有給周興帶來困擾，反而令他如虎添翼。雖然那些法律知識不能起什麼正面作用，但卻足以讓他的羅織和刑訊手段比別人更專業、更狠毒、更致命，當然也就更加高效。周興因其所長大展拳腳，在武周革命前夕替武則天清除了數以千計的異己和政敵，從此青雲直上，歷任司刑少卿、秋官侍郎、文昌右丞。

垂拱四年（六八八年）初，周興奉命審查郝處俊（當年堅決反對武則天攝政的宰相）的孫子郝象賢謀反案，很快就將其滿門抄斬。隨後，因武則天準備全力剷除李唐宗室，命御史蘇珦審理韓、魯諸王謀反案，可書呆子蘇珦卻始終審不出個子丑寅卯，所以武則天立刻讓周興接手。而周興則不費吹灰之力就讓韓、魯諸王全部懸樑自盡了。死無對證，案子自然輕鬆搞定。人們在背後罵他製造冤案，周興卻洋洋自得地說了這麼一句話：「被告之人，問皆稱枉；斬決之後，咸悉無言。」

永昌元年（六八九年），周興終於把目光轉向當年的「仇人」——宰相魏玄同。他隨便捏造了一個罪名，武則天便頒下了賜死魏玄同的敕令。有人勸魏玄同也去告密，藉此表明清白。可魏玄同深知自己難逃周興魔爪，說：「人殺鬼殺，亦復何殊？豈能做告密人邪？」（《資治通鑑》卷二〇四）隨即從容赴死。稍後，周興又誣告右武衛大將軍黑齒常之謀反，將其逮捕下獄。當年十月，黑齒常之不堪其辱，自縊於獄中。天授元年（六九〇年），周興又受命除掉了高宗的兩個庶子：澤王李上金和許王李素節。

辦完這一系列大案後，周興不僅當之無愧地成為武周革命的一大功臣，而且儼然已是酷吏行業中的老大。

在武周一朝的所有酷吏中，後起之秀來俊臣可以說是知名度最高的一個。這不僅因為他長相俊美，堪稱「酷吏之花」，更是因為他近乎天方夜譚的發跡過程和日後登峰造極的酷吏生涯。來俊臣生於一個賭徒之家，從小遊手好閒、無惡不作，後來因作奸犯科身陷囹圄。當武則天向天下人發出那道鼓勵告密的詔書時，正在坐牢的來俊臣彷彿在絕望中看見了一根救命稻草，他拚命搖撼鐵窗厲聲高喊：我要伸冤，我要告密！

獄吏不知道囚犯有沒有權利告密，躊躇多日不敢處置，只好把情況上報刺史東平王李續。李續冷然一笑，只說了四個字：杖打一百。來俊臣被打得皮開肉綻，從此老老實實，再也不敢提告密之事。幾年後，李唐宗室遭遇空前的政治劫難，東平王李續被殺，來俊臣聞訊欣喜若狂，再次搖撼鐵窗，發出了比上次更為淒厲的呼喊——我要告密！

這回，來俊臣終於得償所願，被送到神都面見太后。伶牙俐齒的來俊臣從容奏言，說早在幾年前便已察覺李續有謀反企圖，卻因此遭到李續居心險惡的報復，險些命喪黃泉，如此遭遇，實屬人間奇冤，所幸今日蒼天開眼，終於讓他見到了傳說中英明神武的皇太后，才得以一吐冤情、一表忠心，他這輩子也算死而無憾了云云。

那天，武則天一直注視著來俊臣，不僅驚訝於他的容貌之美，也折服於他雄辯滔滔的口才，更被他的一腔忠心所打動。於是來俊臣話音剛落，武則天便毫不遲疑地赦免了他過去的罪行，並即刻提拔他為侍御史。

來俊臣就此奇蹟般地鹹魚翻身，從階下之囚一躍而成朝廷命官，開始了他青史留名的酷吏生涯。經過數年的努力奮鬥，來俊臣不僅為武則天剷除了大量異己，「前後坐族千餘家」（《舊唐書．酷吏列傳》），而且從實踐上升到理論，會同其黨羽精心創作了人類歷史上第一部系統闡述冤獄製造過程的經典著作——《羅織經》。

在《羅織經》中，來俊臣及其黨羽不僅詳細說明了製造冤獄的流程、步驟和要點，而且幾乎把刑訊逼供昇華成了一種藝術，將人性中最殘忍且最富有創意的一面淋漓盡致地展現在世人面前。其中，光是各種酷刑的名目就足以令人歎為觀止，如將木板綁在人犯的雙手雙腳上，然後用力扭絞，名為「鳳凰展翅」；將人犯腰部綁住，然後向前猛拉頸上的枷鎖，名為「驢駒拔撅」；命人犯跪地捧枷，然後把磚頭堆積在枷上，名為「仙人獻果」；將人犯綁在柱子上，用繩子拴住枷尾往後猛拽，名為「玉女登梯」。此外，書中還詳細記載了十種不同款式的刑具及其應用在犯人身上後產生的效果：一曰「定百脈」——全身麻痺；二曰「喘不得」——近乎窒息；三曰「突地吼」——嗷嗷亂叫；四曰「著即承」——馬上招供；五曰「失魂膽」——魂飛魄散；六曰「實同反」——供認同謀；七曰「反是實」——胡亂承認自己謀反；八曰「死豬愁」——就算是死豬也會犯愁；九曰「求即死」——但求速死；十曰「求破家」——趕緊把我們一家老小全殺了吧，也好過戴這玩意兒啊！

在來俊臣等人創造的這種登峰造極的暴力美學面前，骨頭再硬的人犯都會渾身酥軟，變成任人擺布的可憐蟲。來俊臣等人每次要逼供時，往往在大刑未動之前先展覽他們發明的各種刑具，並繪聲繪色地描述它們的功能，結果還沒把話說完，人犯早已嚇得屁滾尿流，「皆戰慄流汗，望風自誣」。而武則天對來俊臣等人的辦案效率也非常滿意，對他們的赤膽忠心更是讚賞有加，因而越發寵信他們，並且賦予了他們越來越大的權力。是故，「中外畏此數人，甚於虎狼！」（《資治通鑑》卷二〇三）

周興、來俊臣等人就這樣聯手締造了一個恐怖而輝煌的酷吏時代。

在一場比一場更為暴烈的血雨腥風中，大唐的江山社稷無聲地傾圮，一個亙古未有的女皇時代隨即噴薄而出。

金鑾殿上的武則天始終面帶微笑地看著這一切。

然而，周興絕對沒有想到，就在他自以為前途一片光明的時候，武則天的翻雲覆雨手就已經向他的頭頂罩了下來。

因為革命已經成功，同事就可以躺下休息了。

天授二年（六九一年），也就是武則天稱帝的次年春天，曾逼殺李賢的酷吏丘神勣以謀反之名被武則天誅殺。武則天隨後又授意朝臣控告周興與丘神勣通謀，並把收拾周興的任務交給了剛剛崛起的酷吏來俊臣。

來俊臣深知，作為酷吏行業的老前輩和領軍人物，周興並不那麼好對付。

為了收拾這個特殊人物，聰明的來俊臣想了一個特殊的辦法。這就叫特事特辦。

來俊臣在家中備下酒菜，向周興發出了盛情邀請。周興不知有詐，欣然赴約。入席之後，來俊臣頻頻勸酒，並且畢恭畢敬地向周前輩請教了許多問題。

酒過三巡，來俊臣幽幽地說：「最近審案，人犯多不招供，前輩有何良策？」

已然微醺的周興將手中的酒一飲而盡，然後抹了抹嘴巴，慢條斯理地說：「這還不簡單！夭這麼冷，你就支一口大缸，把底下的炭火燒得旺旺的，請人犯進去暖暖身子，到時候，你看他招是不招！」

來俊臣粲然一笑，眸中閃過一道亮麗而森冷的光芒，馬上命手下按周興所言，支起一口大缸，燒起了熊熊的炭火。屋內很快就熱氣逼人，來俊臣悠然起身，朝周興深深一揖，說：「奉旨查辦周兄，煩請周兄入甕！」

周興目瞪口呆，噗通一聲跪倒在地，拚命向來俊臣磕頭：「來兄想知道什麼，我都招！我全部都招！」

就這樣，周興一案迅速審結，謀反罪名成立。武則天念其有功，赦免死罪，流放嶺南。但是周興走到半路上便被仇家砍掉了腦袋。

這就是中國歷史上著名的「請君入甕」的故事。緊繼周興之後，一批最先登上歷史舞台的酷吏如索元禮、侯思止、傅遊藝等人，紛紛被女皇武則天兔死狗烹。

然而，舊的酷吏倒下去了，新的酷吏又站了起來。而且，以來俊臣為首的新一批酷吏大有青出於藍、後來居上之勢，無論是羅織陷害的手段，還是刑訊逼供的殘酷程度，都比周興等人有過之而無不及。

隨後的日子，來俊臣迅速取代周興，成了女皇武則天跟前的大紅人，升任左肅政台中丞，所有大案都由他一手經辦。短短幾年內，來俊臣所破千餘家，如宰相岑長倩、格輔元、樂思晦，大將張虔勖、泉蓋獻誠、李安靜等人，都先後死於他的羅織之網。長壽元年（六九二年），宰相狄仁傑、御史中丞魏元忠等一批能臣也都被來俊臣誣告下獄，並且差一點死在他的手中。後來雖然僥倖免死，也都被貶黜為遠地縣令。

延載元年（六九四年），來俊臣由於殺戮太盛、仇人太多，終於被人以貪污罪名一狀告倒，貶為同州參軍。但是武則天覺得這個人還有利用價值，所以沒過多久便重新起用，擢為洛陽令。來俊臣自以為有武皇罩著，從此更加肆無忌憚。最初他陷害的一般都是武皇的潛在政敵，後來只要是他看不順眼的都會被他拿來開刀，到最後，誣告殺人甚至成了來俊臣的一種娛樂活動。他和手下人把滿朝文武的名單分別寫在靶子上，每天要陷害什麼人，就拿起石頭來擲，擲中誰就陷害誰，不管你是王公貴族還是名流政要，一旦被擲中，你就死定了。

除了擲靶子決定陷害對象之外，還有一類人也逃不出來俊臣的魔爪。那就是擁有漂亮老婆的人。

只要你的妻妾長得年輕貌美，對不起，你的死期就到了。因為來大官人只要見過哪個美女一眼，就會晝夜縈懷，輾轉難眠，必欲娶之而後快。所以，那年頭誰要是娶了漂亮老婆，每天必然活得戰戰兢兢。比如一個叫段簡的洛陽人就天天恐懼得要死，因為他老婆不僅姿色出眾，而且又是名門望族太原王慶詵的女兒，其美名早已傳遍天下。不久，段簡最恐懼的事情終於來了。來俊臣假造了一道敕令，說武皇已經把王氏賜給了他，要段簡馬上交人。可憐的段簡明知有詐，但打死也不敢和這個殺人魔頭理論，只好含淚把老婆王氏休了，並且乖乖送到了來俊臣的府上。

來俊臣輕而易舉就把這個名聞天下的美女弄到了手，不禁心花怒放。可此時的來俊臣並不知道，就在他把王氏娶過門之後，死神就已悄悄攫住了他。

讓來俊臣更加沒有料到的是，就像他當初親手把前輩酷吏周興送入死亡之甕一樣，最後把他送上斷頭台的人，也是他的一個手下酷吏。這個人叫衛遂忠。

本來衛遂忠也是來俊臣的死黨，此人聰明伶俐、能說會道，頗得來俊臣賞識，兩人經常在一塊喝酒。這一天，衛遂忠照例拎著幾瓶好酒來到來俊臣府上，打算好好和他喝兩盅，可令人意想不到的事情就在這時候發生了。

當時，來俊臣正在宴請王氏的族人，剛剛喝到興頭上，就聽門人說衛遂忠來訪，來俊臣覺得煩，就隨口對門人說，告訴他我不在。門人照此回覆，衛遂忠一聽火就大了，明明裡頭一片觥籌交錯之聲，還想把老子打發走？來之前，衛遂忠已經喝了一些酒，此時便趁著酒勁逕直闖了進去，指著王氏和她家人的鼻子一通臭罵，說王氏你算什麼東西？充其量就是我們來大哥的玩物罷了，擺什麼譜啊，小心老子哪天整死你們全家！

王氏及其家人都是養尊處優的貴族，何嘗受過這等羞辱？王氏又羞又憤，當即離席。她家人的臉上也是一陣紅一陣白。而來俊臣更是氣得七竅生煙，立刻命人把衛遂忠綁了起來，然後劈頭蓋臉一頓暴打。等衛遂忠被打得半死，酒勁也過去之後，才發現自己闖了大禍，只好拚命求饒。來俊臣想反正事情已經發生了，該教訓也教訓了，總不能因為這事把一個忠誠能幹的手下打死，所以就罵罵咧咧地把他放了。

本來衛遂忠以為這件事就這麼過去了，沒想到幾天後，一條驚人的消息就從來府傳了出來，說王氏在某天夜裡突然上吊自殺了。

這下衛遂忠傻眼了。他知道，心狠手辣的來俊臣絕不會放過他。衛遂忠像熱鍋上的螞蟻焦灼地思考了好幾天，最後終於下定決心——與其坐而待斃，不如主動出擊！隨後，衛遂忠找到了武承嗣，說來俊臣下一個要對付的人就是他。武承嗣一聽就嚇壞了。雖然他也曾經和來俊臣聯手扳倒過一批大臣，可來俊臣是條瘋狗，現在掉頭來咬他是完全有可能的，況且衛遂忠又是他的死黨，看來這條情報絕對靠譜！武承嗣如臨大敵，過後馬上召集武氏諸王和太平公主（薛紹死後，太平改嫁武攸暨，也算武家人），說來俊臣的誣陷名單中也有他們。眾人大為震恐，紛紛表示要先下手為強，團結一致把這條瘋狗打死。會議過後，眾人分頭行動，太平公主找了她的四哥李旦，諸武找了南北牙的禁軍將領。

就這樣，一個針對來俊臣的反恐政治聯盟迅速成立。

而此時的來俊臣根本不知自己死期已到。

萬歲通天二年（六九七年）五月，反恐聯盟出手了。以武承嗣牽頭，眾人聯名，對來俊臣提出了一連串指控，如殘害大臣、貪贓枉法、奪人妻女，並企圖迫害宗室、篡奪君位等等。有關部門當即把來俊臣逮捕。朝臣們本來就對這個殺人魔王恨之入骨，人人必欲誅之而後快，所以案子很快審結，結案報告旋即遞到武皇手上，請求將來俊臣處以極刑。

這一年六月初三，昔日呼風喚雨、不可一世的酷吏之王來俊臣，終於被武皇下令斬首。這一天，洛陽城萬人空巷。不論王公大臣還是縉紳百姓，無不欣喜若狂，奔走相告，紛紛像潮水一樣湧向法場，爭相目睹殺人魔王被處決的一幕。

劊子手的刀光閃過，來俊臣那顆惡貫滿盈的頭顱就飛離了身軀。圍觀的百姓再也抑制不住心中的憤怒，就像一群瘋狂的公牛一樣蜂擁而上，將來俊臣扒皮抽筋、開膛破肚，並且摳出他的眼珠子，掏出他的五臟六腑，扔在地上踩成爛泥，最後一片一片撕下他身上的肉，爭先恐後地搶著吞吃……須臾之間，來俊臣的屍身就只剩下一副血淋淋的骨架。

得知刑場上發生的令人毛骨悚然的一幕時，武則天驚呆了。

雖然她早知來俊臣民憤極大，但是大到這種程度，還是遠遠超出了她的想像。

她不禁為自己最終痛下殺手而感到慶幸。假如她一意力保來俊臣，天下人的憤怒無疑將集中到她的身上，日後一旦爆發，後果真是不堪設想！

有鑑於此，武則天決定和來俊臣徹底劃清界限，隨後特地頒布了一道《暴來俊臣罪狀制》，在制書中歷數這個昔日寵臣的斑斑罪狀，把他罵得狗血噴頭，最後還擲地有聲地宣布：「宜加赤族之誅，以雪蒼生之憤！可准法籍沒其家。」（《資治通鑑》卷二〇六）旗幟鮮明地表達了自己伸張正義、替天行道的立場。

數日後，來俊臣被滿門抄斬，家產全部抄沒。朝野上下人人拍手稱快，互相在道路上慶賀說：「從今往後，終於可以一覺睡到天亮了。」

隨著來俊臣的身死族滅，一個血雨腥風的酷吏時代終於落下了帷幕。

如果從垂拱二年（六八六年）盛開告密之門算起，到這一年（六九七年）來俊臣伏誅為止，武則天藉助酷吏實行恐怖統治的時間長達十一年之久。

然而，武則天的高明之處就在於——無論表面上多麼寵信酷吏，她也只是把他們當成鏟除異己和鞏固政權的工具而已。所以，她給予他們的權力通常囿於監察權和司法權之內，很少涉及行政權。綜觀武周一朝為患最烈的二十七個酷吏（據《舊唐書・來俊臣傳》所載），僅傅遊藝因帶頭勸進之功而一度拜相，但時隔一年就被武則天藉故誅殺，其他幾個著名酷吏如周興、來俊臣等人，均未掌握相權，因而不可能從根本上左右帝國大政。職是之故，武則天才能做到「計不下席，聽不出闈，蒼生晏然，紫宸易主」（《資治通鑑》卷二〇五），亦即用最小的代價實現改朝換代的目標，避免了大規模的社會動亂。

從這個意義上說，武則天就像是一個高明的馴獸師，當她要奪取並鞏固權力的時候，就毫不猶豫地驅使虎狼去撕咬獵物；而當她意識到酷吏政治已經產生了副作用之後，又能不動聲色地迫使虎狼自相殘殺。進退有據，收放自如；鳥盡弓藏，兔死狗烹！一切都在她的掌控之中，一切都服從於她的政治需要。

簡言之，酷吏瘋狂，但武則天卻始終清醒。

二九、第一男寵的悲喜人生

六八五年陰曆正月，六十一歲的太后武則天改元垂拱，取「垂衣拱手，無為而治」之義。之所以作出這種垂拱而治的姿態，是因為她想放鬆一下高度繃緊的神經。

在剛剛過去的一年裡，武則天經歷了太多驚心動魄的事件：先是發動政變，廢黜中宗李哲；同時擁立睿宗李旦，旋即將其軟禁；接著又誅殺宰相裴炎，並剷除了一批對她不滿的文武官員；最後又發動三十萬大軍平定了徐敬業叛亂。做完這一切，武則天覺得自己真的需要好好放鬆一下。更何況，在對女皇之位發起最後的衝刺之前，她也需要養精蓄銳，儲備足夠的能量。

在同齡的婦人當中，武則天的身體素質絕對是一流的，否則她也無法在緊張而驚險的政治生涯中始終保持旺盛的精力。這一點，她和去世的高宗李治恰恰成鮮明的對照。整個中年時期，高宗都是在病痛的折磨下度過的，而武則天則恰恰是從這個時期開始，一再爆發出令人驚詫的強大生命力。也許就身體素質而言，武則天真的是遺傳了母親楊氏的基因。楊氏以九十二歲高齡而壽終，這在當時恐怕是相當罕見的。

然而，擁有一副強健的體魄有時候也不完全是好事。

比如武則天就因此產生了某種煩惱——某種難以啟齒的煩惱。

具體而言，就是內分泌過於旺盛，女性荷爾蒙始終處於生機勃勃的狀態，雌激素亢奮過剩，無從揮灑，因而對男女之欲也就有了強烈的需求。（在這方面，武則天恐怕也和她的母親楊氏如出一轍——楊氏晚年曾爆出一樁驚世駭俗的性醜聞，八九十歲高齡還與外孫賀蘭敏之亂倫私通，足見其對男女之欲的需求之旺盛）

而武則天最大的痛苦和煩惱在於——高宗李治在整個後半生中天天與病魔廝鬥，自然難以盡到丈夫的義務。

一方面，自己需求旺盛；另一方面，合法丈夫又是個中看不中用的擺設，武則天的鬱悶可想而知。儘管這幾十年裡紛繁複雜的政治鬥爭轉移了武則天的大量精力，但這並不等於她的這種私密需求會自動從生命中消失。

所以，當激烈的權利鬥爭告一段落的時候，當武則天在帝國的廟堂上征服所有峨冠博帶的男人之後，自然就會產生另一種衝動——在一些別樣的場合征服一些別樣的男人。

比如在她那空曠寂寞的寢殿裡，在她那鎏金鑲玉的床笫之上，武則天需要另一種男人讓她享受另一種征服的快感。

那個叫馮小寶的男寵，就在這時候走進了武則天空曠寂寞的寢殿……

馮小寶最初的職業是在洛陽的街頭打拳頭賣膏藥。神都洛陽肥馬輕裘、紅塵萬丈，卻與混跡市井的馮小寶了不相干，他只能在繁華街市的某個角落，憑藉強壯的身軀和粗大的嗓門，吸引三三兩兩的眼球，有一搭沒一搭地賣他的狗皮膏藥，賺幾把銅錢聊以餬口而已，其境遇僅僅強於乞丐。

可又有誰能想到，就是這樣一個螻蟻般卑賤的小混混，有朝一日竟會變成普天之下最為炙手可熱的人物呢？

最先慧眼識「英雄」的女人是千金公主（高祖的女兒）府上的一個侍女。某日從熱鬧的坊間經過，這個目光如炬的侍女一眼就瞥見了小寶那裸露在陽光下的黝黑強健的胸肌。這驚鴻一瞥不禁讓這個侍女芳心蕩漾，於是偷偷把小寶帶進公主府邸，每日雲雨，無盡歡暢。但是紙包不住火，終於有一天，年逾七旬的千金公主帶著沖天的怒氣一腳蹬開了侍女的房門。

儘管眼前的一幕齷齪不堪，可千金公主的目光還是被小寶的身軀牢牢吸引了，以致滿腔怒火瞬間化為烏有，取而代之的是某種百爪撓心的強烈欲念。

於是，這場捉姦行動就有了一個心照不宣的結局。千金公主當即「沒收」了侍女的玩伴，以示對她不守婦道紅杏出牆的懲罰。後來的日子，小寶因禍得福，從侍女的小小閨房轉戰到了公主的錦衾繡床上，並且雄風不減，越戰越勇。公主如獲至寶，本欲從此祕不示人、獨自享用，可轉念一想，太后威權日盛一日，卻只能夜夜獨守空房，不如將小寶慷慨轉贈，以博取太后歡心。

於是，本著「獨樂樂不如眾樂樂」的無私精神，千金公主悄悄把馮小寶帶進了皇宮，並直接領進了太后的寢殿。對於這份暗中渴望已久的特殊禮物，武則天自然是歡喜笑納了。

至此，洛陽街頭賣藝維生的馮小寶，搖身一變就成了太后的枕邊新歡。當然，突如其來的巨大榮寵一開始還是把馮小寶撞擊得頭暈目眩、無所適從。不過，他很快就適應了角色。畢竟前面的兩度豔遇已經壯了他的膽子，鍛鍊了他的床上絕技。小寶從此格外愛護自己的臍下三寸，因為它將給他帶來天底下所有男人可望而不可及的一切！

自從生命中有了妙不可言的小寶，武則天便如枯木逢春、老樹開花，遲暮之年卻綻放出了少婦般的光彩，臉色紅潤了，皮膚也細膩了，每天的心情更是舒暢無比。

武則天意識到小寶對她已經不可或缺，所以決定對他進行包裝，以便長期留在身邊。她讓小寶出家為僧，取名懷義，並讓他當上了千古名剎白馬寺的住持。小寶從此自由出入宮禁，美其名曰在宮內道場誦經念佛，實則天天與太后切磋「陰陽之道」。此外，鑑於小寶出身卑微，武則天就讓他認太平公主的丈夫薛紹為族叔，改姓為薛。

從此，窮酸卑賤的馮小寶就變成了當朝第一大紅人薛懷義。他私自剃度了一些小流氓當和尚，每天騎著高頭大馬，前呼後擁著在洛陽城裡呼嘯來去。無論官民，見了他都要繞道走，躲避不及就被當街暴打，打不死算走運，打死了活該。最慘的就是道士，一碰見薛懷義和他手下，先是抓過來劈頭蓋臉一頓打，然後剃光了頭髮，硬是拉到廟裡當和尚。滿朝文武和名流政要，見到薛懷義都要尊稱「薛師」，並且匍匐禮拜，就連當紅外戚武承嗣和武三思兄弟，也要對他執僮僕禮，為其牽馬執轡，極盡阿諛諂媚之能事。

薛懷義把洛陽城鬧得雞飛狗跳，老百姓深受其害，各級官府又沒人敢管，右台御史馮思勖實在看不過眼，多次將薛懷義的手下逮捕法辦。薛懷義恨之入骨，就找了個機會把馮思勖堵在下班回家的路上，命手下大打出手，直到把馮思勖打得奄奄一息才揚長而去。

但是，也不見得所有人都治不了這個驕橫跋扈的第一男寵。

有一次，薛懷義就狠狠地挨了一回教訓。

那天，薛懷義帶著嘍囉大搖大擺地進宮，剛好在宮門口碰見宰相蘇良嗣。唐代的宰相歷來地位尊崇，號稱「禮絕百僚」，自然不會給這個憑藉床上功夫而耀武揚威的男寵讓路。而薛懷義驕橫慣了，也沒把宰相蘇良嗣放在眼裡。於是兩隊人馬互不相讓，就在宮門口僵持著。蘇良嗣勃然大怒，心想這該死的男寵就是欠揍，隨即命手下把薛懷義抓過來，當場劈劈啪啪給了他幾十記耳光。

薛懷義自從入宮以來，何曾受過此等羞辱！他又急又惱，捂著火辣辣的臉頰跑到武則天面前哭訴，口口聲聲要太后為他作主。武則天充滿愛憐地撫了撫薛懷義的臉頰，然後慢慢收回了手，淡淡地說了一句：「懷義你也不要太張揚了，以後進出都走北門吧，南門是百官和宰相出入的地方，你何苦去招惹他們？」

薛懷義一臉愕然地看著武則天，既懊惱又沮喪，好長時間沒有回過味來。

不過，這幾十個耳光也不算白挨。因為薛懷義過後就隱隱約約地意識到——自己終究只是太后的玩偶而已！要想永保榮華富貴，要想在天下人面前抬起頭來，就不能只是在太后的床上操練，而要實實在在地幹幾件大事讓天下人瞧瞧！

從垂拱四年（六八八年）開始，武則天就以雷霆萬鈞之勢拉開了武周革命的序幕。作為改朝換代的重要標誌，這一年歲末，歷史上最雄偉的一座明堂——萬象神宮竣工落成。與它同時落成的，還有坐落於北面的「天堂」，堂中供奉一尊巨型佛像，據說這座宗教聖殿比萬象神宮更壯觀，殿高五層，站在第三層就可以俯視明堂。

而主持修建這兩項空前絕後的歷史性工程的人，就是薛懷義。

他因此功勞，被武則天拜為左威衛大將軍，封梁國公。

載初元年（六九〇年），武則天為了打造女主天下的政治輿論，就授意薛懷義在佛經中為她尋找理論依據。薛懷義當仁不讓，立即組織和尚法明等人，一頭撲進經藏之中，苦苦尋找佛經中有關女主天下的記載，終於沙裡淘金地找到了他們需要的經典。隨後，薛懷義等人又在舊譯本的基礎上雜糅新說、附會己意，炮製出了武周王朝的佛教聖典——四卷本的《大雲經》及其注疏。薛懷義等人在經疏中盛言，神皇武則天「乃彌勒佛下生，當代唐為閻浮提主」。

按照佛教經典，彌勒是佛教創始人釋迦牟尼的大弟子之一，釋迦滅度之後，彌勒當在未來降生於閻浮提，救渡眾生，而後成佛。所謂閻浮提，又譯為南瞻部洲，即指我們人類居住的這個世界。彌勒信仰於南北朝時期廣泛流傳於民間，自南北朝以迄隋唐，多有人利用此信仰舉兵起事。如今武則天欲神道設教，當然也要對此充分利用。但是薛懷義等人的注疏實際上已經遠遠背離了佛教義理，所謂的《大雲經疏》只不過是本赤裸裸的政治宣傳手冊而已。

不過，武則天需要的正是這樣一本手冊。

《大雲經疏》一出爐，武則天就迫不及待地頒行天下，同時命各州都要建一座大雲寺，各寺收藏一部《大雲經疏》，並且號召各地的高僧大德升座講解，務求讓天下臣民深刻領會《大雲經疏》的精神。

一時間，東起渤海，西止蔥嶺，南抵交趾，北至大漠，一座座大雲寺拔地而起，一場場貫徹朝廷精神的講經法會如火如荼地展開，《大雲經疏》成了人人必讀的「紅寶書」，女主天下的政治輿論被一步步推向了高潮……

永昌元年（六八九年），亦即武則天稱帝的前一年，東突厥的骨篤祿可汗縱兵入寇，薛懷義又以左威衛大將軍的身分出任新平道行軍大總管，率軍二十萬北上抗擊突厥。也是他運氣好，一路上沒遇到突厥主力，只碰上了一些散兵游勇，薛懷義不費吹灰之力就蕩平了東突厥的小股部隊，而後一路進至單于台，在那裡勒石記功，隨後班師凱旋。

得勝還朝時，薛懷義別提有多風光了。武則天不但笑容滿面地為他接風洗塵、設宴慶功，而且加封他為輔國大將軍、柱國，賜帛二千段。天授元年（六九〇年），武則天正式登基，又進封他為右衛大將軍，賜爵鄂國公，可謂權傾一時、榮寵備至。從此，薛懷義便覺得自己是個牛人了。

建明堂，造佛經，征突厥，這其中哪一樣不是居功至偉、可圈可點的呢？哪一樣不足以成為他睥睨天下、傲視群倫的資本呢？

由於薛懷義自認為已經成功實現了職業轉型，所以對於「面首」這份工作自然就不放在眼裡了，其敬業精神大打折扣。就算武皇派人來請他進宮，他也是愛理不理。碰上心情好的時候就去應付一下，心情不好的話當即一口回絕。

一個小小的男寵竟然敢跟武皇擺譜！

武則天憤怒了。不過她什麼也沒說，而是馬上找了一個男寵頂了薛懷義的缺。

這個新歡就是御醫沈南璆。正所謂近水樓台先得月，這個玉樹臨風的年輕人利用為武皇調理身體的機會，調著調著就往床上去了。而年近七旬的武則天在這位御醫的悉心「調理」之下，身體果然健朗如初，皮膚也依然像以前那樣細膩紅潤。據說在天授三年（六九二年）秋天，她居然「齒落更生」，重新長出了一口潔白如玉的新牙。武則天特意為此大赦天下，改元「長壽」。

不久，武皇就給了薛懷義一次不大不小的教訓——命人把他在白馬寺私自剃度的一些野和尚全部流放嶺南，讓他變成了一個光桿司令。

薛懷義後悔了。他終於意識到——沒了他，武皇的日子照樣過得滋潤；可沒了武皇的寵愛，自己隨時有可能喪失一切！

為了挽回昔日的榮寵，薛懷義在證聖元年（六九五年）正月十五元這天操辦一場別出心裁的慶典活動，希望以此挽回武皇的愛。

他帶人在明堂前的空地上挖了一個五丈深的大坑，埋入一尊大型佛像，然後又在大坑上方用彩緞搭起了一座姹紫嫣紅、美侖美奐的「宮殿」。元宵晚上，當武皇在文武百官的陪同下蒞臨慶典現場時，薛懷義一聲令下，壯漢們一起拉動裹著彩緞的粗繩，於是坑中的大佛冉冉升起，一直升至上方的宮殿中，場面既神奇又壯觀。薛懷義當即高聲宣布，說這是佛像「自地湧出」的祥瑞。

原以為如此奇觀一定可以博得武皇的歡心和讚賞，可讓薛懷義大失所望的是，武皇只是面無表情地看了一會兒，然後就頭也不回地走了。

薛懷義大為沮喪。可他沒有放棄希望，在正月十七這天又做了一場獻禮。這一次，他殺牛取血，用牛血親手繪製了一幅高達二百尺的巨大佛像，將其懸掛在天津橋南，同時大設齋宴，讓洛陽城中的和尚尼姑和官紳百姓全都來瞻仰他的曠世傑作，最後又派人去稟報武皇，聲稱這是他割破膝蓋，用自己的血一筆一筆畫成的。

這天的天津橋南萬頭攢動，冠蓋如雲，唯獨薛懷義最渴望的那個人遲遲沒有來。

可憐的薛懷義從上午等到黃昏，一直等到夕陽西下，眾人皆散，還是不見伊人的身影。

薛懷義絕望了。一股可怕的怒火突然從薛懷義的丹田燒了起來，然後一下子躥上了他的頭頂。薛懷義飛身上馬，向著宮中狂奔而去……

萬象神宮的大火就是在這天夜裡燃燒起來的。

據守衛宮門的禁軍士兵事後回憶說，那天傍晚薛懷義像瘋了一樣闖進宮門，騎著快馬朝明堂方向飛馳而去。由於他身分特殊，所以沒人敢加以阻攔。沒過多久，明堂方向的夜空就變得一片通紅了。禁軍們趕過去的時候，供奉巨佛的天堂已經全部著火了，一根根巨大的圓木噴吐著火舌從空中紛紛墜落，很快就把前面的萬象神宮也點著了。趕到現場的人們都只能目瞪口呆地遠遠站著，根本不敢上去撲救，因為上去也只能白白送死。

次日凌晨，武則天來到火災現場，看見她生命中最重要的兩座建築已經不復存在，昔日的神聖和莊嚴已然化為一地的瓦礫和灰燼。

武則天心中殺機頓熾。她默默地轉身離開，隨後就宣布重建。而出乎所有人意料的是——武皇竟然把重建工作又交給了薛懷義。薛懷義大喜過望。他以為武皇已經原諒他了。可是，薛懷義錯了。

證聖元年（六九五年）二月初四，也就是新明堂即將竣工的幾天前，武皇忽然把薛懷義祕密約到了瑤光殿。

瑤光殿坐落在一片人工湖中央的一座小島上，四面環水，景色宜人。當年薛懷義初入宮時，便時常與武則天在此幽會，共同度過了許多美妙而銷魂的時光。

這一天清晨，薛懷義策馬奔馳在通往瑤光殿的長堤上。時隔多年之後舊地重遊，薛懷義不禁感慨萬千。他相信，武皇之所以在此與他約會，顯然是要舊夢重溫、再續前緣了。

可他絕對沒有想到，此時此刻，武皇的侄子建昌王武攸寧正帶著十幾個武士埋伏在前面的一棵大榕樹後。當薛懷義靠近時，一群手持棍棒的黑衣大漢忽然躥出，然後十幾根棍棒就劈頭蓋腦地落了下來……

薛懷義遮擋了幾下，也哀嚎了幾聲。可在雨點般密集的棍棒打擊之下，所有的動作和聲音很快就都止息了。他雙目圓睜，七竅流血，死狀極其可怖。武攸寧隨後把屍體祕密運到了白馬寺，並且遵照武皇的命令將其焚毀，然後把骨灰攪拌在泥土中，用這些泥土建起了一座佛塔。最後，朝廷又將薛懷義手下的一干侍者和僧徒全部流放邊地，徹底肅清了他在白馬寺的勢力。

薛懷義就這麼死了。

曾經炙手可熱的第一男寵就這樣人間蒸發，連骨灰都沒有留下。

從馮小寶入宮得勢，到薛懷義被焚屍滅跡，期間相隔恰好十年。

如果人生可以從頭來過，馮小寶還願不願意變成薛懷義？他還會不會心甘情願地跟著千金公主邁上那輛駛往皇宮的馬車，然後瘋狂地戀上太后武氏的床，戀上所有他承載不起的榮華富貴？

也許這樣的問題是沒有意義的。因為，就算沒有馮小寶，也會有張小寶、陳小寶、李小寶……總之，在女皇武則天的歷史大戲中，必然要有這樣的一些角色，來演繹這樣的一些人間悲歡與紅塵顛倒。

薛懷義死後兩年，兩個比他更年輕、更貌美、更多才多藝、也更乖巧聽話的男寵，就娉娉婷婷地來到了武皇的身邊。

他們就是張易之、張昌宗兄弟。當面若蓮花的二張陪著古稀之年的女皇在太初宮中顛鸞倒鳳、夜夜銷魂的時候，白馬寺的某一座佛塔下面已經長出了離離青草。

陪伴這幾株青草的，只有南來北往的風，以及白馬寺終年不絕的鐘磬梵唱……

三〇、一代名相狄仁傑

神功元年（六九七年），武則天誅殺了來俊臣，一舉結束了酷吏政治，同時起用了一批頗具時望和才幹的正直官員，讓他們進入帝國的權力中樞，開始著手進行撥亂反正、制度重建的工作。其中的代表人物就是狄仁傑。

狄仁傑，字懷英，并州太原人，生於官宦之家。從童年時代起，狄仁傑身上就有一種特立獨行、不畏權貴的勇氣。有一次，他家的門人被害，縣衙裡的官吏前來調查案情，府裡的老老少少都忙不迭地去接受問話，唯獨狄仁傑拿著一本書坐在那兒一動不動。縣吏一看這小子那麼有個性，心裡老大不爽，就上去命他接受問話。狄仁傑啪的一聲合上書本，沒好氣地說：「我跟書中的聖賢對話都唯恐不及，哪有空理你們這些俗吏！你憑什麼凶我？」

這是史書記載的有關狄仁傑生平的第一個故事。未來神探狄仁傑在史書中剛一亮相就與命案有關，也算是一個奇妙的巧合。作為中國歷史上大名鼎鼎的清官和神探，狄仁傑的探案故事透過千百年來的公案、話本、戲劇、小說，乃至當代影視而廣為傳播，幾乎已經到了家喻戶曉、婦孺皆知的程度。二十世紀，狄仁傑更因荷蘭漢學家高羅佩所創作的《大唐狄公案》而享譽西方，被西方讀者驚呼為「東方的福爾摩斯」。

那麼，真實的狄仁傑到底是什麼樣的呢？他是否被後世的這些虛構作品過度神化了呢？

答案是：不。歷史上的狄仁傑確確實實是個神探！

高宗儀鳳年間（六七六—六七九年），狄仁傑擔任大理丞，「周歲斷滯獄一萬七千人，無冤訴者」。（《舊唐書·狄仁傑傳》）一年之內勘斷的積壓案件所涉及之人犯就達一萬七千人，而且事後還沒一個喊冤的，這當然是不折不扣的神探了。

作為神探，最重要的素質就是智謀。在小說和影視中，我們經常可以看到狄公身上那種超越常人的機敏和睿智。而歷史上真實的狄仁傑，其智謀比起虛構的人物似乎也不遑多讓。長壽元年（六九二年），狄仁傑與魏元忠等人一起被來俊臣誣陷入獄。當時朝廷有個不成文的規定，人犯如果一被訊問就承認謀反，可以免於死刑。所以，當來俊臣審問狄仁傑時，狄仁傑立刻就說：「大周革命，萬物唯新，唐朝舊臣，甘從誅戮。反是實！」意思就是說，既然大周已經代唐而興，我身為李唐舊臣，當然只有死路一條，你說我謀反我就謀反吧！來俊臣一看這傢伙這麼老實，也就放鬆了警惕。隨後就沒人來找狄仁傑麻煩了，酷吏們只等著判決下來，到時候執行就是了。

可來俊臣絕對沒有想到，狄仁傑是在跟他玩心眼。

由於當時已是初春，天氣逐日轉暖，於是狄仁傑就跟獄吏討了一副筆硯，然後撕下被單上的一角布帛，寫明了自己的冤情，最後又拆開身上的棉衣，把帛書藏在衣服的棉絮內，交給獄吏說：「天太熱了，煩請把衣服交給我家人，讓他們拆掉裡頭的棉絮，再送回來給我穿。」

獄吏拿起那件棉衣左看右看，也看不出什麼毛病，於是就轉交給了狄仁傑的兒子。他兒子狄光遠也很聰明，知道父親肯定要傳達什麼信息，於是拆開棉衣仔細檢查，果然發現了那封帛書，隨即以告密為由求見武皇，把帛書當面呈上。

武則天看過後，立刻召見狄仁傑，問：「你既然沒有謀反，又何必承認？」狄仁傑說：「我要不承認，早就被他們打死了。」

武則天想想也是，隨後就赦免了狄仁傑、魏元忠等人，把狄仁傑貶為彭澤縣令，魏元忠貶為涪陵縣令。狄仁傑就此躲過一劫。

狄仁傑之所以能夠青史留名，被後人千古傳頌，除了通達權變、智謀過人、斷案如神之外，還有很重要的一方面，就是他對民間疾苦的關懷和對下層百姓的體恤。在武周前期那種視人命如草芥的年代裡，他是少數幾個真正能夠堅守道德原則、珍愛百姓生命的官員之一。

狄仁傑一生仕途浮沉、輾轉四方，歷任各地的縣令、刺史、都督。每到一地，他幾乎都能為官一任，造福一方，並留下一段膾炙人口的佳話。早年擔任寧州刺史時，當地百姓就感懷他的仁政，為他樹起了一塊德政碑。曾有朝廷御史巡視地方，入寧州境內時，當地父老「歌刺史德美者盈路」。御史不禁感歎：「入其境，其政可知也。」（《舊唐書．狄仁傑傳》）回朝後更是大力推薦。狄仁傑隨即被徵召入朝，擢為冬官（工部）侍郎。

垂拱四年（六八八年），狄仁傑隨宰相張光輔討伐越王李貞，平叛之後，朝廷命狄仁傑就任豫州刺史。張光輔進入豫州後，大肆屠殺降眾，並逼迫狄仁傑以州府財物賞賜將士，遭狄仁傑嚴詞拒絕。張光輔勃然大怒：「一個小小的州將，膽敢不聽元帥命令？」狄仁傑也憤然而起，對張光輔說：「亂河南的，原本只有一個李貞。如今一個李貞死了，沒想到卻有一萬個李貞活了！」張光輔大聲質問他什麼意思。狄仁傑面不改色地說：「張公統率數十萬大軍對付一個亂臣，豫州百姓爭相出城迎降，可官兵入城後卻大肆屠殺，令無罪之人肝腦塗地，這難道不是一萬個李貞活了？你放縱邀功之人，誅殺歸降之眾，我擔心冤聲沸騰，上徹於天。要是我手裡有一把尚方寶劍，現在就砍斷你的脖子，我雖死如歸！」張光輔氣得咬牙切齒，卻又無言以對。

過後，豫州百姓被株連者又達六七百人，朝廷使者屢屢催促狄仁傑將他們誅殺。狄仁傑有心拯救他們，所以一再推遲刑期。但是躲得過初一，躲不過十五。狄仁傑思慮再三，最後向武皇呈上了一道密奏，說：「這些人都是被牽連的，並無大罪。臣本打算公開上奏，卻有替罪人求情之嫌；可要是不奏，又擔心不能貫徹陛下體恤百姓之旨。所以，這道奏書寫了撕，撕了又寫，猶豫再三，最後還是懇請陛下能赦免他們。」狄仁傑這道奏書有兩點非常聰明：一，以密奏的形式呈上，不會讓武則天難堪；二，給武則天戴了一頂「體恤百姓」的高帽，讓她不做好事都不行。後來，武則天果然赦免了這些人的死罪，改為流放豐州。這些人經過寧州時，當地百姓紛紛出來慰問他們，說：「是我們狄公救了你們啊！」於是眾人相攜至當初的德政碑前，因感念狄公的恩德放聲大哭，然後又設齋三日為狄仁傑祈福。到達流放地後，這些死裡逃生的人所做的第一件事，就是為狄仁傑立碑頌德。

萬歲通天二年（六九七年），契丹叛軍攻陷冀州，河北震動。朝廷命狄仁傑出任魏州刺史，抵禦契丹南下。狄仁傑赴任後，發現前任刺史把城外的百姓通通驅趕入城，讓他們修築防禦工事。狄仁傑很不以為然，當即把百姓全都放回田裡，對前任說：「賊人還很遠，何必這麼緊張？就算賊人來了，我自能應付，沒百姓什麼事。」及至叛軍退卻後，當地百姓馬上又為狄仁傑立了一塊感恩碑。

狄仁傑一生中被百姓立了多少塊碑，恐怕連他自己都說不清楚。

神功元年（六九七年）十月，在宰相婁師德的暗中舉薦下，政聲卓著的狄仁傑終於在幽州都督任上被徵召入朝，擔任鸞台（門下）侍郎、同平章事。這一年，狄仁傑六十八歲。

這是他第二次出任宰相。第一次拜相是在天授二年（六九一年），可短短三個月後就被來俊臣誣陷入獄，旋即貶為彭澤縣令。此刻，狄仁傑再度以宰相身分重返帝國朝堂，兩鬢已然多出了一層歲月的風霜，但是匡復社稷、重振朝綱之志，卻依然在他的胸中翻湧沸騰。

當然，身為武周宰相，狄仁傑要下手整肅的自然是武周的朝綱；但是作為李唐舊臣，狄仁傑真正要匡復的卻必將是李唐的社稷。這將是狄仁傑餘生中最重要的使命！

而他首先需要做的，就是阻止武家子弟的奪嫡。

這些年來，武承嗣一刻也沒有放棄過奪嫡的夢想。為了討武皇歡心，長壽二年（六九三年），武承嗣率五千人上表請願，為武皇進獻尊號，稱「金輪聖神皇帝」；第二年，武承嗣再接再厲，又做了一場聲勢更大的請願活動，率領二萬六千餘人為武皇再獻尊號，稱「越古金輪聖神皇帝」。帽子一頂比一頂更大，媚態一次比一次更足，可讓武承嗣極度鬱悶的是，武皇把這些高帽都笑納了，卻絕口不提立儲之事。這情形就像貪官收了你的巨額賄款，卻一轉身就把這事給忘了，這不是活活把人氣死嗎？

眼見武皇春秋已高，而自己也一年比一年老了，武承嗣急得如同熱鍋上的螞蟻。聖曆元年（六九八年）春，他終於卯足了勁兒對儲君之位發起了新一輪攻勢。

武承嗣收買了許多武皇身邊的人，天天跟武皇吹耳邊風：「自古以來的天子，從沒有立異姓人為儲君的。」言下之意，只有武家兄弟才是太子的不二人選。

然而，武皇聽完後只是笑笑，始終不肯表態。

對武則天來說，「立儲悖論」始終是她無法突破的困境。又或許在她看來，引而不發、懸而不決才是人君掌控權力的最高境界。換言之，只有把人人垂涎的香餑餑始終捂在手心裡，她才能永遠握有主動權。

可無論如何，這香餑餑遲早有一天是要給出去的。這件事可以拖延，可以逃避，卻不能當它不存在。所以，一天不確立儲君，武則天的心裡其實和別人一樣——一天也不得安寧！

就在這個時候，狄仁傑上場了。他對武則天說：「文皇帝（太宗李世民）櫛風沐雨，親冒鋒矢，以定天下，傳之子孫；大帝（高宗李治）以二子託付陛下。陛下如今卻想把江山傳給外族，這難道不是違背天意嗎？況且，姑侄和母子哪一樣更親呢？陛下立子，則千秋萬歲後，配食太廟，承繼無窮；倘若立侄，則從沒聽說過侄兒做天子後，把姑母供奉在太廟裡的。」

其實，狄仁傑的這套說辭和當初的李昭德如出一轍，並沒有什麼新意。但有些時候，把同樣的道理不厭其煩地反覆宣講，卻不見得是多餘的。就連謊言重複一千遍都能變成真理，更何況本來就是有道理的話呢？

再者說，狄仁傑的人格魅力也和李昭德不同。我們在平常生活中經常會碰見這種事情，同一句話從不同的人嘴裡說出來，感覺就是不一樣。眼下的女皇武則天也是，狄仁傑在她心目中的分量非他人可比，他的話自然也更有力量。所以狄仁傑一開口，武則天事實上已經聽進了大半，可她嘴上還是不願示弱：「此乃朕之家事，賢卿不必操心。」

狄仁傑寸步不讓：「王者以四海為家，四海之內，哪一樣不是陛下家事！君為元首，臣為股肱，本來一體，況且臣備位宰相，豈能不操這份心？」話說到這，狄仁傑索性亮出底牌，請求武皇召回流放房州的廬陵王李哲，以安天下人心。

隨後，老臣王及善等人也都和狄仁傑同一口徑，屢屢對武皇發出勸諫。武則天更是心煩意亂，內心的天平開始朝兒子這邊傾斜。正所謂日有所思，夜有所夢，某夜武則天忽然做了一個怪夢，次日便召狄仁傑，非常困惑地說：「朕夢見一隻巨大的鸚鵡在空中飛翔，後來卻兩翅皆折，再也飛不起來，這是何故？」

狄仁傑一聽，心中竊喜，表面上卻一本正經地答道：「武（鵡）者，陛下之姓；兩翼，二子也。陛下起二子，則兩翼振矣！」

武則天臉上不動聲色，可心裡卻若有所悟。

人老了就容易迷信，容易受神祕事物影響。對於這個怪誕的夢境，除了狄仁傑的解釋，武則天自己實在找不到更好的解釋了。所以，就是從這一刻開始，武則天徹底打消了立武家子弟為儲君的念頭。（《資治通鑑》卷二〇六：「太后由是無立承嗣、三思之意。」）

狄仁傑一生中兩度拜相，加起來的時間總共也才三年多，但卻比武周一朝的任何一個宰相更讓武則天尊重和信任。因為狄仁傑的人格魅力確實非一般人臣可比。綜觀狄仁傑宦海浮沉的一生，完全可以用儒家的理想人格「三達德」來概括，那就是——智、仁、勇。

「周歲斷滯獄一萬七千人」，面對酷吏的陷害善於權變，這就是智。始終堅守道德原則，為官一任，造福一方，尤其珍愛百姓生命，這就是仁。身為刺史，為了維護百姓利益而不惜與宰相公然反目，這就是勇。

女皇武則天一生中接觸過無數官員，也曾經為了改朝換代和鞏固政權而屢屢任用小人和酷吏，但是她打心眼裡瞧不起這些人，往往是利用完後就毫不留情地兔死狗烹。而對於像狄仁傑、婁師德、魏元忠這種德才兼備、有經有權的能臣，武則天卻能發自內心地尊重他們，並最終都能予以重用。

出於對狄仁傑的尊重，武則天常稱呼他「國老」而不稱其名，甚至當狄仁傑因重大問題而屢屢與她面折廷爭時，武則天也總能「屈意從之」。狄仁傑常以年邁多病請求致仕，武則天始終不許。每當狄仁傑上殿，武則天總是免其跪拜，說：「每見公拜，朕亦身痛。」（《資治通鑑》卷二〇六）並且特許狄仁傑不用入朝值宿，還叮囑百官說：「除非軍國大事，否則一般政務都不要去麻煩狄公。」種種殊榮，在武周一朝的文武百官中可謂絕無僅有。

久視元年（七〇〇年）深秋，狄仁傑與世長辭，享年七十一歲。

驚聞狄仁傑去世的噩耗時，武則天忍不住潸然淚下，悲泣不止，過了好長時間才喃喃地說：「朝堂空了，朝堂空了……」從此每當朝廷遇到大事，而百官又商議許久不能定奪時，武則天就會不由自主地仰天長歎：「老天為何這麼早就奪走了我的國老啊！」

狄仁傑雖然走了，來不及親眼看見李唐的光復，但他卻引薦了一大批人才進入朝廷，這些人後來都成為一代名臣。比如玄宗一朝的名相姚崇（初名姚元崇），以及數年後發動政變光復李唐的張柬之、桓彥範、敬暉等人，都是狄仁傑大力引薦的。有人曾經對狄仁傑感歎說：「天下桃李，悉在公門矣！」狄仁傑的回答是：「薦賢為國，非為私也。」（《資治通鑑》卷二〇六）

作為日後光復李唐的首席功臣，老臣張柬之的起用倒是費了一番周折。武則天經常讓狄仁傑薦賢舉能，有一天對他說：「朕非常想提拔一位奇才，國老有這樣的人選嗎？」

狄仁傑說：「不知道陛下用他做什麼？」

武則天答：「欲用為將相。」

狄仁傑說：「以臣看來，陛下若只是想得到文人學士，則如今的宰相蘇味道、李嶠等人都是合格人選。臣斗膽估計，陛下是嫌這些文臣庸碌無為，所以想另擇人才，以經緯天下，不知是否？」

武則天笑了：「國老深知朕心。」

狄仁傑向武皇鄭重地一揖，說：「荊州長史張柬之，其人雖老，真宰相才也。且長久懷才不遇，若用此人，必能盡節於國家！」

武則天微微頷首，隨後便把張柬之擢為洛州司馬。過了幾天，她又讓狄仁傑舉薦人才，狄仁傑說：「臣上次推薦的張柬之，陛下尚未起用。」武則天說：「早就擢升了。」狄仁傑不以為然地說：「臣推薦的是宰相，不是司馬。」武則天略顯難堪地笑了笑，不久就把張柬之擢為秋官（刑部）侍郎，最後果然拜為宰相。

如果不是狄仁傑的堅持舉薦，籍籍無名的張柬之絕不可能在年逾八旬的時候才入閣拜相，更不可能在八十多歲高齡發動神龍政變、匡復李唐社稷。

事後來看，狄仁傑當初所說的「若用此人，必能盡節於國家」果然得到了應驗。僅此一點，足以證明狄仁傑確實具有高度的識人之智，更具有驚人的先見之明。然而，當鬚髮蒼蒼的張柬之在幾年後的某一天突然率領士兵出現到武則天面前的時候，武則天一定會為自己當初聽信狄仁傑之言提拔了這樣一位「奇才」而痛悔不已，不過這已是後話了。

狄仁傑去世的一個月後，亦即久視元年（七〇〇年）十月，武則天下詔宣布：廢除實行了十一年的周曆，恢復李唐王朝使用的夏曆。

這是一個重大的政治信號，表示女皇已經著手準備回歸李唐了。

三一、神龍政變

西元七〇五年陰曆正月，女皇武則天宣布改元神龍，同時採納宰相崔玄暐和司刑少卿桓彥範的建言，宣布將文明元年（六八四年）以來所有在押或流放的政治犯，除揚州叛亂與諸王叛亂的魁首之外，其他人全部赦免。

文明元年是武則天廢黜中宗、軟禁睿宗、正式臨朝稱制的那一年，也是武則天全面掌控帝國的開始，所以這道大赦令的意義自然非比尋常。它意味著風燭殘年的女皇武則天已經決意採取寬恕與和解的政治姿態，了結過去的恩怨糾葛，實現政權的順利交接與平穩過渡。

但是，八十一歲的女皇武則天做夢也不會想到，一場旨在推翻武周政權、匡復李唐社稷的政變行動已經在緊鑼密鼓的策劃中了。

政變的策劃者就是八旬宰相張柬之。

張柬之是個典型的大器晚成的人物。他是襄陽（今湖北襄陽縣）人，生於武德末期，少時就讀太學，涉獵經史，稍長進士及第，授青城縣丞。按理說，這種人生起點不能算低，如果正常升遷的話，他這輩子無論如何也跟「大器晚成」這四個字沾不上邊。可老天爺偏偏和他過不去，讓他在這個小小的縣丞職位上一待就待了四十多年，直到永昌元年（六八九年），武則天開制舉廣納人才，張柬之才以六十多歲高齡參加賢良科的會試，終於在一千多名年輕的競爭者中脫穎而出，獨佔鼇頭，被擢為監察御史。此後，張柬之又在朝廷奮鬥了將近十年，才慢慢升到鳳閣舍人的職位。

聖曆年間，武皇受到東突厥默啜可汗要脅，不得不讓親王武延秀迎娶可汗之女，張柬之認為有辱國體，上疏反對，從而忤旨，被貶到外地擔任刺史，後又轉任荊州都督府長史。此時的張柬之已經七十多歲，本以為這輩子就這樣到頭了，沒想到在狄仁傑的大力舉薦之下，他的人生再次出現了戲劇性的轉折。長安初年，張柬之重新回朝，歷任洛州司馬、司刑少卿、秋官（刑部）侍郎。

張柬之二度入朝的時候，狄仁傑已經去世，如果沒有其他貴人的幫助，武則天不見得一定會提拔他為宰相。他的第二個貴人就是姚崇。長安四年（七〇四年）十月，武則天命宰相姚崇出任靈武道安撫大使，同時讓他舉薦朝臣為相，姚崇說：「張柬之沉厚有謀，能斷大事，但其人已老，陛下應該盡快擢用他。」就這樣，在兩位能臣良相的先後舉薦之下，武則天終於讓張柬之入閣為相。

這一年，張柬之已經年屆八旬。

八十載的滄桑歲月徹底染白了老人的鬚髮，但卻不曾湮滅他的匡復李唐之志。

正所謂烈士暮年，壯心不已。

張柬之計畫的第一步，是確立政變的核心力量。剛一拜相，張柬之便在擁李派大臣中迅速物色了四個人，作為此次政變的領導小組成員。他們是：宰相兼太子右庶子崔玄暐、中台右丞敬暉、司刑少卿桓彥範、相王府司馬袁恕己。

之所以會選擇這四個人，原因如下：

一，此次政變的主要目標就是匡復李唐社稷，因而太子李顯自然成為此次行動最重要的一面旗幟。但是他身分特殊，不便親自參與策劃，所以才由身為宰相兼東宮屬官的崔玄暐出面，其身分相當於太子派出的代表。

二，敬暉、桓彥範與張柬之不僅曾有過同僚之誼，相互之間知根知底，而且都是狄仁傑舉薦入朝的，大家同出狄公門下，意氣相投，立場一致。

三，袁恕己的情況與崔玄暐類似，也是因為相王李旦不便親自出面，所以就由他作為相王的代表參與到領導小組中來。

計畫的第二步，也是最關鍵的一步，就是掌握禁軍。槍桿子裡面出政權，這是放諸四海而皆準的真理。當時的禁軍力量分成兩支：一支是北衙禁軍，駐守皇宮的北正門玄武門，負責保衛皇帝和皇宮的安全。（七十九年前秦王李世民發動的那場政變，也是因為直接掌握了玄武門的禁軍，才保證了政變的成功。雖然當年是在長安的玄武門，這裡是東都洛陽的玄武門，但二者同屬北衙禁軍的駐地，因而其地位與作用一般無二。在日後的唐朝歷史上，玄武門還將數度喋血，所以有學者認為，在初唐歷史上不止發生過一場玄武門之變，而是有「四次」玄武門之變，神龍政變就是其中之一）。除了北衙禁軍，還有一支南衙禁軍，駐守宮城以南的皇城。皇城是中央政府機構所在地，所以南衙禁軍的職責就是保衛宰相和文武百官的安全，同時也負有保衛京師之責。

北衙禁軍的最高統帥是左右羽林衛大將軍，當時的右羽林衛大將軍是李多祚。他是靺鞨人，曾追隨名將裴行儉出征西域，在高宗時代便已嶄露頭角，所以一直感念高宗的知遇之恩。張柬之首先找到他，開門見山說：「將軍今日的富貴，是誰給的？」李多祚感懷淚下，說：「大帝（高宗李治）。」張柬之當即亮出底牌：「今大帝之子為二豎（二張）所危，將軍不思報大帝之德乎？」李多祚收起眼淚，指天盟誓：「苟利國家，唯相公處分，不敢顧身及妻子。」（《資治通鑑》卷二〇七）

成功策反李多祚後，張柬之旋即用最快的速度將一批心腹安插進了北衙禁軍，分任左、右羽林將軍，他們是敬暉、桓彥範、右散騎常侍李湛（李義府之子）、荊州長史楊元琰。楊元琰是張柬之的繼任者，也是他的好友。當年二人在荊州辦理職務交接時，曾相約於長江上泛舟，楊元琰當時便慨然吐露了匡復李唐之志。所以，此次張柬之將其調任右羽林將軍時，特地叮囑他說：「楊君還記得在長江上說過的話麼？今天給你的職位，不是隨便給的！」

在短短兩個月的時間內，張柬之就一連作出了這麼多重大的人事任命，自然引起了二張的疑懼。為了避免打草驚蛇，張柬之就把他們的黨羽、建安王武攸宜任命為左羽林衛大將軍，從而穩住了二張。張柬之之所以敢把北衙禁軍的一半指揮權交給武攸宜，正是因為他事先已經在左、右羽林軍中安插了多名中層將領，因此他完全有把握將武攸宜架空，讓他變成光桿司令。

至此，北衙禁軍基本上已經全部掌控在張柬之的手中，而南衙禁軍則不用費張柬之任何工夫，因為其最高統帥左衛大將軍正是相王李旦。如果行動開始，整個皇城和外圍京城的局勢都可以交由李旦和袁恕己掌控，因而根本不用擔心。

計劃的第三步，是讓太平公主負責策反武皇身邊的宮女，讓她們隔絕宮內外的消息，同時監視武皇和二張的一舉一動。據有關學者對近年出土的相關墓誌的研究，當時確有一部分九品至七品的宮女參與了神龍政變，比如她們的墓誌中就記載了「遂使有唐覆命，我皇登基」等語。

經過這一系列周密部署，計畫基本上是萬無一失了。當時姚崇推薦張柬之時曾說，此人「沉厚有謀，能斷大事」，如今看來，張柬之的表現果然如其所言。

一切就緒之後，張柬之等人把行動時間定在了神龍元年正月二十二日。

帝國未來的命運，將在這一天見出分曉……

政變當日，張柬之兵分三路：第一路，由他本人與崔玄暐、桓彥範、左威衛將軍薛思行等人率五百多名羽林軍士兵直撲玄武門，控制這個宮禁重地；第二路，派李多祚、李湛和駙馬都尉王同皎（太子李顯的女婿）前往東宮迎接太子，然後前往玄武門會合；第三路，由相王李旦及其司馬袁恕己率南衙禁軍控制政事堂和朝廷各部，進而逮捕二張在外朝的黨羽，同時穩定整個京畿的局勢。

行動開始後，這三路中只有李旦和袁恕己的第三路進展最為順利。他們率兵包圍政事堂後，立刻逮捕了二張的三個心腹：宰相韋承嗣、房融、司禮卿崔神慶，然後迅速封鎖皇城，並且全面控制了整個京師。

儘管整個政變計畫滴水不漏，但是前兩路卻都遭遇了意想不到的困難，差一點導致整個行動的流產。李多祚這一路來到東宮後，本以為太子李顯已經整裝待發了，沒想到事情大大出乎他們的意料之外。

面對這群全副武裝、摩拳擦掌的政變將士，李顯卻耷拉著腦袋，臉色蒼白，虛汗直冒，並且一直躲避著他們的目光。雖然對此次行動早已有了思想準備，而且好像也下定了決心，但是事到臨頭，這個四十九歲的老太子還是感到了一陣強烈的恐懼。

已經二十一年了，他似乎仍然活在被廢黜的陰影中。這麼多年來，那個瑰麗的天子夢雖說尚未死亡，可一直蜷縮在他內心最隱蔽的角落裡，在年復一年的沉睡中日漸萎靡、日漸蒼白。李顯偶爾打開自己的內心，往裡窺探那個苟延殘喘的天子之夢，似乎總能聞到一股陳年黴味的氣息。

李顯既擔心它在日復一日的禁錮中悄然死去，更害怕它有一天突然醒來。因為他委實不知道自己該如何面對這個昔日的夢想。可就在今天，它居然真的被喚醒了。

多年以後，夢想歸來……可李顯卻呼吸沉重，情怯不已。

將領們面面相覷，一下子都沒了主意。看著表情遊移目光閃爍的老丈人，王同皎首先開口了：「先帝把神聖的帝國交給殿下，卻無緣無故遭到了罷黜，此事人神共憤，至今已二十一年！好不容易等到天意彰顯，如今北門與南衙同心協力，必在今日誅殺凶逆，匡復李唐社稷，願殿下不負眾望，速往玄武門！」

李顯注視著王同皎，可霎那間他的眼前又閃現出了另一張臉。那是母親武則天的臉。母親似乎在看著他笑，可那笑容竟是如此猙獰和森冷，讓他不寒而慄。許久，李顯支支吾吾地說：「凶逆誠當夷滅，然而聖上龍體欠安，會不會驚嚇到她？依我看，此事不妨延後，當與諸公從長計議。」

將軍們再次對視了一眼，感覺一股沮喪之感就像一盆涼水一樣把他們從頭澆到了腳底。寶貴的時間在一點一滴地流逝，而眾人每呼吸一次，就等於是向死亡靠近一步！在這千鈞一髮的時刻，李湛終於忍無可忍，厲聲說：「諸位將軍和宰相冒著族誅的危險要為社稷盡忠，殿下怎麼能把他們推入死地？要罷手可以，請殿下自己出去宣布。」

李顯默然良久。

他已經聽出了這句話裡的威脅意味。如今一干大臣及眾將士都和他綁成了一條繩上的螞蚱，如果此事半途而廢，眾人一怒之下，說不定就先把他這個太子做了！就算他們不會這麼幹，但是明日等待他們的，也必將是殺頭族誅的命運，而自己最好的結果，很可能也是被母親武則天下詔賜死！

往前邁一步，生死成敗還在未定之天；往後退一步，今日所有參與行動的人都必死無疑！事情的利弊明擺著，自己還有得選嗎？

終於，李顯恍恍惚惚地站了起來，邁著沉重而緩慢的步履朝門口走去。眾人轉怒為喜，馬上跟著他出了東宮。王同皎一下子把太子扶上馬背，然後與眾將士簇擁著太子向玄武門飛馳而去。

此時，張柬之等人正在玄武門前一籌莫展。

他原本以為計畫天衣無縫，可偏偏缺失了最重要的一環——今日在此輪值宿衛的不僅有羽林軍，赫然還有殿中監田歸道和他率領的千騎。所謂千騎，名義上也隸屬於羽林軍，但其將領卻由皇帝直接任命，因此算是一支相對獨立的軍事力量，其存在意義實際上就是與羽林軍相互制衡。此刻，田歸道眼見張柬之帶著軍隊殺氣騰騰而來，自然是二話不說、關門據守了。

這是張柬之事先完全沒有料到的。

百密一疏，百密一疏啊！

張柬之仰頭望著這座高大的玄武門，心急如焚，左右為難。想進攻，又擔心武皇一旦驚覺，整個京師必然陷入一場混戰；不攻，逼宮行動眼看就要功敗垂成……

就在張柬之萬分焦灼之際，李多祚等人終於擁著太子李顯來了。張柬之長長地鬆了一口氣。

城門上的田歸道一見太子駕到，知道自己不開門不行了。他本來也不是二張一黨，今日閉門據守只不過是職責所在，如今既然太子來了，那他當然沒有理由把未來的天子拒之門外。

張柬之與太子一行從玄武門迅速進入宮中，擔任前鋒的羽林軍將士逕直衝到了武皇所居的長生殿。張易之、張昌宗兄弟聽見外面人聲擾攘，想出來看個究竟，旋即被禁軍士兵砍殺於殿外的迴廊下。一代絕色男寵就此僕倒在骯髒的血泊中，他們美若蓮花的粉面很快就變得烏黑暗紫、恐怖猙獰……

女皇武則天猝然從睡夢中驚醒的時候，看見碩大而孤單的龍床周圍站滿了人。雖然視線模糊，讓她來不及看清這些人的臉，但她馬上就意識到——該來的還是來了！

「誰人作亂？」眾人聽見女皇慵懶而疲憊的聲音從透明的錦帳中傳了出來。

張柬之趨前一步，朗聲道：「張易之、張昌宗謀反，臣等已奉太子之命將其誅殺！只是擔心走漏消息，所以不敢先行奏報。臣等擅自在宮中用兵，罪該萬死！」

武則天無聲地冷笑著，把太子叫到了面前。

「原來是你！」

李顯心頭劇烈地一顫，差一點就在這四個字面前頹然跪倒。

「既然人已經殺了，你也可以回東宮去了。」

大汗淋漓的太子悄悄扭過脖子，向眾人拋去求救的目光。

桓彥範立刻站了出來，說：「太子豈能回去！昔日先帝把愛子託付給陛下，現在他年齡已大，卻久居東宮，天意人心，一直思念李家，群臣也念念不忘太宗和先帝之德，故奉太子誅殺賊臣。願陛下傳位太子，以順天人之望！」

武則天臉上掛著一個寒冷的笑意，目光一直在眾人之間來回逡巡，卻唯獨不看桓彥範，彷彿根本沒聽到他說的話。

許久，她把目光停留在李湛臉上，說：「你也是殺易之的將軍嗎？我待你們父子不薄，才會落到今天這一步！」

李湛慚悚，無言以對。

接著，武則天又直直地盯著崔玄暐說：「其他人都是因人推薦才進入中樞，只有你是朕親自提拔的，想不到你也在這裡！」

崔玄暐坦然自若地說：「臣這樣做，正是為了報答陛下的大德！」

武則天還想說什麼。可她終究沒有再說什麼。

她只是靜靜地躺了回去，重新閉上了眼睛。

軟禁了武皇之後，政變軍隊迅速逮捕了張昌儀、張昌期、張同休，將他們全部斬首，隨後與張易之、張昌宗的首級一起懸掛在端門前的洛水橋南岸示眾。一夜之間，他們的屍體便被憤怒的百姓割盡剮光、分搶一空。

第二天，武則天被迫下詔，命太子監國，大赦天下。

第三天，武則天傳位太子。

第四天，李顯第二次登上皇帝寶座，大赦天下，唯張易之一黨不赦；同時將周興、來俊臣等酷吏迫害過的人全部平反昭雪，子女被發配為奴的全部釋放；加授相王李旦為安國相王，任太尉、同鳳閣鸞台三品，加授太平公主為鎮國太平公主；武周一朝所有被發配籍沒的李唐皇族全部恢復皇室身分和相應官爵。

第五天，武則天被移送上陽宮，由李湛負責警衛，實際上就是軟禁，防範她垂死掙扎。

第六天，李顯率文武百官前往上陽宮，向武則天進獻尊號，稱「則天大聖皇帝」。

第八天，神龍政變居功至偉的五大臣全部拜相：張柬之為天官（吏部）尚書、同鳳閣鸞台三品，崔玄暐為內史（中書令），桓彥範、敬暉皆任納言（侍中），袁恕己同鳳閣鸞台三品，五人一律封為郡公；封李多祚為遼陽郡王，王同皎為右千牛將軍、琅琊郡公，李湛為右羽林將軍、趙國公；其他有功之臣亦相應加官晉爵。

神龍元年（七〇五年）二月初四，李顯下詔宣布，恢復國號為唐；郊廟、社稷、陵寢、百官、旗幟、服色、文字全部恢復唐時舊制。

神龍革命，李唐歸來。

在天地之間矗立了十五年的大周帝國終於在這一刻灰飛煙滅。

一個中國歷史上空前絕後的女皇時代終於在這一刻落下了帷幕。

神龍元年（七〇五年）十一月二十六日，武則天病歿於洛陽上陽宮，終年八十一歲。

她在臨終前留下了一道遺詔：去帝號，稱則天大聖皇后，與高宗合葬乾陵；將王皇后、蕭淑妃、褚遂良、韓瑗、柳奭的親族子孫全部赦免。

在生命的最後時刻，她選擇了寬恕，也選擇了回歸。她寬恕了過去的敵人，也寬恕了過去的自己。她放棄了為之奮鬥一生的大周帝國，也放棄了至尊無上的皇帝稱號，最終以李家兒媳的身分，回歸到了李唐皇室的譜系之中。

從哪裡出發，就回到哪裡。

生命是一條征途，也是一場輪迴……

三二、後武則天時代

神龍政變後，武周政權被推翻，中宗李顯在張柬之等五大臣的擁立下復位，看上去一切好像都回到了正軌，然而帝國政治在表面的平靜之下卻醞釀著新的危機。

危機源於「君弱臣強」的政治格局。

之所以會形成這種政治局面，原因有二：一，李顯第一次在位的時間很短，後來又長期幽禁房陵，所以對中樞政治的實際影響力非常微弱；二，神龍政變雖然打著他的旗號（充其量也就是旗號而已），但他對政變的實際貢獻很小（甚至一度臨陣退縮，差點導致政變功虧一簣）。所以政變成功之後，他雖然被重新擁上了天子寶座，可事實上並沒有多少政治威信，朝政大權也完全掌控在五大臣手中。

為了改變這種不利局面，李顯走了兩步棋：一，讓皇后韋氏垂簾聽政，藉此加強自己的博弈力量；二，逐步重用武三思，以此制衡五大臣。

眾所周知，五大臣之所以發動神龍革命，目的就是為了清除「婦人干政」和「外戚（包括男寵）擅權」這兩種政治痼疾，而中宗的這兩項政治舉措，卻都與神龍革命的政治目標背道而馳、甚至針鋒相對，這自然引起了五大臣的強烈不滿。於是他們屢屢上疏，堅決反對韋氏干政，並力勸中宗誅殺武三思。

李顯這麼做本來就是為了對付五大臣，所以對他們的諫言當然是置若罔聞。

神龍元年五月，中宗李顯又做出了一個令五大臣啼笑皆非的舉動。他居然聲稱武三思、武攸暨等人也都參與了神龍政變，因此把他們與五大臣並列為革命功臣，賞賜給他們「免死鐵券」（持免死鐵券者，除了謀逆大罪外，一般死罪可獲十次赦免）。

這是一種非同尋常的政治待遇，五大臣獲此殊榮實屬情理之中，而武三思這些人也來湊這個熱鬧，確實有些不太妥當。所以中宗的詔書一頒布，五大臣就像是被人扇了一記火辣辣的耳光，馬上發動文武百官聯名上疏，對諸武同受賞賜之事表示了強烈憤慨，同時再次要求中宗貶黜諸武。

然而，儘管他們這一次糾集了滿朝文武一起發飆，把抗議活動搞得聲勢浩大，中宗李顯還是沒有絲毫讓步。於是，抗議行動很快就偃旗息鼓。

知道五大臣已經黔驢技窮了，武三思開始出手反擊。他對中宗說：「五大臣依恃自己是復辟功臣，專權跋扈，已經對帝國構成了嚴重威脅，必須把他們除掉！」

中宗問他有何良策。

武三思胸有成竹地說：「依微臣之見，對付他們最好的策略就是明升暗降，將他們封王，同時免除他們的宰相職務，表面上不失為對功臣的尊重，實際上剝奪他們的實權。」

李顯深以為然。

這一年五月十六日，中宗忽然在朝會上宣布：封張柬之為漢陽王，敬暉為平陽王，桓彥範為扶陽王，袁恕己為南陽王，崔玄暐為博陵王，同時全部罷相，另外賜給他們黃金綢緞、雕鞍御馬，規定每月一日及十五日進宮朝見，其餘時間不必上朝。

厄運終於降臨！

五大臣帶著悲哀而憤懣的神色面面相覷。可除了領旨謝恩之外，他們別無選擇。

武三思輕而易舉地扳倒了五大臣。從此，「百官復修則天之政，不附武氏者斥之（貶謫流放），為五王所逐者復之（官復元職），大權盡歸三思矣！」（《資治通鑑》卷二〇八）

神龍革命的勝利果實就此付諸東流。

帝國的政治局面再次變得波譎雲詭。

隨後，五大臣先後被逐出朝廷，並一貶再貶，最後又全部流放：張柬之流放瀧州（今廣東羅定市南），桓彥範流放瀼州（今廣西上思縣），崔玄暐流放古州（今越南諒山市），敬暉流放瓊州（今海南定安縣），袁恕己流放環州（今廣西環江縣）；五人的宗族子弟，凡年滿十六歲以上者也全部流放嶺南。

武三思擔心五大臣捲土重來，決定斬草除根。神龍二年（七〇六年）秋，五大臣剛剛踏上流放之途，武三思便暗中派遣御史周利貞出京，命他將五大臣就地處決。周利貞曾遭五大臣貶謫，自然不會放過這個復仇的機會。

五大臣中，八十二歲的張柬之和六十九歲的崔玄暐相繼死於流放途中，逃過了周利貞的魔爪，可另外三個就沒有這麼幸運了。

周利貞首先追上了桓彥範，命人將他五花大綁，然後削尖竹子，把桓彥範放在竹刺上來回拖曳，直到他身上的肌肉被鋒利的竹刺片片刮下，肉盡見骨，周利貞才命人把他亂棍打死。

隨後，周利貞又抓住了敬暉。周利貞故伎重施，命人用刀把他身上的肉一片片剮下來。敬暉斷氣的時候，基本上只剩下一具血淋淋的骨架。

最後一個是袁恕己。周利貞厭倦了千刀萬剮的把戲，就改為灌「野葛汁」。野葛是一種劇毒的野草，又名「鉤吻」，一旦入口，猶如鐵鉤鉤住咽喉。毒性發作後，袁恕己劇痛難忍，雙手拚命抓地，指甲全部脫落，歷盡折磨而死。

周利貞得意洋洋地回京覆命，旋即被提拔為御史中丞。

剷除了以五大臣為首的異己勢力之後，李唐王朝幾乎成了武三思的天下。

看著朝堂上噤若寒蟬的文武百官，不可一世的武三思絲毫沒有掩飾他的得意之情。他經常對身邊的人說：「我不知世間何者為善人，何者為惡人；但知與我為善者為善人，與我為惡者為惡人！」

當時，御史中丞周利貞、侍御史冉祖雍、太僕丞李俊、光祿丞宋之遜、監察御史姚紹之都是武三思豢養的得力鷹犬，人們送給這他們一個綽號——五狗。

武三思之所以能夠強勢崛起，除了中宗的提攜之外，還有三個女人也給他提供了很大的助力。她們是：安樂公主、上官婉兒、皇后韋氏。

安樂公主是中宗的小女兒。當年武則天親自主婚，把她嫁給了武三思的兒子武崇訓，所以安樂公主也算是武家的人。安樂公主仗著父親對她的專寵和溺愛，不僅賣官鬻爵、包攬刑訟，而且時常自擬詔書，把正文蓋住，讓李顯簽字蓋章。李顯也總是樂呵呵的，凡她所求，無不答應。有這樣一個兒媳婦，武三思在帝國政壇上當然就如魚得水了。

上官婉兒是高宗時期的宰相上官儀的孫女。麟德元年（六六四年），上官儀因替高宗起草廢黜武后的詔書，事洩後被武后所殺，家屬籍沒。尚在襁褓之中的上官婉兒隨母親鄭氏一同配入掖庭為婢。雖然身分和地位一落千丈，但鄭氏還是沒有放鬆對上官婉兒的培養。在她的精心調教下，上官婉兒從小就熟讀詩書、博涉文史，而且工於文詞、明習吏事，在各方面都表現出了非凡的才華。

儀鳳二年（六七七年），十四歲的上官婉兒受到武曌賞識，被免去奴婢身分，專門掌管宮中詔命，從此步入政壇。上官婉兒天生聰慧，而且善於察言觀色，所以很快成為女皇武曌身邊最得寵的女官。自聖曆元年（六九八年）起，年邁的女皇又讓上官婉兒處理百司奏表，參決政務。上官婉兒從此專秉內政，權勢日盛，人們稱其為「女中宰相」。

神龍政變後，中宗看上了婉兒的美色和才華，遂將其納為婕妤（不久後又進封昭容），仍舊讓她專掌詔命。由於早在武周時期，婉兒就已經是武三思的情婦，所以她當然希望武三思掌握大權，所以頻頻替武三思穿針引線，尋找機會讓他接近中宗夫妻。有這樣的紅粉知己，武三思就更是一帆風順了。

透過安樂公主和上官婉兒的援引，武三思開始頻頻出入宮禁，而且受到了中宗夫妻的熱情歡迎。

中宗結納武三思，當然是出於鉗制五大臣的考慮；而韋后歡迎武三思，則是因為他的到來可以給她的後宮生活增添一些新的情趣。武三思時常進宮和韋后玩一種叫「雙陸」的遊戲。李顯在的時候，就主動在旁邊替他們計算輸贏的籌碼，三個人時常響起一陣陣的歡聲笑語；而如果李顯不在的時候，韋后就會很自然地與武三思玩起另一種事關雲雨的遊戲。

就這樣，中宗復位不久，這三個女人馬上就和武三思結成了一個利益共同體。

五大臣被誅後，這個集團自然就成了當時政壇上最強大的勢力。

當然，這三個女人客觀上是幫了武三思的忙，可主觀上卻有各自的政治野心。

自從當上皇后，韋后就一心沉浸在對武則天的模仿之中，她的目標無疑是成為像武則天那樣的女皇；安樂公主的野心和母親韋氏如出一轍，為此她甚至要求中宗封她為皇太女，目的就是取代太子入繼大統；而上官婉兒的目標則是成為名副其實的女宰相。

面對武三思和這些女人的勃勃野心，有一個人一直懷著強烈的恐懼和憤怒。

在後武則天時代的權力遊戲中，這幾乎是一個被遺忘的人。

他就是太子李重俊。

李重俊不是韋后所生，所以從小到大都生活在這個後娘的白眼中，如今雖然表面上貴為太子，可幾乎沒人把他當一回事——皇帝不在乎他，韋后討厭他，武三思排擠他，那個驕縱任性的安樂公主更是經常侮辱他，總是和丈夫武崇訓一起當面稱他為「奴」。

李重俊一直在默默地忍受這一切……

後來，當李重俊眼看著以五大臣為首的政治勢力被武三思和韋氏剷除殆盡，頓時生出一種唇亡齒寒之感。

因為他名義上還是帝國儲君，所以武三思和韋氏遲早有一天會對他下手！

神龍三年（七〇七年）七月，李重俊鬱積多年的屈辱和憤怒終於爆發。他暗中聯絡禁軍將領李多祚、將軍李思沖、李承況、獨孤禕之、沙吒忠義等人，矯詔率領三百名禁軍士兵發動了軍事政變。他們首先攻入武三思的府邸，殺了武三思、武崇訓父子及其黨羽。隨後，李重俊率眾直撲玄武門，準備一舉誅殺韋后、安樂公主和上官婉兒，然後逼迫中宗退位。

中宗李顯聞變，只好帶著韋后、安樂公主和上官婉兒倉促逃上玄武門，命左羽林大將軍劉景仁率百餘名飛騎兵在城樓下駐防護駕。宮闈令楊思勗自告奮勇，帶兵攻擊政變軍，殺了李多祚的女婿羽林中郎將野呼利，政變軍士氣頓挫。中宗李顯乘機在城樓上向政變軍喊話：「你們都是朕的宿衛之士，何苦追隨李多祚造反？只要你們斬殺叛賊，不必擔心沒有富貴！」

城樓下的士兵們面面相覷。

只猶豫了短短的一瞬，他們便不約而同地把刀槍轉向了自己的將軍們，旋即把李多祚等人全部砍殺。太子李重俊發現大勢已去，只好率殘部亡奔終南山，最後被親兵所殺。

李重俊的屍體被運回長安後，中宗用他的首級祭祀太廟和武三思父子，隨後懸掛在朝堂之上梟首示眾。為了表達對武三思父子的哀思，中宗隨後又追贈武三思為太尉、封梁宣王，追贈武崇訓開府儀同三司，封魯忠王。

太子敗亡後，韋后和安樂公主越發肆無忌憚，開始不擇手段地培植黨羽，擴張勢力。景龍二年（七〇八年），朝野上下的人們不約而同地發現了一個奇異的景象——大唐帝國的權力舞台上忽然間裙裾飛揚、脂粉飄香。中宗李顯似乎在閉目養神，而一群女人則把帝國權杖揮舞得虎虎生風、勢不可擋。

她們是皇后韋氏、安樂公主、長寧公主（安樂公主的姐姐）、郕國夫人（韋后的妹妹）、上官婉兒、沛國夫人鄭氏（婉兒的母親）等等。這一群獲得了空前權力的女人儼然組成了第二個帝國政府，與大唐的吏部同時行使職權、任命各級官吏。只要能湊夠三十萬錢孝敬這些女人，馬上有一紙任命狀繞開了中書、門下兩省和吏部，直接下達各部司，時人稱為「斜封官」（雙關語：一指任命狀的封口是斜的，一指由特殊管道任命）。一時間，形形色色的另類烏紗在帝國政壇上漫天飄飛，有「員外官」、「同正官」、「試官」、「攝官」、「檢校官」、「判官」、「知官」等等，不一而足。

此後，韋后又不顧中宗臉面及世人耳目，大肆豢養男寵，公然穢亂宮闈。如散騎常侍馬秦客、光祿少卿楊均等人，都成了她的枕邊新歡。景龍三年（七〇九年）春，韋后的兄長韋溫由禮部尚書升任太子少保、同中書門下三品。原武三思的鷹犬崔湜、鄭愔也同時拜相。

韋后強烈的干政野心和種種宮闈醜聞很快就成了人們談論的焦點。景龍四年（七一〇年）四月，定州人郎岌告發韋氏謀反，旋即被亂棍打死；五月，又有許州的一名軍官燕欽融上疏說：「皇后淫亂，且干預朝政，致使外戚坐大；安樂公主、駙馬武延秀（武崇訓死後，安樂公主改嫁武延秀）、宰相宗楚客（武則天的族甥）圖謀顛覆社稷！」

其實，中宗李顯對於皇后的所作所為一直都很清楚。他之所以一再容忍，主觀原因固然是由於性情懦弱，客觀原因則是為了報答韋氏。

當年，他們一家人被流放房陵，每當武皇派出的使臣來到房陵，滿懷恐懼的李顯第一個反應就是想要自殺，是妻子韋氏一次次把他從崩潰和死亡的邊緣拯救了回來。韋氏總是安慰李顯說：「禍福無常，大不了就是一死，我們又何必自戕！」

就是這一段相濡以沫的歲月，讓李顯和韋氏情愛彌篤，也讓李顯在無形中對韋氏充滿了依賴。（《資治通鑑》卷二〇八：「上在房陵與后同幽閉，備嘗艱危，情愛甚篤。」）

那些日子裡，李顯不只一次地從韋氏的目光中看到了溫暖和希望。終於有一天，李顯一手拉著妻子，一手指向蒼天，情不自禁地說：「如果上天垂憫，讓我們重見天日，我一定讓你想做什麼就做什麼，絕不禁止！」

為了遵守自己的諾言，中宗不得不對韋氏一再寬容，然而這種寬容到最後卻變成了毫無原則的縱容！面對燕欽融的奏疏，中宗的心情既沉重又複雜。他隨後親自召見了燕欽融，聽完他的陳述後，李顯陷入了沉默。

他明知燕欽融所奏大多符合事實，可實在橫不下心來懲處韋氏。最後，中宗不置可否地揮了揮手，讓燕欽融退下。可燕欽融還沒來得及走出皇宮，韋後便派人把他活活打死了。

燕欽融事件讓韋后感到了不安。她發現天子注視她的目光中多出了幾分怨恨和不快。韋后知道，燕欽融指控她的罪名非同小可，而中宗竟然不將燕欽融問罪，這實際上就是默認他說的都是事實了。如此一來，韋后的處境就不妙了。

因為李顯畢竟是皇帝。儘管他一貫溫柔得像一頭綿羊，可兔子逼急了還咬人呢，更何況他是手中仍然握有生殺大權的皇帝！

韋后思來想去，最後終於下定決心——先下手為強！

韋后隨即找來了自己的女兒。

她知道，天下沒有第二個人像安樂公主這樣迫切渴望她當上女皇。

因為安樂公主迫切渴望當皇太女！

在此時的韋后和安樂公主眼中，夫君已經不再是夫君，父皇也已經不再是父皇，而是橫亙在她們權力之路上的一個亟待粉碎的巨大障礙！

景龍四年（七一〇年）六月初二，中宗李顯吃了韋后母女為他準備的湯餅後，猝死於神龍殿，終年五十五歲。韋后立刻封鎖皇帝駕崩的消息。

因為她必須在最短的時間內把帝國的最高權力牢牢掌握在手中！

六月初三，韋后召集宰相入宮議事，隨後緊急徵調五萬名士兵，交由駙馬都尉韋捷（娶韋后女成安公主）、韋灌（娶韋后女定安公主）、衛尉卿韋璿（韋溫的族弟）、長安令韋播（韋溫的侄子）、郎將高嵩（韋溫的外甥）、左千牛中郎將韋琦、中書舍人韋元等人統領，實行全城戒嚴。

六月初四，韋后召集文武百官，正式發布中宗李顯駕崩的消息，同日大赦天下，改元唐隆，並命她的兄長韋溫統領朝廷內外的所有警備力量（總知內外守捉兵馬事）。

六月初七，韋后擁立中宗的幼子、年僅十六歲的太子李重茂為帝，本人以皇太后身分臨朝聽政。

在韋后看來，走到這一步，要成為像武則天那樣的女皇已經如同探囊取物那般容易了。

然而她並不知道，等待在她前面的不是權力的巔峰，而是身死族滅的萬丈深淵。

因為有個人不會讓她的野心得逞。這個人就是臨淄王李隆基。

三三、乾坤再造：李隆基的華麗登場

李隆基是睿宗李旦的第三子，生於垂拱元年（六八五年）八月初五。他出生的前一年，李旦剛剛被武則天推上傀儡皇帝的位子。李隆基六歲時，武則天以周代唐，正式登上女皇寶座，李旦被降為皇嗣，並受到嚴密監管。以當時李旦所處的政治境況而言，加之李隆基相對靠後的出生順位，絕對沒有人想到這個孩子日後會當上皇帝，更不會有人相信他將終結一個「牝雞司晨」的時代，並在若干年後締造一個中國歷史上少有的太平盛世。

史稱李隆基從小就聰明穎悟，多才多藝，「尤知音律」，而且「儀範偉麗，有非常之表」。除此之外，關於他童年和少年時代的歷史記載很少，但是《舊唐書・玄宗本紀》中有一個故事，卻頗能顯示他的與眾不同之處。故事發生在他七歲那年，有一次李隆基帶著衣甲鮮明的侍衛入朝，要去覲見祖母武則天，剛好在宮門口碰見正在當值的金吾將軍武懿宗。武懿宗是武則天的族侄，一貫恃寵驕橫，看見李隆基小小年紀卻派頭十足，就想殺一殺他的威風，於是上前大聲喝斥，並準備驅散他的儀仗隊。沒想到李隆基卻毫無懼色地走到他面前，指著他的鼻子破口大罵：「吾家朝堂，干汝何事？敢迫吾騎從！」

武懿宗當場愣在那裡，一句話也說不出來，只好眼睜睜地看著李隆基和他的儀仗隊揚長而去。

武則天聽說這件事後，驚訝於這個孫兒小小年紀卻有如此過人的膽識，於是不僅沒有責怪他，反而「特加寵異之」。

在李隆基的青少年時代，整個帝國高層的政治形勢風雲變幻，朝堂上無時無刻不在進行著激烈的權力鬥爭，而他父親李旦身為皇嗣，更是長期處於各種政治鬥爭的漩渦中，甚至一度險遭酷吏毒手；李隆基的生母竇德妃，於長壽二年（六九三年）被人陷害而遭武則天暗殺，人死後連屍骨都無影無蹤，那一年李隆基才剛剛九歲。

神龍元年（七〇五年），以張柬之為首的五大臣發動軍事政變，一舉推翻了武則天的強權統治，擁立中宗李顯復位，然而帝國政治卻並未像人們所企盼的那樣煥然一新。韋后、武三思等人很快利用中宗的信任竊取了帝國權柄，並將五大臣等異己勢力剷除殆盡，一時間權傾朝野。神龍三年（七〇七年），不願坐以待斃的太子李重俊又發動了一場政變，雖然誅殺了武三思父子及其黨羽，但後來卻功敗垂成，自己反被臨陣倒戈的部下所殺……

李隆基成長道路上所親身經歷和耳濡目染的這一切，無不讓他的心靈受到了強烈的震撼，同時也讓他充分領略了政治鬥爭的微妙、複雜和殘酷。尤其是「軍事政變」這種極端的政治鬥爭形式，更是引起了李隆基的極大關注和思考。

景龍四年（七一〇年）六月，韋后和安樂公主毒死了中宗李顯，扶立年少的李重茂為帝，由韋后臨朝聽政。緊接著，宰相宗楚客、太常卿武延秀、以宰相韋溫為首的諸韋子弟、司農卿趙履溫、國子祭酒葉靜能等人一再上疏，「共勸韋后遵武后故事」，並「稱引圖讖，謂韋氏宜革唐命」。（《資治通鑑》卷二〇九）

為了鋪平通向女皇寶座的紅毯，韋后集團積極策劃，準備除掉李唐皇族最後的兩個實力派人物——相王李旦和太平公主。

擁立少帝李重茂不過數日，韋后及其黨羽們便已磨刀霍霍。

李唐社稷再度被推到了懸崖邊上……

中宗駕崩、韋后專權的這一年，李隆基已經二十六歲。這些年來，他在朝中歷任右衛郎將、尚輦奉御、衛尉少卿等職，又曾在潞州（今山西長治市）擔任一年多的地方官，已經擁有了較為豐富的人生閱歷和政治經驗。所以，當韋氏集團逐步竊取朝政大權時，李隆基也一直在不遺餘力地暗中打造自己的勢力集團。尤其是當韋后毒死中宗、擁立少帝並且日益暴露出篡唐的野心時，李隆基更是意識到，要想捍衛李唐社稷，最直接、最有效的辦法只有一個，那就是——發動軍事政變，剷除韋氏集團！

鑑於神龍政變的成功經驗和李重俊政變的失敗教訓，李隆基知道，成敗的關鍵就在於能否掌控宮城北門（玄武門）的軍事力量。所以，他一直以來都很注重結交北門禁軍，特別是從潞州回到長安後，他更是加緊了與「萬騎營」的來往，並很快和萬騎營將領葛福順、陳玄禮、李仙鳧等人結成了莫逆之交。「王數引萬騎帥長及豪俊，賜飲食金帛，得其歡心。」（《新唐書·王毛仲傳》）

除了結交禁軍，李隆基還利用他在朝中和地方任職的機會，先後結納了一批才俊之士。如朝邑縣尉劉幽求、苑總監鍾紹京、尚衣奉御王崇曄等人，都被他引為心腹。這些人雖然官職不高，但是對於李隆基即將採取的行動卻發揮重要作用。其中，劉幽求素有「學綜九流、文窮三變」之稱，主要是作為謀士出謀劃策和居間聯絡；鍾紹京主管皇宮北面禁苑、王崇曄有出入宮禁之權，都可以作為政變的內應。

在積極打造這支政變力量的同時，李隆基也沒有忘記爭取一個皇室重要人物的支持。那就是他的姑母——太平公主。

據《舊唐書》稱：「（太平）公主豐碩，方額廣頤，多權略，則天以為類己，每預謀議。」也就是說，太平公主不管是身材、長相還是性格都酷似母親，所以武則天最疼愛這個小女兒，常常讓她參預各種朝廷機密。參政的機會多了，太平自然能從母親身上學到很多別人學不到的東西，其政治頭腦和政治經驗亦絕非一般公主可比。

中宗復辟時，由於太平公主參與政變有功，所以被中宗加封為「鎮國太平公主」。此後，中宗又專門派出禁軍衛隊進駐太平公主的府邸負責警衛，十步一崗、五步一哨，還有全副武裝的衛隊日夜巡邏，其警衛規格等同皇宮。如此足見太平公主在中宗一朝的地位之高。

除了政治上的強勢之外，太平公主還具有一項非同尋常的優勢，那就是她的經濟實力。按照高宗時代的制度規定，親王一般可以獲封食邑八百戶，最多不能超過一千戶；公主可以獲封三百戶，最多不能超過三百五十戶。那麼，太平公主的食邑有多少呢？

她首次獲封就遠遠超出了制度規定的範圍，達到了一千二百戶，後來又加到三千戶；神龍政變後，李顯論功行賞，又將她的食邑加到了五千戶。此外，太平與薛紹生有二男二女，改嫁武攸暨後又生下二男一女，這七個兒女都有封邑，加上武攸暨名下的一千戶，太平公主一家獲享的封邑至少達到了八千戶。

有頭腦、有地位、有財力，這樣的女人在帝國政壇上呼風喚雨就是順理成章的事情了。許多朝臣紛紛投靠到她門下，透過她的運作和舉薦步步高升。此外，民間的文人墨客和年輕士子也聞風而至，爭先恐後地遞帖子、拜碼頭、當門客。太平公主也擺出了一副「大庇天下寒士俱歡顏」的姿態，十分熱情地接納天下士人。尤其是對於那些貧寒落魄的讀書人，太平公主更是屢屢慷慨解囊、饋贈金帛。久而久之，太平公主「折節下士」的品德和事蹟就在朝野上下傳為了美談。

面對這樣一個強勢對手，韋后、上官婉兒、安樂公主等人都頗為忌憚。「皆以為智謀不及公主，甚憚之。」（《舊唐書．太平公主傳》）

而對於李隆基來說，太平公主正是他所需要的政治同盟。當然，太平公主也很清楚韋后集團一心想對付她，所以她也很願意和這個年輕有為的侄子聯手。於是雙方一拍即合，太平公主馬上派自己的兒子、衛尉卿薛崇簡參與了李隆基的政變計畫。

經過一番周密部署，李隆基等人於景龍四年（七一〇年）六月二十日夜展開行動，首先由葛福順率領萬騎營將士衝進玄武門的羽林軍駐地，砍殺了韋璿、韋播和高嵩這三個負責掌握禁軍的韋后黨羽，佔領了玄武門。隨後，政變部隊兵分三路：一路由葛福順率左翼萬騎衛士攻擊玄德門，一路由李仙鳧率右翼萬騎衛士攻擊白獸門，雙方約定於凌煙閣前會師；李隆基則率劉幽求、鍾紹京和兩百多名手持斧鋸的丁匠坐鎮玄武門。

政變開始後，寂靜的太極宮突然間殺聲震天。葛福順與李仙鳧迅速消滅了玄德門與白獸門的守門禁軍，順利攻進皇宮。李隆基聽到信號，即刻率眾殺進宮中，很快佔領了太極殿。韋后在睡夢中驚醒，倉皇逃進飛騎衛士營，旋即被士兵所殺。稍後，安樂公主、武延秀、上官婉兒也先後被殺。

次日，李隆基下令關閉宮門及長安各城門，分遣萬騎搜捕韋氏餘黨。韋溫、宗楚客、宗晉卿、韋巨源、馬秦客、楊均、葉靜能等人相繼被誅。韋后一黨徹底覆滅後，李隆基才迎接父親相王李旦入宮輔政。當天，李隆基進封平王，任萬騎衛士營總管；薛崇簡進封節王；鍾紹京擢升中書侍郎，劉幽求擢升中書舍人，一同參預機要。

六月二十三日，太平公主以少帝李重茂的名義發布詔書，禪讓帝位給相王；平王李隆基被任命為殿中監、同中書門下三品。

六月二十四日，相王李旦和太平公主等人進入太極殿。太平公主親自走上丹墀，對少帝說：「天下人心已歸相王，這不是你這個小孩子的座位。」說完提著李重茂的衣領把他帶了下去。

是日，睿宗李旦復位，重新坐回了皇帝的寶座，可是一個嚴峻的問題立刻擺在了他的面前。

要立誰為太子？

宋王李成器是長子，按照立嫡以長的原則，理應由他入繼大統；可平王李隆基有鼎定天下之功，若不立他，恐人心不服。

關鍵時刻，宋王李成器主動站了出來。他對李旦說：「國家安定，則先考慮嫡長子；國家危險，則先考慮首功之人。倘若違背這個原則，天下必將失望。臣寧死也不敢居於平王之上！」一連幾天，流淚請求，態度堅決。同時，朝中輿論也普遍傾向於李隆基。於是睿宗李旦再無猶豫，於六月二十七日將眾望所歸的李隆基立為太子。

就像幾年前的中宗一樣，睿宗雖然被擁立復辟，但是本身卻不是政變的領導者。當時中宗依賴的是五大臣，現在睿宗依靠的則是自己的兒子和妹妹。尤其是太平公主，歷次政變皆預其謀，「誅二張，滅韋氏，咸賴其力。」（《大唐新語》卷九）李旦對這個妹妹的能力原本就十分欣賞，而今自己的復位又得益於她的極力促成，所以對她甚為倚重，經常召她入宮商議大政方針。每當宰相奏事，睿宗總是問兩句話，一是「與太平議否？」二是「與三郎議否？」在聽到肯定的答覆後，才著手批覆，有時甚至派宰相到太平公主府上請示磋商。

自此，太平公主權勢日隆。「公主所欲，上無不聽，自宰相以下，進退繫其一言，其餘薦士驟歷清顯者不可勝數，權傾人主，趨附其門者如市。」（《資治通鑑》卷二〇九）

太平公主的強勢崛起引起了李隆基深深的不安。

自從他的祖母武則天拉開了女主天下的歷史大幕，陰盛陽衰的李唐王朝就彷彿永遠也擺脫不了「牝雞司晨」的尷尬。神龍政變剛剛結束武則天的統治，可馬上又來了韋氏、安樂公主、上官婉兒這一批野心勃勃的女人，如今好不容易剷除了韋后集團，比她們更有權謀也更具實力的太平公主又一手操控了朝政大權……這就像是一個巨大的夢魇，又像是一個無奈的怪圈。

李唐王朝究竟何時才能掃除這一切陰霾，再造一個朗朗乾坤呢？李隆基陷入了痛苦的思索。

無獨有偶。自從李隆基當上太子後，太平公主也感到了嚴重的威脅。

本來李隆基當太子她並不反對，因為她原本以為李隆基不過是個年少氣盛的毛頭小子，以自己的能力和經驗完全可以駕馭他，沒想到他當上太子後，其英武果敢、智謀深遠的性格便越發彰顯。太平公主大感後悔，她預料到假以時日，李隆基必將成為自己的勁敵，於是決定把他從儲君的位子上拉下來。隨後，太平公主便四處散布輿論，聲稱李隆基不是長子，不應該被立為太子。說白了，太平公主就是想立一個柔弱暗昧的太子，以便她長久把持帝國權柄。

就這樣，自從睿宗復位後，李隆基和太平公主的明爭暗鬥就一天也沒有停止過。

眼看二者的矛盾衝突越演越烈，一直在勉力維持平衡的睿宗無奈地意識到，形勢再這麼發展下去，自己的兒子和妹妹遲早會刀兵相見，於是決定提前退位，讓李隆基當皇帝，以絕太平公主廢立之望，徹底終結這場紛爭。

隨後的日子，睿宗一再提出遜位，但是大臣們並不支持，太平公主更是極力反對，睿宗只好作罷。到了延和元年（七一二年）七月，天上出現了預示「除舊布新」的星象，睿宗終於下定決心，正式下詔傳位太子。李隆基屢屢辭讓，但睿宗態度堅決。

八月初三，二十八歲的太子李隆基終於登上了天子寶座，是為唐玄宗；數日後大赦天下，改元先天。

李隆基即位之初，所面臨的政治形勢相當嚴峻。因為當時的宰相班子中有三個是太平公主的死黨，他們是左僕射竇懷貞、侍中岑羲、檢校中書令崔湜。為了削弱對方的勢力，時任右僕射的劉幽求向李隆基獻策，決定與右羽林將軍張暐聯手，暗殺崔湜和岑羲。李隆基同意了他的計畫。

可出人意料的是，劉幽求未及動手，張暐便在無意中把計畫洩露了出去，李隆基情急之下，不得不丟卒保帥，主動向太上皇李旦舉報了他們的暗殺計畫，藉此撇清干係。隨後，劉幽求和張暐被逮捕下獄，本應斬首，因李隆基向太上皇求情而改為流放。

這次交手，李隆基不但沒有傷到對方半根毫毛，反而把自己的股肱大臣賠了進去，真是令他萬分沮喪。

劉幽求被流放後，太平公主和李隆基又各自提拔了一個自己人進入了宰相班子。太平公主提拔了心腹蕭至忠，李隆基提拔的則是兵部尚書郭元振。至此，七個宰相有四個是太平公主的人，李隆基的親信只有郭元振和魏知古二人，另外一個宰相陸象先則保持中立，皇帝李隆基明顯處於劣勢。

先天二年（七一三年），太平公主的勢力又延伸到了禁軍之中。左羽林大將軍常元楷、右羽林將軍李慈、左金吾將軍李欽等人相繼投到了她的門下。

顯而易見，誰掌握了禁軍，誰就能控制皇宮，進而奪取帝國的最高權力——這已經為大唐開國以來的歷次政變所反覆證明。

至此，太平公主已經圖窮匕見！

李隆基的親信王琚、崔日用、張說等人對此憂心忡忡，力勸皇帝先下手為強。可李隆基擔心時機不成熟，所以遲遲沒有動手。

七月初一，宰相魏知古突然入宮，一見到李隆基就迫不及待地說：「太平公主已經決定於本月四日發動政變，她的計畫是命常元楷和李慈率領羽林兵突入武德殿，再由竇懷貞、岑羲和蕭至忠等人率衛兵在朝衙起兵回應，一舉奪取朝政大權！」

該來的終於來了。李隆基隨即果斷作出了部署，於七月初三搶先下手，命龍武將軍王毛仲率兵進駐虔化門，然後召見常元楷和李慈。二人根本沒有料到皇帝已經全盤掌握了他們的政變計畫，毫無防備地進了虔化門，立刻被埋伏在此的王毛仲砍殺。隨後，皇帝的軍隊又以迅雷不及掩耳之勢相繼捕殺了賈膺福、李猷、蕭至忠、岑羲。稍後，竇懷貞也聞訊自殺。

太上皇李旦聽到事變的消息，慌忙躲上承天門樓。誅殺了太平的黨羽後，李隆基才派宰相郭元振向李旦奏報：「皇上只是下詔誅殺竇懷貞等人，沒有其他意圖。」

七月初四，李旦下詔宣布：「自今以後，一切軍國大事、政令刑賞全部交由皇帝裁決。朕方能清靜無為、修身養性，以遂平生之願。」當天，太上皇李旦就移居百福殿，徹底不再過問政事。

在玄宗李隆基的鐵腕鎮壓之下，一個強大的政治集團就這樣在一夕之間灰飛煙滅。太平公主無法面對這種一敗塗地的事實。她逃到終南山的寺院裡整整躲了三天三夜。但是三天後，她還是萬般無奈地回到了長安。

她一邁進府門，皇帝的賜死詔書就到了。

同日，太平公主的兩個兒子和所有黨羽全部被誅殺。薛崇簡雖是太平公主長子，可他的政治隊列卻不在母親那邊，所以官職爵位仍然保留，並被賜姓李。

緊隨流血整肅之後，玄宗李隆基著手對帝國政壇進行了全面洗牌。文武百官貶降的貶降，升遷的升遷，一直持續到這年年底仍然沒有停止。

這一年十二月，大唐王朝改元「開元」。

此時的大唐臣民們並不知道，這將是一個彪炳史冊的年號。

在鐵與血的洗禮之後，一個牝雞司晨的舊時代終於終結，帝國重新擁有了一個朗朗乾坤。年近而立的李隆基站在滄桑而雄偉的玄武門上，依稀看見了「開元盛世」的曙光……

三四、開元盛世：歷史的巔峰

唐玄宗即位後，用雷霆手段終結了「後武則天時代」動盪不安的的政治局面，鞏固了岌岌可危的皇權，繼而「依貞觀故事」，任賢納諫，勵精圖治，革除弊政，抑奢求儉，在一批賢相良臣的全力輔佐下，締造了一個政治清明、經濟繁榮、社會穩定、文化昌盛的太平之世，使得「貞觀之風，一朝復振」（《舊唐書．玄宗本紀》），把大唐王朝一舉推向了歷史的巔峰。

這個「朝清道泰、垂三十年」（《全唐文》卷四六八）的煌煌盛世，史稱「開元之治」。

唐代大詩人杜甫，曾經在那首膾炙人口的《憶昔》中，對這個盛況空前的黃金時代作出了一番形象的描繪：

憶昔開元全盛日，小邑猶藏萬家室。
稻米流脂粟米白，公私倉廩俱豐實。
九州道路無豺虎，遠行不勞吉日出。
齊紈魯縞車班班，男耕女桑不相失。

這樣一個太平盛世的出現，首先當然要歸功於貞觀時代遺留下的優良的制度傳統，正如中唐士人劉所言「太宗定其業，玄宗繼其明」（《舊唐書．文苑傳下》），可謂精闢地概括了「貞觀之治」與「開元之治」的關係。正是有了前人奠定的堅實基業，玄宗君臣才能創造出如此輝煌的歷史功績。

但是，歷史積澱和制度遺產只是盛世出現的必要條件，而非充分條件。換句話說，歷史是由人創造的，如果沒有青年李隆基在韋后專權和太平公主干政時期所採取的一系列力挽狂瀾的行動，大唐帝國就有可能在「牝雞司晨」的夢魘中繼續沉淪，所謂的太平盛世也只能是一個遙不可及的夢想。

其實，早在中宗、睿宗時期，朝野上下就已經發出了「依貞觀、永徽故事」的呼聲，史稱，當時「有志者莫不想望太平」。（《隋唐嘉話》卷下）然而，為政在人，無論是中宗還是睿宗，都缺乏一個「治世明主」所應具有的智慧、器度和手腕，因而當時之世，朝堂幾無寧日，皇權數度易手，連起碼的政治穩定都談不上，又遑論天下大治？

而青年李隆基卻能從錯綜複雜、風雲變幻的歷史迷局中硬是殺開一條血路，以皇室旁支兼庶出的身分一舉登上帝國的政治舞台，並通過不懈努力和持續奮鬥而入繼大統、君臨天下，其魄力、膽識與韜略於此可見一斑。從這個意義上說，唐玄宗與唐太宗的創業歷程是頗為相似的，皆可謂「出萬死而遇一生」（《貞觀政要》卷一），因此他們才會深刻體悟「草創之難」，從而在登基御極後「任賢受諫」、孜孜求治，最終開創盛世偉業。

然而，如果沒有賢相能臣的輔佐，再英明的帝王也不可能以一人之力創造歷史。史上多有勤政的帝王，但少有治世的明君，其主要原因之一，要麼是身邊沒有賢明宰相和能臣幹吏，要麼就是出於剛愎與猜忌之心，明知有也不願放手任用。正如中唐名相裴度所言：「紀太宗、玄宗之德，則言房、杜、姚、宋。自古至今，未有不任輔弼而能獨理天下者。」（《全唐文》卷五三七）

全力輔佐唐玄宗成就「開元之治」的，就是開元初期的兩位著名宰相：姚崇與宋璟。

姚崇，本名元崇，字元之，開元年間，為避「開元神武皇帝」尊號，改名姚崇。早在武則天當政時期，姚崇便已官至宰相，深受武皇賞識。張柬之得以在八十高齡入閣為相，便是姚崇和狄仁傑大力舉薦的結果。神龍政變後，武則天被廢黜，姚崇念及往日君臣之情，為其一灑同情之淚，引起五大臣不滿，被貶為地方刺史。睿宗復位後，他再度拜相，旋即又因支持太子李隆基而得罪太平公主，再次被貶。

先天二年（七一三年），玄宗剷除太平公主後，立刻起用姚崇，任其為兵部尚書、同中書門下三品，未久又擢為中書令。復相之初，姚崇便向玄宗提出了著名的「十事要說」。這是姚崇與皇帝的十條約法，也是他的十大施政綱領：一，施政以仁義為先；二，不謀求對外擴張；三，宦官不得干預政事；四，皇親國戚不得擔任台省要職；五，施行法紀必從親近之人始；六，對百姓除租賦之外不得苛取；七，停止建造各種寺觀宮殿；八，對臣下接之以禮；九，鼓勵犯顏直諫；十，杜絕外戚干政。當時玄宗求治心切，這「約法十章」又都是切中時弊之言，玄宗自然是全盤採納。

玄宗知道，姚崇是一個棟樑之才，只因這些年來政局紊亂、仕途顛沛，所以他一直沒有機會施展才能，如今所有的障礙既已清除，自然要給他提供一個廣闊的舞台，好讓他放手大幹一場了。史稱開元之初，「上初即位，勵精為治，每事訪於元之，元之應答如響，同僚唯諾而已，故上專委任之」。（《資治通鑑》卷二一〇）

然而，玄宗固然敢於「專委」放權，姚崇剛開始還是有些放不開手腳，就算是任命一些低級官吏，姚崇也要在朝會上一一稟報，不敢自專。有一次，玄宗聽完他的奏報，卻仰頭望著房樑，一句話也不說。姚崇再三言之，玄宗卻始終保持緘默。姚崇又驚又疑，不知道自己哪裡做錯了，只好快快告退。姚崇退下後，玄宗的心腹宦官高力士忍不住問：「陛下剛開始治理大政，宰相奏事，可與不可都當面議，陛下為何一言不發？」玄宗面露不悅之色，說：「朕把政務交給姚崇，有大事理當奏聞，可像這種任命郎吏的小事，他自己完全可以定奪，又何必事事來煩朕？」

高力士恍然大悟，隨後便把皇帝的這個指示精神透露給了姚崇。姚崇聞言，所有的憂愁和顧慮一掃而光，從此大膽秉政，「獨當重任」，於大小政務「斷割不滯」。當時的另一個宰相盧懷慎自知才能不及姚崇，於是「每事皆推讓之，時人謂之『伴食宰相』」。（《舊唐書・盧懷慎傳》）有一次姚崇家中辦喪事，請了十多天假，朝堂中政務公文堆積如山，伴食宰相盧懷慎不敢決斷，只好向玄宗請罪，沒想到玄宗卻說：「朕把天下事交給姚崇，卿等坐觀其成就可以了。」

姚崇假滿歸來，沒幾天就把積壓的政務全部處理掉了。眾人大為嘆服，姚崇亦頗為自得。他忍不住問中書舍人齊浣說：「我當宰相，比起管仲、晏子如何？」

齊浣略微沉吟，答：「管、晏之法，雖不能施於後世，至少用其一生。而公所訂之法，隨時變更，似乎不及二人。」

姚崇又問：「那麼你對我作何評價？」

齊浣道：「公可謂『救時宰相』。」

姚崇大笑，把手中毛筆一擲，說：「救時宰相，也殊為難得了！」

姚崇理政，善於權變，因事制宜，從不墨守陳規，且辦事雷厲風行，注重實效，所以「救時宰相」之譽，亦可謂恰如其分、實至名歸。姚崇在任四年，雖然時間不長，但卻開啟了高效而務實的新政風，把混亂不堪的帝國政治引上了一條健全的發展軌道，為盛世的來臨打下了堅實的基礎，從而博得了朝野上下的交口讚譽，人們說他「憂國如家，愛民如子，未嘗私於喜怒，唯以忠孝為

意」。（王仁裕《開元天寶遺事》卷二）

姚崇離任後，推薦宋璟接替了他的宰相之位。

宋璟，工於文翰，進士出身，早在武則天時期便以忠直耿介、執法嚴明、不阿權貴著稱，時任御史中丞，曾為了彈劾二張而與武則天面折廷爭。中宗時，宋璟擔任吏部侍郎兼諫議大夫，因不滿武三思恃寵擅權而獲罪，被貶出朝。睿宗復位後，宋璟回朝，擢任吏部尚書、同中書門下三品，但隨後又因反對太平公主而再度被貶。

開元四年（七一六年）十二月，玄宗徵宋璟入朝，派內侍宦官楊思勖出城迎接，宋璟一路上竟然不與楊思勖攀談半句。楊思勖回宮後悻悻地向玄宗稟報，玄宗聽完，感歎良久。他知道，宋璟這是在恪守「外臣不與內官交通」的準則，於是內心對他愈發敬重。

宋璟再度拜相之後，史稱他「刑賞無私，敢犯顏直諫。上（玄宗）甚敬憚之，雖不合意，亦屈從之」。（《資治通鑑》卷二一一）

宰相身為「百僚之長」，不僅本身要率先垂範、具備嚴明高潔的操守，而且更需要有知人善任的眼光和智慧，才有資格和能力領導整個龐大的文官集團。宋璟在這方面的表現尤為突出。開元六年（七一八年）冬，他給玄宗呈上了一道任免官吏的奏疏，疏中稱：「括州員外司馬李邕、儀州司馬鄭勉，都有才能和文采，然性喜異端、好生是非，若加重用，必有後患，但全然不用，又可惜了他們的才能，故可授予渝、硤二州刺史；大理卿元行沖素稱才行兼備，初用之時，能孚眾望，時間一長卻頗不稱職，請轉任左散騎常侍（沒有實職的散官），以執法嚴正的李朝隱代之；陸象先有豐富的行政經驗，為人寬厚，又能做到是非分明，可授河南尹一職。」

揚長避短，量才錄用。有這樣一雙火眼金睛替皇帝嚴把人才關，玄宗就既不用擔心官員隊伍中有人魚目混珠，也不用擔心有人懷才不遇了。

唐代有不少隱士，其中固然有「視富貴如浮雲」的真隱士，但也不乏以歸隱山林作為升官捷徑的政治投機者。有人就曾經向宋璟推薦過一個叫范知睿的隱士，稱他富有文學才華，並獻上其所著的《良宰論》。宋璟閱畢，卻在書上寫下這樣的批語：「觀其《良宰論》，頗多阿諛之辭。隱士理應直言朝政得失，豈能如此諂媚取容？若自以為文章作得好，可走科舉應試之途，不應私下請託。」可想而知，在如此剛直不阿、明察秋毫的宰相面前，任何人想抱著僥倖心理走一條「終南捷徑」，結果都只能是癡心妄想、自討沒趣。

與姚崇一樣，宋璟擔任宰相的時間也是四年。可即便他離開了相位，在此後很長的一段時間裡，玄宗仍然對他甚為倚重，曾當面對他說：「卿國之元老，為朕股肱耳目。」而宋璟也依然保持著「極言得失」的剛正風範，對朝政知無不言、言無不盡。玄宗曾親下一道手詔，稱：「所進之言，書之座右，出入觀省，以誡終生。」（《舊唐書・宋璟傳》）

姚崇、宋璟二人相繼為相，以卓越才能創造了赫赫政績，拉開了「開元盛世」的歷史大幕。對於二人的歷史功績，司馬光作出了很高的評價：「崇善應變成務，璟善守法持正；二人志操不同，然協心輔佐，使賦役寬平，刑罰清省，百姓富庶。唐世賢相，前稱房、杜，後稱姚、宋，他人莫得比焉。」（《資治通鑑》卷二一一）

姚崇、宋璟之後，開元的歷任宰相還有源乾曜、張嘉貞、宇文融、張說、李元紘、杜暹、韓休、張九齡等人。這些人雖然不像姚、宋那樣擁有較高的聲望和顯赫的歷史地位，但卻能各展所長，對盛唐的政治穩定、經濟發展和社會繁榮都做出了不可磨滅的貢獻。

在以農為本的古代社會，編戶的數量決定了賦稅收入的高低，也決定著社會經濟的繁榮程度。大唐開國之初，由於經歷隋末喪亂，編戶僅二百餘萬，至貞觀初年仍不滿三百萬，永徽初年增至三百八十萬，至中宗、睿宗時期，全國總戶數增至六百餘萬。總體而言，從唐初到開元初年，人口增長速度並不快，一百年間僅成長四百萬戶。

編戶數量的成長之所以較為緩慢，其中一個重要原因是逃戶現象嚴重。據說，當時「兩畿戶口，逃去者半」。針對這個問題，從開元九年（七二一年）起，玄宗君臣開始下大力氣推行「括戶」政策，規定各州縣逃亡戶口必須在百日內自首，「或於所在附籍，或牒歸故鄉，各從所欲」，違者流徙邊州。作為配套措施，玄宗一再下令，強調刺史縣令安撫百姓的職責，告誡地方「傜役須平，豪強勿恣」，同時規定，凡是在「增殖戶口、勸課農桑」方面作出成績的地方官，可優先銓選為京官；此外，還對新附籍的戶口實施賦稅減免政策。

經過幾年的努力，括戶政策很快取得了顯著成效，至開元十四年（七二六年），全國戶數已達七百餘萬；開元二十八年（七四〇年），增至八百四十餘萬戶。綜觀開元的二十幾年，成長戶數多達二百多萬，顯然是唐朝開國以來增速最快的一個階段。

編戶齊民的快速增長無疑是唐朝走向盛世的重要標誌。括戶的同時，玄宗又鼓勵農民開田墾荒，使得全國範圍內的耕地面積顯著增加。據詩人元結所言，當時四海之內，高山絕壑，到處可見繁忙的耕作景象。隨著勞動力與耕地面積的大量增長，農業經濟迅速發展，「累歲豐稔」，「年穀屢登」，百姓安居樂業，國家財政收入大幅提高，國力蒸蒸日上，天下呈現出一派繁榮富庶的局面。據杜佑在《通典》中稱，自開元十三年（七二五年）唐玄宗封禪泰山之後，「天下無貴物，兩京斗米不至二十文，麵三十二文，絹一匹二百一十文」。開元末，「西京、東都米斛直錢不滿二百，絹匹亦如之。海內富安，行者雖萬里不持寸兵」。

水利是農業的命脈，作為開元盛世的一個側面，唐玄宗時代在興修水利方面也取得了超越前人的成就。據統計，貞觀年間興建的水利工程計二十六處；高宗時期三十一處；武則天時期十五處；玄宗開元時期，興修了三十八處水利工程，加上天寶時期的八處，共計四十六處，為唐朝前期的最高數字。這些大型水利系統，最大的可灌溉幾千頃田地，小的也可灌溉百餘頃，至於那些小型水利工程，則更是不可勝計。豐富而健全的水利設施，為農業生產和作物豐收提供了強有力的保障。

農業的大發展又迅速帶動了手工業和商業的發展。當時的手工業包括紡織、印染、礦冶、金工、造船、金銀銅器、陶器、木器、瓷器、玉雕、製糖、製茶、造紙、印刷、皮革等行業。在許多行業中，都湧現出了精湛的工藝和巧奪天工的藝術品。如聞名於世的「唐三彩」，就是在開元、天寶年間發展到了高峰。唐三彩是一種低溫釉陶器，在色釉中加入不同的金屬氧化物，經過焙燒，形成淺黃、赭黃、淺綠、深綠、天藍、褐紅、茄紫等多種色彩，但多以黃、褐、綠三色為主，故名「唐三彩」。唐三彩的色釉有濃淡變化、互相浸潤、斑駁淋漓的效果，在色彩的相互輝映中，展現出動人的藝術魅力。

社會經濟的高度發展自然促進了文化的繁榮。玄宗一朝，在詩歌、音樂、歌舞、繪畫、書法等文化藝術的各個領域，都湧現出了一大批傑出的人才和不朽的作品，達到了後世無法逾越的高度。

唐詩是中國古代文學史上公認的巔峰，而開元、天寶年間的盛世詩壇上，更是大家輩出、群星璀璨。其中，「詩仙」李白與「詩聖」杜甫在文學史上的典範意義自不待言，除了這兩位大師之外，張九齡、王維、孟浩然、王昌齡、賀知章、王之渙、崔顥、岑參、高適等人，也都是風格獨具、光芒四射的人物。

在音樂、歌舞方面，唐玄宗本人就是一個造詣精深的藝術家。大明宮太液池東邊有一座梨花盛開的庭園，稱為「梨園」，唐玄宗就在這裡創建了皇家藝術中心，親自遴選數百名具有藝術稟賦的樂工和宮人，共同進行教學、創作和演出，稱為「梨園弟子」，其中以李龜年最為知名，後人稱其為「歌聖」。玄宗本人精曉音律，善擊羯鼓，尤其擅長作曲，中國藝術史上的經典之作——大型樂舞《霓裳羽衣曲》就是由他譜寫、由楊貴妃編舞並演出的。開元、天寶之際，洛陽家家學胡樂，長安女子人人學圓轉舞，楊貴妃和安祿山就是跳胡旋舞的專家。

在繪畫方面，也出現了眾多名師巨匠。如善畫仕女圖的張萱、周昉，其代表作《虢國夫人遊春圖》、《簪花仕女圖》等，以端莊華麗，雍容典雅著稱，展示了「回眸一笑百媚生」的唐代美女眾生像；善畫鞍馬的曹霸、韓幹，曾獲杜甫贈詩歌詠；善畫山水畫的王維，被蘇軾稱為「畫中有詩」；被後世尊為「畫聖」的吳道子，兼擅人物、山水，尤擅佛道畫，其畫中人物栩栩如生、衣袂飄飄，故有「吳帶當風」之說。

在書法方面，有性情豪放、嗜酒如命的張旭，相傳其酩酊大醉之際便會呼叫狂走，然後落筆疾書，甚至以頭髮蘸墨書寫，故有「張顛」雅稱，後人尊其為「草聖」；在他之後，僧人懷素繼承其筆法，亦以狂草驚世，史稱其「運筆迅速，如驟雨旋風，飛動圓轉，隨手萬變，而法度具備」，後人將張旭、懷素並譽為「顛瘋醉素」；有將篆、隸等筆法揉進楷書、獨創「顏體」的顏真卿，他與初唐歐陽詢、晚唐柳公權、元人趙孟頫被後人並譽為「楷書四大家」，和柳公權並稱「顏筋柳骨」。

除了文化藝術以外，尤其值得一提的，就是在科技方面作出了卓越貢獻的僧一行。他俗名張遂，自幼博覽經史、精通天文曆法，唐玄宗時受命主持曆法修訂，編成了《大衍曆》，其體例結構一直為後代沿用。同時，他還是世界上第一個發現了恆星移動現象的人，比英國人哈雷發現恆星移動早了一千年。他又倡議測量子午線的長度，雖然測量結果並不很準確，但卻是世界上第一次實測子午線的記錄。他還與另一位科學家梁令瓚合作，製成了觀察日月運動的「黃道遊儀」、觀察天象的「渾天銅儀」。後者也是世界上最早的用機械轉動的天文鐘。

這就是偉大的盛唐。這就是令無數後人心馳神往的開元盛世。

《舊唐書・玄宗本紀》中說：「我開元之有天下也，糾之以典刑，明之於禮樂，愛之以慈儉，律之以軌儀。……廟堂之上，無非經濟之才；表著之中，皆得論思之士。而又旁求宏碩，講道藝文。……貞觀之風，一朝復振。於斯時也，烽燧不驚，華戎同軌。……膜拜丹墀之下，夷歌立仗之前，可謂冠帶百蠻，車書萬里。……於時垂髫之倪，皆知禮讓；戴白之老，不識兵戈。虜不敢乘月犯邊，士不敢彎弓報怨。……年逾三紀，可謂太平！」

就連西方史學家也在《劍橋中國隋唐史》中對開元時代讚譽有加：「這是一個鞏固的時代，一個明智地運用皇權的時代，一個克制的時代，尤其是一個沒有對外進行勞民傷財和野心勃勃的冒險行動的時代。」

明清之際的著名思想家王夫之，則用八個字為這個時代作出了概括性的評價：「開元之盛，漢、宋莫及。」

三五、千古絕響：李白與杜甫

唐朝是一個詩的國度。

有唐一朝不滿三百年，卻給後人留下了將近五萬首詩歌，比先秦至南北朝的詩篇總數還多出數倍。在清人編纂的《全唐詩》中，有姓名可考的詩人就有二千三百多位。而且，唐詩不僅在數量上冠絕百代，在藝術造詣、精神內涵、思想深度和整體的品質上，也是獨步千古，令後人歎為觀止。正如魯迅先生所說：「我以為一切好詩，到唐已被作完。」

如果說唐詩是中國文學史上光耀千秋的一頂桂冠，那麼，「詩仙」李白和「詩聖」杜甫無疑就是這頂桂冠上璀璨奪目的兩顆明珠。時至今日，李、杜的詩章依然膾炙人口，他們的盛名亦可謂婦孺皆知。其超越時空、亙古不衰的影響力於此可見一斑。誠如韓愈所言：「李杜文章在，光焰萬丈長！」（《調張籍》）

（一）李白

李白，字太白，號青蓮居士，生於西元七〇一年（武則天長安元年）。他的籍貫歷來有兩種說法：《舊唐書》說是「山東人」（當時的山東泛指崤山以東，亦即今天的黃河中下游地區）；《新唐書》則說他是李唐皇室的旁支、十六國時涼武昭王李暠的九世孫，若按此說，李白的籍貫應是隴西成紀（今甘肅靜寧西南）。李白自己在《與韓荊州書》中，有這樣一句話「白隴西布衣，流落楚漢……」，故此說當可成立。

除了籍貫，李白的出生地也是一個歷來爭訟不已的謎。《新唐書》稱：「其先隋末以罪徙西域，神龍初，遁還，客巴西。」意思是他的祖輩在隋朝末年因罪流放西域，直到神龍初年才潛逃回來，客居今四川閬中一帶，他母親就在這裡生了他。此外，還有一個說法，出自范傳正所撰的《唐左拾遺翰林學士李公新墓碑》。范傳正是李白之子的好友，曾為李白遷墓。他在遷墓後新立的碑文中稱，李白的祖輩因「隋末多難，一房被竄於碎葉，流離散落，隱易姓名」。郭沫若據此考證李白出生在中亞的碎葉，即今吉爾吉斯斯坦北部的托克馬克市附近。當今的學術界對此仍有爭議，尚無定論，但大部分人同意此說。

據說李白出生時，其母夢見長庚星（又稱太白金星），故取名「白」，字「太白」。李白曾被賀知章稱為「謫仙」，身後又有「詩仙」之譽，而且生性狂放不羈、好酒任俠，一生豪邁灑脫、卓爾不群，的確頗有星宿下凡、遊戲人間之態。

李白五歲時，隨父母遷居綿州昌隆縣青蓮鄉（今四川江油市）。據說，他十歲即精通五經，曾經夢見筆頭生花，「少有逸才，志氣宏放，飄然有超世之心」。（《舊唐書．李白傳》）當時的益州長史、素以文才著稱的蘇頲（開元初曾與宋璟同朝為相）對他印象深刻，曾盛讚其才：「是子天才英特，少益以學，可比相如。」（《新唐書．李白傳》）然而，李白性喜縱橫之術，自認為「大丈夫必有四方之志」，所以不願在書齋中皓首窮經，更喜歡仗劍遊歷天下，同時也嚮往著入仕為

官，「申管晏之談，謀帝王之術，奮其智能，願為輔弼，使寰區大定，海縣清一」。（《代壽山答孟少府移文書》）

開元十二年（七二四年）秋，李白為了實現他的遠大抱負，終於「仗劍去國，辭親遠遊」。（《上安州裴長史書》）他自峨眉山出蜀，順江東下，渡荊門，至江陵，遊洞庭，登廬山，又遊歷金陵、揚州等地。開元十五年（七二七年），他在安陸（今湖北安陸市）娶了已故宰相許圉師的孫女為妻，遂寓居於此。

開元十八年（七三〇年），年屆而立的李白第一次來到長安，寓居終南山。那時，唐玄宗之妹玉真公主在終南山建有別館，常有文人雅士如王維、儲光羲等人在此聚會。李白與這些朝野名士廣為交遊，並通過玉真公主拜謁京師的名流政要，希望得到王公大臣的薦引入朝為官，然而盤桓數載，始終未能如願，只好怏怏離去。

開元二十年（七三二年），李白沿黃河東下，先後漫遊了太原、洛陽、江夏（今湖北武漢市）等地。數年後，其妻許氏去世，李白移家東魯，寓居任城（今山東濟寧市），其間經常與孔巢父、韓沔等人於徂徠山酣歌縱酒、吟詩作賦，人稱「竹溪六逸」。

天寶元年（七四二年），李白南遊會稽，與道士吳筠成為好友，二人結伴隱居於剡中（今浙江嵊州市）。不久，吳筠奉召入宮，旋即向玄宗推薦李白。當時，李白的詩名早已傳遍朝野，尤其是時任太子賓客的賀知章，在見過李白的幾首詩作後，忍不住讚歎：「此天上謫仙人也。」玄宗對李白的才華亦有所耳聞，遂下詔徵召他入朝。

這些年裡，儘管李白表面上一直在縱情山水、尋仙訪道，可內心深處的建功立業之念卻一刻也不曾淡忘。所以當他接到天子的詔書時，頓時手舞足蹈、欣喜若狂。

他彷彿看見一條光明坦蕩的仕途已經鋪展在自己的腳下。

「仰天大笑出門去，我輩豈是蓬蒿人！」（《南陵別兒童入京》）從當時所作的這句詩中，我們不難想見李白的興奮與喜悅之情，亦不難想見他的自負與疏狂之態。

李白第二次來到長安，受到了玄宗的禮遇，被任命為翰林待詔。這是個沒有任何職權的侍從官，相當於天子的高級門客，整天被錦衣玉食供著，唯一的任務就是隨時奉旨賦詩作文。就是在供職翰林期間，李白奉詔寫下了著名的《清平調詞三首》，其中的第一首尤為後人廣為傳誦：「雲想衣裳花想容，春風拂檻露華濃。若非群玉山頭見，會向瑤台月下逢。」

這是一首讚美楊貴妃的詩，純屬應景之作。可李白之所以是李白，就在於即便是應景之作，也可以被他寫得如此驚才絕豔、傾國傾城！想來也足以配得上楊玉環的羞花閉月之容了。玄宗見詩，自然是龍心大悅，從此對李白寵遇更隆。據說玄宗有時候一高興，還會親自為李白「調理羹湯」，可謂榮寵之至。

然而，李白入仕的理想是像一個宰相那樣治國經邦、濟世安民，如今雖獲天子榮寵，卻只是一個不尷不尬、不倫不類的文學侍從，如此際遇當然令他心灰意冷、滿腹不平。「安能摧眉折腰事權貴，使我不得開心顏！」（《夢遊天姥吟留別》）

說到底，李白只是一個詩人。

他終究只是一個把內心的自由愉悅看得比外在的功名利祿重得多的詩人。

所以，他注定不可能在仕途上獲得成就，也不可能實現他那遠離現實的政治理想。

他沒有政客的世故、練達、能屈能伸，也看不慣官場上的虛偽和爾虞我詐，更看不慣權貴們粗鄙又傲慢的嘴臉——這樣一個透明無瑕又敏感多愁的「謫仙人」，又怎麼可能在複雜、陰暗、渾濁不堪的官場中呼吸、生存、乃至出人頭地呢？

九重宮闕只能禁錮他的性靈、扼殺他的才華。

他的世界不在這裡。

於是，李白開始有意無意地放浪形骸。他原本嗜酒，如今更是有理由把自己泡在酒池裡了。隨後的日子，無論是在長安的街肆坊間，還是在皇家的森嚴宮闕中，他時常喝得酩酊大醉、渾然忘我，把一切世俗規範和宮禁律令全都拋到了九霄雲外。「人生得意須盡歡，莫使金樽空對月」（《將進酒》）；「百年三萬六千日，一日須傾三百杯」（《襄陽歌》）；「人生飄忽百年內，且須酣暢萬古情」（《答王十二寒夜獨酌有懷》）……

就這樣，李白喝著喝著，就有了又一個以「仙」命名的雅號——酒仙。人們把他和賀知章、李適之、王璡、崔宗之、蘇晉、張旭、焦遂並稱為「飲酒八仙人」。杜甫就曾經在《飲中八仙歌》中寫道：「李白一斗詩百篇，長安市上酒家眠。天子呼來不上船，自稱臣是酒中仙。」

就這樣，李白喝著喝著，又有了命「力士脫靴」的讓人大呼痛快的一幕——既然不想侍奉權貴，那不妨就讓權貴來侍奉侍奉我！

史稱，李白「嘗沉醉殿上，引足令高力士脫靴」。（《舊唐書・李白傳》）當時，高力士深獲玄宗寵幸，權傾朝野，雖然硬著頭皮替這個不知道是酒仙還是酒鬼的傢伙脫了靴子，但終究引為奇恥大辱，從此對李白恨得牙癢。李白就這樣把高力士往死裡得罪了。

不久，高力士開始在楊貴妃跟前大肆挑撥，說李白《清平調詞》中有一句「借問漢宮誰得似？可憐飛燕倚新妝」就是在暗諷她的，說她像趙飛燕姐妹一樣是誤國誤民的紅顏禍水。楊貴妃一聽，雖然並不盡信高力士之言，但還是對李白產生了反感，於是不斷在玄宗耳邊吹枕頭風。

走到這一步，李白的仕途也就到頭了。

「功名富貴若長在，漢水亦應西北流。」（《江上吟》）李白自知功名富貴恍若雲煙，留在宮中已經毫無意義，遂「懇求還山」。玄宗當即允准，「賜黃金，詔放歸」。（《唐才子傳》）

李白就此結束了三年的仕宦生涯，重新「浪跡江湖，終日沉飲」。（《舊唐書・李白傳》）

據說李白離京之後，曾前往華山，途經華陰縣衙時，醉酒騎驢，旁若無人。當地縣令大怒，把他叫到庭下，大聲質問：「汝何人，敢無禮！」李白睇著一雙惺忪醉眼瞧了瞧縣令，也不報姓名，只說了下面這句話：「曾令龍巾拭吐，御手調羹，貴妃捧硯，力士脫靴。天子門前，尚容走馬；華陰縣裡，不得騎驢？」（《唐才子傳》）

縣令聞言，既驚且愧，連聲拜謝道：「不知翰林至此，恕罪恕罪！」

李白朗聲長笑，飄然而去。

天寶十四載（七五五年），大唐在一派富貴浮華和歌舞升平中迎來了盛極而衰的轉折點——安史之亂突然爆發。

安祿山大軍傾巢南下，席捲兩京；玄宗倉皇亡奔蜀地，太子李亨匆匆即位靈武。頃刻間，山河破碎，蒼生塗炭，社稷危如累卵，百姓困若倒懸……

李白在戰亂中避居廬山，應時任揚州節度使的永王李璘（玄宗十六子）之邀，出任其帳下幕僚。李白此舉，一來是為了求得一個安身立命之所，二來也是心存「拯濟蒼生」的念想，期望能在永王麾下建功立業，救黎民於水火，挽國家於危亡。「試借君王玉馬鞭，指揮戎虜坐瓊筵。南風一掃胡塵靜，西入長安到日邊。」（《永王東巡歌》之十一）

然而，無情的命運再一次嘲弄了李白。永王李璘並不是想光復李唐社稷，而是企圖與肅宗李亨分庭抗禮，趁亂佔據半壁江山。不久，永王兵敗，李白受到牽連，被判處死刑，所幸郭子儀求情，改為流放夜郎（今貴州桐梓縣）。

乾元二年（七五九年），李白行至流放中途，恰逢朝廷大赦，遂放還。接到赦令時，李白驚喜交加，那首膾炙人口的《早發白帝城》就是作於此時：「朝辭白帝彩雲間，千里江陵一日還。兩岸猿聲啼不住，輕舟已過萬重山。」此詩空靈飛動，一氣呵成，激情滿溢，快意淋漓，後人盛讚此詩，稱其「驚風雨而泣鬼神矣」。（楊慎《升庵詩話》）

遇赦之後，李白已是年近花甲、老病侵尋，可他依然在滿目瘡痍、傷痕累累的故國山河中執著地行走。陪伴這個行吟詩人的，只有他的詩，還有他的酒。

唐代宗寶應元年（七六二年），六十三歲的李白終於走到了人生的盡頭。

關於李白的結局，歷來有三種說法：一種以《新唐書》為代表，說他病逝於安徽當塗；一種以《舊唐書》為代表，說他「飲酒過度，醉死於宣城（今屬安徽）」；最後一種說法以《唐才子傳》為代表，說李白「度牛渚磯，乘酒捉月，遂沉水中」。

第一種說法是一份普通的死亡報告，第二種說法就有了一點與眾不同的味道，第三種說法則是典型的詩人之死，充滿了浪漫主義色彩。

如果可以選擇，我相信，李白一定會選擇第三種結局。然而，無論李白的結局如何，死亡於他，都絕不會是一種永遠的終結。因為他本來就是一個落入凡間的謫仙人。當他用數十載光陰遊戲完人間之後，便悄悄脫下塵世的衣裳，然後化成一道光，回到真正屬於他的地方去了。他愛過痛過，哭過歌過，給後世留下了一千多首「筆落驚風雨，詩成泣鬼神」（杜甫語）的性靈文字，然後倦了累了，回天上去了。

如若不是一個落入凡間的仙人，又怎麼可能「酒放豪腸，七分釀成了月光／餘下的三分嘯成劍氣／繡口一吐就半個盛唐。」（余光中語）呢?!

也許李白本來就不屬於這個世界。

好在他留下來的詩篇，永遠屬於盛唐，屬於我們……

（二）杜甫

杜甫，字子美，祖籍襄陽，後徙河南鞏縣（今河南鞏義市），生於西元七一二年（唐玄宗先天元年），比李白小十一歲。杜甫的祖父杜審言，是唐代「近體詩」的奠基人之一。由於有這樣的家學淵源，所以杜甫早慧，七歲即能屬辭作詩。

和李白一樣，從青年時代起，杜甫就離家遠行，過起了一種「裘馬清狂」的漫遊生活，遍歷吳、越（今江蘇、浙江）等地。開元二十三年（七三五年），杜甫回洛陽參加進士考試，不料卻名落孫山。然而杜甫不以為意，因為他覺得自己還年輕，肯定還有大把大把的機會在等待著他。

次年，二十五歲的杜甫又前往齊、趙（今山東、河北）一帶遊歷，途經東岳泰山時，寫下了那首意氣風發的《望岳》：「岱宗夫如何，齊魯青未了。造化鐘神秀，陰陽割昏曉。蕩胸生層雲，決眥入歸鳥。會當凌絕頂，一覽眾山小。」

這是杜甫現存最早的一首詩，被後人譽為描寫泰山的千古絕唱。在詩中，年輕的詩人豪情萬丈地遙望泰山，相信自己總有一天會登上泰山之巔，把周圍群山全都置於腳下；一如他相信自己總有一天會實現遠大的理想，在仕途功業的巔峰之上俯瞰芸芸眾生一樣。

此時的杜甫躊躇滿志、心雄萬丈，與青年時代的李白如出一轍。

李白曾經幻想過「使寰區大定，海縣清一」，杜甫也一心嚮往著「致君堯舜上，再使風俗淳」。（《奉贈韋左丞丈二十二韻》）正是有著這樣的抱負，所以看到奔馳的駿馬，他就說：「驍騰有如此，萬里可橫行。」（《房兵曹胡馬》）看到畫中的蒼鷹，他也說：「何當擊凡鳥，毛血灑平蕪。」（《畫鷹》）一派年少輕狂、豪氣干雲之狀。

然而，杜甫絕對不會想到，等待在他前面的，將是一連串不堪承受的挫折和失敗。

天寶初年，杜甫前往長安，四處拜謁名流顯要，獻上自己的詩歌，希望通過這些貴人的援引入仕為官。可不知道為什麼，杜甫所有的努力全部宣告失敗，沒有人向他伸出援助之手。他從此寓居長安，生活逐漸陷入困頓潦倒的境地。「衣不蓋體，常寄食於人，竊恐轉死溝壑。」（《新唐書·杜甫傳》）

這樣求人引薦屢屢碰壁的遭遇，李白也曾經有過。可是在物質生活方面，杜甫和李白卻根本沒有可比性。李白家境殷實，據說為了救濟朋友，一年就花掉了「三十萬錢」，而且不管走到哪裡，總有人款待周濟，「千金散盡還復來」，日子過得瀟瀟灑灑。而杜甫則「少貧不自振」（《新唐書．杜甫傳》），原本就家無餘財，再加上滿世界遊山玩水，就算有一些積蓄也早被他花光了，所以在長安的這些日子，杜甫只能寫一些應酬獻媚的詩作到處蹭飯吃。「朝扣富兒門，暮隨肥馬塵。殘杯與冷炙，到處潛悲辛。」（《奉贈韋左丞丈二十二韻》）

他在長安一困就是十年，始終沒有出頭之日。

天寶十三載（七五四年），玄宗舉辦祭祀大典，祭拜老子、太廟和天地。杜甫抓住機會，一口氣向玄宗獻上了三大禮賦：《朝獻太清宮賦》、《朝享太廟賦》、《有事於南郊賦》。這一回，杜甫總算時來運轉。玄宗對他的滔滔雄文頗感驚奇，隨即召他入「集賢院」，命宰相進一步考查他的文章學業。不久，杜甫順利透過考試，終於被任命為京兆府兵曹參軍。雖然只是個芝麻綠豆大的小官，卻從此改變了那種寄人籬下、吃嗟來之食的生活。

然而，正當杜甫的生活稍有轉機時，安史之亂就爆發了。繁華富庶的盛世景象瞬間破碎，帝國的錦繡河山在叛軍的鐵蹄下搖晃和戰慄。杜甫的命運，連同千千萬萬大唐臣民的命運，一同落入了黑暗的深淵。

「萬國盡征戍，烽火被岡巒。積屍草木腥，流血川原丹。」（《垂老別》）

作為一個普通的生命個體，生逢亂世乃大不幸；可作為一個詩人，鮮血、死亡、離別、苦難卻能從客觀上給他的文學生命提供最寶貴和最豐富的滋養。

「國破山河在，城春草木深。感時花濺淚，恨別鳥驚心。」（《春望》）

「窮年憂黎元，歎息腸內熱。取笑同學翁，浩歌彌激烈！」（《自京赴奉先縣詠懷五百字》）

就是從這個時候起，杜甫的個人境遇開始與國家憂患緊緊相連，甚至融為了一體。而他後半生的詩歌作品，也廣泛而真實地記載了這一時期的現實生活，故而有「詩史」之稱。

天寶十五載（七五六年），叛軍攻克潼關，玄宗亡奔蜀地。未久，長安陷落，太子李亨即位靈武（今屬寧夏），是為唐肅宗。杜甫隻身投奔靈武，不幸被叛軍抓獲，遣回長安。至德二載（七五七年）四月，杜甫再次冒著生命危險逃出長安，奔赴肅宗臨時駐地鳳翔，被肅宗任命為右拾遺。此時，肅宗身邊的宰相房琯與杜甫是早年的布衣之交，所以杜甫甚感欣慰。他覺得，有這樣一個官居高位的朋友，自己的前程也不至於太過黯淡。

可杜甫萬萬料想不到，房琯不久便因戰敗而被罷相。杜甫出於交情，極力替房琯辯護，從而觸怒肅宗，隨後被貶為華州司功參軍。乾元元年（七五八年）冬，杜甫回河南老家探親，於次年春返回華州任所，沿途所見所聞，深深刺痛了他的心靈。中原大地滿目瘡痍，城邑荒蕪、村落空虛。「寂寞天寶後，園廬但蒿藜。我里百餘家，世亂各東西。存者無消息，死者為塵泥。」（《無家別》）家家戶戶的男人都被惡吏抓了壯丁，甚至連老翁和少年也不放過，到處是生離死別的情景、到處是家破人亡的慘象，天地無光、日月同悲，「乾坤含瘡痍，憂虞何時畢？」（《北征》）「白水暮東流，青山猶哭聲。」（《新安吏》）……

就是這一段痛苦的旅程，讓悲憤莫名的杜甫用「沉鬱頓挫」的詩筆寫下了一系列飽蘸血淚的詩篇，其中就有一組不朽的名作：《新安吏》、《潼關吏》、《石壕吏》、《新婚別》、《垂老別》、《無家別》，後人簡稱「三吏」、「三別」。這組令人泣下的詩作「非親見不能作，他人雖親見亦不能作，公目擊成詩，若有神助之，遂下千秋之淚」。（王嗣奭《杜臆》）

回到華州後，又逢關中大饑，滿腔憂憤的杜甫索性辭了官，去了秦州（今甘肅天水市）隱居，以打柴、採橡栗維生。上元元年（七六〇年），杜甫又輾轉「流落劍南，結廬成都西郭」。（《新唐書・杜甫傳》）所謂「結廬」，其實就是搭了一座茅草屋而已。茅屋四面漏風，碰到大雨天更是風雨交侵。可就是在這裡，杜甫寫下了《茅屋為秋風所破歌》，唱出了「安得廣廈千萬間，大庇天下寒士俱歡顏」的千古名句。

唐代宗廣德元年（七六三年），歷時八年的安史之亂終於結束。聽到勝利的消息時，杜甫欣喜若狂。「劍外忽傳收薊北，初聞涕淚滿衣裳。卻看妻子愁何在，漫捲詩書喜欲狂。白日放歌須縱酒，青春作伴好還鄉。即從巴峽穿巫峽，便下襄陽向洛陽。」（《聞官軍收河南河北》）

這是杜甫命途多蹇、顛沛流離的一生中罕見的歡樂時刻。多少的沉鬱和哀傷，多少的悲憤和無奈，如今終於化成兩行喜悅和欣慰的淚水，在刻滿歲月風霜的臉龐上盡情流淌……

杜甫雖然有迫切回鄉的渴望，但是當時中原兵戈未息，只好仍舊寓居成都。在滯留西南的後期，杜甫的境況略有好轉。因為當時一個名叫嚴武的官員調任劍南節度使，而嚴武和他是世交，所以便將杜甫納為幕僚，並奏請朝廷任他為檢校工部員外郎。

然而好景不長，嚴武未久病逝，當地發生兵亂，杜甫便於永泰元年（七六五年）帶著家人離開成都，乘舟東下。大曆三年（七六八年）春，杜甫穿過三峽，向江陵（今屬湖北）航行時，寫下了這首晚期的名作《旅夜書懷》：「細草微風岸，危檣獨夜舟。星垂平野闊，月湧大江流。名豈文章著，官因老病休。飄飄何所似？天地一沙鷗。」

此後的幾年中，杜甫往來於岳陽、長沙、衡州、耒陽之間，大部分時間是在船上度過的。大曆五年（七七〇年）冬，杜甫病逝於湘江舟上，終年五十九歲。

杜甫和李白一樣，一直渴望在政治上建功立業，卻同樣遭遇了仕途蹉跌的命運，而且一生坎坷顛沛、飽經離亂。然而，正是這樣的時代境遇和個人命運，才最終造就了他們偉大而高貴的靈魂，促使他們寫下了那麼多驚天地泣鬼神的動人詩篇。

正所謂：「國家不幸詩家幸，賦到滄桑句便工。」（趙翼《題遺山詩》）

假如唐朝沒有遭逢「安史之亂」這樣的歷史劇變，假如李白和杜甫果真得償所願，在仕途上一帆風順、青雲直上，那他們固然會覺得幸福和滿足。可如此一來，這個世界恐怕只是多出了兩個可有可無的太平官僚，而中國文化的寶庫卻會損失一筆巨大的精神財富，一部皇皇的《全唐詩》恐怕也將因之黯然失色。

作為個體生命的李白和杜甫，或許有理由感歎命運的不公；可作為詩人的李白和杜甫，卻應該感謝造化的安排。因為千百年來，多少叱吒風雲的帝王將相早已被人徹底遺忘，可他們的低聲吟詠和縱情歌唱卻仍然一遍一遍地在後人的心靈中迴響。

那是一種千古絕響。

它永遠不會再有，

卻也永遠不會消失……

三六、李林甫：無心睡眠

李林甫是一個嚴重的失眠症患者。

說起他的病因，也許頗為複雜，但是其中最根本的可能只有一種。那就是——過度警覺。

在他眼中，這個世界就是一座叢林。每一個幽暗的角落似乎都隱藏著敵人，彷彿隨時會跳出來咬他一口，所以他要時刻小心提防。他總是用盡一切手段把自己嚴嚴實實地包裹起來，直到只剩下一雙眼睛和一對鼻孔，然後冷冷地窺視著叢林的每一個角落，小心翼翼地嗅著每一種危險的氣息……也許正因為此，世人對他最為集中的評價就兩個字——陰鷙。

可對李林甫來說，他情願認為這是在誇他。

他的陰鷙讓他在大唐帝國的相位上穩穩當當地坐了十九年，任何人都無法撼動，並且把整個家族的榮華富貴一直保持到死的那一刻；他的陰鷙讓整個天下自皇太子以下的人在他面前都要斂目低眉，垂首屏息，腳下不敢隨意移動半步；他的陰鷙讓天寶年間最囂張的三鎮節度使安祿山每一次見到他都要戰戰兢兢、汗流浹背，李林甫隨口說出的話總是比聖旨還更讓安祿山感到敬畏；凡是李林甫出手做一件事之前，任何人都別想預先揣測他的意圖。與此相反，他對帝國裡每一個重要人物——上至天子、下至百官的性格特點和內心世界都瞭如指掌，所以他總是能左右逢源、屹立不倒……如此種種，可以說都是「陰鷙」帶給李林甫的好處。

當然，陰鷙縱然有千般好處，可還是有一點不好——它總是讓李林甫活得過於緊張，使他和這個世界的關係顯得不太融洽。所以，他經常失眠。

他總是擔心被人暗殺，所以府邸四周總是崗哨林立，而且宅邸中到處設有重門複壁和暗道機關，每天晚上都要換好幾個地方睡覺，以致連他的妻妾子女都不知道他在什麼地方。

李林甫的祖上原本也是皇親國戚，只是一代不如一代：其曾祖父李叔良是唐高祖李淵的堂弟，封長平王，官至刑部侍郎，死後贈靈州總管，從二品；祖父李孝斌官至原州長史，從三品；其父李思誨終其一生也不過是個揚府參軍，正七品。正因為李林甫的父系逐代沒落，難以在仕途上助他一臂之力，所以他只能把目光轉向他母親這一系。所幸他的舅父姜皎仕途暢達，深得玄宗寵幸，被封為楚國公、官拜工部尚書，於是李林甫就跟飛黃騰達的舅父走得很近。開元初年，憑著這層關係，李林甫從千牛直長的小官直接升上了太子中允。

姜皎有一個姻親源乾曜在朝廷擔任侍中，掌管門下省，位高權重，李林甫就刻意結交了他的兒子源潔。跟源潔廝混了一段日子後，李林甫就請源潔幫忙，求他父親授予郎官的職務。沒想到源乾曜竟然一口回絕，說：「郎官必須由品行端正、有才能、有聲望的人擔任，哥奴（李林甫的小名）豈是做郎官的料！」

言下之意，李林甫在他眼中就是一個品行不端、沒有才能、名聲不佳的人。當源潔哭喪著臉把父親的話原封不動地轉告李林甫時，他只是微微一笑，不但一點也不生氣，反而安慰源潔說：沒關係。其實，那一刻李林甫的心裡就像有三千道火熱的岩漿在劇烈奔突，可他臉上並未流露絲毫。這就是政治人物的隱忍功夫——無論遇到什麼事情，無論內心是狂怒還是狂喜，都不能讓它們流露在臉上。

古往今來，凡是成大事者，必定是喜怒不形於色的人，也必定是臨事「有力而無氣」的人。民國時期的上海灘大佬杜月笙曾經說過：「這世上有三種人，上等人有本事沒脾氣，中等人有本事有脾氣，下等人沒本事有脾氣。」這話雖然有點以偏概全，但是卻不無道理。

開元十四年（七一三年），李林甫幾經輾轉，終於一步一步邁上帝國的政治高層，升為御史中丞，正四品，手中握有彈劾百官之權，是朝廷的一個重要職位。然而，李林甫的野心遠不止此，他的目標是成為一人之下、萬人之上的宰相。為此，他鎖定了兩個人物，決定不擇手段向他們靠攏。

他們是玄宗最寵幸的兩個人：武惠妃、高力士。

玄宗在當臨淄王的時候最寵幸趙麗妃，所以登基後立了麗妃所生的李瑛為太子。可後來玄宗轉而寵幸武惠妃（武則天的侄女），對她所生的壽王李瑁的寵愛超過了任何一個皇子，甚至超過了太子，因此屢有立武惠妃為皇后之意，可大臣們卻極力勸阻。他們說：「武氏與李唐有不共戴天之仇，豈可立為國母？況且太子非惠妃所生，惠妃自己又有兒子，一旦成為皇后，太子必危。」玄宗不得已而作罷。

對於武惠妃來說，朝堂上無人援助，想立為皇后是不太可能的；而對於李林甫來說，在後宮中沒有人，就無從影響玄宗，其野心也難以實現。所以，李林甫就主動向武惠妃拋出了橄欖枝，和她結成了政治同盟。

而為了跟高力士搭上線，李林甫則繞了一個大彎。他使出了早年混跡市井慣用的一些曖昧手段，與侍中裴光庭的妻子武氏建立了私情。這個武氏是武三思的女兒，而高力士曾經是武三思的門人，所以李林甫想透過她影響高力士。

毋庸置疑，在當時的長安，誰能成為武惠妃和高力士的朋友，誰就能成為天子眼前的紅人。

開元二十一年（七三三年）春，裴光庭病逝。武氏還沒做足喪夫之痛的樣子，就急不可耐地要求高力士想辦法推薦李林甫繼任侍中之職。高力士雖然表示為難，沒有向玄宗提出來，但他念在武氏是其舊主，所以一直在找機會用別的方式進行補償。

不久後，玄宗讓時任宰相的蕭嵩物色一個人當他的同僚，蕭嵩推薦了尚書右丞韓休。玄宗同意，可他任命韓休的詔書還未起草，高力士便第一時間通知了武氏，而武氏又立刻告訴了李林甫。李林甫隨即趕在天子的詔命下達之前拜訪了韓休，滿面笑容地向他表示祝賀。

韓休陪著笑臉，眼中卻流露出難以置信的神色。

李林甫笑得一臉神祕，那意思是說：相信我，沒錯的！

片刻之後，玄宗任命韓休為宰相的詔書果然就到了。

韓休又驚又喜地看著李林甫，彷彿這一切都是他的功勞，從此將他視為知己。

韓休這人是個直腸子，他當上宰相後，不但絲毫不領蕭嵩的援引之情，還三番五次當著玄宗的面和他吵得面紅耳赤，搞得蕭嵩狼狽不堪又懊悔不迭。相反，韓休卻經常在玄宗面前說李林甫的好話，說他的才能堪為宰相。

從韓休這個人身上，便足以見出人是多麼感性的動物——他很容易喜歡上一個當面告訴他好事的人，卻很不願意相信有人會在背後幫他做好事。

在韓休的大力舉薦下，再加上武惠妃在天子耳邊日以繼夜地吹枕頭風，玄宗終於任命李林甫為黃門侍郎。雖然官階仍然是正四品，屬於平調，可已經是門下省的副職，能夠隨侍玄宗左右，可以說真正進入了帝國的權力中樞。至此，李林甫距離宰相之位僅有一步之遙。

這年冬天，蕭嵩和韓休又在朝堂上大吵了幾次，蕭嵩終於忍無可忍，向玄宗提出告老還鄉。玄宗說：「朕又沒有厭惡你，你何必急著走？」蕭嵩說：「臣蒙受皇上厚恩，忝居相位，富貴已甚。在陛下不厭棄臣時，臣尚可從容引退；如已厭棄臣，臣生命尚且不保，怎能自願引退？」

玄宗長歎一聲，說：「你且回去，待朕慢慢考慮。」

玄宗考慮的結果，就是各打五十大板，把蕭嵩和韓休兩個人都從宰相的職位上給擼了，蕭嵩貶為尚書左丞，韓休貶為工部尚書；同時啟用張九齡和裴耀卿為相。

當上黃門侍郎後，李林甫經常出入宮禁侍奉玄宗。以此職務之便，他結交了宮中的許多宦官嬪妃。這些人從此一直源源不斷地向他提供有關玄宗的一切情報。沒過多久，李林甫就對玄宗的性情、習慣、好惡、心態乃至飲食起居等一切細節瞭若指掌。所以，凡有奏答應對，他總能符合玄宗的心意、滿足玄宗的願望。

開元二十二年（七三四年）五月，李林甫終於被玄宗任命為禮部尚書、同中書門下三品，與張九齡和裴耀卿同為宰相。

在幽暗曲折的叢林中穿行多年，李林甫終於抵達夢想中的陽光地帶。

玄宗在任命李林甫為宰相前，曾諮詢過張九齡的意見。張九齡說：「宰相關係國家安危，陛下用林甫為宰相，臣恐怕將來會成為宗廟社稷之憂。」

很顯然，張、裴二人和李林甫絕對不是同道中人，他們是注定無法在同一片屋簷下共存共榮的。換言之，遲早有人要從相位上被攆走。

開元二十四年（七三六年）冬天發生的兩件事，最終決定了他們各自的命運。

第一件事是關於朔方節度使牛仙客的任命與封賞。牛仙客任職朔方時，恪盡職守、節約用度，軍隊的武庫充實、器械精良。玄宗很賞識他的才能，準備擢升他為尚書，並且有讓他入相的想法。

李林甫立刻意識到這是一個擠走張九齡和裴耀卿的機會。

以李林甫對張九齡的了解，他斷定張九齡不會同意讓一個武夫進入帝國的權力中樞。因此，李林甫決定力挺牛仙客。他相信，像這種頭腦簡單四肢發達的武夫一旦入相，肯定會成為他的應聲蟲。

果不其然，玄宗一提出來，張九齡立刻表示反對。玄宗退了一步，表示要封賞食邑。可張九齡還是堅決反對說：「封爵是用來賞賜功臣的，邊防將領充實武庫、修備兵器，是日常事務，不能稱為功勳。陛下要慰勉他的勤勞，可以賜給他金帛，要是分封食邑，恐怕不太妥當。」

玄宗無語。張九齡退下後，李林甫立即向玄宗表示自己的立場：「仙客有宰相之才，任尚書有何不可？九齡是書生，不識大體！」

玄宗一看李林甫投了贊成票，馬上轉怒為喜，於是在次日朝會上又提了出來。張九齡還是和玄宗對著幹，堅決反對。李林甫在一旁竊喜，知道今天有好戲看了。

只見玄宗勃然作色，厲聲說：「難道什麼事都由你作主嗎？」

張九齡一震，連忙跪地叩首：「陛下不察臣之愚昧，讓臣忝居相位，事有不妥，臣不敢不具實以陳！」

玄宗冷笑：「你是嫌仙客出身寒微吧？可你自己又是什麼名門望族？」

「臣是嶺外海邊孤陋微賤之人，比不上仙客生於中華，」張九齡說，「然而臣出入台閣，掌理誥命有年，仙客邊隅小吏，目不知書，若予以大任，恐怕難孚眾望。」

當天的朝會就這樣不歡而散。

散朝後，李林甫沒有急著離開。他踱到天子的幾個近侍宦官身邊，隨口說了一句：「苟有才識，何必辭學！天子用人，有何不可！」

他知道，這話很快就會落進玄宗的耳朵裡。果然，數日後天子就頒下一道詔書：賜牛仙客隴西縣公之爵，實封食邑三百戶。這樣的結果無異於狠狠甩了張九齡一巴掌。

第二件事是關於太子李瑛的廢立。

玄宗李隆基登基前，除了寵幸太子的生母趙麗妃之外，對另外兩個妃子皇甫德儀和劉才人也是寵愛有加，可即位後轉而寵愛武惠妃，對那三個嬪妃的恩寵漸淡。於是，太子李瑛與皇甫德儀之子鄂王李瑤、劉才人之子光王李琚同病相憐，時不時聚在一起長歔短歎、怨天尤人。

世上沒有不透風的牆，而皇宮中的牆通常比一般的牆更透風。

素來與他們不睦的駙馬都尉楊洄把這三人的怨恨之辭打探得一清二楚，然後一五一十地報告了武惠妃。武惠妃立刻抓住把柄，向玄宗哭訴說：「太子暗中結黨，欲圖加害我母子，而且還用很多難聽的話罵皇上……」

玄宗大為光火，立刻召集宰相商議，準備把太子和另外兩個皇子都廢為庶人。

張九齡又發話了。他引經據典，滔滔不絕地陳述了反對的理由，然後斬釘截鐵地說：「陛下必欲為此，臣不敢奉詔！」

玄宗聞言，頓時悶聲不響，臉色鐵青。這一切都被李林甫看在眼裡，於是他故伎重施，退朝後跟一個玄宗寵信的宦官低聲說：「此主上家事，何必問外人？」（《資治通鑑》卷二一四）

當然，這句話很快又傳進了天子耳中。玄宗隨即將太子李瑛等三人全部廢黜，從此對李林甫越發寵幸，而對張九齡則日漸疏遠。不久後，玄宗罷免了張九齡和裴耀卿的宰相之職，同時讓李林甫取代張九齡成為中書令，兼集賢殿大學士；牛仙客被任命為工部尚書、同中書門下三品。

果然不出李林甫所料，牛仙客入相後，對他感恩戴德，唯唯諾諾。李林甫從此獨霸朝綱，進而在玄宗的周圍劃上了一條無形的警戒線。線內是他和天子的專屬區，任何人膽敢越雷池一步，李林甫就會讓他吃不了兜著走。

李林甫自己當過言官，知道御史台的官員們經常有觸紅線和闖雷池的衝動，所以特意找了個機會，對御史台的全體官員作了一次重要講話。他說：「如今英明的領袖在上面指引我們，我們緊跟著走還來不及，哪裡需要發表什麼言論！諸君注意到立在朝堂上的那些儀仗馬了嗎？如果保持沉默，就能吃到上好的飼料；要是敢自由鳴放，只須一聲，立刻被驅逐，悔之何及啊！」

眾人相顧默然。從此，大唐官場萬馬齊喑、鴉雀無聲。

除了壓制言論外，李林甫還運用他高明的政治手腕，扼殺了許多有能力的朝臣入相的可能。天寶元年（七四二年），玄宗曾想重用兵部侍郎盧絢，於是李林甫就對盧絢的兒子說：「令尊素有清望，如今交州和廣州一帶缺乏有才能的官員，聖上打算派他去。如果怕去偏遠的地方，難免要被降職。依我看，還不如調太子賓客或太子詹事之類的職務，這也是優禮賢者的辦法，你看怎樣？」調任交、廣無異於貶謫，盧絢聞言大為恐懼，連忙主動提出調職。不久，李林甫就把他調任太子詹事、員外同正，也就是把他劃到了編制外，不但俸祿只有正官的一半，而且完全根除了他染指中樞權力的可能性。

這年夏天，玄宗又想復用曾被李林甫排擠出朝廷的政敵嚴挺之。李林甫嘴上唯唯，可心裡登時一緊。當天，他就對嚴挺之的弟弟嚴損之說：「皇上對尊兄十分掛念，你何不上一道奏書，說明尊兄得了風濕病，要求回京師就醫？」嚴損之對他感激不盡，次日就依言上了道奏書。李林甫馬上對玄宗說：「嚴挺之看來是老了，又得了風濕，應該任命他當個閒散的官，讓他安心養病。」玄宗歎息了很久，最後還稱讚李林甫想得周到。

在李林甫十九年的宰相生涯中，這樣的事情不勝枚舉。人們總是一邊對他心懷感激，一邊不知不覺地被他擠出權力核心。所以當後來的人們弄清真相之後，就送給了他四個字——口蜜腹劍。

天寶元年秋，李林甫的應聲蟲牛仙客死了，他隨即引薦了刑部尚書、同族的李適之繼任宰相。沒想到李適之上任半年就漸漸不把李林甫放在眼裡，並且企圖和太子妃的哥哥韋堅聯手整垮他。韋堅擅長理財，每年替朝廷增收的賦稅多達一億，是玄宗跟前的紅人，大有入相之勢。李林甫頓時感到嚴重的威脅。他一邊採用明升暗降的手段把韋堅調離了財賦部門，讓自己的心腹、御史中丞楊慎矜取而代之，一邊耐心等待進一步行動的時機。天寶五載（七四六年）春節，太子的密友、邊將皇甫唯明由於擊敗吐蕃入朝獻捷，自恃有功，就在天子面前斗膽議論朝政，並把矛頭指向了李林甫。李林甫便授意楊慎矜密切監視皇甫唯明、韋堅和李適之三人，決定將其一網打盡。

元宵晚上，楊慎矜逮住了三人祕密會面的證據，次日向皇上告發。李林甫立刻向玄宗指出：這是韋堅與皇甫唯明密謀，企圖擁立太子、篡位登基。玄宗暴怒，當天就把韋堅和皇甫唯明拿下詔獄，隨後又貶到邊地。韋堅一落馬，兔死狐悲的李適之大為恐懼，不久後便上表請求退居閒職。

搞掉了李適之和韋堅，李林甫又引薦了陳希烈當宰相。此人崇尚老莊之學，為人柔順謙和，可謂牛仙客第二。他上任後，李林甫享受了幾年清靜無爭的太平日子。依照舊例，大唐開國以來的宰相，每日辦公必須到午後六刻才能退朝。而李林甫則在早朝散後，巳時（上午九至十一時）便打道回府，讓各省各部的待批文件和一切軍國要務都送到他的府上去，由他一人裁決，而另一個有名無實的宰相陳希烈只是具名而已。

天寶六載（七四七年），時任戶部侍郎兼御史中丞的楊慎矜又漸漸博得玄宗青睞，李林甫決定將其鏟除。由於楊慎矜是前朝隋煬帝的孫子，李林甫就讓他外甥王鉷告他與術士往來密切，說他家中暗藏符讖，企圖恢復祖先帝業。楊慎矜百口莫辯。數日後，玄宗將他和兩個在朝為官的兄長全部賜死，同時株連了數十個朝臣。

就在這一年，李林甫的仕途走到了頂峰。天子不但加封他開府儀同三司，而且賞賜食邑三百戶，還有眾多上等的宅地、田園和別墅，以及各種奇珍異寶。歲末的那些日子，由於時近春節，各地貢獻的物品先後運送到尚書省，隨後天子又全部賜給了李林甫。每當天子不上朝的時候，文武百官全都聚集到他家中，御史台和尚書省無人辦公，只有陳希烈一個人孤零零地坐在台省中。

正所謂月盈則虧、器滿則溢。那些日子裡，李林甫已經隱約預感到，這也許是他一生中最後的輝煌了。他的兒子李岫也意識到了這一點。有一次，李林甫命人在後花園修築暗道，李岫隨同他去視察，忽然指著那些正在勞作的工匠對他說：「父親大人長久掌握大權，怨仇遍滿天下。倘若哪天災禍降臨，想要當個像他們這樣的雜役，恐怕也辦不到了。」

李林甫聞言，越發生出了患得患失之心。

為了長久把持朝政，李林甫決定不擇手段堵死別人的入相之途。自大唐開國以來，許多有能力的朝臣都是先外放為邊帥，取得戰功後再入朝為相的。李林甫意識到，必須未雨綢繆地封死這條「出將入相」的渠道，於是對玄宗說：「文臣做將軍，不敢身先士卒地抵擋敵人的弓箭炮石，不如起用那些出身卑賤、但是勇猛善戰的胡人為邊將。這些人沒有顯赫的門第，勢單力孤，難以在朝中交結朋黨，陛下果能以恩義感召他們，他們必定會替朝廷賣死命！」

玄宗認為很有道理，隨後愈加重用安祿山這些胡將，並且不再把朝中文臣外放為邊帥，而是大量起用胡人擔任諸道的節度使。

此時的玄宗絕對不會料到，這樣的舉措是致命的。因為它將促使藩鎮勢力迅速坐大，從而導致強枝弱幹、尾大不掉的局面，並最終引發了安史之亂，把帝國從太平盛世一下子推進了萬丈深淵……

在生命的最後幾年裡，李林甫的失眠症更加嚴重，每夜更換寢室的次數更為頻繁。不管白天黑夜，每次出行他都要帶上一百多名步騎兵，分左右兩翼護衛；而且還讓巡防京城的金吾衛提前開道，數百步外的前行衛隊所到之處，無論公卿還是庶民都必須迴避。

儘管李林甫一意把持朝政，但是到了天寶末年，大唐官場的局面還是變得極端錯綜複雜。外有安祿山的強勢崛起，內有楊國忠的恃寵爭權，而李林甫手下的王鉷也日漸坐大，甚至原本看上去碌碌無為的陳希烈也忽然間抖擻起來，事事要和李林甫對著幹……

李林甫逐漸產生了臨深履薄之感。他知道自己已經老了，而對手們正處於高速成長期。在這種四面楚歌的情況下，他只能採取守勢，小心翼翼地遊走在這些強敵之間，以自己的餘威震懾他們。

天寶十一載（七五二年）冬天，楊貴妃的族兄楊國忠日益得寵，其入相已成定局。時逢南詔軍隊多次侵擾西南邊境的劍南道，蜀地百姓要求遙領劍南節度使的楊國忠回去鎮守，李林甫乘機奏請玄宗立刻讓楊國忠出發。楊國忠知道此去凶多吉少，就哭哭啼啼地去跟玄宗辭行，說這是李林甫要陷害他。楊貴妃也一再幫楊國忠求情。老邁昏聵的玄宗安慰他說：「你先去走一趟，把軍事防禦部署一下，我掐著日子等你回來，你一回來我就任命你為宰相！」

這年十一月，把持大唐朝政將近二十年的李林甫終於死了。

但是他的故事並沒有結束。

他死後，玄宗以隆重的禮節將他入殮，讓他躺在一口寬敞舒適的貴重棺槨中，還在他嘴裡放了一顆璀璨的珍珠，身旁放著御賜的金魚袋、紫衣等物。在大唐，這些喪葬賜物代表著無上的恩寵和巨大的哀榮。至此，一生被失眠症困擾的李林甫似乎可以享受一場美妙的長眠了。

然而，結果卻出乎所有人的意料。就在次年正月，李林甫未及下葬，已入閣拜相的楊國忠就派人遊說安祿山，一同指控李林甫和突厥降將阿布思共謀反叛。同時，安祿山還迫使阿布思的手下到朝廷作證；李林甫的女婿、諫議大夫楊齊宣也禁不起他們的軟硬兼施，被迫做假證出賣了李林甫。老邁的玄宗面對這麼多來勢洶洶的指控，不得不頒下一道詔書，將李林甫生前的所有官爵削除，子孫中有官職的全部罷免、流放邊地，所有財產全部充公；最後還剖開李林甫的棺槨，奪去他口中的珍珠和身旁的金魚紫衣，把他塞進一口庶民的小棺，隨便埋在了長安郊外的亂葬崗上。

到死，李林甫也享受不到一場美妙的長眠。

三七、楊貴妃：盛世紅顏的綻放與凋零

在大唐帝國由盛而衰的轉捩點上，有一個女人的故事千百年來一直被廣為傳誦。她是中國人耳熟能詳的「四大美女」之一，與西施、王昭君、貂蟬這三個不同時代的女人同列。她們還共同為後世留下了「沉魚落雁、閉月羞花」這樣美麗的典故：西施浣紗，魚潛水中；昭君出塞，雁落黃沙；貂蟬夜舞，月隱雲中；貴妃觀花，牡丹垂首。

千百年來，以她為主題的各種文學藝術作品可謂不勝枚舉，而在所有關於「紅顏禍水」、「美人誤國」的故事和傳說中，這個女人似乎也經常跟妲己、褒姒、趙飛燕、陳圓圓等人一同被提起、被談論。當然，多數情況下是被唾罵、被抨擊……

換言之，每當人們說起大唐盛世的衰落，必然會將她視為眾矢之的。

這個女人，就是楊貴妃。

楊貴妃，名玉環，是世家大族弘農楊氏的後裔，高祖父是隋朝名臣楊汪，後人遷居蒲州永樂（今山西永濟市）。到了她父親楊玄琰這一代，楊氏的門第已經衰微。楊玄琰在蜀州（今四川崇州市）擔任司戶，是掌管戶籍、婚田的從七品小官。開元七年（七一九年），楊玉環生於蜀州，大概在十歲左右，父母不幸雙雙亡故，她被叔父楊玄璬（時任河南府士曹參軍）接到了洛陽撫養。

楊氏一族雖然家道中落，但祖上畢竟曾是名門顯宦，家學淵源還在，所以楊玉環從小就受到了

比較好的教育，史稱她「姿質豐豔，善歌舞，通音律，智算過人」。（《舊唐書．楊貴妃傳》）

開元二十三年（七三五年）冬，唐玄宗在東都洛陽親自為壽王李瑁（玄宗十八子，武惠妃所生）舉行了選妃、冊妃大典。時年十七歲的楊玉環以其名門望族的出身和驚豔四方的才貌，從眾多的妙齡少女中脫穎而出，成為壽王妃。玄宗在冊妃的詔書中盛讚楊玉環：「爾河南府士曹參軍楊玄璬長女……公輔之門，清白流慶，誕鐘粹美，含章秀出。固能徽範夙成，柔明自遠；修明內湛，淑問外昭。」（《唐大詔令集》卷四十）

當然，此時的玄宗李隆基絕對不會想到，若干年後，他親自選中的這個兒媳竟然會變成他的女人，並將和他共同演繹一場轟轟烈烈的愛情故事。

楊玉環入宮不久，武惠妃依恃玄宗寵幸，決定幫兒子李瑁奪取太子之位，於是與宰相李林甫聯手，設計除掉了太子李瑛、鄂王李瑤、光王李琚，隨後又讓李林甫頻頻奏請立壽王為太子。但玄宗猶豫不決，始終沒有同意。武惠妃又急又怒，加之良心不安，「數見三庶人（即李瑛、李瑤、李琚）作祟，怖而成疾」（《舊唐書．玄宗諸子傳》），遂於開元二十五年（七三七年）病逝。

武惠妃是玄宗最寵愛的女人，她一死，玄宗頓時傷心欲絕，終日憂鬱寡歡，雖「後庭數千，無可意者」（《舊唐書．楊貴妃傳》），感情生活突然呈現出巨大的空白。

在這個微妙的時刻，最了解玄宗的「老奴」高力士決定找一個人來填補空白，撫平天子的感情傷口。高力士所找的這個人，就是玄宗的兒媳——壽王妃楊玉環。

普天之下的美貌女子那麼多，高力士為什麼偏偏選中了楊玉環，以致讓玄宗在後人心目中蒙受「扒灰」的罵名呢？

原因有四：首先，確實是因為楊玉環「姿色冠代」、絕世無雙，很難再找到比她更出色的女子；其次，如同上述，後宮數千佳麗也確實沒有一個能被玄宗看上，「顧前後左右，粉色如土」（唐·陳鴻《長恨歌傳》）；再次，有唐一代胡風最盛，人倫大防遠比其他朝代鬆弛得多，沒有那麼多道德藩籬和人倫禁忌，所以前有高宗李治立庶母武媚為后，後有玄宗李隆基納兒媳玉環為妃，均可謂時代風氣使然，不值得後人大驚小怪；最後，武惠妃死後不久，玄宗便改立三子忠王李璵（後改名李亨）為太子，此時壽王已經失寵，地位遠不如前，所以高力士自然可以放心大膽地替天子「橫刀奪愛」，也不用擔心有什麼麻煩。

於是，開元二十八年（七四〇年）十月，在高力士的精心安排下，楊玉環前往驪山溫泉宮與玄宗李隆基相會，一場纏綿悱惻、千古傳誦的愛情故事就此拉開序幕。

這一年，楊玉環二十二歲，李隆基五十六歲。

「天生麗質難自棄，一朝選在君王側。回眸一笑百媚生，六宮粉黛無顏色。春寒賜浴華清池，溫泉水滑洗凝脂。侍兒扶起嬌無力，始是新承恩澤時。」（白居易《長恨歌》）就是在這座雲蒸霞蔚、溫暖如春的溫泉宮中，年過半百的唐玄宗無可救藥地愛上了這個女人——這個當年由自己親手挑中的兒媳。

玄宗決意和這個女子長相廝守。可是，楊玉環畢竟是自己的兒媳，要如何才能冠冕堂皇地把她變成自己的女人呢？

直接娶過來肯定是不行的，必須想一個巧妙的辦法。辦法很快就有了。那就是——為楊玉環在大明宮中特置一座「道觀」，讓她「出家」當女道士。

從此，楊玉環穿上道袍，頭戴黃冠，道號「太真」，以女道士的身分自由出入宮禁，隨侍玄宗左右。在後來將近一年的時間裡，楊玉環一直以這個掩人耳目的身分和玄宗在一起。然後在眾人不知不覺之間，她脫下了道袍，摘下了黃冠，穿上了嬪妃的衣服，戴上了從前的金釵玉簪。她的身分仍然是女道士，但是在宮中的稱呼已經變成了「娘子」，地位和待遇也已形同皇后。

楊玉環有三個姐姐，據說「皆有才貌」，所以她得寵後，三個姐姐亦來到長安，均獲玄宗寵幸，分別被封為韓國夫人、虢國夫人和秦國夫人。四個姐妹「並承恩澤，出入宮掖，勢傾天下」。（《舊唐書．楊貴妃傳》）

天寶四載（七四五年）八月，楊玉環在當了五年名不正言不順的「娘子」之後，終於被玄宗正式冊立為貴妃。而在此之前，玄宗已經替壽王另選了一位王妃。也就是說，從這一刻開始，楊貴妃與過去的壽王妃已經徹底割斷了一切關聯，而她與玄宗的愛情終於堂而皇之地出現在了世人面前。

隨著楊貴妃身分的確立，楊氏一門也隨之飛黃騰達。父親楊玄琰被追贈太尉、齊國公，母親追封涼國夫人；叔父楊玄珪任光祿卿，兄楊銛任鴻臚卿，堂兄楊錡任侍御史，並娶武惠妃之女太華公主；另外一個遠房堂兄楊釗（後改名國忠）不久後也由蜀地小吏而一夜飛升，入朝任職，並很快受到玄宗重用，進入了帝國的權力中樞。

令人感到十分奇怪的是，楊氏滿門皆隨楊貴妃雞犬升天，偏偏當年收養她的叔父楊玄璬反而被人遺忘，實在是不合情理。就算他人已亡故，也應像楊玄琰那樣被追封，怎麼會被人忘得一乾二淨呢？

其實，並不是楊貴妃忘恩負義，而是她有難言之隱。準確地說，是她和玄宗共有的難言之隱。

因為玄宗當年把楊玉環立為壽王妃時，詔書上明白寫著「爾河南府士曹參軍楊玄璬長女」，亦即把楊玉環視為楊玄璬的女兒。如今楊玉環既然成了玄宗的貴妃，那她之前作為壽王妃的那段歷史就必須淡化、甚至抹掉。所以，如果楊玄璬仍舊出現在推恩封賞的名單中，那無異於主動承認楊貴妃就是當年的壽王妃。試問，玄宗能這麼做嗎？

當然不能。

職是之故，楊玄璬就必須被遺忘、被抹掉。換言之，玄宗必須讓世人相信，現在的這個楊貴妃就是楊玄琰之女，與從前的那個「楊玄璬長女」並不是同一個人。即便這只是一種自欺欺人的做法，但對廣大不知宮闈內情的百姓而言，這樣的障眼法還是很有效的。

從楊玉環被立為貴妃的這一年起，楊氏一族迅速成為大唐帝國最有權勢、最為煊赫的家族。韓、虢、秦三夫人及楊銛、楊錡五家「每有請託」，各地的刺史縣令無不將其視為聖旨，必傾盡全力辦理，巴結奉承唯恐不及，故而諸楊府邸總是「四方賂遺，其門如市」。諸楊還在京城中競相修建豪宅，「甲第洞開，僭擬宮掖，車馬僕御，照耀京邑」。每建一宅，往往耗費千萬，並且相互評比，以奢侈為尚，如果發現別家宅第比自家的更豪華，當即把新宅推倒重建，「土木之工，不捨晝夜」。（《舊唐書‧楊貴妃傳》）

每年十月玄宗行幸華清宮，楊貴妃隨侍，高力士必為她牽馬執鞭，而楊國忠、三夫人等楊氏族人亦必隨行。諸楊儀仗浩浩蕩蕩，以楊國忠的劍南節度使大旗開道，每家一隊，每隊各穿不同顏色的衣服，相互映照，如同百花盛開，令山川一片錦繡；一路上前呼後擁、環佩叮噹，隊伍所過之處，珠翠玉簪、金銀飾物遺落滿途，俯拾即是……

《舊唐書‧楊貴妃傳》稱：「開元以來，豪貴雄盛，無如楊氏之比也！」

楊貴妃一人得寵而滿門皆貴的事實，對當時重男輕女的價值觀產生了很大的衝擊，以致民間歌謠紛紛傳唱：「生女勿悲酸，生男勿喜歡」；「男不封侯女作妃，君今看女作門楣」。

也怪不得老百姓會如此豔羨，此時的唐玄宗對楊貴妃的寵幸的確到了無以復加的程度。「後宮佳麗三千人，三千寵愛在一身。」（白居易《長恨歌》）宮中專門為楊貴妃織造衣物的織錦和刺繡工匠就有七百人，為她雕刻熔造各種金屬器物的工匠也有數百人。此外，揚州、益州、嶺南等各地官吏爭相從四方進貢各種奇珍異寶和「奇服祕玩」，從而博得天子和貴妃歡心，相繼加官晉爵、擢居顯位。楊貴妃生於蜀地，喜歡吃荔枝，玄宗就命專人從嶺南運來，沿途驛站備有專騎專使，一站一站接力，晝夜兼程，片刻不停，因而荔枝雖跨越數千里運送，抵達長安後卻依然肉鮮味美，彷彿剛剛從枝頭上摘下。

杜牧那首著名的《過華清宮》，寫的就是飛騎千里送荔枝的故事：「長安回望繡成堆，山頂千門次第開。一騎紅塵妃子笑，無人知是荔枝來。」

儘管唐玄宗對楊貴妃的專寵超過了普天下的任何一個女人，但是偌大的後宮畢竟是一座千芳競妍的大花園，玄宗有時候也難免會對一些較為出眾的嬪妃產生好感。而楊貴妃雖然知書達理、秀外慧中，但畢竟是一個女人，女人天生就是善妒的，因此也就難免會打翻醋罈子。仗著天子的深寵，楊貴妃一喝起醋來，勁頭還挺大，「常因妒媚，有語侵上（玄宗）」（唐・鄭綮《開天傳信記》），亦即出言不遜，冒犯天子。

史載，玄宗因此龍顏大怒，曾先後兩次把楊貴妃遣出了宮。

第一次是在楊貴妃被冊封的次年，玄宗命高力士把她送回了兄長楊銛府中，相當於把她轟回了娘家。可早上剛剛把人趕走，玄宗下午就後悔了，但他又礙於天子顏面，不願開口把她接回來，於是就找藉口大發脾氣，「暴怒笞撻左右」。精明的高力士很清楚天子在想什麼，便「伏奏請迎貴妃歸院」。玄宗趕緊就坡下驢，當天夜裡就命高力士把楊貴妃接回了宮中。楊貴妃回宮後「伏地謝罪」，而玄宗當然也是「歡然慰撫」，於是二人重歸於好，並且「自是寵遇愈隆」。（**《舊唐書．楊貴妃傳》**）

第二次是在天寶九載（七五〇年），玄宗又把楊貴妃趕回了娘家。當時天子跟前的紅人、著名酷吏吉溫與楊貴妃關係很好，當即入宮啟奏，故意正言反說：「婦人智識短淺，忤逆聖情，然貴妃久承恩顧，縱然要將她治罪，也應在宮中就戮，何忍讓她受辱於外？」玄宗遂令宦官前去給貴妃賜膳。楊貴妃哭著對宮使說：「妾忤聖顏，罪當萬死。衣服之外，皆聖恩所賜，無可遺留，然髮膚是父母所有……」（**《舊唐書．楊貴妃傳》**）話音未落便泣不成聲，旋即剪下一縷秀髮，讓宮使帶回。玄宗一見斷髮，頓時又驚又憐，慌忙命高力士把楊貴妃接了回來。

唐玄宗雖然貴為皇帝，而且此時已經是六十多歲的老人，論年紀完全當得起楊貴妃的父親，可當他和楊貴妃一起沉醉在愛情中的時候，還是跟世上任何一對小夫妻沒什麼兩樣，床頭打架床尾和，而且越吵感情越好，越鬧恩愛越深。換言之，這樣的小打小鬧純屬愛情遊戲中不可或缺的助興節目，不僅無傷大雅，而且適足以讓雙方更加珍惜這份「忘年」的情緣。

毋庸諱言，唐玄宗和楊貴妃的愛情，一開始肯定不是純粹的。因為玄宗貪戀的是玉環的美色，而玉環敬畏的是天子的權威。所以，剛開始的時候，要說他們之間的感情有多麼真摯、多麼純潔，那肯定是自欺欺人之談。但是，隨著他們在一起的時間一久，我們卻有理由相信，這個年過半百的皇帝和這個二十出頭的女人，卻完全有可能超越權色交易、年齡差距等現實因素的羈絆，從內心深處產生真正純潔的愛情。

因為他們之間有一個相互重疊、同頻共振的情感世界，那就是對藝術的共同摯愛和強烈追求。共同的興趣足以讓他們相知相惜，而純粹的藝術也足以讓他們的靈魂在一個超越凡俗、纖塵不染的世界裡翩躚共舞……

大明宮中有一個煙波浩渺的太液池，太液池北岸有一座雕樑畫棟的自雨亭。唐玄宗和楊貴妃經常在此流連，或觀花賞月、或飲酒賦詩，而更多的時候，他們會在這裡觀賞並創作歌舞。中國藝術史上的經典之作、由唐玄宗親自譜曲、楊貴妃編舞並領銜主演的大型歌舞劇——《霓裳羽衣曲》，就是誕生在這座亭子裡。

與楊貴妃朝夕相伴、靈魂共舞的那些日子，唐玄宗忘記了他的帝國、忘記了他的臣民，全身心沉浸在了晶瑩剔透的藝術和愛情之中……

「雲鬢花顏金步搖，芙蓉帳暖度春宵。春宵苦短日高起，從此君王不早朝。」（白居易《長恨歌》）此時的大唐帝國，在抵達輝煌與鼎盛的同時，也無可挽回地走向了奢靡與浮華。

就在這時候，有一個胡人來到了大明宮。

沒有人想到，短短幾年後，他將把歌舞昇平的大唐帝國一舉推入萬劫不復的深淵。

這個人就是安祿山。

從開元末年起，安祿山便因「大立邊功」而深獲玄宗寵幸，被玄宗視為「萬里長城，鎮清邊裔」。（《安祿山事蹟》卷上）天寶年間，身兼平盧、范陽、河東三鎮節度使的安祿山頻頻來朝，對唐玄宗和楊貴妃極盡阿諛諂媚之能事。滑稽的是，這個據說體重達三百多斤的安祿山卻善跳胡旋舞，舞起來還「旋轉如風」，頗能投玄宗與貴妃之所好。「中有太真外祿山，二人最道能胡旋。」（白居易《胡旋女》）同時，安祿山還千方百計地向玄宗大表忠心，使玄宗始終對他重用不疑，「尤嘉其純誠」。天寶六載（七四七年），出於對安祿山的寵幸，玄宗不僅讓楊銛、楊錡和韓、虢、秦三夫人與安祿山結為兄弟姐妹，而且還欣然同意安祿山所請，讓他認楊貴妃作義母。

差不多從這個時候開始，安祿山便已生出謀逆之心了。

朝中不斷有人向玄宗發出警告，可玄宗始終置若罔聞。

天寶十四載（七五五年），安祿山終於揭起反旗。他以誅討楊國忠為名，在范陽起兵，迅速南下攻陷東都洛陽，旋即於洛陽稱帝，繼而攻破潼關，兵鋒直指長安。

「漁陽鼙鼓動地來，驚破霓裳羽衣曲。九重城闕煙塵生，千乘萬騎西南行。」（白居易《長恨歌》）玄宗至此才如夢初醒，只好帶著太子、楊貴妃、楊國忠等人逃亡蜀地。

天寶十五載（七五六年）六月十四日，玄宗一行逃到馬嵬驛（今陝西興平縣西北二十三里），以龍武大將軍陳玄禮為首的禁軍將士突然譁變，他們認為奸相楊國忠恃寵亂政，是導致安祿山叛亂的罪魁禍首，「天下以楊國忠驕縱召亂，莫不切齒」（《資治通鑑》卷二一八），故而一舉誅殺了楊國忠父子。

玄宗驚聞將士譁變、楊國忠被殺，趕緊出面安撫。可將士們卻不肯散去，而是大呼楊國忠謀反，並聲稱「賊本尚在」，一下子把矛頭指向了楊貴妃。陳玄禮更是直言不諱地說：「國忠謀反，貴妃不宜供奉，願陛下割恩正法。」玄宗聞言，頓覺天旋地轉。許久，才有氣無力地說了一句：

「朕當自處之。」意思是我自有分寸，你們不要得寸進尺了。

然而，已經殺紅眼的禁軍將士並未善罷甘休，仍將驛站團團圍住，不停地擾攘喧譁。玄宗返身入內，倚杖而立，胸中有如翻江倒海。悲傷、憤怒、悔恨、恐懼交織在一起，輪番撕咬著他的內心。

隨行的朝臣韋諤叩頭力諫：「今眾怒難犯，安危只在頃刻，願陛下速決！」

玄宗仍舊不甘心地說：「貴妃常居深宮，安知國忠反謀？」

這時候，高力士接腔了：「貴妃誠無罪，然將士已殺國忠，而貴妃在陛下左右，豈敢自安！願陛下審思之，將士安則陛下安矣。」（《資治通鑑》卷二一八）

畢竟還是老奴了解自己的主子，他的話一下就擊中了要害——這根本不是楊貴妃有沒有參與楊國忠謀反的問題，而是將士們鐵定了心要殺貴妃，陛下您是想保她還是想自保的問題。

換言之，高力士是在敦促玄宗：形勢如此危急，您也只能忍痛割愛、壯士斷腕了！

至此，唐玄宗終於絕望。

他忍痛發出賜死令，「命力士引貴妃於佛堂，縊殺之」。（《資治通鑑》卷二一八）

一代絕世紅顏就此香消玉殞。

唐玄宗肝腸寸斷、心如刀絞。「君王掩面救不得，回看血淚相和流。……上窮碧落下黃泉，兩處茫茫皆不見。……天長地久有時盡，此恨綿綿無絕期。」（白居易《長恨歌》）

如果說盛唐是中國歷史的一座巔峰，那麼楊貴妃就是絕頂之上一朵灼灼綻放的盛世牡丹。從這個意義上說，楊貴妃是幸運的。因為，正是有了富貴雍容的大唐盛世作為背景，她的愛情故事才會被渲染得如此鮮豔妖嬈；正是有了歌舞昇平的時代作為舞台，她的生命之舞才能搖曳得如此絢麗多姿、華美無雙。

然而，她又是不幸的。因為盛世背後就是黑暗的深淵。因為《霓裳羽衣》歌舞未歇，漁陽鼙鼓已經動地而來。剎那之間，盛世崩塌，紅顏凋零。當初的藝術和愛情越是令人心醉，後來的訣別和死亡就越是令人斷腸……

世人多把盛世的衰落歸咎於紅顏惑主、狐媚誤國，卻從來不曾細想：這一介紅顏，連自己的命運都把握不住，又怎堪為一個帝國的不幸買單？

究其實，她只是被迫為這個夭折的盛世充當一件華麗的殉葬品罷了。只因為這個盛世的崩塌太過沉重，壓垮了許多男人的肩膀和心靈，所以，讓這個曾經在盛世中風光無二、富貴盡享的女人為帝國的沉淪承擔責任、付出代價，才會讓人們覺得公平一些，尤其會讓那些因盛世不再而喪失了權力和富貴的男人們，在內心深處獲得些許平衡……

但是，楊貴妃是無憾的。儘管她的結局堪稱淒涼，可恰恰是這樣的結局，卻讓她的故事在千百年後猶然令人欷歔扼腕，並且生動地喚醒了無數後人的文學情感和藝術想像；儘管絕世紅顏只能伴隨坍塌的盛世一同凋零，但是當別人的故事都已在歲月的風塵中瀰散，楊貴妃卻能在屬於她的愛情故事裡永遠不老。

西元七五六年，楊貴妃死在了馬嵬驛。

但是有一種美，卻已在破碎的一瞬間——凝成了永恆。

三八、安史之亂（上）

西元七五五年陰曆十一月，驪山華清宮。

每年十月，唐玄宗李隆基都會攜愛妃楊玉環來此沐浴溫泉，歡享二人世界。這個習慣已經保持整整十五年了。從開元二十八年（七四〇年）寵幸楊玉環以來，不管天下發生了什麼事，每年的驪山之行都是雷打不動的。

今年當然也不會例外。

此時的玄宗並不知道，這將是他與楊貴妃的最後一次驪山之行。

外面的世界天寒地凍，可華清宮中卻溫暖如春。玄宗和楊貴妃一起沐浴在溫泉池中，時而嬉水，時而暢遊。池中熱氣氤氳、煙霧繚繞，美人膚如凝脂、巧笑嫣然，此情此景儘管早已熟識，可玄宗還是忍不住心旌搖盪，一時間竟不知今夕何夕，亦不知人間天上……

來自太原和朔方的情報就是在這時候遞進華清宮的。

兩封情報都宣稱安祿山要謀反，並且具言了許多反狀。乍一聽見這個消息，玄宗並不相信。因為這些年來有太多人奏言安祿山必反，可每次都被證明是捕風捉影、危言聳聽。所以玄宗相信，這一次肯定也是那些嫉妒安祿山的人在造謠。

然而，在接下來的幾天中，來自河北、河南各郡縣的加急戰報就雪片般地飛到了玄宗手上——

十一月九日，安祿山興兵十五萬、號稱二十萬反於范陽，並大舉南下，「所過州縣，望風瓦解，守令或開門出迎，或棄城竄匿，或為所擒戮，無敢拒之者……」（《資治通鑑》卷二一七）

到了這一步，玄宗終於清醒了。

但緊接著是更大的困惑——安祿山為什麼要造反？

他曾經給予安祿山最大的倚重、信任和恩寵，可到頭來為什麼會是這樣的結果？

玄宗感到一陣前所未有的憤恨和懊悔。

過去與安祿山「君臣相悅」的一幕幕，頓時清晰地浮現在他眼前……

安祿山是「營州柳城雜種胡人」（《舊唐書·安祿山傳》），柳城即今遼寧朝陽市。據考證，安祿山生於武則天長安三年（七〇三年），父親是西域康國胡人的後裔，母親是突厥巫師，因祈禱戰神「軋葷山」而生下他，故以軋葷山為名。後來，其母改嫁突厥人安延偃，他便以安為姓，改名祿山。

安祿山的發跡史，稱得上是一部傳奇。

他身材魁偉壯碩，膚色白皙。年輕時，在邊境集貿市場上做中介，據說掌握六種番語。不過，他雖然外語好，做生意的本事卻不怎麼樣，所以一直沒能發財。到了開元二十年（七三二年），安祿山已年屆而立，還是混得一塌糊塗，可能一心急著發財，就在做販羊生意時使用了欺詐手段，結果被人識破，以「盜羊罪」綁赴公堂。當時的幽州節度使張守珪打算把他亂棍打死，安祿山就扯著嗓子大喊：「大人不是想消滅奚和契丹嗎？幹嘛打殺壯士？」張守珪見他身形魁梧，而且頗有幾分膽識，是塊當兵打仗的料，於是就放了他，並把他留在了自己麾下。

本來一隻腳已經踏進了鬼門關，沒想到一聲大喊卻徹底改變了人生。

安祿山從此鹹魚翻身、否極泰來，入伍之後屢立戰功，「行必克獲」，「以驍勇聞」（《舊唐書．安祿山傳》），深受張守珪賞識，很快被提拔為偏將，並被收為養子。

開元二十四年（七三六年），安祿山升任平盧討擊使，奉張守珪之命討伐奚和契丹，卻因輕敵冒進而大敗。張守珪念其驍勇，不忍誅殺，就把他執送東都，交給朝廷發落。當時玄宗和宰相都在洛陽，張九齡親自審問安祿山，「與語久之」，深感此人殊非善類，於是向玄宗奏稱：「祿山狼子野心，而有逆相，臣請因罪戮之，冀絕後患。」（《大唐新語》卷一）

張九齡不是神，他當然不可能預見十九年後的安史之亂，但是作為一個閱人無數的宰相，憑藉與安祿山的一番長談而看出他「外若癡直，內實狡黠」的秉性，倒也不是沒有可能。假如玄宗能夠採納張九齡之言，當時就把安祿山除掉，那麼後來的歷史就要被徹底改寫了。

只可惜玄宗沒有這麼做。他愛惜安祿山的「勇銳」，僅將其免官，而仍令其以「白衣」之身回軍中效命，戴罪立功。安祿山再一次死裡逃生。

透過這次挫折，他學乖了。他終於明白，光靠在戰場上拼殺是沒用的，即便拿命換來一官半職，一著不慎就會前功盡棄、滿盤皆輸。所以，要想出人頭地，就不僅要會打仗，更要會做人。

如何做人呢？答案很簡單：錢。

每個人都喜歡錢，那些有權的人更喜歡，所以只要你給有權的人送錢，他們自然就會喜歡你，而且樂於拿手中的權力和你交換。

從此，安祿山一邊拚命打仗，一邊不遺餘力地賄賂朝廷派來的每一個使臣，「厚賄往來者，乞為好言」，於是「人多譽之」，「玄宗益信向之」。（《舊唐書・安祿山傳》）開元二十八年（七四〇年），安祿山升任平盧兵馬使。次年，御史中丞張利貞為河北採訪使，赴平盧（營州）視察軍情，「祿山諂佞，善伺人情，曲事利貞，復以金帛遺其左右」。（《安祿山事蹟》卷上）張利貞回朝後，大說安祿山的好話，玄宗越發信任，旋即加授他營州都督、平盧軍使等職。

天寶元年（七四二年），安祿山升任平盧節度使。次年正月，他第一次到長安，入朝覲見玄宗，大表忠心，遂再次加封驃騎大將軍。天寶三載（七四四年），玄宗又讓安祿山兼任范陽節度使。當時，朝中的宰相李林甫、戶部尚書裴寬、禮部尚書席建侯都眾口一詞地盛讚安祿山。這三人是玄宗最倚重的朝臣，既然連他們都讚不絕口，玄宗對安祿山的寵信就更是不可動搖了。

天寶六載（七四七年），安祿山又以平盧、范陽節度使兼任御史大夫。隨著權勢和地位的提升，他入朝的次數越來越多，和玄宗的關係也顯得越來越親密。安祿山生性狡黠，加之應對敏捷、用語詼諧，時常把玄宗逗得開懷大笑。史稱當時的安祿山「體充肥，腹垂過膝，嘗自稱重三百斤」，玄宗便拿他開心，問：「此胡腹中何所有，其大乃爾？」

安祿山聞言，當即不假思索地說：「更無餘物，正有赤心耳！」（《資治通鑑》卷二一五）玄宗一聽，頓時龍顏大悅。還有一次，安祿山上殿覲見，當時太子也在場，可安祿山卻視若無睹，只拜皇帝，不拜太子。旁人提醒他，他卻裝作一臉茫然懂地說：「臣是胡人，不懂朝中禮儀，不知太子是何官？」玄宗笑著向他解釋：「這是儲君，朕千秋萬歲後，將代朕君臨天下。」安祿山似懂非懂地說：「臣愚鈍，向來唯知有陛下一人，不知道還有儲君。」說完，勉強下拜行禮。

其實誰都看得出來，安祿山這是在演戲。但是這齣戲卻沒人願意拆穿。因為安祿山不可能不知道太子何謂、儲君何謂，但他偏偏要裝傻充愣，目的就是要拐著彎兒向玄宗表達赤膽忠心。在場的人大多受過安祿山的好處，當然會幫他一起演戲。而對於玄宗來說，安祿山竟然為了討好他而不惜得罪未來的皇帝，這份忠心當然也是旁人莫及的。

安祿山認楊貴妃為義母後，每次入朝，都是先拜貴妃，再拜皇帝。玄宗不解，問他何故。安祿山恭恭敬敬地說：「我們胡人的習俗，都是先拜母親，後拜父親。」玄宗釋然，對安祿山又平添了幾分好感。

其實安祿山很清楚，玄宗把楊貴妃當成了心肝寶貝，所以討好她就等於討好皇帝，甚至比直接討好皇帝的效果更好。

天寶後期，安祿山權勢日隆，不僅身兼河東、范陽、平盧三鎮節度使及河北採訪使，而且受封上柱國、柳城郡開國公、東平郡王；此外，母親、祖母皆賜國夫人，十一個兒子都由玄宗賜名，可謂顯赫無匹、榮寵備至。

沒有人料到，此時的安祿山早已「包藏禍心，將生逆節」了。史稱他每次入朝，「常經龍尾道，未嘗不南北睥睨，久而方進，即凶逆之萌，常在心矣」。（《安祿山事蹟》卷上）

人的欲望是無止盡的，越是受到縱容就越是會加速膨脹。所以，當安祿山的權勢和地位逐漸接近人臣的極點時，他那顆碩大滾圓的肚子裡頭就再也裝不下什麼效忠李唐的「赤心」了，而是一顆竊奪天下的「狼子野心」。

天寶中後期，安祿山一直在暗中積蓄力量。他先後蓄養了奚、契丹、同羅等族壯士八千餘人，組建了自己的親兵衛隊；同時，又羅致了高尚、嚴莊、張通儒、孫孝哲、史思明等一大批精明強幹的文武將吏；此外，還積極畜養馬匹、貯藏兵器、囤積糧草，儲備各種軍需物資。

而他之所以遲遲沒有動手，一來是尚無合適的起兵藉口，二來也是憚於當朝宰相李林甫的權威。史稱：「祿山於公卿皆慢侮之，獨憚林甫，每見，雖盛冬，常汗沾衣」；「安祿山以李林甫狡猾逾己，故畏服之」。（《資治通鑑》卷二一六）因此，只要李林甫仍然當政，安祿山就不敢輕舉妄動。

天寶十一載（七五二年），把持帝國朝政達十九年之久的李林甫終於死了，安祿山大喜，立即加快了陰謀反叛的步伐。繼任宰相楊國忠擔心安祿山威脅自己的相位，卻又無力制約他，便屢屢向玄宗奏稱安祿山必反。但久已荒疏朝政的玄宗根本看不透安祿山包藏的禍心，所以始終不肯相信。次年冬，楊國忠向玄宗獻策，說要想試探安祿山是否有謀逆之心也很簡單，請陛下頒一道詔書召他入朝，臣料他必定不敢來。

可楊國忠萬萬沒有料到，安祿山居然來了！

天寶十三載（七五四年）正月，安祿山一接到詔書，立刻馬不停蹄地趕到華清宮覲見玄宗。楊國忠弄巧成拙，自己打了自己一個嘴巴。安祿山向玄宗哭訴說：「臣本胡人，受陛下寵任，擢居高位，為楊國忠所嫉妒，欲謀害臣，臣性命難保啊！」

玄宗大為憐惜，遂「賞賜巨萬，由是益親信祿山，國忠之言不能入矣」。（《資治通鑑》卷二一七）

安祿山擔心留在長安夜長夢多，不久便向玄宗辭歸，以日行三四百里的速度疾馳出關、直奔老巢。「祿山既至范陽，憂不自安，始決計稱兵向闕。」（《安祿山事蹟》卷中）

天寶十四載（七五五年）十一月，安祿山突然召集眾將，宣稱奉天子密詔，發兵入朝討楊國忠，旋即集合所部及同羅、奚、契丹等十五萬眾大舉南下，「步騎精銳，煙塵千里」。當時天下承平日久，「百姓累世不識兵革，猝聞范陽兵起，遠近震駭」。（《資治通鑑》卷二一七）

十一月十六日，當玄宗確定安祿山的反叛已經是鐵板釘釘的事實後，急召安西節度使封常清赴華清宮見駕，商討平叛戰略。封常清久鎮邊疆，素以驍勇善戰著稱，所以根本不把安祿山放在眼裡，當即拍著胸脯對玄宗說：「臣請求立即前往洛陽，開府庫，募驍勇，不日定將逆胡首級獻於闕下！」

玄宗甚感欣慰，遂於次日任命封常清為范陽、平盧節度使，讓他即日開赴洛陽，募兵禦敵。二十一日，玄宗匆匆返回長安，用大約十天時間完成了戰略部署：

河東（今屬山西）方面，以朔方右廂兵馬使、九原太守郭子儀為朔方節度使，右羽林大將軍王承業為太原尹，程千里為潞州（今山西長治市）長史，以「三點一線」的方式協同防禦，防備叛軍西進。

河南方面，一共設置三道防線：以衛尉卿張介然為河南節度使，領陳留（今河南開封市）等十三郡組建第一道防線；封常清在洛陽就地募兵六萬人，構成第二道防線；以右金吾大將軍高仙芝為副元帥（元帥由玄宗之子榮王李琬掛名），率五萬人鎮守陝郡（今河南三門峽市），作為第三道防線。

做完這一切，玄宗總算鬆了一口氣。

在他看來，這個防禦計畫還是比較周全的，就算不能在短時間內消滅叛軍，也足以挫其鋒芒，保證兩京無虞了。可是，玄宗錯了。

叛軍的戰鬥力要比他想像的強大得多，而朝廷將士的戰鬥力卻是出乎意料的脆弱。所以，這個看似嚴密的防禦計畫，很快就將被所向披靡的安祿山徹底粉碎。

十二月二日，安祿山大軍從靈昌渡口（今河南延津縣古黃河渡口）渡河南下，當天攻陷靈昌郡（今河南滑縣）。新任河南節度使張介然剛到陳留沒幾天，叛軍便已大兵壓境，他倉猝組織一萬人登城拒守，可士兵們毫無鬥志。五日，陳留太守郭納開門出降，叛軍蜂擁入城，張介然旋即被殺，第一道防線宣告瓦解。

十二月七日，玄宗下詔，宣布準備親征，命朔方、河西、隴右各節度使親率主力火速前來長安集結，限二十天之內抵達。

八日，安祿山揮師西進，迅速攻陷滎陽（今河南鄭州市），兵鋒直指東京洛陽。封常清率部進駐虎牢關，準備據險而守。可他招募的這六萬人都是未經訓練的新兵，與身經百戰的叛軍鐵騎交鋒，無異於以卵擊石。官軍一戰即潰，虎牢旋即失守。封常清收集餘眾邊打邊退，但是卻連戰連敗，最後連洛陽也被攻破，只好率殘部亡奔陝郡。第二道防線就此崩潰。

十二日，安祿山叛軍進入洛陽，大肆燒殺搶掠。封常清退至陝郡，向副元帥高仙芝奏報：「累日血戰，賊鋒不可當。且潼關無兵，若狂寇奔突，則京師危矣。宜棄此守，急保潼關。」（《舊唐書．高仙芝傳》）高仙芝素來信任封常清，此刻戰況又如此危急，遂採納他的建議，放棄陝郡，倉促退保潼關。

十六日，玄宗再次強調要御駕親征，並下詔由太子李亨監國，同時向宰相們透露了傳位之意。

楊國忠大為恐懼，退朝後對韓、虢二夫人說：「太子素惡吾家專橫久矣，若一旦得天下，吾與姊妹並命在旦暮矣！」（《資治通鑑》卷二一七）二夫人即刻入宮找楊貴妃，楊貴妃馬上去向玄宗請命，於是監國之議就此擱置，親征計畫亦隨即不了了之。

此時的玄宗已是七十一歲的老人，所謂的「親征」本來就是很不現實的事，說白了不過就是作作樣子、為前線將士打打氣而已，如今既然楊貴妃出面勸阻，玄宗當然就順坡下驢，再也不提親征之事了。

安祿山起兵不過月餘，便已佔領河北、河南的大部分土地，並輕而易舉地擊破兩道防線，毫不費力地拿下東京洛陽，如此局面不能不讓玄宗產生強烈的恐懼和憤怒。

接下來的日子，被惡劣情緒所左右的玄宗開始喪失理性，接連犯下不可饒恕的錯誤，致使戰況進一步惡化，並最終導致了西京長安的淪陷。

玄宗犯下的第一個錯誤是臨陣斬將，錯殺了高仙芝和封常清。

早在高仙芝東征之前，玄宗就派了宦官邊令誠去當監軍。可邊令誠不但不懂軍事，而且為人陰險貪鄙，幾次向高仙芝索求重賄不得滿足，因而懷恨在心。所以，當高仙芝採納封常清避敵鋒芒的戰略，主動棄守陝郡、退保潼關時，邊令誠便抓住這個把柄，入朝向玄宗打小報告，誇大封常清和高仙芝的戰敗責任，並聲稱：「常清以賊搖眾，仙芝棄陝地數百里，又盜減軍士糧賜。」（《資治通鑑》卷二一七）

封常清確實說過「賊鋒不可當」的話，可那是建立在「累日血戰」基礎上的正確判斷，並非畏敵怯戰、動搖軍心；而當時陝郡無險可守，潼關的防守又薄弱空虛，所以高、封二人棄守陝郡、退保潼關的戰略也不失為明智之舉；至於說高仙芝克扣軍餉，那純粹就是造謠污蔑了。

可玄宗卻聽信邊令誠的一面之辭，旋即下詔將高仙芝和封常清斬於軍中，並緊急起用正在家中養病的河西、隴右節度使哥舒翰，讓他取代高仙芝的副元帥之職，率八萬人進駐潼關。

河南戰場一敗塗地，但是河東、河北戰場此時卻出現了轉機。以郭子儀、李光弼為首的朔方軍屢屢擊破叛軍，大有自井陘口出太行山，直搗叛軍老巢范陽之勢；與此同時，顏杲卿、顏真卿（二人是堂兄弟）也在河北堅持抵抗，與河東的朔方軍遙相呼應，致使原本降於安祿山的十七個郡又重歸朝廷，使得安祿山在河北的實際控制區只剩下范陽、盧龍等六郡。

安祿山本欲親自領兵進攻潼關，但迫於河東、河北的兩線壓力，不得不回鎮洛陽。

天寶十五載（七五六年）正月，安祿山為了加強政治號召力，遂於洛陽稱帝，國號大燕，改元聖武，設立文武百官，正式與唐朝分庭抗禮。

自唐軍退入潼關，安祿山便命將領崔乾祐入據陝郡。哥舒翰接手潼關防務後，只一意加固工事，拒不出戰。崔乾祐被這座一夫當關、萬夫莫開的險關所阻，也只能乾瞪眼，「數月不能進」，與哥舒翰形成相持狀態。

此後，郭子儀和李光弼率部進入河北，屢屢擊敗燕軍驍將史思明，其中僅嘉山（今河北曲陽縣東北）一戰便斬敵四萬、俘敵千餘，並切斷了洛陽與范陽的聯繫。燕軍將士無不擔心老巢被佔，人人惶恐不已。此時的形勢對唐軍大為有利，連安祿山自己也發出了「北路已絕，諸軍四合，吾所有者僅汴、鄭數州而已」的哀歎，一度還想放棄洛陽，回保范陽。

在這種情況下，只要潼關不失，郭子儀揮師直搗范陽，燕軍軍心就會瞬間瓦解，洛陽的安祿山也必將陷入四面受敵、孤立無援之境。

然而，就在這個節骨眼上，玄宗犯下了第二個致命的錯誤——勒令哥舒翰出戰，導致潼關丟失。

當時，天下人都認為楊國忠恃寵擅權引發了叛亂，所以人人必欲誅之而後快。楊國忠眼見哥舒翰手握重兵，擔心他反戈一擊，遂頻頻慫恿玄宗，說崔乾祐兵力薄弱，應讓哥舒翰出關，主動進攻陝郡，趁勢收復洛陽。玄宗頗以為然，遂連連遣使強令哥舒翰出關決戰。哥舒翰萬般無奈，只好揮淚出關。

六月八日，哥舒翰的前軍在靈寶（今屬河南）西面遭遇崔乾祐伏擊，被打得丟盔卸甲，中軍和後軍望風而潰，爭相逃命，十八萬大軍頃刻間星流雲散，哥舒翰僅率百餘騎逃入關中。次日，崔乾祐乘勝攻克潼關，哥舒翰被俘，旋即投降安祿山。

潼關一失，整個戰局為之逆轉，關中門戶洞開，長安岌岌可危。

六月十三日凌晨，玄宗拋棄了繁華富庶的帝都，拋棄了他的萬千臣民，帶著楊貴妃、楊國忠、太子、宰相等少數人，在禁軍和宦官的簇擁下偷偷出城，向西逃往巴蜀。

數日後，燕軍兵不血刃地佔領長安，大肆屠殺劫掠。遠近各地官吏風聞皇帝流亡、西京淪陷，紛紛棄城而逃。至此，整個帝國到處是一片戰火紛飛、山河破碎的慘象，曾經的太平盛世灰飛煙滅，唐王朝陷入空前的危機之中……

三九、安史之亂（下）

西元七五六年陰曆七月初，大唐太子李亨歷經艱險，輾轉逃至靈武（今屬寧夏），數日後在隨行官員的勸請下即位（是為唐肅宗），遙尊遠在巴蜀的玄宗為太上皇，改元至德。

安祿山雖然佔領兩京、建立燕朝，當上了夢寐以求的皇帝，但是他骨子裡頭仍然是一個貪婪殘暴、胸無大志的武夫。他既沒有一統天下的胸懷，也缺乏治國安邦的才略，所以燕軍官兵所到之處，除了燒殺搶掠，就是暴力鎮壓，根本無法獲得百姓的擁戴，連起碼的社會秩序都建立不起來，更不用說要建立一個穩定的政權。

除此之外，燕朝統治集團內部也缺乏凝聚力，君臣之間相互猜忌，文武百官爭權奪利，大家都沒有長遠打算，只知道貪圖眼前利益。這樣一個純粹建立在暴力和陰謀基礎上的政權，可以說從它誕生的那一刻起，就已經注定了夭折的命運。

所以當肅宗即位不久，對謀臣李泌感歎敵人太過強大、不知天下何時可定之時，李泌就胸有成竹地告訴他：「臣觀虜所獲子女金帛，皆輸之范陽，此豈有雄據四海之志邪？……以臣料之，不過二年，天下無寇矣。」（《資治通鑑》卷二一九）

安祿山本來就患有眼疾，自起兵後症狀日趨嚴重，到後來甚至完全失明。此外，他身上又不知何故長出了多處惡瘡，病痛的折磨讓他的性情變得越發暴躁，導致他身邊的人動輒得咎，輕則鞭打，重則斬殺，人人恐懼莫名。被鞭撻次數最多的人當屬他身邊的宦官李豬兒，還有他寵信的中書侍郎嚴莊也未能倖免。

滿懷怨恨的嚴莊終於忍無可忍，開始策劃暗殺行動。嚴莊先是找了李豬兒，接著又聯絡安祿山的長子安慶緒。由於安祿山晚年寵幸妃子段氏和她生的幼子安慶恩，安慶緒擔心自己的繼承人地位被奪走，所以毫不猶豫地加入了嚴莊的計劃。至德二載（七五七年）正月，嚴莊、安慶緒、李豬兒聯手殺死了安祿山，然後安慶緒即皇帝位，嚴莊則獨攬朝政大權。

得到安祿山的死訊後，唐肅宗李亨決定發動全面反攻，收復兩京。至德二載（七五七年）二月，肅宗自靈武進駐鳳翔（今屬陝西）。旬日之間，隴右、河西、安西諸道兵馬紛紛集結於鳳翔。帝國反擊戰正式拉開序幕。

二月十一日，兵部尚書郭子儀自洛交（今陝西富縣）出兵攻取河東（今山西永濟市）。河東位於長安與洛陽之間，戰略地位十分突出。郭子儀收復此地，既扼住了燕軍的咽喉，又與長安西面的唐軍遙相呼應，從東、西兩側對長安燕軍形成腹背夾擊之勢。

四月，肅宗擢升郭子儀為司空兼天下兵馬副元帥，命其率部至鳳翔，準備集中兵力一舉克復長安。四月底，郭子儀部與王思禮部在咸陽西南的西渭橋會合，而後進駐潏水（渭水支流）西岸。燕將安守忠、李歸仁立刻率兵屯駐長安西郊的清渠。兩軍對峙七天七夜，唐軍始終未能前進一步。

五月初六，安守忠佯裝後撤，郭子儀命令全軍出擊。燕軍以九千精銳騎兵組成長蛇陣，待唐軍攻其腹部，首尾迅即變成兩翼，將唐軍合圍。此戰唐軍大敗，傷亡慘重。

經此一役，李亨與郭子儀皆深感唐軍的戰鬥力遠遠不及叛軍，不得不遣使求援於回紇。九月，回紇的葛勒可汗派遣其子葉護、將軍帝德率四千餘名回紇精兵抵達鳳翔。九月下旬，兵馬大元帥、廣平王李俶（李亨長子）與副元帥郭子儀率領十五萬大軍，在長安西郊的香積寺一帶，與安守忠、李歸仁的十萬燕軍展開決戰。

回紇的四千鐵騎果然在這個決定性戰役中發揮了關鍵作用。

在戰鬥進行到最激烈的當口，朔方左廂兵馬使僕固懷恩率回紇兵擊潰了燕軍的精銳騎兵。燕軍士氣大挫，被殲滅六萬餘人。安守忠、李歸仁與燕朝的西京留守張通儒等人率殘部棄城而逃，退守陝郡。郭子儀率部追至潼關，趁勝收復華陰（今陝西華縣）、弘農（今河南靈寶市北）二郡。

九月二十八日，長安光復。翌日，捷報傳回鳳翔，百官入朝恭賀。唐肅宗李亨淚流滿面，即日遣使至蜀地奉迎太上皇李隆基回鑾。

安慶緒驚聞長安失守，徵調了洛陽的所有兵力——步騎共計十五萬人，命嚴莊率領，火速增援陝郡。十月十五日，郭子儀在新店（今河南三門峽市西南）與燕軍展開遭遇戰。唐軍初戰不利，回紇騎兵旋即繞到燕軍背後攻擊，燕軍霎時崩潰，嚴莊和張通儒倉皇逃回洛陽。安慶緒知道大勢已去，遂與嚴莊等人連夜從洛陽逃往河北。途中嚴莊故意掉隊，投降了唐軍，隨後被肅宗任命為司農卿。

三天後，唐軍收復洛陽。

十月二十三日，唐肅宗李亨終於回到闊別了一年零四個月的長安。

這座飽受蹂躪的帝都終於回到了大唐帝國的懷抱。

十一月初四，太上皇李隆基也千里迢迢地回到長安。做了四十多年的天子，李隆基第一次發現，他眼中的大明宮是如此美麗而又如此滄桑。

安慶緒一口氣逃到鄴郡（今河南安陽市），身邊的騎兵剩下不到三百人、步兵不到一千人。可很快，蔡希德、田承嗣等將領紛紛來歸，安慶緒又招募了河北諸郡的人馬，兵力又迅速恢復到六萬人。

自從安祿山死後，鎮守范陽的史思明就知道庸懦的安慶緒不是唐軍的對手，到兩京相繼被唐軍收復，史思明更是下定決心叛離燕朝。

與此同時，安慶緒也料到史思明不會服他，遂命阿史那承慶和安守忠前去范陽徵調史思明的軍隊，並伺機除掉他。史思明深知來者不善，乾脆一不做二不休，把兩個使臣一塊綁了，隨即以下轄的十三個郡向唐肅宗奉上了降表。李亨大喜過望，馬上封史思明為歸義王，授范陽節度使，然後命他討伐安慶緒。

史思明雖然表面上投誠，但內心並未真正歸附。作為戰場上的老對手，李光弼很清楚，要不了多久，他還會再叛。所以李光弼向肅宗獻策：派一個史思明信得過的人代表朝廷前往范陽宣慰，藉機做掉史思明。

乾元元年（七五八年）六月，肅宗派遣烏承恩前往范陽，準備按李光弼的計劃行動。不料，烏承恩行事不祕，被史思明識破，旋即被殺，史思明遂再次揭起反旗。

九月，肅宗決定向安慶緒發起總攻，命郭子儀、李光弼、王思禮等九大節度使，共集結步騎兵二十餘萬人，向鄴城大舉進發。可令人費解的是，肅宗並沒有為這二十多萬大軍設置一個元帥，而是設置了一個所謂的「觀軍容宣慰處置使」，由宦官魚朝恩擔任。這個職務就是實際上的統帥。

之所以讓宦官擔任如此重要的職務，是因為李亨擔心——一旦把兵權交給大將，難保不會出現第二個安祿山！可是，讓一個久居深宮、缺乏軍事經驗的宦官去統率身經百戰的九大節度使，這場仗能打得贏嗎？

答案是可想而知的。從乾元元年十月到次年二月，耗時將近半年，數十萬大軍把安慶緒團團圍困在小小的鄴城，卻始終拿不下這塊彈丸之地。安慶緒一邊苦苦堅守，一邊向史思明發出了十萬火急的求援信。史思明接到信後，親率十三萬大軍南下，但是到了魏州（今河北大名縣）就按兵不動了。

他想坐山觀虎鬥，等雙方兩敗俱傷之後再出手。

到了乾元二年（七五九年）二月，冷眼旁觀的史思明對戰場形勢已經洞若觀火。他發現：唐軍的兵力雖然龐大，卻是一群號令不一、進退無據的烏合之眾，因為他們的統帥是一個宦官——一個愚蠢而外行的軍事盲！

史思明率軍隊進至鄴城五十里處紮營，然後派出游擊兵日以繼夜地騷擾唐軍，同時襲擊唐軍的運糧隊。唐軍糧草不繼，軍心大為渙散。史思明遂於這一年三月親率五萬精銳與唐軍決戰。兩軍剛一交戰，突然間天昏地暗、飛沙走石。數十萬唐軍本來就番號錯雜、軍令不一，此刻更是陷入了大混亂狀態。很快，大混亂又演變成了大潰逃……

最後，這場聲勢浩大的「鄴城會戰」以數十萬唐軍的慘敗告終。

史思明打敗唐軍後，馬上就殺了安慶緒，然後回范陽自立為大燕皇帝，改元順天，改范陽為燕京。

乾元二年（七五九年）九月，史思明命少子史朝清鎮守范陽，自己親率大舉南征，兵不血刃地佔領了洛陽，然後進圍李光弼駐守的河陽（今河南孟州市）。

史思明來勢洶洶、志在必得，希望速戰速決。

李光弼卻氣定神閒、堅壁清野，一心要跟他打持久戰。

史思明就這樣被李光弼耗住了，這一耗整整耗了一年零四個月。他發動了無數次進攻，卻被李光弼一一擊退，從而被牢牢牽制在中原戰場上，根本無暇西取長安。

上元二年（七六一年）正月，魚朝恩貪功邀寵，頻頻向肅宗進言，說李光弼一味死守是懦弱無能的表現，應該主動出擊，奪回洛陽。肅宗禁不住他的一再慫恿，犯下了跟當年的玄宗一模一樣的錯誤，命令李光弼出擊。

二月下旬，李光弼不得不在洛陽城外的邙山與史思明會戰，結果唐軍大敗，李光弼只好渡過黃河，退至聞喜（今屬山西）。

邙山大捷後，史思明乘勝西進，命長子史朝義為前鋒，從北路進攻陝州（今河南三門峽市）。史朝義屢次進攻，都被陝城的唐軍擊敗。史思明只好命大軍退駐永寧（今河南洛寧縣北）休整。他寵愛少子史朝清，所以本來就想找機會殺了史朝義，立史朝清為太子。此時又見史朝義兵敗，遂恨鐵不成鋼地對左右說：「這小子怯懦無能，終不能幫我成就大事，等攻克陝州，就把他的頭砍了！」

史朝義大為惶恐，於是與手下大將合謀，縊殺了史思明，回師洛陽即位為帝。隨後，史朝義又派人回范陽，誅殺了史朝清和他母親辛氏。

寶應元年（七六二年），太上皇李隆基和肅宗李亨相繼病逝，太子李豫即位，是為唐代宗。

史朝義儘管篡了燕朝皇位，但史思明手下的那幫大將基本上都不買他的帳，表面上雖然隸屬於燕朝，實際上卻擁兵割地，各自為政。

這一年十月，代宗任命雍王李適（代宗長子）為天下兵馬大元帥，以朔方節度使僕固懷恩為副元帥，聯合回紇騎兵及各道節度使於陝州集結；同時命潞澤節度使李抱玉自潞州（今山西長治市）南下，副元帥李光弼自經陳留（今河南開封東南）西進，三路大軍從三個不同方向圍攻洛陽。

十月三十日，唐回聯軍向洛陽郊外的燕軍發起進攻，迅速將其擊潰，史朝義率領全部精銳十萬人出城增援。一番鏖戰之後，燕軍不支，節節潰退，唐軍一路追擊，共斬首六萬餘級、俘虜兩萬人。史朝義見大勢已去，只好放棄洛陽，帶著家眷和幾百名輕騎兵向東而逃。僕固懷恩旋即攻佔洛陽與河陽，命他的兒子僕固瑒率一萬多人窮追猛打。史朝義向東逃竄，到了汴州（今河南開封），他屬下的陳留節度使張獻誠卻緊閉城門，拒絕收容。史朝義萬般無奈，只好亡奔濮州（今山東鄄城縣）。

十一月，史朝義從濮州渡過黃河逃往河北，一路疲於奔命、節節敗逃，而背後緊追不捨的唐軍則連戰連捷、一路奏凱。年底，史朝義逃到莫州（今河北任丘市莫州鎮），唐軍五路兵馬將史朝義團團圍困。

廣德元年（七六三年）正月，史朝義屢次出城迎戰，皆被擊敗，部將田承嗣勸史朝義突圍前往幽州徵調軍隊，由他堅守莫州，以待援兵。史朝義遂挑選五千精騎從北門突圍而去。可他絕對沒有想到，他一出城，田承嗣就在城頭上豎起了降旗。

僕固瑒拿下莫州後，又率領三萬人馬繼續向北追擊。

史朝義逃到范陽縣（今河北涿州市）時才知道，他永遠也到不了幽州城了。因為他親自任命的范陽尹、燕京留守李懷仙已經於數日前向唐廷遞交了降表。

前無去路，後有追兵。絕望的史朝義帶著最後的百餘胡騎東奔廣陽（今北京西南良鄉鎮），廣陽城門依舊緊閉。史朝義一撥馬頭，決定向北投奔契丹。走到溫泉柵（今河北遷安縣境）時，史朝義走不動了。因為一支軍隊堵住了他的去路。

那是李懷仙的軍隊。

史朝義走投無路，最後在樹林中自縊身亡。至此，歷時八年的安史之亂終於畫上了句號。

安史之亂是一場空前的大浩劫，把大唐從盛世的巔峰一下子推進了戰亂的深淵。

究竟是什麼導致了這場叛亂？

追根溯源，最主要的原因在於中央與地方的權力失衡。

自從大唐開國以來，邊帥一般都是由正直忠誠、聲望卓著的文臣出任，在邊疆建立軍功後再入朝為相，而很多少數民族將領（如阿史那社爾、契苾何力等人）無論軍功再高，都必須接受朝中大臣的節制。玄宗時期的權相李林甫為了鞏固相位，卻促使玄宗一改以文臣為邊帥的慣例，一律任用胡人為邊鎮節度使。如此一來，李林甫固然成功堵死了其他大臣「出將入相」的渠道，可同時卻導致了以胡人為主的藩鎮勢力迅速坐大的惡果。

除了以文臣為邊帥的慣例外，唐朝中央還有三條不成文的規定在制約邊帥，那就是：不得長久任職，不得遙領遠地，不得兼統他鎮。有了這三條「繩索」，朝廷就能把兵權牢牢把握在中央手中，無須擔心邊鎮尾大不掉。然而，從開元中期開始，由於國力日益強盛，玄宗油然而生「吞四夷之志」，於是不自覺地為邊帥鬆了綁：有許多邊鎮節度使在一地的任職都長達十年以上；同時，很多人開始遙領遠地，皇子中如慶王、忠王等人，宰相中如蕭嵩、牛仙客、楊國忠等人；此外，許多節度使也都兼統他鎮，如蓋嘉運、王忠嗣、安祿山等人。

節度使起初僅有兵權，但是到了天寶年間，玄宗又讓許多節度使兼領安撫使、採訪使、度支使等，致使這些人一人身兼地方的軍事、行政、財賦大權，儼然成了一方的土皇帝……如此放任授權，藩鎮豈有不坐大之理？帝國豈能不出現強枝弱幹之局？安史之亂又怎麼可能不爆發?!

猖獗一時的安史之亂雖然最終得以平定，但是安祿山父子和史思明父子聯手締造的這場叛亂，卻像是一把刀，把二百八十九年的唐朝歷史遽然腰斬、一劈兩斷。

前半截叫盛唐——一百三十餘年繁榮強大如日中天的盛唐。

後半截叫亂世——一百五十餘年藩鎮割據兵連禍結的亂世。

雖然李唐並未在他們手上終結，但是大唐帝國卻在此後整整一個半世紀的時間裡陷入了無盡的紛爭和戰亂之中，各地藩鎮紛紛割地自專，在法令、賦稅、官職任免等各方面都拒絕聽從中央，動輒與朝廷兵戈相見；而且，各藩鎮內部的權力結構也極其不穩定，士卒殺部將、部將殺主帥、主帥殺節度使，層層太阿倒持，遍地驕兵悍將……

尤其是由安祿山首開叛亂的河北諸鎮，在此後的一百五十年裡，始終強勢割據，長期脫離中央，幾成化外之邦。迄於五代、直至兩宋，隨著契丹與女真的相繼崛起，燕雲十六州數百年間淪於異族之手，帝國的東北門戶始終洞開，致使宋朝始終背負著這個巨大的歷史創傷……

所有這一切，追根溯源，皆肇始於安史之亂。

從這個意義上說，安史之亂不僅深刻改變了唐朝歷史，也極大地影響了此後數百年的中國歷史。

四〇、唐代宗：帝國裂變

唐代宗李豫即位的第二年，史朝義敗亡，歷時八年的安史之亂宣告終結，天下百姓歡呼雀躍，代宗李豫也充滿了激動、欣慰和喜悅。

然而，此刻的代宗並不知道，叛亂的終結並不意味著和平的到來。

換句話說，安史之亂既是大唐盛世的終點，也是一個大裂變時代的起點。

具體而言，此時的大唐帝國至少面臨四個方面的危機：一，宦官擅權亂政、一手遮天，嚴重威脅皇權；二，吐蕃趁中原戰亂之機侵佔了唐朝邊境的大片國土，對長安形成了強大的威脅；三，平叛功臣居功自傲，一方面互相傾軋，一方面又與代宗相互猜忌，君臣關係日益緊張，隨時可能引發新的叛亂；四，河北諸藩（安祿山、史思明的老巢）表面歸降，實則擁兵割地，一切自專，名為藩鎮，實同敵國。

代宗在位的十七年，就是與這四大危機輪番作鬥爭的十七年。

他為之殫精竭慮、焦頭爛額，可最終還是無法讓大唐帝國重現往日的輝煌……

代宗即位之初，首先對付的是權勢薰天的宦官李輔國。

李輔國是當年擁立肅宗即位的主要功臣之一，長安光復後，肅宗為了報答他的擁立之功，就封他為成國公，讓他專掌禁兵，並且授予他「關白、承旨」的大權。所謂「關白」，就是宰相和百官在朝會之外所上的章奏，都要先經過他批閱中轉；而所謂「承旨」，就是肅宗所頒布的各種旨意和詔命，一律要透過他轉發下達。

掌握了禁軍和中樞大權，李輔國便公然凌駕於文武百官之上了。朝臣們都尊稱他為「五郎」，連宰相李揆也對他執弟子禮，恭稱他為「五父」。

後來，李輔國又兼任了兵部尚書，繼而得寸進尺，又提出要當宰相。肅宗李亨當面不敢拒絕，只能私下授意宰相蕭華出面反對。李輔國遭到阻撓，沒能得逞，遂對蕭華恨之入骨，不久便迫使肅宗罷免了蕭華的宰相之職，讓心腹元載以戶部侍郎銜入相。

肅宗病危期間，李輔國與頗有干政野心的張皇后展開了明爭暗鬥。張皇后試圖拉攏太子李豫共同對付李輔國，遭到李豫婉拒。張皇后又找到越王李系，準備與他聯手誅殺李輔國。不料，李輔國卻先下手為強，與手下宦官程元振率領禁軍，先是以保護的名義軟禁了太子李豫，繼而逮捕了張皇后、李系及一干黨羽。肅宗駕崩後，李輔國旋即誅殺張皇后等人，最後擁立李豫即位。

先後擁立了兩任天子，李輔國越發驕狂。代宗剛登基不久，李輔國就用一種指點江山的口吻對他說：「大家（當時對皇帝的俗稱）但居禁中，外事聽老奴處分！」（《資治通鑑》卷二二二）

面對這樣一個囂張跋扈、不可一世的權宦，代宗當然不會無所作為、任其擺布。只不過李輔國握有禁軍兵權，且有擁立之功，所以代宗只好先裝出一副唯唯諾諾之狀，不敢直呼其名，而是恭稱他為「尚父」，而且事無巨細，一律先徵求尚父的意見。不久，代宗又拜李輔國為司空兼中書令。

然而，在麻痺李輔國的同時，代宗一直在尋找自己的政治同盟。很快，代宗就把李輔國的心腹宦官程元振暗中籠絡了過來，並且取得了大多數禁軍將領的支持。

寶應元年（七六二年）六月，亦即代宗即位的兩個月後，他突然下詔解除了李輔國的兵權，並將他遷居宮外，同時讓程元振取而代之。同年十月的某個深夜，李輔國突然在家中遇刺，頸上頭顱和一隻手臂竟然不翼而飛。代宗下令追查兇手，但始終一無所獲，最後不了了之。時人紛紛猜測，說這起無頭公案的幕後主使其實是程元振，甚至有人猜測就是代宗本人。

不管李輔國是怎麼死的，反正這個飛揚跋扈的一代權宦總算是完蛋了。

但令人遺憾的是，與此同時，新一代權宦程元振卻又站在了世人面前。

而且沒有人會料到，這個程元振馬上就將給大唐帶來一場新的災難……

自從安祿山起兵後，唐廷便將西北的精兵悉數調往中原戰場平叛，導致河西、隴右等邊境守備空虛，吐蕃和黨項乘虛而入，西北數十州相繼淪陷。數年之間，河西、隴右盡落敵手，自鳳翔以西皆非唐有。

廣德元年（七六三年）十月，吐蕃再次集結重兵向唐朝發起大規模進攻。邊境守將頻頻告急，可其時正得寵擅權的程元振卻置若罔聞，只將其視為一般性的襲擾，把戰報一併壓下，既不上奏天子，也不發兵禦敵。吐蕃軍隊遂長驅直入，兵鋒直指奉天（今陝西乾縣）和武功（今陝西武功縣西）。直到吐蕃人到了眼皮底下，代宗和文武百官才驚聞敵人入寇的消息。一時京師震恐，代宗急命長子雍王李適為關內元帥，緊急起用郭子儀為副元帥，命其火速進駐咸陽組織防禦。

郭子儀自從「鄴城會戰」失利、替魚朝恩作了替罪羊後，便被朝廷晾在了一邊，此時雖然給了他副元帥的頭銜，可他手下沒有一兵一卒，倉促之間也根本募集不到士兵，所以完全無法阻擋吐蕃的二十多萬大軍。

十月初七，吐蕃大軍渡過西渭橋，兵臨長安城下。

警報傳來，代宗倉皇逃奔陝州（今河南三門峽市）。一時京師大亂，滿朝文武各自逃命，禁衛六軍頃刻潰散。吐蕃人兵不血刃地占領了長安，燒殺擄掠之餘，還導演了一幕鬧劇：擁立廣武王李承宏為皇帝，而後又改年號、又封宰相、又設百官，忙了個不亦樂乎。

十月末，郭子儀重新集結潰逃的散兵，同時徵調武關（今陝西商縣西北）的衛戍部隊，準備對吐蕃發起反攻。

吐蕃人風聞郭子儀集結大軍正向長安殺來，頓時有些驚駭，加之長安的美女財寶也已洗劫一空，於是匆匆帶上戰利品呼嘯而去。

敵人雖然退了，長安也收復了，但這無疑是一場令人難以容忍的奇恥大辱。

帝國為什麼會落到這步田地？

太常博士柳伉幫代宗算了一筆帳。他說：「犬戎進犯，兵不血刃而入京師，士卒無一人力戰，此將帥叛陛下也；長期寵幸宦官，終究釀成大禍，群臣無人敢言，此公卿叛陛下也；陛下方離京師，百姓公然搶奪府庫，自相砍殺，此京畿民眾叛陛下也；陛下自十月初一下詔各道兵馬勤王，盡四十日，無一輛戰車入關，此四方叛陛下也。既然內外皆叛，那麼請問陛下，今日之勢，是安是危？」

柳伉得出的結論是：要想剷除禍亂之源、保全宗廟社稷，就必須砍掉一個人的腦袋。

這個人就是程元振。

柳伉還說，要把宦官們手中的職權收回，把神策軍的兵權交給大臣；此外，皇帝還要下詔罪己，宣布從此改過自新。最後，柳伉跟皇帝打賭：「倘若如此，而兵仍不至、人仍不感、天下仍不服，請將臣全家老小碎屍萬段，以謝陛下！」

代宗深知柳伉所奏句句忠言，但因程元振誅李輔國有功，不忍殺他，只削除了他的官爵，將其遣回原籍。

十二月，代宗回到長安。還沒等他緩過神來，一場新的叛亂就爆發了。

廣德二年（七六四年）正月，早就和朝廷貌合神離的僕固懷恩在河東拉起了反旗……

僕固懷恩是鐵勒九部中的僕骨人，祖輩於貞觀末年降唐，世襲金微都督之職。天寶年間，僕固懷恩歷事節度使王忠嗣、安思順，史稱其「善格鬥，達諸蕃情，有統禦材」，因而屢受重用。安史之亂爆發後，僕固懷恩追隨郭子儀轉戰四方，立下了赫赫戰功，其後又出面向回紇借兵，使之在收復兩京的戰役中發揮了巨大作用。安史之亂後期，僕固懷恩、僕固瑒父子又與回紇聯兵，一舉消滅了史朝義，徹底平定了安史之亂。

在這場長達八年的平叛戰爭中，僕固懷恩率領整個家族出生入死、浴血疆場，「一門之內死王事者四十六人」，「兄弟死於陣敵，子侄沒於軍前，九族之親，十不存一，縱有在者，瘡痍遍身」。（《舊唐書．僕固懷恩傳》）誠可謂一門忠烈、厥功甚偉。論及對平叛的貢獻，僕固懷恩完全可以和郭子儀、李光弼相提並論。

正因為他功勳卓著，所以肅宗、代宗不斷授予要職。到了戰後，僕固懷恩已一人身兼朔方節度使、河北副元帥、單于鎮北大都護、左僕射、中書令、太子少師等多職，並封食邑一千戶；其子僕固瑒也官居御史大夫、朔方行營節度，與另一子皆封食邑五百戶。

平心而論，僕固懷恩所獲得的官爵和榮寵與他的貢獻是成正比的，李唐朝廷並沒有虧待他，而僕固懷恩本人對此應該也是比較滿意的。既然如此，他為何又要反叛呢？

原因就在於，僕固懷恩身上有一個毛病——器度淺狹。

器度淺狹的人一旦有了功勞，而且是天大的功勞，就必然會居功自傲。而對於一個功高權重、本來就容易招惹是非的人來說，量小和驕傲絕對是兩大致命的弱點。

最先招惹僕固懷恩的，是同為平叛功臣的河東節度使辛雲京。

辛雲京很早就在嫉妒僕固懷恩了，因為他覺得這個胡人躥得實在太快，幾年前還只是郭子儀手下一個小小的兵馬使，沒想到這麼快就成了朝廷的「棟樑人物」，辛雲京大為眼紅。

也許正是居於這樣的情緒，所以辛雲京多次對僕固懷恩公然採取不合作態度。當初，僕固懷恩去回紇搬救兵經過太原，辛雲京就讓他們吃了閉門羹，既不讓他們進城，也不出城接待；平定叛亂後，僕固懷恩送回紇出塞再次經過，辛雲京依舊城門緊閉、如臨大敵，讓僕固懷恩丟盡了面子。僕固懷恩一氣之下，遞上表文向朝廷告狀；辛雲京也毫不示弱，反咬一口說僕固懷恩謀反。

僕固懷恩大怒，要求天子殺了辛雲京。

天子李豫趕緊下詔，把兩個人都褒揚了一番，然後勸他們和好。

代宗的「和稀泥」詔書一下，僕固懷恩頓時一跳三丈高。他自認為功勞天下第一，可一個小小的河東節度使辛雲京不但絲毫不把他放在眼裡，而且還信口雌黃、肆意誣陷，而天子居然在這種情況下和起了稀泥，這意味著什麼？

這難道不意味著，天子是想藉辛雲京牽制自己嗎？

這難道不意味著，兔死狗烹的大戲已經無聲地開鑼了嗎？

僕固懷恩忍無可忍，立刻給天子上了一道滿腹冤屈的奏書：「臣靜而思之，自己有六大罪過：當初同羅部落叛亂，臣為先帝掃平河曲（今山西西北部），此罪一；臣之子僕固玢，為同羅所俘，伺機逃回，臣將其斬首，藉以激勵部眾，此罪二；臣有女兒，遠嫁外夷，為國和親，蕩平寇敵，此罪三；臣與子僕固瑒不顧死亡，為國效命，此罪四；河北新附，節度使皆握強兵，臣竭力安撫，消除其之疑懼，此罪五；臣說服回紇，使赴急難，天下既平，送之歸國，此罪六。臣既有此六大罪過，合當萬死！縱然含恨九泉、銜冤千古，也沒什麼好抱怨的……古人說：『高鳥盡，良弓藏』，信非虛言！」

僕固懷恩歷數自己的「六大罪」，其實就是在顯擺自己的「六大功」。代宗李豫看著這道怨氣沖天的奏書，心裡頭老大不痛快。

是，你僕固懷恩是有功！可該給你的，朕不是全給你了嗎？你如今功蓋天下、榮寵備至，遭人眼紅實在是情理中事。他辛雲京的肚量固然是小了些，可無非也就發發牢騷、造造謠而已，又沒什麼真憑實據，還能拿你怎樣？你何須如此老虎屁股摸不得，非要朕殺了他不可？再怎麼說他也是一個堂堂的節度使、一個跟你一樣的有功之臣，豈能讓你說殺就殺？朕要是依了你，豈不是讓天下人心寒？再說了，你對「造反」一說反應如此強烈，豈不是恰好證明你心裡有鬼？瞧瞧你這話怎麼說的——「高鳥盡，良弓藏，信非虛言！」你這話什麼意思？這不是此地無銀三百兩嗎？

一道奏書看完，代宗李豫對僕固懷恩的倚重和信任之情就全部轉化成了懷疑和警惕。他隨即命宰相裴遵慶前去宣慰僕固懷恩，同時要他入朝面聖。

僕固懷恩當然不肯入朝。他覺得在這種情況下，天子讓他入朝的目的肯定就是褫奪他的兵權，甚至會取他的性命。於是僕固懷恩一怒之下，索性反了，命其子僕固瑒攻打太原。

代宗接到戰報，立刻任命郭子儀為朔方節度大使、河中節度使和關內、河東副元帥，命他率部進剿僕固懷恩父子。

僕固瑒攻打太原被辛雲京擊敗，轉而圍攻榆次（今屬山西），可連續半個月打不下來，憤而暴打軍中的漢人士兵，旋即被漢人部將焦暉等人刺殺。僕固懷恩聞訊，倉皇逃往朔方，不久便糾集朔方、回紇、吐蕃聯軍共計十萬人捲土重來。郭子儀出兵抵禦，將其擊退。

永泰元年（七六五年）九月，僕固懷恩再度糾集回紇、吐蕃、吐谷渾、黨項等數十萬大軍，兵分三路大舉入侵。

可僕固懷恩時運不濟。就在多國聯軍一路向長安急進的中途，他忽得暴病，被轉移到後方，隨後死於鳴沙（今寧夏中寧縣）。

僕固懷恩一死，多國聯軍頓時失去聯結的紐帶，開始各自行動，並相互戒備。郭子儀意識到這是一個將對手分化瓦解的機會，隨即單人獨騎直闖回紇大營，對回紇首領藥葛羅說：「你們回紇有大功於唐，唐朝待你們亦不薄，為何背棄盟約大舉來侵？我隻身而來，你們要殺便殺，但是我的部下必與你們死戰！」

藥葛羅一臉尷尬地說：「懷恩欺騙我們，說天可汗已經駕崩，說您也已去世，中國無主，我們才敢前來。而今既知天可汗在上都，令公又在此統領大軍，懷恩又為天所殺，我等豈能與令公開戰！」

最後，唐回雙方握手言和、把盞盟誓，一場迫在眉睫的大戰就這樣煙消雲散。

吐蕃人得到唐回結盟的消息，連夜撤兵回國。唐回聯軍合力追擊，在靈台（今屬甘肅）西郊大破吐蕃軍隊，斬殺萬餘人，並救回被擄掠的男女四千餘人。

郭子儀「單騎盟回紇」的一幕，成了中國戰爭史上「不戰而屈人之兵」的經典戰例。

作為安史之亂的餘波，僕固懷恩叛亂旋起旋滅，並未掀起太大的波瀾，但是終代宗之世，天下卻始終處於動盪不安的狀態，整個帝國內憂外患，幾無寧日。

比如大曆三年（七六八年）六月，幽州兵馬使朱希彩擅殺幽州、盧龍節度使李懷仙，自立為「留後」（相當於準節度使），朝廷無力討伐，只好默認，並於當年十一月被迫任命朱希彩為幽州節度使。從此，河北諸鎮弒上奪權、自立自代之風大開。天子和朝廷面對這一切，除了裝聾作啞、一概默認之外，實在是一點辦法也沒有。

大曆七年（七七二年），幽州節度使朱希彩又被其部眾所殺，經略副使朱泚自立為留後，朝廷也麻木了，照例追認朱泚為幽州、盧龍節度使。幾年後，朱泚入朝任職，又以其弟朱滔為幽州、盧龍留後。

大曆八年（七七三年），河北四鎮中據地最廣、擁兵最多的魏博節度使田承嗣竟公然為安祿山父子和史思明父子建立祠堂，尊為「四聖」，同時要挾朝廷任他為宰相。朝廷又驚又怒，只好答應他的條件，然後才勸其搗毀那個大逆不道的四聖祠堂。

朝廷對河北諸藩一再優容的結果，就是令其越發驕縱、日益坐大。諸藩表面上隸屬於中央，實則在行政、財稅、軍事等方面一切自專。代宗李豫除了利用他們之間的矛盾使其相互制衡、盡量遏止其公然反叛之外，實在別無良策。

在地方上是這樣一個藩鎮割據、頻頻叛亂的局面，而在朝中則是權宦與弄臣相繼用事。比如當年的權宦程元振被放逐之後，魚朝恩就代之而起，日益驕縱，凡是朝廷政事有不提前知會他的，必瘋狂叫囂：「天下事有不由我者也？」一個奴才竟敢騎在天子頭上屙屎屙尿！代宗李豫忍無可忍，遂與宰相元載聯手誅除了魚朝恩，但是沒過多久，自詡除惡有功的宰相元載又復坐大，從此結黨營私、賣官鬻爵，致使朝廷賄賂公行、中樞政治一團糜爛。大曆十二年（七七七年），代宗李豫下決心整肅，才下詔賜死了元載。

除了藩鎮割據和中樞混亂之外，在整個大曆年間，窮凶極惡的吐蕃人也幾乎從未停止過對唐朝的侵擾。每次吐蕃大舉入寇，全賴三朝元勳郭子儀和勇將渾瑊等人力戰卻敵，才勉強維繫了岌岌可危的帝國邊防。

陪伴著這個內憂外患的大唐帝國步履蹣跚地走過十七度春秋後，心力交瘁的代宗李豫終於在大曆十四年（七七九年）五月病倒了。

在病榻上懷想著開元盛世的繁華與榮光，李豫的心中充滿了無奈與悲涼。他微語喃喃、向天祈禱，企盼大唐帝國從此遠離血火與刀兵的劫難，企盼李唐社稷能夠在未來的歲月裡福澤綿長、帝祚永昌……

然而李豫並不知道，他企盼的一切永遠不可能出現了。因為大唐天穹早已無聲地開裂，從裂縫中噴湧而出的，將是長達一百多年的流血、殺戮、黑暗、紛爭和死亡……

四一、唐德宗：失落的長安

大曆十四年（七七九年）五月，代宗長子李適即位，是為唐德宗。

李適是帶著澄清宇內的雄心壯志登上皇帝寶座的。回首大唐帝國這幾十年來的政治亂象，李適每每心潮難平，尤其是肅、代兩朝長久以來對河北諸鎮的妥協和縱容，更是讓李適憤懣難當。所以剛一登基，李適就對河北諸鎮擺出了一副強硬姿態，一意要結束藩鎮割據的局面，決心把恩威刑賞、生殺予奪的大權收歸朝廷，讓帝國重新回到中央集權的軌道上來。

建中二年（七八一年）正月，成德節度使李寶臣卒，其子李唯岳自立為留後，並要求朝廷任他為節度使。

德宗冷笑著回了兩個字——不准。

天子的強硬態度讓河北諸藩大為驚愕。自安史之亂以來，河北諸道的節度使任免事實上一直採取「世襲」方式，而朝廷始終睜一眼閉一眼，早已默認了他們的這項特權。可現在德宗卻一反常態，一口回絕了李唯岳的要求，這意味著什麼呢？

河北諸藩不約而同地意識到，德宗很可能是想從李唯岳身上開刀，目的是剝奪他們世襲的特權。為了維護他們的共同利益，同時也為了試探德宗，魏博節度使田悅等人屢屢上表替李唯岳說情，可德宗態度非常堅決，還是駁回了他們的請求。

眼見德宗態度堅決，河北諸藩緊急磋商，決定先下手為強。

建中二年五月，成德、魏博、淄青、山南東道四鎮聯合發動叛亂，德宗急命淮西節度使李希烈、河東節度使馬燧、神策軍兵馬使李晟、幽州節度使朱滔等人出兵平叛。戰爭打響後，朝廷軍節節勝利，李希烈最先平定了山南東道，緊接著朝廷軍又在徐州大破淄青和魏博的軍隊。然後在建中三年（西元七八二年）正月，馬燧和李晟又大敗田悅軍，斬敵二萬餘級，俘虜三千多人，至閏正月下旬，李唯岳又被麾下將領王武俊刺殺，首級旋即傳送京師。至此，黃河以北大致平定，只剩下魏博的田悅、淄青的李納還在負隅頑抗，德宗朝廷基本上已經穩操勝券。

然而，由於朱滔和王武俊不滿於德宗對地盤的劃分，隨即掉過頭來與魏博、淄青聯兵，重新與朝廷對抗。形勢頓時逆轉，德宗緊急徵調朔方節度使李懷光開赴前線支援馬燧。

建中三年六月底，李懷光因貪功冒進，在愜山（河北大名縣北）遭遇慘敗，叛軍聲勢重振。當年十一月，叛亂諸藩全部稱王：朱滔自稱冀王、田悅自稱魏王、王武俊自稱趙王、李納自稱齊王。大唐帝國彷彿在一夜之間進入了戰國時代。

諸藩設壇祭天，共推朱滔為盟主。朱滔自稱「孤」，田悅、王武俊、李納自稱「寡人」；他們居處的廳堂改稱「殿」，他們的政務公文改稱「令」，所有的屬下上書稱為「箋」；他們的妻子稱「妃」，他們的長子稱「世子」；以他們所統治的各州為府，設立留守兼元帥；設立東西曹，視同中書、門下省，設置左右內史，視同侍中、中書令；其餘各級官員的設置一律仿照中央政府，只是名稱略有差異。

消息傳來，德宗李適怒不可遏。十二月底，更讓人意想不到的消息接踵而至——淮西節度使李希烈在河北諸藩的勸進下，也拉起反旗，自稱天下都元帥、建興王。

德宗萬萬沒有料到，這場志在削藩的戰爭非但沒有達成預期的目的，到頭來反而催生了一大幫分疆裂土的草頭王。

建中四年（七八三年）正月，德宗命哥舒翰之子、左龍武大將軍哥舒曜會同各道征討李希烈，但隨後卻被李希烈圍困在襄城（今屬河南）。後來的幾個月裡，雙方進入了相持階段，朝廷軍在河南、河北兩個戰場上都沒能取得任何進展，整個戰局一片混沌。

日漸陷入泥潭的戰爭首先帶來的就是龐大的軍費開支。其時，河東、澤路、河陽、朔方四軍長期駐紮在魏縣（今河北大名縣西南）與河北諸鎮相持，而神策軍及永平、宣武、淮南、浙西乃至劍南、嶺南的十餘鎮軍隊，皆環繞在淮寧戰區周圍與李希烈相持，這些軍隊的日常糧餉和後勤補給本來就已經給朝廷造成了沉重負擔，加上舊制規定，各道軍隊只要離開本鎮，一切費用全部由中央的財政總署供給，而德宗皇帝為了表示對參戰將士的體恤，又額外補貼一份「酒肉錢」，而且各軍本道給予士兵的每月糧餉又照發不誤，這樣一搞無異於雪上加霜。更有甚者，各道軍隊還利用這些政策漏洞大發其財，總是頻頻藉故離境，但一出本道邊境便按兵不動，實際上並未參戰，卻照樣享受三倍軍餉。

德宗李適發現，這場令人詛咒的戰爭不但使得整個帝國泥足深陷，而且也正在把帝國拖垮。

建中四年六月，判度支（財政總監）趙贊奏請德宗，隨後出台了兩項新稅法——「稅間架」和「除陌錢」。所謂「稅間架」，實際上就是房產稅，規定每棟房屋以兩根橫樑的寬度為「一間」，上等房屋每年每間徵稅二千，中等一千，下等五百；稅務官員拿著紙筆算盤挨家挨戶實地勘算；若有瞞報者，每隱瞞一間杖打六十，舉報者賞錢五十緡（一緡一千錢）。而「除陌錢」則相當於交易稅，無論公私饋贈還是各種商業收入，每緡徵稅五十錢；若是以物易物，亦當折合時價按照相同稅率徵收；隱瞞一百錢的，杖打六十、罰錢兩千，凡有舉報，賞錢十緡，由偷漏稅者承擔。

新稅法頒布實施後，固然在一定程度上緩解了財政壓力，可民間卻一片怨聲載道。

就在德宗暗自慶幸軍費終於有了著落的時候，一場讓他心膽俱喪的兵變就悄然而至……

這一年八月，李希烈親率三萬精銳猛攻襄城，哥舒曜向朝廷告急。德宗慌忙調派援軍，卻又被李希烈一一擊潰。眼看中原戰場連連失利、東都洛陽岌岌可危，德宗李適只好徵調關內的涇原軍隊緊急增援襄城。

十月初，奉調出關的涇原節度使姚令言率領五千士兵經過京師。由於在天寒地凍中跋涉多日，這支軍隊顯得疲憊不堪。行經京師時，官兵們幾乎都懷有一個共同的期待，那就是希望朝廷能給他們一份優厚的賞賜。沒想到京兆尹王翃僅給他們準備了一頓簡單的飯菜。士兵們開始抱怨，緊接著就出現了騷動。有人踢翻了飯菜，咒罵道：「我們就要死在敵人手上了，可連飯都不讓我們吃飽，憑什麼讓大夥拿小命去對抗白刃？聽說皇宮中有瓊林和大盈兩座寶庫，金銀布帛堆得像山一樣高，不如去把它劫了再說！」

士兵們一呼百應，立刻披上鎧甲、扛起軍旗，鑼鼓喧天地湧向長安城。其時，節度使姚令言正在宮中辭行，聞訊疾馳出宮，在長樂阪（長安東面）遇上了譁變士兵。馬上有人搭弓上箭朝他射擊，姚令言抱著馬鬃突入亂軍中，大聲喊道：「他們犯了大錯！東征立功，還怕沒有榮華富貴嗎？為什麼幹出這種滅族的事來？」

可這樣的時候，節度使的話已經沒有人聽了。亂兵們強行簇擁著姚令言，吵吵嚷嚷地繼續向長安衝去。德宗緊急下令賜給每人兩匹絹帛，可傳令的使臣當即被喪失理智的亂兵們射殺。德宗再派宦官前往宣慰，亂兵已經衝到了通化門外（長安東北第一門），宦官還沒宣旨就被亂刀砍死了。德宗大恐，又下令裝上滿滿二十車的金銀絹帛賜給他們。

此時，亂兵已經衝入城中，喧聲震天，二十車財寶也阻擋不住他們。就在德宗李適茫然無措的時刻，亂兵已經砸開皇宮大門蜂擁而入，宦官竇文場和霍仙鳴召集了一百多名宦官侍從，擁著德宗、太子、公主、諸妃、諸王從禁苑北門倉皇出逃。

這是繼玄宗和代宗之後，大唐天子第三次丟掉帝京。

這也是德宗自即位以來遭受的最慘重的一次失敗。

暮色徐徐籠罩了前方的大地，也漸漸覆蓋了身後的長安。德宗李適策馬狂奔在蒼茫的天地之間，全身瀰漫著一種痛徹骨髓的沮喪。

這是一個有志中興卻無力回天的皇帝靈魂深處的沮喪。這種沮喪注定將瀰漫他的一生。

長安城開始了一場大暴亂。

亂兵們歡呼著衝進府庫大肆劫掠，部分亂民也乘機衝進宮中搶奪財物，那些沒能衝進宮中的，就在大街上公開搶劫，各坊居民只好成立自衛隊自保。

整個暴亂和搶劫活動足足持續了一夜，皇宮的所有金銀財寶被洗劫一空。

隨後，亂兵擁立賦閒在家的太尉朱泚為他們的首領。朱泚就是幽州節度使朱滔之兄，也是幽州的前任節度使。自朱滔叛亂後，他便被朝廷剝奪了職權，遣歸私宅，形同軟禁。

當天夜裡，朱泚在亂兵的擁護下進入含元殿，自稱「權知六軍」。

十月初四，天子從咸陽逃到奉天（今陝西乾縣）；初五，部分文武官員陸續到達，左金吾將軍渾瑊也率部趕到奉天，人心才逐漸安定。

建中四年（七八三年）十月初八，朱泚進入宣政殿，自稱大秦皇帝，翌日又冊封朱滔為皇太弟，並遣使送信給朱滔，說：「三秦地區（陝西中部）不日即可平定，黃河以北，就靠你剿滅殘敵了，當擇期在洛陽與你會面。」朱滔接信，欣喜若狂，立即將信在軍府中傳閱，同時通牒諸道，毫不掩飾他的志得意滿之情。

偽朝既立，李唐宗室的滅頂之災就降臨了。投靠朱泚的朝臣勸他誅滅滯留在京師的皇族，讓天下百姓對唐室絕望，同時殺戮立威。朱泚遂下令屠殺了李唐的郡王、王子、王孫共七十七人。

驚聞長安發生兵變、德宗流亡的消息，正在河北、河南與叛軍對峙的各路朝廷軍不得不收縮戰線，從主動進攻轉入了戰略防禦。

十月十三日，朱泚親率大軍直取奉天，準備一舉消滅德宗皇帝和他的流亡政府。渾瑊等人率眾力戰，奉天城危在旦夕……

戰亂的烽火突然間燃遍了帝國的四面八方，而且直接燒到了天子的眼皮底下，大唐王朝陷入了自安史之亂平定以來最黑暗的時刻。

奉天被圍一個多月，城中糧餉全部告罄，供應皇室的糧食也只剩下最後的二石糙米。臣僚只好趁半夜敵軍不備，派人偷偷縋下城頭，去野地裡挖些野菜來充當天子御膳。在這樣的困境中，德宗內心的沮喪達到了頂點。他近乎絕望地把所有公卿將帥召集過來，說：「朕無德行，自陷於危亡，此乃應得；諸公並無罪錯，宜早降，以救室家。」群臣聞言，全都跪地叩首，涕淚橫流，表示願為天子盡死效忠。

十一月中旬，困頓的局勢終於出現轉機。李懷光、李晟、馬燧等紛紛率部進入關中勤王，迫使朱泚解除了奉天之圍，匆匆撤回長安。

奉天轉危為安，德宗君臣終於長長地鬆了一口氣。但是不久之後，李懷光卻因受到宰相盧杞的排擠，對國家和個人前途感到絕望，所以在長安郊外按兵不動，從此再不執行德宗克復長安的命令。

次年正月，德宗改元興元，並頒布了一道《罪己詔》。詔書宣布：間架稅、除陌錢等苛捐雜稅一概罷廢，並宣布除朱泚之外，對叛亂諸藩及所有脅從者一概赦免，「待之如初」。

這道非同尋常的詔書一下，叛亂諸藩迅速做出了不同反應。王武俊、田悅和李納均取消王號，上表請罪。而李希烈儘管被德宗列入了赦免之列，可他自認為在叛亂諸藩中兵力最強、地盤最大、財用最足，所以不甘心再向李唐俯首稱臣，旋即在汴州稱帝，國號大楚。

緊接著，李懷光又與朱泚聯手，在咸陽揭起反旗，並公然叫囂：「我已與朱泚聯合，李適有多遠就滾多遠吧！」由於李懷光近在咫尺，所以德宗不敢留在奉天，只好帶著文武百官再度逃往梁州（今陝西漢中市）。

雖然扯起了反旗，可李懷光的日子並不好過。因為他麾下的朔方將士普遍對李唐還抱有感情，所以當李懷光遣將去追殺天子的時候，三個將領故意在途中逗留延宕，放走了德宗；此後李懷光準備攻打李晟，三次下達動員令，將士們都不從命。他們說：「如果是打朱泚，我們一定效死；要是想謀反，我們寧死不從！」

除了部卒離心之外，李懷光和朱泚的關係也在迅速惡化。

李懷光反叛之前，兵多將廣，實力強勁，朱泚致函尊其為兄長，並相約與他在關中稱帝，願為兄弟之國。可當朱泚後來發現李懷光的部眾紛紛背叛，勢力日漸削弱時，便又傲慢起來，竟然賜給李懷光「詔書」，以臣節相待，並打算徵調他的部隊。李懷光勃然大怒，可他處在李晟和朱泚的夾縫間，又不敢輕舉妄動。他擔心進攻其中任何一個，都會遭到另一個的攻擊。萬般無奈之下，李懷光只好燒毀營寨，東走蒲州（今山西永濟市）。

興元元年（七八四年）五月，已被德宗任命為京畿、渭北等四鎮節度使的李晟對佔據長安的朱泚發起反攻，從大明宮北面禁苑的苑牆突入城中。朱泚抵擋不住，帶領殘部一萬多人向西而逃。淪陷了八個月的長安，終於回到李唐王朝手中。

朱泚向西一路狂奔，打算投奔吐蕃，可部眾卻沿途逃散，最後在半路上被手下大將所殺。數日後，首級被傳送至梁州的天子行在。至此，由涇師之變引發的這場重大叛亂終於塵埃落定。

興元元年七月十三日，顛沛流離的德宗李適終於回到了長安。

大明宮依舊矗立在那裡，默默守候著王者歸來。

歸來的德宗受到萬千軍民的夾道歡迎，他一路上都盡量保持著微笑。那笑容彷彿在說：所有的災難和不幸都已經過去了，讓我們重建家園吧！

可事實上，此刻李適的心頭正響著另外一種聲音。

那聲音在說：這世上有一種東西丟了就是丟了，那是找不回來的。

李適不知道自己到底丟了什麼，可他知道肯定有什麼東西丟了……

隨著長安的光復，各個戰場的形勢也在逐步好轉。

河中戰場，渾瑊等人從西南反向進逼李懷光，而河東節度使馬燧則從東北方向夾攻李懷光，先後收復晉州（今山西臨汾市）、慈州（今山西吉縣）等地，對李懷光的後方形成了重大威脅。河北戰場，朱滔被打得節節敗退，局面日蹙，再加上朱泚已死，朱滔極度惶恐，只好上表向朝廷請罪。中原戰場上，朝廷軍也開始轉敗為勝，先後逼降和俘虜了李希烈的手下大將李澄、翟崇輝、田懷珍、孫液等人，克復了汴州、鄭州等戰略要地，迫使李希烈不得不「遷都」蔡州（今河南汝南縣）。

次年正月，唐王朝把年號改為「貞元」。從新年號的字面上看，「貞」是堅定之義，而「元」是開局之義，可見德宗君臣不僅希望帝國從此獲得一個嶄新的開端，而且更希望能夠把這個良好的開局長久地保持下去。

貞元元年（七八五年）六月，勢窮力蹙的朱滔在惶惶不安中病死，其部下劉怦在將士的擁戴下接過軍政大權；七月，朝廷任命劉怦為幽州節度使，河北之亂告平。

八月，李懷光在馬燧、渾瑊等人的圍攻下落入了眾叛親離的境地，最後自縊而亡，河中告平。

貞元二年（七八六年）四月，身染重病的李希烈被手下大將陳仙奇毒殺；陳仙奇旋即率眾向朝廷投誠；是月底，朝廷任其為淮西節度使。七月，淮西兵馬使吳少誠又殺了陳仙奇，自任為留後，朝廷只好予以默認；至此，淮西之亂告平。

儘管諸藩之亂最終都被平定了，然而我們卻無奈地發現——這場席捲了大半個帝國的叛亂與其說是以唐王朝的勝利告終，還不如說是以德宗朝廷的妥協退讓而草草收場。

我們都還記得，這場叛亂之所以爆發，其因有二：一是諸鎮的目無朝廷和自代自專，二是德宗的銳意中興和志在削藩。可是，這場叛亂又是如何終結的呢？

恰恰是朝廷重新承認了諸鎮自代自專的合法性，恰恰是德宗放棄了他的中興之志和強硬立場，這一切才宣告終結。相對於這場叛亂的起因，這種終結的方式真是一個絕妙的諷刺。

我們可以想像，倘若朱滔身死、劉怦自立之後，或者是陳仙奇殺李希烈、吳少誠殺陳仙奇之後，德宗朝廷仍然像當年拒絕李唯岳那樣拒絕承認他們，那麼，叛亂能就此終結嗎？戰爭能就此平息嗎？

答案是否定的。

所以，從這場戰爭的結果來看，我們完全可以得出這樣的結論——帝國表面上是勝利了，可德宗本人強力削藩、中興李唐的志向和信念卻從此蕩然無存，從這個意義說，真正的失敗者又何嘗不是德宗呢？另一方面，那些起兵叛亂的藩鎮首領雖然一一敗亡，看上去好像都失敗了，但是諸藩「擁兵割地、一切自專」的「潛規則」卻仍然大行其道，從這個意義說，藩鎮又何嘗不是最終的勝利者呢？

既然藩鎮割據的根源並沒有被剷除，消滅幾個軍閥是於事無補的。

在此後的整個貞元年間，諸藩廢立自專、擁兵抗命的局面並未得到一絲一毫的改善，德宗皇帝也只能得過且過地守著這片支離破碎的江山，不敢再存任何奢望……

也許到最後德宗會依稀想起，涇原兵變的那一年，他失落的東西並不是長安，而是一種勇氣、一種信念。

四二、唐順宗：那一場飄風驟雨的改革

唐德宗貞元二十一年（八〇五年）正月初一，李唐王朝的宗室親王和皇親國戚們紛紛入宮向德宗皇帝拜賀新年，整座大明宮都洋溢著新春佳節的喜慶氣氛。

那一天，德宗李適的臉上始終保持著一個禮貌的笑容。可似乎很少有人注意到，他焦急的目光一直在朝賀的人群中來回逡巡。他是在尋找一個人。但是，那個人沒來。

雖然老皇帝明知臥床不起的太子已經不可能來看他了，可當拜年的人們依次退出之後，德宗李適的臉上還是不由自主地淌下兩行清亮的老淚。

當天，德宗就病倒了。在此後的二十多天裡，老皇帝的病勢日漸沉重。以俱文珍為首的宦官隔絕了宮內外的消息，準備廢黜因中風而癱瘓的太子李誦，另立儲君。

在德宗皇帝病重的二十多天裡，滿朝文武沒有一個人知道皇帝和太子的安危。直到正月二十三日這天，彌留中的德宗才命人傳喚翰林學士鄭絪和衛次公入宮草擬遺詔。可等到鄭絪和衛次公進入皇帝寢殿，德宗已經駕崩。近侍宦官說：「禁中還在討論，要立誰為皇帝還沒有最終敲定。」

眾人聞言，面面相覷。明知這是大逆不道之言，可就是沒人敢吭聲。只有衛次公忍不住站了出來，說：「太子雖有疾，可他是嫡長子，朝野歸心。如果實在是不得已，也要立廣陵王（太子長子李淳），否則必將大亂！」鄭絪等人連忙隨聲附和。宦官們對視一眼，不好再說什麼。可他們心裡卻在冷笑：就太子那身子骨還能當皇帝？恐怕連站起來走上金鑾殿都是個大問題吧？

沒錯。對此時的太子李誦來講，如何站起來，並且走向那張人人覬覦的御座——的確是個大問題！

可出乎所有人意料的是，已經因風疾而癱瘓了整整一個冬天的太子突然奇蹟般地站了起來了，隨即被人攙扶著登上車駕，來到九仙門接見眾禁軍將領。

看到這一幕，那些心懷叵測的宦官們瞠目結舌，而一直忐忑不安的朝臣們則是慶幸不已。

也許，這就是意志的力量。太子李誦比誰都清楚，此刻的大唐帝國沒有任何一件事情比他下地行走更重要、更緊迫。這樣的信念催醒了他的意志，而這樣的意志又撐起了他的身軀。

正月二十六日，李誦在太極殿登基，是為唐順宗。

頑強的意志雖然支撐著李誦坐上皇帝的寶座，但卻無法使他開口說話，更無法讓他在朝會上決斷政務。於是，天子就坐在宮中，面前垂下一道簾帷，由宦官李忠言和昭容牛氏在身邊伺候，百官在簾帷外奏事，天子批覆皆自帷中出。

這樣一種局面決定了——新天子必然要在很大程度上依賴於他身後的謀臣集團。

所以，歷史就這一刻，把幾個原本沒沒無聞的人物迅速推到了帝國政治舞台的中心。

這個集團的核心人物，在歷史上被稱為「二王」。他們就是王叔文和王伾。

這兩個人是真正的草根，他們都來自帝國的東南邊陲，出身寒門，資歷淺薄，既無世族背景，也無政治根基。尤其讓滿朝文武鄙夷不屑的是，他們二人皆非進士出身。當年他們之所以能走進長安，並且走到太子李誦的身邊，皆因二人均有一技之長：王叔文善弈，是圍棋高手；王伾善書，是書法高手。二人均以「翰林待詔」的身分進入東宮侍奉太子，王叔文以棋待詔，王伾以書待詔。

也許正因為來自民間，所以他們身上自然少了官場上的虛偽與驕奢之氣，卻多出了一種草根階層特有的質樸和淳厚，因此深得太子李誦的賞識。尤其是王叔文，對於帝國的政治亂象和民間疾苦有著深切的感受和認識，並擁有很強的使命感和遠大的政治抱負，所以這些年來對李誦影響至深，甚至在某種程度上已經成為太子的精神導師。

除了二王，這個政治集團的主要人物還有韋執誼、劉禹錫、柳宗元等。相形之下，韋執誼的資歷顯然要比二王深厚，他出身於關隴世族，自幼飽讀詩書，二十出頭即成為翰林學士，屬於頗有前途的政壇新秀；而劉禹錫與柳宗元也都是飽學之士，二人不但是同榜進士，而且同是名重一時的文章聖手，其時皆官拜監察御史。

很顯然，由這樣一些人組成的政治集團絕不會缺乏朝氣，更不會缺乏銳氣和勇氣。所以順宗一上台，王叔文等人就迫不及待地啟動了一場政治改革。

為了這一天，王叔文已經等待了很多年。

此刻的王叔文躊躇滿志，感覺新朝的政局就像一個等待他落子的棋盤。

王叔文信心十足地開始了他的布局：先是任命韋執誼為尚書左丞、同平章事，以閃電速度把這位新秀一舉推上了宰相的高位；不久，又任命王伾為左散騎常侍，仍兼翰林待詔；而王叔文本人則升任起居舍人、翰林學士。

王叔文之所以作出這樣的人事安排，是考慮到他們幾個人中只有韋執誼擁有較高的資歷和人望，所以把他推到前台；而他本人和王伾僅是侍臣，人微言輕，難孚眾望，所以只能位居幕後。但是誰都清楚，只有王叔文才是這個集團的領袖和靈魂人物。布局之後，他們又迅速作出分工：凡有奏議皆先入翰林院，由王叔文作出決策，再由王伾出入宮禁，通過內侍宦官李忠言和順宗寵妃牛昭容傳達給天子，領取旨意後交付中書省，由韋執誼頒布施行；此外，劉禹錫、柳宗元、韓泰等人則在宮外蒐集情報、回報信息，相互呼應。

一場雷厲風行的改革就這樣匆匆拉開了大幕。

二王集團的所有成員全都摩拳擦掌、熱情高漲。可他們絕對不會料到，僅僅半年之後，這場轟轟烈烈的改革就將在致命的打擊下中途夭折，而這位精通黑白之道的堂堂國手王叔文，也將在這盤政治棋局中遭遇他一生中最可怕的一次失敗。這次失敗不僅埋葬了他的政治理想，而且讓他付出了生命的代價……

就像歷史上曾經有過的改革一樣，王叔文的改革之刃一揮起來就刺進了既得利益者的心臟。被王叔文鎖定的第一個目標是時任京兆尹的道王李實。

之所以選擇他，首先是因為此人一貫橫徵暴斂，長安百姓對其恨之入骨，搞掉他就能贏得民心。其次，他是宗室親王、唐高祖李淵的五世孫，且是德宗朝的寵臣，從他身上開刀，就等於是向天下人表示：以王叔文為首的改革集團絕不會畏懼強權，而且此次改革針對的恰恰是特權階層。最後，給形形色色的政敵一個下馬威——王叔文連恃寵擅權的宗室親王都敢動，天下還有誰他不敢動？

這一年二月二十一日，王叔文以皇帝名義下詔，列舉了京兆尹李實的一干罪狀，並將他貶為通州（今四川達川市）長史。詔令一下，長安百姓無不歡呼雀躍，並且紛紛在袖子裡裝滿瓦片和小石頭，守候在李實前往貶所的必經之路上，準備砸他個頭破血流。李實事先得到消息，偷偷改走小路，才僥倖逃過一劫。

王叔文緊接著採取的第二步舉措是革除弊政、與民休息。二月二十四日，在他的策劃下，順宗登上丹鳳門，宣布大赦天下，把民眾欠政府的各種捐稅全部取消，同時罷停正常賦稅外的各種進奉；此外，將貞元末年以來的諸多弊政如「宮市」、「五坊小兒」等全部廢除。

所謂「宮市」，是一種由宦官負責的宮廷採購制度。自德宗末期實施這項弊政以來，宦官們都是打著採購之名行巧取豪奪之實。剛開始，宦官們還拿著一紙公文以低價向長安商戶強行收購各種貨物，發展到後來，幾乎就是直接從商家和百姓手中搶奪；此外，還強行索取所謂的「進宮錢」和「車馬費」，亦即只要宦官開口說是宮市所需之物，商家和百姓不但要免費奉上，而且還要承擔運送貨物入宮的費用，這已經是明目張膽的搶劫了。長安百姓對此怨聲載道，朝臣也屢屢進諫，可當年的德宗卻置若罔聞。

而所謂的「五坊小兒」，指的是「皇家五坊」（鵰坊、鶻坊、鷹坊、鷂坊、狗坊）中的差役。這些差役跟宮市宦官一樣窮凶極惡，天天打著皇家招牌在長安坊間肆意敲詐勒索，百姓都是敢怒不敢言。

這些弊政為患多年，而今一朝罷廢，長安百姓頓時一片歡騰。

然而，王叔文此舉雖然維護了百姓利益，但卻嚴重觸犯了宦官集團的利益。也許從這個時候起，以俱文珍為首的宦官集團就開始著手準備反擊了。

三月十七日，王叔文以皇帝名義任命宰相杜佑兼任度支、鹽鐵轉運使；兩天後，王叔文被任命為杜佑的副手。但明眼人一看便知，王叔文才是真正的掌權者，杜佑和韋執誼一樣，只是被他推到前台充門面而已。

改革派繼行政權之後又如此迅速地掌握了財政大權，這不能不引起反對派的極大恐慌。手中握有禁軍的宦官首領俱文珍等人一再向順宗施壓，要求他速將廣陵王定為儲君。順宗無奈，於三月二十四日命翰林學士草詔，立李淳為太子（同日改名李純）。

四月初六，在宣政殿的太子冊立大典上，滿朝文武看見太子李純風華正茂、儀表堂堂，不禁大感欣慰、相互慶賀，唯獨王叔文自始至終悶悶不樂。

因為對於順宗和改革派來說，宦官集團與東宮集團的強勢結合，無論如何都不是一個好兆頭。那天，王叔文一句話也沒說。典禮臨近結束的時候，有人聽見他仰天長歎，念出了杜甫祭悼諸葛亮的那句詩——出師未捷身先死，長使英雄淚滿襟。沒有人知道，這句話最終竟然會一語成讖！

王叔文意識到，如果不能奪取宦官手中的兵權，那麼剛剛燃起的改革之火就隨時有可能被撲滅。五月初三，王叔文以皇帝名義任命原右金吾大將軍范希朝為左、右神策京西諸城鎮行營節度使，任命原度支郎中韓泰為行軍司馬。

此時，駐紮在長安西面的左、右神策軍是中央禁軍的最精銳部隊，統帥權在宦官手中。王叔文顯然是希望把老將范希朝推到台前，取代宦官，再讓心腹韓泰架空范希朝，掌握實權。

可王叔文這回的如意算盤是完全打錯了。

軍隊不同於文官機構，僅憑天子的一紙任命狀絕對不可能在一夜之間就獲得軍隊的效忠。其中一個很重要的原因是：各級禁軍將領和俱文珍等宦官首領之間早已建立了根深蒂固的利益關係。所以，不要說韓泰這種年輕的文官根本無戲可唱，就算范希朝這種資歷深厚的老將出馬，那些禁軍將領也不見得會買他的帳。

很快，王叔文就會無奈地明白這一點。

五月二十三日，俱文珍等人再次脅迫順宗皇帝，以明升暗降的手段給王叔文加了一個戶部侍郎銜，卻免除了他的翰林學士一職。說起來這個翰林學士的職務並不重要，可問題是一直以來，王叔文都是以此職坐鎮翰林院並領導這場改革的，現在免去他的翰林學士身分，也就等於把他逐出了改革派的大本營，這讓王叔文等人實在難以接受。王伾立即上疏順宗，請求為王叔文保留該職務。但一再上疏的最終結果只是允許王叔文每隔三五天進一趟翰林院，而復職的請求卻被徹底駁回。

王叔文痛苦而憤怒地意識到——此刻的順宗基本上已經被俱文珍等人完全控制了。

宦官勢力的強大真的是讓他始料未及。

接下來的日子裡，更讓王叔文感到痛苦和憤怒的事情就接踵而至。

那並不是來自反對派的打擊，而是來自改革陣營的內部分裂——宰相韋執誼已經從他的戰友變成了他的敵人。表面上的原因是二人的性格和處世方法差別太大：王叔文操切忌刻、難以容人、樹敵太眾，而且對改革的期望值太高、速度太快、打擊政敵的手段太狠；而韋執誼性情則相對比較柔和，處事方式比較委婉，更講究策略，但也少了一點正直，多了一些心計。

六月初，一個偶然事件使二人的這種潛在差異突然間轉變成了公開矛盾。事情源於一個叫羊士諤的地方官。由於此人對王叔文的改革不滿，所以趁著進京辦差的機會，在公開場合抨擊王叔文的政策。王叔文勃然大怒，決定殺一儆百，準備下詔將其斬首。可韋執誼堅決反對。王叔文無奈，退了一步，要求將其亂棍打死。韋執誼還是不從，只把羊士諤貶為偏遠山區的縣尉。王叔文怒不可遏，就在人前人後痛罵韋執誼。二人關係就此破裂。改革派的所有成員都為此深感不安，可又無計可施。

差不多在此前後，有一個類似事件進一步激化了二者的矛盾。

那是在五月底的時候，西川節度使韋皋派他的心腹劉辟來到長安，祕見王叔文，準備跟他締結一個利益共同體。韋皋這個人說起來也是有功於朝的，他曾在邊境多次擊敗吐蕃的入侵。正因如此，所以此人一貫居功自傲，千方百計想擴張地盤，這次讓劉辟來向王叔文傳話，那口氣照樣牛皮烘烘。劉辟對王叔文說：「太尉（韋皋的中央官職）讓我向您表達區區誠意，如果把西川、東川和山南西道這三川之地統統劃歸太尉管轄，那他必將以死相報；倘若不給，那他也一定會用別的方式相報！」

王叔文一聽，這氣就不打一處來。首先，一個他本來就不齒的軍閥居然找上門來跟他赤裸裸地交換利益，這不僅讓他覺得荒謬，而且簡直是對他的侮辱；再者，韋皋也太狂了，說假如不把三川給他，就以「別的方式相報」！這像是在商量事情嗎？這根本就是在威脅恐嚇嘛！王叔文一憤怒，就照舊對韋執誼下達了收拾劉辟的命令。

這命令還是一個字：斬！

可韋執誼照舊還給他一個字：不！

劉辟沒完成任務，就留在京師瞎晃，打算尋找其他的突破口，隨後聽說羊士諤因為得罪王叔文差點被宰了，嚇得一溜煙逃回了成都。王叔文一聽劉辟跑了，就把所有的氣都撒到韋執誼身上。韋執誼就跟他打太極，派人去跟他道歉說：「我絕不會背棄我們當初的盟約，現在我所做的一切，都是在曲線助成仁兄的事業啊！」

王叔文破口大罵，說他是在狡辯。韋執誼也懶得再解釋。從此，兩人勢同水火。

要說韋執誼這番道歉的話其實是在狡辯也並沒有冤枉他。王叔文和他的性格差異固然是有而且很大，但這並不是造成他們反目的真正原因，或者說不是深層原因。

深層的原因是——韋執誼覺得自己既然已經當上了宰相，那就沒必要再受王叔文的控制。說白了，這就叫過河拆橋。

王叔文對韋執誼的痛恨還不僅僅在於他對友情的背叛，而是他對改革事業的背叛！

在王叔文眼中，改革是理想，是信仰，是他生命的全部意義所在。

可在韋執誼眼中，改革不過是什麼呢？是工具，是跳板，是他換取高官厚祿的投機手段。

想到這一切，王叔文除了滿腔憤怒之外，只剩下一種心情。那就是孤獨。

一種舉世渾濁我獨清、舉世蒙昧我獨醒的孤獨。

韋皋在王叔文那碰了一鼻子灰，不禁惱羞成怒，於是處心積慮地呈上了兩道奏疏。

第一道是給順宗皇帝的。韋皋說：「陛下積勞成疾，而又日理萬機，所以御體遲遲不能康復。請暫令太子監國，恭俟陛下聖躬痊癒，再令太子回到東宮。臣位兼將相，而今所言，乃職責所在。」

第二道是給太子李純的。他說：「聖上把政事委託給臣子，然而所託非人。王叔文、王伾、李忠言之流，雖身負重任，但卻任意賞罰、敗壞朝綱，而且植黨營私、內外勾結，臣深恐其禍起蕭牆，傾太宗之盛業，毀殿下之家邦。願殿下即日啟奏皇上，斥逐群小，使政出人主，則四方獲安。」

這個韋皋顯然不是一盞省油的燈。

這兩道奏疏表示他擁有高度敏銳的政治嗅覺。他知道王叔文的唯一靠山就是皇帝，除了皇帝，幾乎所有人都是王叔文的敵人。所以，只要他韋皋跟太子李純站在一起，而且把李純推上去，把順宗皇帝搞下來，那麼天下要收拾王叔文的人多了去了，根本用不著他韋皋本人動手。換句話說，哪一天把「太子監國」這事搞成了，哪一天王叔文就會死無葬身之地。

緊隨著韋皋上疏之後，荊南節度使裴均、河東節度使嚴綬等人也先後上疏順宗，說的事跟韋皋一模一樣。反對王叔文的統一戰線就這樣在無形中建立起來了。

此時此刻，王叔文手中剩下的最後一張牌，就只有他派去接管禁軍的韓泰了。

如果韓泰能夠順利接管神策軍，那麼大勢或許還能挽回，因為必要情況下可以用武力解決問題。然而，實際情況是：老將范希朝進入奉天的神策軍指揮部坐等多日，各級禁軍將領卻一個也沒有露面。范希朝和韓泰就這麼坐在奉天城裡面面相覷。皇帝的任命狀還揣在他們懷裡，可已經變成了一張廢紙。

其實，早在他們從長安出發的時候，禁軍將領們就已經暗中請示了俱文珍，得到的答覆是——絕對不能把軍隊交給他們！

有了宦官這句話，禁軍將領們就有底氣了，於是就把老將范希朝晾在一邊，理都不理，更別提那個手無縛雞之力的韓泰了。韓泰最後只好單騎返回長安。

那一刻的王叔文陷入了絕望。

所謂屋漏偏逢連夜雨，船破又遇頂頭風。就在王叔文事業最艱難的時候，家中又傳來噩耗——他母親病重，即將不久於人世。

這是貞元二十一年（八〇五年）的六月中旬，距離改革大幕正式拉開僅僅四個月，一切便已面目全非。

老母病重的消息對於此刻的王叔文來講，已經不僅僅是一種感情上的打擊，而是敲響了他事業的喪鐘。因為在這種情況下，王叔文就必須回家照顧母親，同時準備守喪。這無異於是幫了王叔文的對手們一個大忙——他們根本不用花任何力氣，王叔文自己就得乖乖地捲舖蓋走人了。

六月二十日，王叔文便離開朝廷，回了老家。

至於說他還能不能回來，多數人並不表示樂觀。

王叔文一走，韋執誼頓感渾身清爽，開始獨立行使宰相職權，政令皆出己意，從此與王叔文了不相干。王叔文恨得牙癢癢，天天與一幫故舊籌畫著要重執朝柄，並且揚言，一旦復職首先就要幹掉韋執誼，然後把所有背叛改革和反對改革的人通通殺掉。

但是，這已經不可能了。說好聽點這叫一廂情願，說難聽點就叫意淫。

改革的主心骨沒了，王伾感到了一種唇亡齒寒的悲涼。他到處奔走呼號，每天去見宦官和宰相杜佑，請求徵召王叔文為相，並讓他統領禁軍。

可想而知，王伾的種種請求都遭到了拒絕。他在惶惶不安中一連向順宗皇帝呈上了三道奏疏，結果當然都是石沉大海。不久後，王伾便因中風被送回家中，從此再未踏進翰林院一步。

八月初四，順宗發布了命太子登基的詔書，同時退位為太上皇。

初五，順宗遷居皇城外的興慶宮，宣布改元永貞。

初六，朝廷貶王叔文為渝州（今重慶市）司戶，貶王伾為開州（今重慶市開縣）司馬。

初九，太子李純在宣政殿即位，是為唐憲宗。

王伾不久即病死於貶所。五個月後，順宗駕崩，憲宗隨即下詔將王叔文賜死。

緊隨二王被貶之後，改革派的其他主要成員也無一倖免：韋執誼、韓泰、柳宗元、劉禹錫、韓曄、陳諫、凌準、程異八人，相繼被貶為邊遠各州的司馬。

這個出師未捷身先死的改革集團，在歷史上被稱為「二王八司馬」；這場失敗的改革被稱為「永貞革新」。從貞元二十一年（八〇五年）二月掀開改革大幕，到這一年七月遭遇失敗，永貞革新歷時不過半年。

飄風不終朝，驟雨不終日。這場改革來得有多麼迅速，敗得就有多麼慘烈！

都說世事如棋，都說政治就像一場博弈。不知道臨終前的王叔文會不會發現，在世事的棋局中，在政治的博弈場上，他這位堂堂國手到頭來也只是一名業餘選手；不知道他會不會發現，其實與他對弈的那個對手從一開始就是不可能被戰勝的。

因為那不是一個或一群具體的人。那是一個帝國的沉痾。

四三、唐憲宗：元和中興

自從安史之亂開啟了藩鎮割據的動盪局面後，大唐帝國的馬車就晃晃悠悠地駛進了混沌無光的歷史暗夜。在此後的幾朝天子中，代、德二宗均有中興之志，卻苦無回天之力；而順宗在位時間不過半年，更談不上有何作為。於是，當歷經滄桑的帝國馬車緩緩走到西元八〇六年，中興李唐的歷史使命就責無旁貸地落到了憲宗李純身上。

憲宗登基時未及而立，正是風華正茂、血氣方剛之年，對於帝國的政治亂象極端不滿，對於四方藩鎮的跋扈行為更是深惡痛絕——一切就跟他祖父德宗皇帝剛即位的時候一模一樣。

然而，當年的德宗不就是懷抱著這樣的理想，結果卻在現實面前碰得頭破血流的嗎？如今的憲宗會不會重蹈這樣的歷史覆轍呢？滿朝文武無不對此心懷忐忑。

很少有人相信這個年輕天子真能擺平那些不可一世的跋扈藩鎮。

說白了，前面幾任天子傾盡全力都做不到的事情，你李純憑什麼能做到呢？

似乎是為了考驗憲宗的能力和決心，他剛剛於永貞元年（八〇五年）八月登基，西川節度使韋皋便於同月病逝，其心腹劉辟不經朝廷同意就自立為留後。這一幕就跟當年成德的李唯岳如出一轍。憲宗考慮到自己剛即位，萬事都無頭緒，只好暫時採取安撫手段，暫時任命劉辟為副節度使，代行節度使職權。劉辟以為憲宗是顆軟柿子，遂得寸進尺，於元和元年（八〇六年）正月上疏朝廷，公然要求兼領三川（西川、東川、山南西道）之地。

憲宗勃然大怒，一口回絕了他。劉辟二話不說，當即出兵進攻東川，把東川節度使李康團團圍困在了梓州（今四川三台縣）。

此時，憲宗登基已經四個多月，當然不會再忍氣吞聲，旋即在朝會上提出討伐之議。朝臣們紛紛勸阻，說蜀地山川險阻、關塞堅固、易守難攻，這仗絕對不能打。只有宰相杜黃裳力主討伐，他認為：德宗經歷當年的憂患之後，對藩鎮姑息遷就、委曲求全，使天下的節度使都變成了終生制，如欲重整朝綱，就該用國法制裁藩鎮，否則天下就無法治理。

得到宰相支持，憲宗大喜過望，立刻命神策軍將領高崇文、李元奕，會同山南西道節度使嚴礪共同出兵討伐劉辟。

反對討伐的朝臣們面面相覷，對這場戰爭的結局都不抱樂觀。

然而，他們絕對沒有想到，就是從這場征討西川的戰役開始，元和中興的歷史大幕已經悄然拉開。

戰爭一打響，朝廷軍就進展順利，勢如破竹。先是在二月初，嚴礪打下了劍州（今四川劍閣縣），緊接著在三月初，高崇文又收復了梓州。此後，朝廷軍一路向縱深推進，連克德陽、漢州（今四川廣漢市）、綿州（今四川綿陽市）等地，最後於九月下旬攻陷成都。劉辟向西逃竄，在投奔吐蕃途中被擒獲，隨後押解到長安，與整個家族和黨羽一起被斬首。

西川叛亂的平定是一場意義深遠的勝利。自從安史之亂平定以來，在李唐中央與叛亂藩鎮曠日持久的較量中，似乎還是第一次贏得這麼漂亮，而且又是憲宗即位以來的第一仗，意義更是非同小可。

討伐西川的同時，朝廷又在夏綏（今屬陝西）平定了楊惠琳的叛亂。兩場大捷迅速恢復了中央的權威。諸藩震恐，紛紛主動上表請求入朝（實際上就是當人質），藉此表示忠心。元和二年（八〇七年）九月，鎮海（今屬江蘇）節度使李琦也不得不跟著表態，命手下判官王澹為留後，然後上表請求入朝。憲宗立即批准，同時派遣宦官前往鎮海督促他進京。

可李琦本來就不是真心入朝，於是托病不肯動身。憲宗徵求宰相們的意見，武元衡說：「陛下剛即位，李琦說入朝就入朝，說不入朝就不入朝，決定權都在他手上，陛下將如何號令天下？」

憲宗覺得武元衡的想法正與自己不謀而合，遂一再對李琦施壓。李琦無可奈何，索性起兵叛亂。

憲宗立刻下詔剝奪了他的官爵，命淮南（今屬江蘇）、鄂岳（今屬湖北）、宣歙（今屬安徽）等五道兵馬會攻李琦，於十一月將李琦父子押解到長安，一同腰斬。

接連平定三藩之後，憲宗就把目光投向了帝國的東北邊陲，那裡是河北三鎮——成德、盧龍、魏博。此三鎮是安史的老巢，實力強大，割據時間長，並與南邊的淮西、東邊的淄青互為奧援，一有風吹草動便結成聯盟對抗中央，是李唐朝廷的心腹之患。這麼多年來，它們賦稅自享、職位世襲、一切自專，基本上處於半獨立狀態。這樣的藩鎮不收拾，中央有何威信可言？帝國有何安寧可言？

可這樣的藩鎮要收拾，也絕不是一件容易的事。所以，憲宗一直在耐心地等待機會。

元和四年（八〇九年）三月，成德節度使王士真卒，其子王承宗自立為留後。憲宗馬上跟幾個心腹重臣商議討伐之事。可宰相裴垍和翰林學士李絳等人卻都表示反對。李絳說：「河北久不服從中央，此事固然令人憤恨，可要是想一朝革除其世襲之弊，恐怕也辦不到。成德自李寶臣、王武俊以來，父子相承已四十餘年，無論民心還是軍心都已習慣，不認為這是違背綱紀。何況王承宗現在事實上已經接管了軍政大權，必定不會服從。再者，盧龍、魏博、淄青等鎮也一向是傳位給子弟，與成德利益一致，如果看到朝廷另行委任節度使，必定暗中結盟。此外，眼下江淮一帶水災嚴重，國家財政和民生都很困難，恐怕不宜輕啟戰端。」

憲宗覺得大臣們說得有道理，雖然心裡老大不爽，可還是忍了下來。但是到了這一年十月，王承宗又在魏博節度使田季安的挑唆下，和朝廷產生了衝突，憲宗忍無可忍，下詔削去王承宗的官爵，任命左神策中尉、宦官吐突承璀為統帥，率神策軍與成德周邊諸道共同討伐王承宗。

從元和五年（八一〇年）正月開始，各路兵馬就從各個方向對成德發起了進攻，但是一直到三月，憲宗朝廷發動的這場聲勢浩大的圍剿戰役始終沒有取得任何實質性的進展。具有諷刺意味的是——除了與成德有宿怨的盧龍節度使劉濟親率七萬大軍在正月打下了饒陽（今河北饒陽縣）和束鹿（今河北辛集市）之外，其他各路政府軍基本上都是碌碌無功：河東的范希朝與義武的張茂昭推進到新市鎮（今河北正定東北）就再也無法前進半步；淄青的李師道和魏博的田季安私下都和王承宗通了氣，裝模作樣地各自打下一個縣城後就按兵不動；而主帥吐突承璀親自率領的神策軍則打得最為窩囊，不但損兵折將，而且屢戰屢敗。這場仗再打下去，朝廷根本沒有半點勝算，唯一的結果只能是喪師費財、徒勞無功。

六月，戰事仍無進展，翰林學士白居易等人屢屢奏請罷兵。此時，王承宗也作出了一定程度的妥協，表示願意把徵收賦稅和任命官吏的權力還給中央，請求准許他改過自新。

憲宗趕緊就坡下驢，下詔「昭雪」了王承宗，並恢復了他的官爵。一場轟轟烈烈的討伐戰爭就這樣偃旗息鼓了。

李唐政府耗時半年多，發兵二十餘萬，所費七百多萬緡，結果卻一無所獲。

元和五年（八一〇年）的短暫失敗並沒有把憲宗變成第二個德宗，也並未讓他從此一蹶不振。在暫時沉寂的兩年中，憲宗一直在等待機會、積蓄力量。

元和七年（八一二年）七月，魏博節度使田季安精神失常，任意殺戮，導致軍政廢亂，其妻元氏召集諸將廢掉了田季安，立年僅十一歲的兒子田懷諫為副使，接管軍政；隨後又命深得人心的大將田興擔任步射都知兵馬使，輔佐田懷諫。

八月，田季安死，消息傳到長安，憲宗意識到時機成熟，立刻命左龍武將軍薛平為鄭滑（今屬河南）節度使，準備藉此控制魏博，隨後召集宰相討論魏博問題。其時，已任宰相的李絳提出了一個令人意想不到的方案。

他說：「臣觀察兩河藩鎮，其馭將之策歷來是分散兵權，使諸將勢均力敵、相互制約；加之刑罰嚴苛，所以諸將互相猜忌，誰也不敢輕舉妄動。此法雖善，但必須有一嚴明主帥，局面方可控制，而今田懷諫只是一乳臭小兒，軍府大權必定人人覬覦，諸將權力不均，必起內訌。其往日分兵之策，恰成今日禍亂之源！田氏若非遭人屠戮，亦必為人所囚，何須朝廷出兵？再者，部將弒主自代，最為諸藩所惡，自代之將若不依附朝廷以求存，必為相鄰諸藩碾為齏粉。故臣以為不必用兵，可坐待魏博自歸。陛下只須按兵養威，屆時抓住時機，以爵祿厚賞自代之將。兩河藩鎮聞之，定恐其麾下之將爭相效法以換取朝廷賞賜，必皆恐懼，因此唯有歸順朝廷一途。此所謂不戰而屈人之兵也！」

很顯然，這是一個離間計。憲宗茅塞頓開，決定依計而行。

不出李絳所料，田懷諫因年幼無知，軍政大權落入家僮蔣士則之手。蔣士則小人得志，全憑個人好惡，肆意任免諸將，終於觸犯了眾怒。諸將遂擁立田興為留後，殺了蔣士則，將田懷諫遷出帥府。

十月，在李絳的一再堅持和催促下，憲宗發布了一項讓河北諸藩目瞪口呆的詔命——任田興為魏博節度使。消息傳來，原本心中惴惴的田興簡直可以說受寵若驚。歷來自立為留後的藩將運氣最好的也不過是被朝廷追認而已。田興萬萬沒有料到，憲宗皇帝此番出手竟然如此闊綽，讓他一步到位成了節度使！

拜受詔命的那一刻，田興千恩萬謝，士兵們則歡聲雷動。

數日後，李絳進一步向憲宗提出：「魏博五十餘年不沾皇化，一旦舉六州之地來歸，形同剜河朔之腹心，傾叛亂之巢穴，如果不給予超乎其所望的重賞，則無以收拾其軍心，離間其四鄰。請發內庫錢一百五十萬緡賜之！」

憲宗採納了他的建議，並在一百五十萬緡之外，又無比豪邁地給魏博百姓免除了一年的賦稅和徭役。

田興感激涕零，隨後主動上表，把各級官員的任免權交還朝廷，並從此在全境奉行朝廷法令，繳納各項賦稅。魏博就此歸順中央。

成德、淄清等鎮的節度使們都傻眼了，頻頻派人前來，使盡渾身解數離間田興。可田興自始至終不為所動。

元和九年（八一四年）閏八月，淮西節度使吳少陽卒，他的兒子吳元濟祕不發喪，接管了軍政大權。憲宗隨即發兵討伐，但是戰事的進展卻極不順利，打了整整一年，竟然毫無取勝的跡象。

原因出在統帥身上。

被憲宗任命為統帥的人名叫嚴綬，不僅毫無軍事才能，而且花錢如流水。從到任的那天起，嚴綬拿了中央的巨額軍費後只做了兩件事情：一是毫無節制地犒賞士卒，藉以收買人心；二是拚命賄賂宦官，構建自己的人脈。除此之外，他所做的唯一一件事情就是率領八個州一萬多人的部隊在州境線上整整坐了一年，連仗都很少打，更不用說要向朝廷報捷了。

宰相裴度屢屢強調嚴綬無能，請皇帝更換主帥。元和十年（八一五年）九月，憲宗終於下決心撤掉了嚴綬，改任宣武節度使韓弘為淮西各軍總指揮。然而，此人與嚴綬半斤八兩，雖然不像嚴綬那麼會花錢，但卻一意保存實力，根本不願真心打仗。

淮西大有陷入泥潭之勢，而河北的成德也一點不讓人省心。這一年歲末，王承宗放縱軍隊四出劫掠，把周邊諸鎮搞得寢食難安。於是，盧龍（治所幽州）、橫海（治所滄州）、義武（治所定州）紛紛上疏請求討伐王承宗。憲宗早就想收拾成德了，遂於元和十一年（八一六年）正月發六道兵馬共同討伐王承宗。

至此，李唐朝廷不得不在南北兩線同時作戰，此舉讓不少朝臣想起了德宗當年的覆轍和教訓，以宰相張弘靖為首的多位大臣相繼勸憲宗罷兵，待討平淮西再回頭對付成德。

可憲宗不聽。他不相信德宗做不到的事情他也一定做不到。

然而，現實是嚴峻的。元和十一年六月，從淮西前線傳回一個大敗仗的消息——唐鄧（今屬河南）節度使高霞寓全軍覆沒，僅以身免。

消息傳來，滿朝震恐，罷兵的呼聲空前高漲。宰相們入朝力諫，憲宗不以為然：「勝敗乃兵家常事。現在應該討論的是用兵的方略，撤換不能勝任的將帥，及時為各參戰部隊調配糧餉，怎能因為一個人打了敗仗，就立刻罷兵？」

朝議的結果只有一個——接著打。

兩場戰爭就這麼曠日持久地同時進行著。

到了元和十二年（八一七年）五月，淮西已打了將近三年，出兵九萬餘人，耗去軍費糧餉無數，卻未建尺寸之功。而成德也打了一年多，出兵十多萬，戰線環繞成德邊境數千里，各部相距遙遠，缺乏統一指揮，而且補給線過長，每次運輸糧餉都要累死一大半牲口。盧龍節度使劉總打下一座縣城之後就停駐在邊境五里處按兵不動，光他這支軍隊每月耗費的開支就達十五萬貫，中央不堪重負……

很顯然，這仗再這麼打下去，國家已無力支撐。宰相李逢吉力勸皇帝罷兵，一切等平定淮西再說。憲宗陷入了前所未有的痛苦和矛盾中，經過多日猶豫，不得不下令撤銷了河北行營，讓諸道軍隊各回本鎮。

河北草草收兵，讓憲宗李純覺得丟盡了面子。而在隨後的日子裡，儘管朝廷已經全力以赴對付吳元濟，可淮西依舊固若金湯。七月底，憲宗憂心忡忡地召集宰相們商議，李逢吉等人都認為中央已經師老財竭，再次建議皇帝全面停戰。只有宰相裴度默不作聲。憲宗問他的意見，裴度說：「臣願親往前線督戰。」

八月，裴度從長安出發，憲宗親登通化門為他送行。裴度說：「臣要是消滅敵人，就還有機會見到陛下；可敵人要是一日不滅，臣永遠不回朝廷。」

憲宗聞言，忍不住潸然淚下。

裴度抵達淮西前線後，很快就找到了朝廷軍頻頻失利的主要原因——自開戰以來，憲宗就為前線的每一支參戰部隊都派駐了監軍宦官。這些人既無軍事才能，又無作戰經驗，卻偏偏喜歡干涉主將的軍事行動。每逢打了勝仗，宦官們就第一時間飛報朝廷，把功勞攬在自己身上；要是打了敗仗，他們就對將領破口大罵、百般凌辱。有這樣的一群人在戰場上掣肘，這仗能打得贏嗎？

裴度立即上疏痛陳此弊，最後促使憲宗把這幫監軍宦官全部召回了長安。

裴度的第二項決策，就是極力支持大將李愬的擒賊先擒王之計——奇襲蔡州。

李愬是德宗時代的名將李晟之子，有勇有謀，而且善待部眾，所以深得將士擁戴。在與淮西的交戰中，李愬利用他的影響力，先後收降了吳元濟手下的多名大將，從而掌握了大量的軍事情報，為襲取蔡州做了充分的準備。

經過半年多的周密部署，李愬終於向裴度請命：率領一支奇兵穿越敵軍腹地，出其不意直取蔡州（今河南汝南縣），生擒吳元濟。

計畫得到了裴度的贊同和支持。

元和十二年（八一七年）十月十五日，一個大雪紛飛的深夜，李愬親自率領九千精銳，分成前、中、後三軍，悄悄向蔡州進發，但此行除了李愬本人和幾個參與絕密計畫的心腹將領之外，沒人知道隊伍要往哪裡開拔。

李愬只對將士們下達了一個命令：什麼都不用問，一直往東走。

部隊經過急行軍，迅速佔領了六十里外的張柴村，稍事休整之後再度出發。將領們滿腹狐疑地追問此行的目的地，李愬才對眾人說：「攻擊蔡州，活捉吳元濟！」將領們大驚失色。

此時，暴風雪越發猛烈，旌旗凍裂，士兵和馬匹接二連三地凍斃倒地。天色如濃墨一般，咫尺不辨方向。自張柴村以東就是淮西腹地，通往蔡州的道路是中央軍從來沒有走過的，人人都覺得此去必死無疑。然而，就是這條雪夜中的艱難道路最終通向了成功。

又經過七十餘里的急行軍，十月十六日凌晨時分，部隊抵達蔡州城下。

李唐的政府軍已經三十多年沒有站在這塊土地上了。

李佑等前鋒將領親自在城牆上鑿孔，偷偷爬上城樓，暗殺了熟睡中的守門士兵，只留下更夫繼續打更，隨後打開城門，迎接大軍進城。到了裡城，故伎重施，再次順利入城。

等到雞鳴雪停的時候，李愬已經率兵突入了吳元濟官邸所在的內城。

衛兵慌慌張張地衝進內室對吳元濟說：「官兵來了！」

吳元濟還在睡覺，笑罵道：「那是俘虜和囚犯鬧事，等天亮把他們通通殺了。」

話音剛落，又有人衝進來報告：「城池已經陷落了！」

吳元濟這才罵罵咧咧地披衣起床，說：「這一定是前線的士兵回來找我討要冬裝。」

吳元濟來到院子，忽然聽見外面人馬雜沓之聲，並且聽見軍隊的傳號聲：「常侍有令……」

隨即，回應的聲音足有萬人之眾。吳元濟大為驚愕，說：「什麼常侍（李愬的中央官職『散騎常侍』），怎麼到這裡來了？」這才倉皇組織士兵上內城抵抗。

李愬軍迅速攻破了內城的第一道門，佔領了武器庫。十七日凌晨又進攻南門，縱火焚燒，到了傍晚，城門倒塌。吳元濟見大勢已去，只好投降。

李愬雪夜襲蔡州，成為中國戰爭史上長途奔襲的經典戰例。

十月十八日，李愬命人將吳元濟押送京師。當天，淮西各州的叛軍餘部兩萬多人相繼歸降。脫離了李唐中央整整三十多年的淮西，終於克復。

十一月，憲宗登興安門接受獻俘，斬殺了吳元濟，向宗廟社稷獻祭。

時隔十餘年之後，憲宗李純終於再次品嘗到了即位初年平定三川時的那種勝利和喜悅之情。德宗李適做不到的事情，憑什麼說憲宗李純就做不到？

吳元濟敗亡之後，河北諸藩陷入了極大的恐慌。

元和十三年（八一八年）正月，淄青的李師道遣使奉表，請求派長子入朝，並獻出沂、密、海三州之地。

四月，成德的王承宗也把兩個兒子送往朝廷為人質，同時獻出德、棣兩州，並自願將徵稅和官吏任免權歸還中央。

同月，盧龍的劉總在部將的勸說下也向朝廷上表，宣誓效忠。

不久，李師道又生悔意，企圖再度與朝廷對抗。憲宗大怒，隨即出動宣武、魏博、義武、武寧、橫海五道兵馬共同討伐，於元和十四年（八一九年）正月將其平定。

至此，跋扈多年的河北諸藩終於向李唐中央俯首稱臣，分裂板蕩了半個多世紀的帝國終於恢復了統一。儘管這樣的統一在一定程度上只是流於形式，但它仍然是安史之亂後李唐朝廷在藩鎮事務上取得的最大成功；儘管這種表面的輝煌之下仍舊掩蓋著諸多隱患，但是憲宗李純已經完全有理由為此感到自豪。

在中晚唐混沌而黑暗的一百多年歷史上，憲宗君臣連袂打造的這個振奮人心的時代，史稱「元和中興」。

元和中興之所以能夠實現，首先當然要歸功於憲宗本人的虛心納諫和勵精圖治，同時也是得益於李絳、裴度、武元衡等多位宰相的盡心輔佐和群策群力。正如史家所言：「憲宗嗣位之初，讀列聖實錄，見貞觀、開元故事，竦慕不能釋卷，顧謂丞相曰：『太宗之創業如此，玄宗之致理如此，既覽國史，乃知萬倍不如先聖。當先聖之代，猶須宰執臣僚同心輔助，豈朕今日獨為理哉！』自是延英議政，晝漏率下五六刻方退。自貞元十年以後，朝廷威福日削，方鎮權重。……及上自藩邸監國，以至臨御，訖於元和，軍國樞機，盡歸之於宰相。由是中外咸理，紀律再張，果能剪削亂階，誅除群盜。睿謀英斷，近古罕儔，唐室中興，章武（憲宗諡號）而已。」（《舊唐書・憲宗本紀》）

四四、青春皇帝：將娛樂進行到死

唐憲宗雖然在平藩鬥爭中取得了巨大成功，讓帝國重新回到了大一統的軌道，但令人遺憾的是，他並沒有把這個成功保持多久。

準確地說，他被自己的成功埋葬了。

自從元和十三年（八一八年）平定淮西之後，憲宗就一改過去那種克己自律、惕勵精勤的執政作風，開始貶黜賢良，進用佞臣，大肆聚斂，縱情享樂，同時還廣召天下方士，頻頻服食丹藥。

憲宗逐漸變得萎靡不振，性情也變得暴戾乖張，原本強健的身體更是在短短一兩年內迅速垮掉了。病魔旋即攫住了他。

憲宗患病之後，越發暴躁易怒，身邊的宦官動輒得咎，被鞭笞杖打算是家常便飯，有些人甚至還無緣無故掉了腦袋。宦官們人人自危，不知道噩運何時會降臨到自己頭上。

與此同時，太子李恆也急得如同熱鍋上的螞蟻。

他擔心的倒不是憲宗的病情，而是擔心憲宗一旦駕崩，他的兄長灃王李惲會跟他爭奪皇位。李惲是憲宗的次子，其背後的支持者是憲宗最寵幸的宦官——神策左軍中尉吐突承璀。幾年前，憲宗打算冊立李恆為太子時，吐突承璀就曾極力阻撓，同時力挺灃王李惲。後來憲宗還是選中了李恆，吐突承璀為此耿耿於懷。眼下憲宗患病，吐突承璀就在背後頻繁活動，卯足了勁兒想搞掉李恆，擁立李惲即位。李恆對此憂心忡忡，但是卻無計可施。

對於太子的憂慮，另外幾個宦官都看在眼裡。他們就是吐突承璀的政敵——神策右軍中尉梁守謙，以及內侍宦官陳弘志、王守澄等人。他們很清楚，天子李純已經沒幾天可活了，一旦吐突承璀擁立澧王李惲即位，他們必將死無葬身之地。所以，他們決定先下手為強……

元和十五年（八二〇年）正月二十七日，梁守謙等人祕密開了一個碰頭會。沒有人知道他們到底在策劃什麼，只知道當天深夜，憲宗李純就莫名其妙地暴亡了，年僅四十三歲。

他們對外宣稱的死因是藥物中毒，但是真相到底如何，滿朝文武都不得而知。

數日後，梁守謙帶著全副武裝的神策右軍士兵衝進了吐突承璀的府第，不由分說地將其砍殺；緊接著又衝進澧王府，殺死了李惲；然後擁立太子李恆即位，是為唐穆宗。

穆宗李恆是一個胸無大志之人，守喪一個月期滿後，就急不可耐地投入到了聲色犬馬、嬉戲宴遊的娛樂活動中。諫官們屢屢上疏勸他節制，可穆宗充耳不聞。

除了縱情聲色之外，穆宗還有一個習慣讓諫官們看了扎眼。

那就是「濫賞」。他出手異常闊綽，尤其是對那些倡優戲子，只要樂意，隨時隨地都會賞賜一大堆金帛。諫議大夫鄭覃等五人實在看不下去，就一起入閣勸諫，說：「金銀綢緞都是百姓的血汗，除非為國家立功，否則不應濫賞。宮庫目前雖有存餘，但請陛下愛惜，萬一將來戰事又起，方能不再向百姓徵收重稅。」

天子李恆看了他們很久，忽然吃驚地問宰相說：「這幾個人是誰啊？」

宰相連忙回答：是諫官。

這君不識臣的一幕發生在李恆即位已經九個多月的時候。可由於天子大部分時間都在關注娛樂事業，所以來不及認識自己的臣子。

為了表示對諫官們直言進諫的感謝，穆宗隨後便派人去慰問他們，說：「朕會照你們的話去做。」朝臣們聽到都很高興，覺得當今天子還算是從善如流的。

可他們很快就發現自己錯了。

因為穆宗李恆對待諫言的態度是——虛心接受，堅決不改。

隨後的日子，穆宗的所有娛樂活動照常進行，濫賞的毛病也一點沒變。

憲宗死後，原本在他手裡老實了一陣子的藩鎮就又故態復萌了。元和十五年（八二〇年）十月，成德節度使王承宗卒，諸將祕不發喪，擁立其弟王承元接管軍政大權。

如果承認他，意味著藩鎮自立自專的「潛規則」從此死灰復燃；可要是不承認，勢必要大動干戈。

該怎麼辦？

穆宗躊躇再三，最後和宰相們一起商量了一個折衷的辦法，對諸藩實施了一次大面積調動——調魏博田弘正為成德節度使；任成德王承元為義成節度使；調義成劉悟為昭義節度使；調武寧李愬為魏博節度使；任左金吾將軍田布（田弘正的兒子）為河陽節度使；稍後，又調宣武張弘靖為盧龍節度使。

在穆宗君臣看來，這是一個兩全其美的辦法：既保留了諸藩的節度使職位，不必和他們撕破臉面，又能斬斷各節度使對原轄區的絕對控制權，消除自立自專的隱患。

可是，這個自以為高明的策略很快就遭到了藩鎮的強烈抵制。

長慶元年（八二一年）七月，盧龍軍隊爆發兵變，綁架了朝廷任命的節度使張弘靖，擁立朱克融（朱滔的孫子）為留後。消息傳到長安，穆宗慌忙罷免了張弘靖的節度使之職，把他貶為吉州（今江西吉安市）刺史，同時將昭義節度使劉悟調任盧龍節度使。

可是，劉悟不幹。眼下的盧龍是一座火山，劉悟才不會笨到把自己的屁股放在火山口上烤。他上表說：「還是暫且先把節度使之職授予朱克融吧，然後慢慢再想辦法。」穆宗無奈，只好收回成命，聽之任之。

七月末，河北一波未平，一波又起。成德兵馬使王庭湊發動兵變，殺死從魏博調來的節度使田弘正，同時砍殺了田弘正的幕僚、將吏和一家老小三百多人，隨即自任留後，並上表要求朝廷任他為節度使。消息傳來，天子和朝廷大為震恐。

田弘正是憲宗當年撫平河北藩鎮的一面旗幟，假如李唐中央對他被殺之事不聞不問，那不僅意味著元和中興的成果將徹底付諸東流，而且無疑是在向藩鎮示弱。

這年八月，穆宗發布詔書，命魏博、橫海、昭義、河東、義武一同出兵，同時起用前宰相裴度，任他為盧龍、成德兩鎮招撫使，準備出兵討伐王庭湊和朱克融。

可叛亂諸藩根本不把朝廷放在眼裡。八月，王庭湊親自帶兵猛攻深州；九月，朱克融又縱兵在易州（今河北易縣）一帶燒殺擄掠。

十月，裴度出兵。可剛剛打了兩個月，國庫就告罄了。一貫出手闊綽的穆宗李恆終於嘗到了自己親手種下的苦果。他急忙問計於宰相，宰相們說：「王庭湊殺田弘正，而朱克融卻留了張弘靖一命，罪有輕重，請赦免朱克融，集中全力討伐王庭湊。」穆宗趕緊下詔，在這一年年底任命朱克融為盧龍節度使。

此風一開，叛亂的勢力便再也無法遏制了。長慶二年（八二二年）正月，魏博兵馬使史憲誠發動兵變，節度使田布被迫自殺，史憲誠自立為留後。穆宗自知無力討伐，只好任命史憲誠為魏博節度使。

二月，李唐朝廷徹底妥協，任命王庭湊為成德節度使。

至此，河北三鎮悉數脫離中央，重新回到了半獨立狀態。李唐中央威信掃地，元和中興的勝利果實徹底付諸東流。從這一年起直至唐亡，河北三鎮再也沒有被收復過。

除了藩鎮割據、連年叛亂之外，朝中的政局也是一團糜爛。一邊是宦官擅權、一手遮天，一邊是朋黨之爭日趨激烈，可穆宗卻對此視若無睹，只顧個人享樂，完全無視日益混亂的朝政。長慶三年（八二三年），昏庸無能的穆宗在縱情聲色的同時又染上了一樣新的毛病——追求長生，服食丹藥。

一切就跟晚年的憲宗一模一樣。遺傳的力量真是不可思議。

儘管此時的李恆剛剛二十九歲、正值盛年，可人們完全有理由相信——一旦穆宗走上父親的這條老路，其下場絕對不會比憲宗更為美妙。

果不其然，穆宗不久後就開始患病了。長慶四年（八二四年）正月，年屆而立的穆宗李恆駕崩，年僅十六歲的太子李湛在太極殿即位，是為唐敬宗。

小皇帝一上台，人們就再次見識了不可思議的遺傳力量。

李湛基本上就是穆宗的翻版。

他首先是繼承了穆宗的慷慨。剛一登基，敬宗就連續三天對宦官們大加賞賜，所賞賜的東西不僅有金銀、綢緞、珠寶，而且還有官職。賞賜的標準依天子的心情而定。比如今天剛賜給某個宦官綠色官服（六品、七品），明天就可能賞他紅色官服（四品、五品）。

敬宗還繼承了穆宗的娛樂精神。從當上天子的次月開始，敬宗就天天打馬球、遊樂、宴飲、看戲，而且不停地賞賜宦官和戲子們，數量多得連史官都懶得記載。

最後一點，也是最要命的是——敬宗和穆宗一樣，一點也不喜歡治理朝政。所以，例行的早朝對他來講就是一件避之唯恐不及的苦差事。登基不過才一個多月，小皇帝上朝的時間就一天比一天晚。諫官們屢屢上疏勸諫，敬宗卻置若罔聞。

敬宗是大唐開國二百餘年來最年輕的天子，估計也是最荒唐的天子。在他即位的兩個多月後，還發生了一件大唐有史以來最荒唐的事情，讓滿朝文武都驚出了一身冷汗。

準確地說，這是一次暴動。

暴動的地方竟然是在皇宮之中，而策劃者竟然是兩個平民：一個叫蘇玄明，一個叫張韶。

蘇玄明是一個算命先生，張韶是宮中染坊的一個雜役，兩人是好友。有一天閒來無事，蘇玄明就替張韶占了一卦，說：「卦象顯示，你將會坐在天子的位子上，與我一同進餐。」

張韶聞言，不禁嚇了一跳，可緊接著又聽見蘇玄明說：「現在皇上每天都在打獵和玩球，經常不在宮中，如果我們乘機幹一件大事，未必不能成功。」

張韶歪著腦袋回味了半天，一股「王侯將相寧有種乎」的豪情壯志在他胸中油然而生，狠狠地說了一聲：「好！」

於是，一場暴動就從這兩顆樸素的腦袋和這幾句簡單的對話中誕生了。

二人說幹就幹，迅速糾集了一百多個染工，於四月十七日這天把兵器藏在運染料的車中，準備從大明宮東面的銀台門運入宮中，在這一天夜裡起事。一行人剛走到銀台門，禁衛人員察覺到車載太重，將他們攔下盤問。張韶眼見事情即將敗露，不得不殺了盤查人員，和徒眾揮起武器，大聲嘶喊著衝入皇宮。

此時，小皇帝正在清思殿旁和宦官們玩馬球，忽然聽見外面殺聲震天，頓時大驚失色。宦官們慌忙關上宮門，可變民很快便砸爛宮門、一擁而入，魂不附體的小皇帝在宦官的簇擁下倉皇逃往神策軍的軍營。左神策中尉馬存亮一聽皇上駕到，趕緊跪地迎駕，並親自把小皇帝背進了軍營，隨即命大將康藝全率騎兵入宮討賊。

變民們逕直衝上了清思殿，張韶一屁股坐在天子的御榻上，一邊招呼蘇玄明一起吃東西，一邊興高采烈地對他說：「你卜的卦可真準哪！」

蘇玄明氣急敗壞地對張韶說：「我們起事難道就為了這個？」

蘇玄明話音未落，殿外便已傳來禁軍的喊殺聲。張韶終於回過神來，急忙跳起來奪路而逃。可他們已經無路可逃了。數百名禁軍士兵已將清思殿團團包圍。蘇玄明、張韶和大部分黨羽先後被禁軍砍殺，屍體橫七豎八地躺了一地。宮裡的秩序直到這天夜裡才漸漸恢復。次日，躲藏在宮中的漏網暴徒悉數被禁軍捕獲。

這場爆發在皇宮中的平民暴動無異於一場荒唐的鬧劇，在唐朝二百年歷史上似乎還是破天荒的頭一遭。不過，還好只是一場虛驚。除了宮門被砸爛幾扇、御座上沾了幾點染料和污漬之外，李湛發現自己也沒什麼損失，所以沒過幾天就把一切不愉快全都拋到九霄雲外了。

隨後的日子，小皇帝該怎麼玩還怎麼玩，一樣也沒耽誤。

李湛登基的第一年，雖然討厭上朝，可還是不敢不上，頂多就是遲到早退而已。可到了第二年，他就開始怠工，連朝也不上了，整天跟宦官佞幸們廝混在一起，尋歡作樂毫無節制，一個月上朝最多不過兩三次，滿朝文武連他的面都很少見到。

朝臣們心寒不已。當今皇帝非但全盤繼承了先帝李恆的所有缺點，而且種種荒唐行徑都比他有過之而無不及。

這一年冬天，敬宗決定去驪山溫泉遊玩，諫官們極力勸阻，李湛不聽。拾遺張權輿伏在紫宸殿下叩首，說：「周幽王遊驪山，被犬戎所殺；秦始皇葬在驪山，因此國家滅亡；玄宗在驪山廣修宮室，導致安祿山作亂；先帝亦曾前往驪山，故享壽不能久長……」

李湛聽見這一連串驚悚故事，忍不住樂了，說：「驪山有這麼凶險嗎？朕倒要親自去證實一下，看這些話對不對。」

天子馬上去驪山玩了一趟，回來後得意洋洋地對左右宦官說：「那個磕頭的說那些話根本不可信！」

年輕的天子顯然是一個樸素的唯物主義者，不相信那些子虛烏有的迷信之說。當然，諫官張權輿本人也不見得會相信這些話，他不過是想藉此嚇嚇小皇帝而已。

可是，誰也沒有料到，短短一年後，張權輿隨口說出的這番話就在敬宗的身上應驗了。

寶曆二年（八二六年），敬宗已經十八歲了，可他不但沒比以前成熟，反而玩得比以前還瘋。

他聲色犬馬樣樣喜好，而且無不精通，其中尤以「打馬球」和「掰手腕」最為擅長。

據說，敬宗在這兩個項目上的競技水準已躋身當時超一流選手的行列。為此，禁軍和各地官吏紛紛向朝廷進獻「大力士」，以討天子歡心。敬宗也曾懸賞一萬緡，命人招募能與他交鋒的高手。

隨著年齡的成長，敬宗玩得越來越不靠譜，而且脾氣也越來越暴躁。陪他競技的那些力士一不小心就會被流放邊地，籍沒家產；而他身邊的一些內侍宦官動不動也會挨上一頓鞭子。

這樣的情形就跟憲宗晚年的時候如出一轍。

敬宗身邊的宦官們又恨又怕，隨即暗中策劃了一個行動……

這一年十二月初八，敬宗李湛在外面打了一天的獵，深夜才回到宮中。可他意猶未盡，又召集內侍宦官劉克明、田務澄和禁軍將領蘇佐明、王嘉憲等一大群人一起飲酒。

天子一通豪飲，很快就醉了。他搖搖晃晃地站起來，去內室解手。

劉克明和蘇佐明等人交換了一下眼色。一切心照不宣。

蘇佐明跟在天子後面悄悄走進內室……忽然間，劉克明擲下一隻酒杯，殿內燭光齊滅，黑暗中傳出一個人重重倒地發出的悶響。

這個娛樂至死的青春皇帝就這樣結束了年輕的生命。

一個荒唐的時代也隨之悄然終結。

劉克明當即偽造了一道聖旨，傳翰林學士路隋草擬遺詔，命絳王李悟（憲宗第六子）主持軍國大事。次日，宮中發布天子駕崩的消息，同時頒布遺詔，命李悟上紫宸殿接見宰相和文武百官。

這突如其來的巨變讓滿朝文武面面相覷，百思不解。

時任樞密使的宦官王守澄料定——天子絕對不是正常死亡！作為當年暗殺憲宗的主謀之一，他對敬宗之死的內幕心知肚明。

很顯然，內侍宦官劉克明等人幹了和他當年一模一樣的事情，而他們的目的也是不言自明的，那就是擁立新君，控制朝政。

思慮及此，王守澄搶先出手了。他立刻召集右樞密楊承和、左右神策中尉魏從簡、梁守謙（時人稱為「四貴」）。四貴緊急磋商之後，禁軍立刻傾巢出動。

十二月初九這天，大明宮鮮血飛濺。劉克明一黨猝不及防，全部被屠滅，絳王李悟同時被殺。王守澄等人當天便把江王李涵迎進了大明宮。

滿朝文武還沒從天子暴亡的突發事變中回過神來，眼前的一切再次令他們目瞪口呆。

江王李涵是穆宗次子、敬宗的異母弟，時年十八歲，僅比李湛小幾個月。當一群全副武裝的禁軍士兵在宦官的率領下不由分說地把他擁入宮中的時候，一臉蒼白的江王李涵根本不知道發生了什麼事情，也不知道這群人到底要讓他幹什麼。

不過，他很快就知道了。他們是要讓他當天子！

直到江王李涵站在金鑾殿上，看見那張空空蕩蕩的帝座向自己驀然敞開懷抱的時候，他仍然不敢相信這一切都是真的。第二天一早，宦官們就擁著他站到了紫宸殿的外廊，像昨天的絳王李悟一樣接見宰相和文武百官。

十二月十二日，江王李涵登基為帝，更名李昂，是為唐文宗。

四五、甘露之變：天子與宦官的巔峰對決

唐文宗李昂從即位的第一天起，就覺得自己是一個窩囊天子。

因為在帝國的種種亂象面前，他始終充滿了無力之感。

面對割地自專的跋扈藩鎮，他無力；面對無休無止的文臣黨爭，他無力；面對反奴為主、一手遮天的宦官集團，他更無力！

在李昂看來，「藩鎮叛亂」和「文臣黨爭」固然可惡，可它們畢竟還不能直接顛覆他的皇權，威脅他的生命，因此充其量只能算是肘腋之患。讓他感到最可怕也最可恨的，其實是「宦官擅權」。

自從安史之亂以來，宦官集團就成了帝國政壇上的一支強勢力量，他們不僅一手把持宮禁大權、肆意決斷朝政，而且敢於謀殺皇帝、擅行廢立，幾乎把大唐天子和文武百官全都玩弄於股掌之中。

為了報答王守澄的擁立之功，文宗即位之後，不得不違心地賜予他高官厚祿，讓他擔任樞密使、神策中尉、驃騎大將軍。所以，如今的王守澄儼然成了大唐帝國最有權勢的人，不僅滿朝文武唯其馬首是瞻，就連文宗也要處處看他臉色。對此，文宗李昂當然是滿腹憤恨。

他一直在尋找機會，準備剷除宦官集團。

從太和四年（八三〇年）起，文宗就開始醞釀他的計畫了。當然，他不敢找那些資深的宰相合

作，因為他們混跡官場多年，背景複雜，暗中難免和那些當權宦官有種種利益聯結。為了安全起見，文宗決定擢用新人來執行他的計畫。

整個太和四年的上半年，李昂焦急的目光一直在滿朝文武中來回逡巡，最後終於鎖定在一個叫宋申錫的翰林學士身上。

透過一段時間的仔細觀察，李昂確定這個人是可以信賴的，於是找了一個單獨的機會向他發出了試探。這種試探是相當含混的，其情形就像一個內心熾熱而外表矜持的窈窕淑女向她的如意郎君拋出的那種欲說還休的媚眼。雖然天子的這個「媚眼」拋得有些曖昧，可聰明的宋申錫還是在第一時間就讀懂了。他當即表態：應該想辦法逐步削弱王守澄的權力，並最終除掉他。

文宗龍顏大悅，當即提拔宋申錫為尚書左丞，不久又擢升他為宰相。經過半年多的精心策劃，到了太和五年（八三一年）春，文宗與宋申錫終於制定了一個翦除宦官集團的絕密計畫。

可是，任何一個完美的計畫都需要具體的執行者。文宗和宋申錫身為天子和宰相，當然只能在幕後策劃，不宜衝鋒陷陣。所以，能否找到一個可靠的執行者，就是這個計畫能否成功的關鍵。

然而，宋申錫絕對不會想到，他找來找去，最後找到的這個執行者不但一點都不可靠，而且一轉身就把他和天子賣了。

被宋申錫選中的這個人名叫王璠，時任吏部侍郎。當他在宋申錫家中的一間密室裡得知這個翦除宦官的計劃時，額頭上瞬間就沁出了冷汗。儘管宋申錫向他鄭重轉達了天子的問候，並且向他描繪了未來的願景，還作出了種種共用富貴的許諾，可王璠還是沒有被宋申錫的美麗言辭所打動。

因為如今的宦官太強大了，而天子又太弱小，所以王璠無論如何也不敢把寶押在天子這一頭。

從宋宅的密室走出來後，王璠甚至連起碼的思想鬥爭都沒有，就直奔宦官王守澄的府邸。王守澄在獲悉宋申錫計畫的全部內容後，找來了他最倚重的幕僚鄭注，商討對策。

鄭注略微沉吟，說：「王公，依您看，古往今來之人君，最忌諱的事情是什麼？」

王守澄脫口而出：「謀反。」

鄭注一笑：「那麼再依您看，如今的宗室親王中，誰的人望最高、最有賢能之名？」

王守澄再次脫口而出：「漳王李湊。」

這是文宗李昂的異母弟。王守澄一下就明白鄭注想說什麼了——如果有人指控宋申錫陰謀擁立漳王，再有人出面舉證，那麼宋申錫立刻就會死無葬身之地！

王守澄笑著對鄭注說：「這事就交給你了。」

鄭注隨後找到了兩個人。一個叫豆盧著，時任神策軍都虞侯，他的職責就是祕密糾察文武百官的過失，由他來提出指控，連天子都不會懷疑。另一個叫晏敬則，是專門負責為十六宅（宗室親王的府邸群）採辦物品的宦官，由他以自首的方式出面舉證，證明宋申錫的幕僚王師文曾經奉宋申錫之命與他暗中結交，目的就是透過他向漳王李湊傳達擁立之意。

王守澄和鄭注就這麼給宋申錫撒下了一個天羅地網。宋申錫在劫難逃。

太和五年（八三一年）二月末，豆盧著突然狀告宋申錫謀反，罪名就是陰謀擁立漳王李湊為天子。

當天，王守澄就向文宗李昂做了稟報。

聽到消息的這一刻，文宗驚呆了。他猛然意識到——自己半年多來苦心孤詣制定的除閹計劃，已經在這一刻宣告流產了！無論宋申錫謀反是真是假，這個人都不能再留。原因很簡單：如果宋申錫真的謀反，他固然該死；如果宋申錫是被誣陷的，那也足以證明計劃已經洩露，所以王守澄才會迫不及待地對他下手。倘若真的是後者，那宋申錫就更不能留！

此時此刻，文宗李昂只能丟卒保車、壯士斷腕，沒有別的選擇。

三月初，宋申錫被罷相，貶為右庶子。雖然滿朝文武對此案真相心知肚明，可上自宰相、下至群臣，無人敢替其喊冤。

直到此刻，宋申錫才知道——王璠把自己賣了，而且順帶著把天子也給賣了！

數日後，天子下詔，貶漳王李湊為巢縣公，貶宋申錫為開州（今重慶開縣）司馬。不久後，宋申錫就在貶所憂鬱而終。

文宗李昂與宦官集團的第一次較量，就這樣未及出手便徹底失敗了。

時光荏苒，轉眼到了太和八年（八三四年）。幾年來，文宗依然在朋黨之爭和宦官擅權的黑暗現實中掙扎，可就在這一年，有兩張新鮮面孔無意間闖入了他的視野，終於讓李昂看見了一線曙光。

這兩個喚起天子希望的人，就是鄭注和李訓。

鄭注，曾是權宦王守澄的幕僚，宋申錫案的幕後策劃者。太和七年（八三三年）歲末，李唐皇族的遺傳病在文宗李昂身上爆發——他忽然中風，一下子喪失了語言功能。王守澄隨即推薦醫術精湛的鄭注為天子治療。鄭注緊緊抓住這個平步青雲的機會，精心配置了藥方。天子服用後，病情大有好轉，從此開始寵信鄭注，不久就任命他為太僕卿。

李訓，原朝中小吏，在敬宗寶曆年間因陷害他人被流放象州（今屬廣西）。數年後，逢大赦回京，透過老友鄭注的關係結交了王守澄。李訓用重金賄賂王守澄，很快就被引薦給了文宗李昂。由於李訓深研《易經》，工於術數，且能言善辯，富有文采，而且長得一表人才，所以文宗一見傾心，將其引為奇士，寵幸日隆，不久便任命他為翰林侍講學士。

就是這兩個人的出現，重新燃起了文宗的鬥志。因為文宗至少從他們身上看到了三個不可多得的優點：一，和當初選擇宋申錫的道理一樣，他們都是「政治新鮮人」，在朝中沒有過於複雜的人脈關係和利益背景，所以在權力鬥爭中會更加無所顧忌；二，他們出身小吏，擁有極強的出人頭地的欲望，文宗可以充分利用他們的這股野心和衝勁；三，兩個人都富於心機、謀略和膽識，這在你死我活的政治博弈中無疑是至關重要的素質。

李訓和鄭注沒有辜負文宗的殷切期望。他們心潮澎湃地接過天子給予他們的權力和信任，鬥志昂揚、義無反顧地向暮氣沉沉的舊世界發起了猛烈的進攻。

他們的第一波攻擊目標是黨人。

從太和九年（八三五年）四月開始，一大批帝國高官紛紛被貶，其中主要是牛、李二黨的黨魁和核心成員。比如時任鎮海節度使的李德裕（李黨領袖）、宰相路隋、京兆尹楊虞卿、宰相李宗閔（牛黨領袖）、吏部侍郎李漢、刑部侍郎蕭浣、戶部侍郎李珏等等，全部遭到貶謫。與此同時，李訓和鄭注開始扶搖直上：李訓先是任國子博士，後遷兵部郎中、知制誥，仍兼翰林侍講；鄭注先是任御史大夫，後遷工部尚書，兼任翰林侍講。

對黨人發起進攻初戰告捷之後，李訓和鄭注旋即把目標轉向了宦官。

雖然這兩匹政壇黑馬是得益於宦官的援引，但這並不妨礙他們在得勢之後毅然把槍口掉轉過來對準宦官。由於宦官勢力太過強大，所以李訓和鄭注採取了一個「以毒攻毒、各個擊破」的迂迴戰術。他們首先鎖定了一個人，作為翦除宦官勢力的突破口。

他就是時任右領軍將軍的仇士良。此人在當年擁立文宗的行動中也曾立過功，由此長期遭到王守澄的壓制。李訓和鄭注向天子獻計：進用仇士良，分散王守澄的權力。

這一年五月，仇士良突然被擢升為左神策中尉。王守澄雖然極為不悅，但他並沒有採取任何行動。因為直到此刻他也沒有意識到，李訓和鄭注的刀子已經從背後悄悄伸了過來。

為了進一步麻痺王守澄，同時為了更快地瓦解閹黨，李訓和鄭注計畫的第二步，是反過來與王守澄聯手，剷除另外三個一直與王守澄明爭暗鬥的元老級宦官。他們就是左神策中尉韋元素、左樞密使楊承和、右樞密使王踐言。這一年六月，這三個大宦官一夜之間全被逐出朝廷，分任西川、淮南和河東監軍。

八月，天子下詔，指責這三名宦官曾分別與李宗閔和李德裕勾結、收受賄賂，故將他們全部流放。數日後，這三個人剛剛被押上流放之路，文宗便派出使臣從背後追上了他們，宣詔將三人賜死。

這是一場狂飆突進的政治運動。

從太和九年（八三五年）四月到九月，為時不到半年，李訓和鄭注聯手掀起的政治颶風就已經把整個長安官場掃得面目全非。高官政要紛紛落馬，朝堂幾乎為之半空。只要是李訓和鄭注看不順眼的人，立刻會被劃歸牛李二黨或閹黨成員，遭到無情打擊。與此同時，一大批帝國的基層官員和名不見經傳的小人物，透過賄賂李訓和鄭注而被迅速拔擢，紛紛進入朝廷，佔據了那些突然空出來的重要職位。

李訓和鄭注胸有成竹地為天子描繪了一幅全新的政治藍圖。他們說：第一步是清洗黨人，第二步是剷除宦官，第三步是收復河湟（甘肅中西部及青海東部）失地，第四步是肅清河北的跋扈藩鎮。做完這些事情，天下必致太平！

而今，黨人集團已被徹底清除，而閹宦集團也已遭到重創。接下來要做的，就是對最後那幾個惡貫滿盈的宦官頭子開刀了。

這一年九月，在李訓的策劃下，當年謀殺憲宗皇帝的主要凶手、時任山南東道監軍的宦官陳弘志突然被徵召回朝。陳弘志奉命啟程後，剛剛走到青泥驛（今陝西藍田縣南），便被李訓派出的刺客殺死。

隨後，李訓和鄭注又向文宗獻計，以明升暗降的手段進一步削弱了大宦官王守澄的權力。與王守澄的調動相隔僅一天，文宗便讓李訓以禮部侍郎銜入相。

十月初九，李訓和鄭注認為時機成熟，遂建議天子對王守澄下手。當天，文宗派人鴆殺了王守澄。這個三度操縱天子廢立、十五年來一手遮天的權宦，終於遭到了應有的下場。鴆殺王守澄後，文宗隨即發布他暴病而亡的消息，同時宣布將為他舉辦一場隆重的葬禮。

在李訓和鄭注的計畫中，王守澄的葬禮是非同尋常的。

因為他不是王守澄一個人的葬禮，而是整個閹黨的集體葬禮！

李訓和鄭注準備利用這次葬禮，策劃一場大規模的行動，將到場的大大小小的宦官黨羽一網打盡。計畫主要將由鄭注執行，因為他現在的職務是鳳翔節度使，手中握有兵權。

王守澄的葬禮定在太和九年（八三五年）十一月二十七日舉行。然而，這一天永遠不會到來了。

因為另一個黑色的日子擋在了它的前面——太和九年（八三五年）十一月二十一日。

「甘露之變」就在這一天爆發。

其實，甘露之變本來不會發生，可就在某個關鍵時刻，李訓葬送了唾手可得的一切，同時也改變了歷史。他在天子和鄭注一無所知的情況下，悄悄改變了原計劃。

因為「一棲不兩雄」，李訓擔心鄭注會奪得首功，未來將爬到他的頭上，所以決定另外制定一個計畫，趕在王守澄的葬禮之前把閹黨全部做掉，回頭再擺平鄭注。

參與李訓計畫的人是：宰相舒元輿、左金吾大將軍韓約、河東節度使王璠、邠寧節度使郭行餘、京兆少尹羅立言、御史中丞李孝本。行動時間定在十一月二十一日早朝，比鄭注的原計劃整整提前了六天。

對此，文宗和鄭注全都蒙在鼓裡。

十一月二十一日，天剛濛濛亮，文宗就已經來到了大明宮的紫宸殿。

朝會像往常一樣按時開始。百官站定了班次，只等著金吾將軍一如平日那樣高聲奏報「左右廂房內外平安」，然後百官就可以奏事了。

可是，這天早朝，左金吾大將軍韓約進入大殿的時候報的卻不是平安，而是祥瑞。

滿朝文武清晰地聽見韓約用一種激動的聲音向天子奏稱：「左金吾聽事（辦公廳）後院的石榴樹上，昨夜天降甘露，臣已遞上『門奏』！」（夜間宮門緊閉，凡有緊急奏章皆從門縫投入，稱為「門奏」）。韓約說完，三拜九叩向天子道賀。李訓和舒元輿當即出列，率領百官一起向文宗祝賀，並邀請皇上前往觀賞，以領受天賜的吉祥。

一個時辰後，文宗乘坐鑾轎出了紫宸門，登上含元殿，命宰相和百官先去「左仗」（位於含元殿左側的左金吾辦公廳）查看。許久之後，李訓和舒元輿等人才回來向天子奏報：「臣已經和眾人查驗了，恐怕不是真的甘露，應暫緩對外宣布，以免天下百姓爭相道賀。」

「怎麼會這樣？」李昂聞言大為失落，回頭命左、右神策中尉仇士良和魚弘志帶著宦官們去重新查看。仇士良等人隨即走出了含元殿。

一切都在按計劃進行。李訓和舒元輿對視一眼，立刻傳召河東節度使王璠和邠寧節度使郭行餘上殿聽旨。

按原定計畫，王璠和郭行餘各帶著數百名全副武裝的士兵等候在丹鳳門（大明宮正門）外，一等李訓宣旨，他們就即刻帶兵進入大明宮，與韓約裡應外合誅殺宦官。可不知道為什麼，只有王璠帶著他的河東兵進來了，郭行餘卻是單槍匹馬，邠寧兵一個也沒有隨他入宮。

計畫開始走樣了，李訓感到了一絲不安。而更讓李訓不安的是：沒帶兵的郭行餘前來殿下聽宣了，而帶著兵的王璠則遠遠站著，一步也不敢靠近含元殿。

看來王璠和郭行餘是靠不住了。李訓憂心忡忡地想，一切只能看韓約的了。

此刻，含元殿左側的金吾衛門廳內，仇士良沒有看見傳說中那晶瑩剔透的甘露，只看見了韓約那蒼白如紙的臉上一顆顆滾圓的汗珠。

為什麼在這樣一個大冬天的早晨，這個左金吾大將軍竟然會大汗淋漓呢？

仇士良滿腹狐疑地盯著韓約問：「將軍這是怎麼了？」

話音剛落，一陣穿堂風吹過，吹起了廳堂後側的帳幕，仇士良無意中瞥見了一些閃閃發光的東西。

那是兵器！

隨著帳幕的晃動，仇士良還聽見了一些聲音。那是兵器相互撞擊發出的鏗鏘之聲。

什麼也不用再問了，所謂的天降甘露就是一場徹頭徹尾的騙局！仇士良和宦官們猛然掉頭就往外跑。跑到門口時，守衛正準備關閉大門，仇士良高聲怒斥，守衛一緊張，門栓怎麼也插不上。仇士良等人衝出金吾衛，第一時間跑回皇帝身邊，奏稱宮中已發生事變。

全亂了，計畫全亂套了！李訓知道，此時此刻，誰能把天子攥在手裡，誰就能掌控整個大明宮的局勢。他立刻呼叫殿外的金吾衛士兵：「快上殿保衛皇上，每人賞錢百緡！」

仇士良當然不會讓天子落入李訓之手，馬上對文宗說：「情況緊急，請皇上立刻回宮！」旋即把文宗扶上鑾轎，和手下宦官擁著皇帝，衝出含元殿向北飛奔。李訓抓住轎桿，情急大喊：「臣還有大事要奏，陛下不可回宮！」

此時，京兆少尹羅立言帶著三百多名京畿衛戍部隊從東面殺了進來，御史中丞李孝本也帶著兩百多名手下從西邊衝過來，都是來增援李訓的。他們衝進含元殿，對著那些未及逃離的宦官揮刀便砍，頃刻間便有十餘人倒在血泊中，哀叫聲此起彼伏。

天子的鑾轎在宦官們的簇擁下搖搖晃晃地跑到了宣政門。李訓仍舊一路死死抓著轎桿，不停地叫天子落轎。早已嚇得失魂落魄的文宗又驚又怒地喝令他住口。仇士良的手下郗志榮一見皇帝發話，衝上去對著李訓當胸一拳，將他打倒在地。還沒等李訓爬起來，鑾轎已經進了宣政門，宮門立刻緊閉。宦官們知道自己安全了，齊聲高呼萬歲。

此刻，宮中的文武百官早已各自逃命、作鳥獸散。李訓知道這次行動徹底失敗了，急忙換上隨從人員所穿的綠色低品秩官服，騎馬奔馳出宮，一路大聲抱怨：「我犯了什麼罪，要被貶謫出京！」藉此掩人耳目。果然，各宮門守衛一路放行，沒人懷疑他。

經此變故，仇士良已經意識到李訓等人要對付的就是他們宦官，而幕後主使很可能就是天子本人。仇士良死死地盯著皇帝，忍不住破口大罵。

文宗渾身顫慄，無言以對。這一刻，堂堂大唐帝國的天子在宦官面前幾乎就像一個做錯事的小孩一樣，把頭深深地耷拉了下去，一句話也說不出來。

仇士良開始反擊了。

他下令禁軍大舉搜捕「叛黨」。此時，宰相舒元輿、王涯等人仍然不知道計畫已經失敗，正在政事堂用午膳。一名小官驚恐萬狀地跑進來喊：「軍隊從內廷出來了，逢人便殺！」

幾位宰相這才清醒過來，趕緊狼狽出逃。政事堂瞬間炸開了鍋，門下、中書兩省官員及金吾衛吏卒共計一千多人爭先恐後地往外跑，把大門口擠得水洩不通。片刻後，宦官帶著禁軍殺到，立刻關閉大門。轉眼間，政事堂內未及逃離的六百多人全部被殺。

殺人是很容易獲得快感的，尤其是殺那些手無寸鐵、毫無反抗意志的人。

此刻的仇士良就充分體驗了這樣的快感。

於是反擊行動迅速升級，變成了一場徹頭徹尾的大屠殺。仇士良一聲令下，各道宮門相繼關閉，駐紮在玄武門的所有禁軍士兵全部出動，在大明宮展開了地毯式搜索，不放過任何一個「叛黨」。只要不是宦官和禁軍，一律在他們的屠殺之列。

這一天，大明宮變成了一座血肉橫飛的屠宰場。

正在朝廷各衙門辦公的大小官員，以及剛好入宮辦事的各色人等，全都不明不白地成了宦官的刀下之鬼。先後有一千多人被殺，屍體縱橫交錯，鮮血四處流淌。各個衙門的印信、檔案、圖籍、帳幕、器具盡皆被毀，到處是一片慘不忍睹的淒涼景象。恐怖與血腥的氣息瀰漫在大明宮的每一個角落……

大屠殺之後，仇士良又派遣千餘名禁軍騎兵，在城中大肆捕殺漏網之魚，同時出城追捕逃亡者。宰相舒元輿獨自騎馬逃到安化門，被禁軍抓獲。京兆少尹羅立言躲藏在太平里家中，也同時被捕。宰相王涯徒步逃出宮外，躲藏在永昌里的茶肆，也被禁軍搜出，旋即押入左軍軍營嚴刑拷打。年已七十多歲的王涯禁不起酷刑，最後屈打成招，胡亂承認自己與李訓合謀篡逆，企圖擁立鄭注當皇帝。

這份供詞雖然荒謬可笑，可對仇士良來說，有它就足夠了。

只要宰相承認謀反，他今天的大屠殺行動就披上了一件合法的外衣。

事變一起，慣於見風使舵的河東節度使王璠第一時間就逃回了長興里的私宅，並即刻部署河東兵進行防守。宦官魚弘志命禁軍向他傳話，聲稱宰相王涯等人已供認謀反，所以天子起用他為宰相，請他出來主持大局。王璠信以為真，出門相見，旋即被捕，也押進左軍。王璠一見王涯，一開口就埋怨：「你自己謀反，為何把我也牽連進來？」

滿腹冤屈的王涯沒想到這個反覆無常的小人到了這種地步還不忘倒打一耙，氣急敗壞地說：

「還記得你當京兆尹的時候嗎，當初是誰把機密洩露給王守澄的？早知今日，又何必當初？」

王璠頓時語塞。

緊接著，禁軍士兵開始以執行公務為名搶劫私人財產。前嶺南節度使胡證、左常侍羅讓、翰林學士黎埴等大臣的府邸全部被洗劫一空。長安坊間的流氓地痞也開始趁亂燒殺搶劫，並且互相攻擊。一時間雞飛狗跳，塵埃蔽日，形勢一片混亂，長安基本上陷入了無政府狀態……

翌日清晨，心有餘悸的文武百官陸陸續續前來上朝，都等在宮門外。一直到太陽爬得老高，建福門才徐徐打開。百官們魚貫而入，只見禁軍士兵全部刀劍出鞘，佇立兩側，臉上依舊殺氣騰騰。百官戰戰兢兢地走到宣政門，聽見宦官傳令：所有朝臣一律只能帶一名隨從進入內廷。

紫宸殿上已經沒有了宰相和御史，百官隨意站立，班位全亂套了。

臉色蒼白的文宗升殿之後，看著表情各異、班位混亂的文武百官，有氣無力地問了一句：「宰相怎麼沒來？」

仇士良重重地哼了一聲，說：「王涯等人謀反，已被關進監獄。」隨後，召左僕射令狐楚和右僕射鄭覃把王涯的親筆供詞呈給皇帝看。

文宗接過供狀，忽然作出一副既憤怒又驚愕的表情，對令狐楚等人說：「這是王涯的親筆嗎？」當得到肯定的答覆後，天子越發表現得怒不可遏，狠狠地說：「果真如此，死有餘辜！」

李昂知道，他現在必須表現得越驚愕越好。因為驚愕就表明他無辜，表明他沒有參與宰相們誅殺閹黨的計畫。這樣，他才能擺脫干係，以免仇士良等人一怒之下把他這個天子廢掉。文宗現在唯一的希望就是保住自己的皇帝位子，其他的一切他都無暇顧及，也無力顧及了。

第三天，御史中丞李孝本在咸陽西面被抓獲；同日，李訓也在逃亡鳳翔的中途被捕，首級被砍下送入京師。

第四天，滿朝文武都被命令去旁觀「叛黨」的示眾和行刑過程。神策軍將李訓的首級高掛在「叛黨」隊列的前方，後面的囚車押著王涯、王璠、舒元輿、郭行餘、羅立言、李孝本等人，在長安的東、西兩市遊街示眾，然後推到鬧市中一一腰斬，最後把首級懸掛在興安門外示眾。所有叛黨的宗親族裔，不論遠近親疏，一律處死，連襁褓中的嬰兒也沒有放過。其中，有的妻女僥倖沒有被殺的，全都充為官妓。

第五天，仇士良下了一道密敕，命鳳翔監軍張仲清將鄭注誘殺，隨後全家誅滅。

第七天，右神策軍在崇義坊逮捕逃亡多日的韓約，次日將其斬殺。

塵埃落定之後，文宗下詔封賞。宦官仇士良及所有「討賊有功者」全部獲得程度不同的升遷和賞賜。

大唐天子李昂與宦官集團的巔峰對決，就以狂飆突進的政治運動高調開局，卻以震驚天下的血腥屠殺黯然收場。關於甘露之變所導致的政治後果，史書作了這樣的記載：自是，天下事皆決於北司（宦官），宰相行文書而已。宦官氣益盛，迫脅天子，下視宰相，凌暴朝士如草芥……

舊的宦官倒下去了，新一代的權宦又站了起來。

而文宗李昂的頭則一直耷拉著。

從甘露之變爆發的這一刻起，直到生命結束的那一天，文宗李昂再也沒有在宦官面前抬起過頭來。

四六、牛李黨爭：半個世紀的政治風暴

唐憲宗元和三年（八〇八年）夏天，朝廷舉行「賢良方正」制舉考試，華州參軍李宗閔、伊闕縣尉牛僧孺等一批低級官吏入京赴試。這些年輕士人初生牛犢不怕虎，在策試中放言抨擊時弊，指陳朝政缺失。主考官楊于陵、韋貫之對他們非常欣賞，於是把李宗閔和牛僧孺列為甲等。憲宗皇帝看過試卷後，也頗為嘉許。

然而，儘管他們的大膽言論獲得了天子和主考官的讚賞，可還是把宰相李吉甫往死裡得罪了。在李吉甫看來，這些人抨擊朝政就等於是在抨擊他這個當朝宰輔，而天子和主考官對他們的錄用和賞識也無異於是在搧他李某人的耳光！

李吉甫憤然而起，馬上去找憲宗告狀。

當然，他不會說這些考生得罪了他，而是聲稱本次策試的複試主考官之一、翰林學士王涯是某位考生的親舅舅，可王涯不但不避嫌，還錄取了他的外甥，這足以說明本次科考有暗箱操作、任人唯親的嫌疑。

憲宗皇帝雖然多少能猜出幾分李吉甫的真實用心，可他剛登基不久，事事需要倚重當朝宰輔，當然不可能為此跟宰相把關係搞僵。無奈之下，憲宗只好把主考官楊于陵、韋貫之、王涯等人全部貶謫。而李宗閔、牛僧孺等人不僅名落孫山，而且從此被劃入了朝廷的黑名單。

這些因言獲罪的年輕士子雖然滿腔悲憤，可他們無計可施，只能自謀出路。此後，他們在各地藩鎮飄流輾轉，屈尊俯就地當了好些年的低級幕僚，長期得不到升遷，更不可能入朝為官……

到了穆宗即位後的長慶元年（八二一年），李宗閔好不容易入朝當了中書舍人，可時任翰林學士的李德裕（李吉甫之子）卻不忘舊怨，處心積慮地對穆宗施加影響，再度把李宗閔貶出朝廷，外放為劍州（今四川劍閣縣）刺史。

李宗閔從此對李氏父子恨之入骨。

他發誓只要有一天東山再起，必將以其人之道還治其人之身！

俗話說，風水輪流轉。幾年後，形勢果然發生了巨大的轉變：李德裕遭宰相李逢吉排擠，被貶為浙西觀察使，而時任御史中丞的牛僧孺又因官聲清廉擢為宰相。李宗閔隨之時來運轉，於穆宗末年回朝復任中書舍人。此後敬宗即位，李宗閔又升任吏部侍郎。

到了文宗即位後的太和三年（八二九年）八月，由於文宗急欲起用年富力強的宰相，四朝元老裴度便向文宗推薦了李德裕。文宗隨即徵召李德裕入朝擔任兵部侍郎，準備擇日拜相。

眼見老對手大有入相之勢，李宗閔頓感不妙，馬上展開活動，暗中賄賂當權宦官，不斷對文宗施加壓力，終於趕在對手之前當上了宰相，隨後便將剛剛回朝的李德裕外放為義成節度使。次年正月，李宗閔又舉薦數年前因不滿敬宗昏庸而主動去職的牛僧孺回朝復相。

就這樣，當年被李氏父子極力打壓的李、牛二人現在終於翻身作主，成了滿朝文武馬首是瞻的宰輔重臣。大權在握之後，李宗閔和牛僧孺開始以其人之道還治其人之身，聯手實施了大規模的政治清洗，把一大批被視為「李黨」（李德裕之黨）的朝臣紛紛貶出朝廷，就連德高望重的四朝元老裴度也未能倖免，被外放為山南東道節度使。與此同時，另一批朝臣紛紛投奔到這個強勢崛起的陣營中，史稱「牛黨」（牛僧孺、李宗閔之黨）。

一場轟轟烈烈的牛李黨爭就此拉開序幕。

沒有人料到，這場朋黨之爭最終竟然會演變成一場持續四十多年的政治風暴。自憲宗時代起，歷穆、敬、文、武、宣，前後六朝，在將近半個世紀的時間裡，帝國的所有高層官員幾乎全部捲入這場規模空前的黨派鬥爭。牛、李二黨均以正人君子自居，矢口否認自己結黨，而極力抨擊對方都是結黨營私的卑鄙小人。只要哪一黨的成員奪取了宰相之位，立刻擢升本黨成員佔據朝廷的重要職位，而另一黨隨即遭到無情的報復和清洗。

在這場曠日持久的政治鬥爭中，國家安危、天下興亡、百姓禍福、朝政得失，全都被他們拋諸腦後，唯有赤裸裸的黨派利益和個人利益成為他們立身處世的最高原則。為了搶班奪權、打擊對手，這些熟讀聖賢書的士大夫甚至不惜出賣人格、投靠宦官，致使閹宦集團的勢力更加強大、氣焰更為囂張。

對於本來就已憂患重重的李唐王朝來講，如此惡劣的官場鬥爭無異於雪上加霜。除了藩鎮割據和宦官擅權之外，朋黨之爭無疑是傾覆大唐帝國的三大禍首之一。

李黨領袖李德裕被貶出朝廷後，先是出任義成節度使，旋即又調任西川。西川是大唐帝國防禦吐蕃和南詔的軍事重鎮，具有十分重要的戰略地位。在這個位子上，最容易判斷一個官員的政治和軍事才能。

而李德裕正是在這個西川節度使的任上充分展現了他的過人才能。前任郭釗由於年老多病，給他留下的是一個邊備廢弛、軍糧短缺、士卒懈怠的爛攤子。李德裕一到任，馬上修建了一座「籌邊樓」，作為整頓邊防的軍事指揮中心。隨後，命人詳細畫出了一張南至南詔、西至吐蕃的西川戰區地圖。此後，李德裕每天都召見那些長期戍邊、熟悉邊防的老兵，詳細向他們詢問山川形勢、城鎮位置以及每條道路的遠近寬狹等交通情形。不出一個月，李德裕已經對整個西川的戰略形勢瞭若指掌。

與此同時，李德裕還積極整修邊塞、儲存糧食、訓練士卒、調整軍隊部署，迅速扭轉了原先的不利局面，使整個西川戰區的邊防形勢煥然一新。

所有這一切，都被遠在朝廷的牛黨看在眼裡。原以為把李德裕排擠出長安就意味著終結了他的政治前途，沒想到他在廣闊天地裡反而大有作為，這實在是出乎牛黨的預料。

牛僧孺和李宗閔冷冷注視著西川，一直想找一個機會挫挫李德裕的鋒頭和銳氣。

太和五年（八三一年）九月，機會終於出現了。

起因是吐蕃的維州（今四川理縣）副使悉怛謀率部向李德裕投降。李德裕認為這是削弱吐蕃的良機，立刻飛書朝廷，奏稱：「臣準備派遣軍隊直搗吐蕃腹地，一洗我大唐長久以來所蒙受的恥辱！」奏疏交到尚書省，文宗召集百官商議。多數朝臣一致認為應該批准李德裕的作戰計畫。

關鍵時刻，牛僧孺發言了。

他說：「吐蕃的土地，四面各有萬里，失去一個維州，並不能削弱他們的勢力。況且近來我大唐與吐蕃兩國修好，相約撤除邊防警戒。大唐與西戎交往，信守盟約最為重要。如果他們以我國失信為由出兵，用不了三天，前鋒騎兵就會直抵咸陽橋。到那個時候，西南數千里外就算得到一百個維州，又有什麼意義？如果無端拋棄誠信，對國家只有害處，沒有裨益。這種事情是連一個匹夫都不願幹的，更何況一個帝王！」

這番話說得高瞻遠矚、大義凜然。文宗皇帝聽得頻頻點頭，覺得煌煌大唐實在不應該見小利而忘大義，遂下令李德裕逮捕悉怛謀及其部眾，把人和城池全部歸還吐蕃。交接的當天，吐蕃人就在邊境線上把悉怛謀等人全部砍殺了。

在悉怛謀事件過去一年多之後，由於原西川監軍宦官王踐言回朝就任樞密使，文宗皇帝才聽到了來自牛黨之外的有關這個事件的不同聲音。王踐言不只一次對天子說：「當初把悉怛謀逮捕送還吐蕃，讓吐蕃方面稱心快意，徹底杜絕了日後吐蕃人歸降大唐的機會和可能性，實在是個下下之策。」

文宗直到此刻才意識到，牛僧孺當時那個冠冕堂皇的建議背後，事實上仍然是黨派鬥爭和個人恩怨的動機在作祟。與此同時，李黨成員也紛紛反擊，稱牛僧孺此舉純粹是公報私仇，目的是妨礙李德裕為國立功。

從此，文宗開始疏遠牛僧孺。

牛僧孺內心不安，主動上表請辭，旋即外放為淮南節度使。

接下來發生的事情就在人們的意料之中了。短短幾天後，李德裕入朝就任兵部尚書。數年前失之交臂的宰相之位，終於再度向他招手了。

同盟者黯然離去，老對手捲土重來，這不禁讓李宗閔感到憂心忡忡。他知道李德裕隨時可能入相，於是千方百計地進行阻撓。然而，李德裕這幾年在西川取得的政績是有目共睹的，此刻天子對他的信任和期待也是前所未有的。儘管李宗閔挖空心思地在背後做了一系列小動作，結果還是一場徒勞。

太和七年（八三三年）二月，李德裕正式入相。文宗在接見他的時候，有意無意地談起了令人頭痛的黨爭問題。李德裕毫不諱言地說：「當今朝廷的士大夫，起碼有三分之一以上是朋黨！」

當然，李德裕自認為他和他的同志們絕對是在這三分之一以外的。

於是，李德裕回朝後立即著手的事情，便是率領他那「非朋黨」的同志們，對那「三分之一」的朋黨展開了新一輪的政治清洗。與此同時，一些早先被排擠出朝的「非朋黨」的同志們，又在李德裕的援引下紛紛回到中央。而這些事情最後朝向的那個無庸置疑的邏輯終點，便是李宗閔的罷相。

六月，李宗閔被外放為山南西道節度使，與牛僧孺罷相時隔僅僅半年。

至於說李德裕這麼幹算不算是黨爭，似乎不是一個很難判斷的問題。

我們相信，文宗李昂斷不至於看不懂這些事情的真相。然而，看得懂又怎麼樣呢？

當一個帝國的所有高層官員都已經深陷黨爭的泥潭而無力自拔的時候，當國家利益、朝廷利益和百姓利益都已經習慣成自然地在黨派利益和個人利益面前讓路的時候，這個孤掌難鳴的年輕天子，又如何能夠力挽狂瀾呢？除非他不分牛黨李黨，在一夜之間把帝國的所有高層官員清理一空，否則他也只能在兩黨惡鬥的夾縫中盡力尋求一種無奈的平衡，在防止一黨獨大的道路上走一步看一步地艱難前行……

除此之外，天子李昂還能做什麼呢？

此後的日子，牛李黨爭越演越烈，朝中一片烏煙瘴氣。文宗時常哀歎：「去河北賊易，去朝廷朋黨難！」（《資治通鑑》卷二四五）

太和九年（八三五年），文宗起用李訓和鄭注，大力打擊朋黨，於是牛、李二黨均遭貶謫，朋黨之爭一度消歇。隨後甘露之變爆發，朝政大權被宦官集團一手把持。開成五年（八四〇年）正月，年僅三十二歲的文宗駕崩，仇士良擁立皇太弟李瀍（後改名李炎）即位，是為唐武宗。同年九月，武宗徵召李德裕回朝復相。

會昌三年（八四三年）四月，昭義（今屬山西）節度使劉從諫病卒，其侄子劉稹祕不發喪，掌管了軍政大權，同時逼迫監軍宦官代他上疏朝廷，請立為留後。

武宗徵求宰相和百官的意見，宰相們和大多數朝臣都認為應該授予劉稹留後之職，唯獨李德裕一人堅決反對，並力主征伐。武宗採納了他的建議。

以往，每當河朔諸鎮有節度使死亡、後人或部將企圖自立，朝廷必定先派出弔祭使前往弔唁，其次再派冊贈使、宣慰使前去刺探和斡旋。如果不準備承認其自立，也會先封他一個官爵，直到出現軍隊抗命的情況，朝廷才會出兵。所以，往往一拖就是大半年，等到戰事拉開，藩鎮早已作好了充分的戰爭準備。而這次，武宗李炎把所有裝模作樣的繁文縟節和太極推手全部取消了，直接命令五道兵馬合攻昭義。

戰爭打響後，劉稹就在中央軍隊的強大攻勢下節節敗退，到了會昌四年（八四四年）閏七月，劉稹的心腹將領高文端投誠，為朝廷提供了許多重大的軍事情報，於是加速了劉稹的失敗。八月，作為昭義鎮主要稅賦來源的邢、洺、磁三州又相率歸降，昭義鎮頓時人心惶惶，劉稹旋即被手下大將刺殺，昭義宣告平定。

昭義的成功收復為李德裕獲取了空前的政治資本。在這種時候，他當然不會忘記利用手中的權力繼續打擊他的老對手：牛僧孺和李宗閔。

即便這兩個人已經被打翻在地，他還是會毫不猶豫地踏上一腳。

他隨即捏造證據，誣陷牛、李二人與劉從諫串通謀反。

武宗勃然大怒，隨後便將牛僧孺和李宗閔一貶再貶，直至流放嶺南。

會昌四年冬天，當牛僧孺和李宗閔滿面風霜地奔走在一站比一站更遠的流放路上時，位極人臣、功成名就的李德裕正在他溫暖如春的宰相府中賦詩飲酒，並欣賞著窗外美麗的雪景。

李德裕無限感慨，同時又懷有一絲慶幸。

他慶幸和這兩個老對手鬥了這麼多年，自己總算笑到了最後。

一切都已塵埃落定。從今往後，自己終於可以安安心心地做一個太平宰相了！

可是，李德裕高興得太早了。其實，一切都還沒有結束。

他以為剛剛三十出頭的天子李炎必將在相當長的一段時期內統治這個帝國，所以自己的權力和地位也必將在未來的歲月裡不可動搖地保持下去。

可他錯了。

因為年輕的天子即將不久於人世。

武宗從會昌五年（八四五年）開始，就鬼使神差地走上了和他祖父憲宗、父親穆宗一模一樣的老路——服食丹藥、希求長生。

這一年秋天，武宗變得性情暴躁、喜怒無常，而且身上的許多器官也都出了毛病。

會昌六年（八四六年）正月三日，天子忽然不能上朝了。李德裕和滿朝文武意識到事態嚴重，立刻要求入宮晉見天子，卻被天子身邊的當權宦官一口拒絕。

李德裕無論如何也不會料到，時任左軍中尉馬元贄和內侍宦官仇公武已經祕密敲定了新天子的人選。

在此期間，禁中與外廷消息隔絕。李德裕和滿朝文武雖然憂心忡忡，但是無計可施。他們在惶惶不安中等到了三月二十日，終於接到禁中發布的一道「天子」詔書：立光王李怡為皇太叔，改名忱，即日起全權負責一切軍國大事。

很顯然，這道詔書出自宦官之手。

可當李德裕意識到這一點的時候，一切都已經太晚了。

數日後，唐武宗李炎（患病期間改名）駕崩，李忱即位，是為唐宣宗。

四月初一，新天子李忱開始正式治理朝政。

四月初二，李德裕被罷相，外放為荊南（今屬湖北）節度使。

作為一個大權獨攬的強勢宰相，李德裕知道自己不可能見容於新天子。只是他斷然沒有料到——這一紙貶謫詔書居然會來得這麼快。

不獨李德裕自己感到意外，滿朝文武也無不驚駭。雖說一朝天子一朝臣，可執政的第二天就把這麼一個位高權重、功勳卓著的帝國元老掃地出門，這種雷霆手段實在是不多見。

隨著李德裕在一夜之間垮台，朝野上下的人們不約而同地預感到——帝國政壇新一輪的乾坤倒轉很快就會到來。

這一年八月，宣宗下了一道詔書，把武宗一朝被貶謫流放的五位宰相牛僧孺、李宗閔、楊嗣復、李珏、崔珙在一天之間全部內調。

五位前朝宰相百感交集地打點行囊，迫不及待地踏上了北上的馬車。

可是，李宗閔未及北上便死在了貶所，不久後牛僧孺也因病亡故。

而李德裕的日子也並不好過。後來的幾年中，他被一貶再貶，最後貶到了偏遠荒涼的崖州（今海南瓊山市）。

大中三年（八四九年）十二月十日，李德裕在無盡的悽愴與蒼涼中溘然長逝，終年六十三歲。臨終之前，李德裕登上崖州城頭，最後一次遙望了一眼北方的天空，留下了一首絕命詩《登崖州城作》：「獨上高樓望帝京，鳥飛猶是半年程。青山似欲留人住，百匝千遭繞郡城。」

隨著牛、李二黨黨魁的相繼離世，曾經甚囂塵上的牛李黨爭終於落下了帷幕。

到頭來，究竟是誰笑到了最後？

如果我們只把目光停留在此刻，肯定不會有答案。

可是，如果我們把目光拉長二十年、三十年，直至拉到五十多年後的西元九〇七年，當十六歲的唐哀帝李柷把支離破碎的李唐江山拱手交給那個名叫朱全忠的人時，我們方能從歷史佬兒為我們準確紀錄下的這個長鏡頭中，看見一個觸目驚心的歷史事實，那就是——黨爭是一場徹頭徹尾的政治災難，一場自掘墳墓的王朝悲劇。

在這樣的災難和悲劇中，從來就沒有贏家。

四七、唐宣宗：從「智障人士」到強勢帝王

在唐朝的二十位皇帝中，唐宣宗李忱無疑是最富有傳奇色彩的一個。

因為從小到大，他一直被視為「智障人士」。

在整個長安城，幾乎所有認識他的人都這麼認為。

從他出生的元和五年（八一〇年）起，到他登基的會昌六年（八四六年），整整三十六年間，他幾乎從未享受過真正的親王待遇。

前面的三十年，他一直是皇族宗親們取笑捉弄的對象；後來的幾年，他又莫名其妙地成了武宗暗殺的目標，總是頻頻遭遇「意外事故」，每次都是命懸一線；最後一次，他被人扔進了宮廁裡，差點就一命嗚呼，所幸被一個宦官撈了出來，藏在臭氣薰天的運糞車裡，終於逃出生天；再後來，他隱姓埋名，長期流落民間，一直到登基為帝的幾天前，他的身分還只是一個居無定所的遊方和尚；當武宗病危、大明宮的各派政治勢力正在為新君人選而展開激烈較量的時候，他卻一無所知地在遠離長安的某個地方雲遊和漂泊……

可所有認識他的人做夢也不會想到，彷彿就在一夜之間，歷史佬兒的詭譎之手就把這位曾經的「智障人士」一舉推上了大唐帝國的金鑾殿，讓他搖身一變，成了唐朝的第十六位天子！

更讓人不可思議的是，李忱即位之後，忽然爆發出前所未有的膽識、智慧和魄力，不但極大地

遏制了一貫囂張跋扈的藩鎮勢力和宦官勢力，而且還把淪陷於吐蕃人手裡將近一百年的河湟失地全境收復，締造了唐朝中晚葉絕無僅有的最後一抹輝煌。

他在位的十三年，史稱「大中之治」，也有人稱其為「小貞觀」。由於他的勵精圖治，後世史家也把他媲美於雄才大略的千古一帝李世民，因此稱他為「小太宗」。從「智障人士」到流亡者，再到遊方和尚，最後又君臨天下，成為一代強勢帝王，唐宣宗的一生可謂是跌宕起伏、波瀾壯闊，完全超乎人們的想像。

那麼，這一切究竟是怎樣煉成的？

李忱是唐憲宗李純的十三子、唐穆宗李恆的弟弟，也是敬宗、文宗、武宗三朝天子的皇叔。如此尊貴的一個宗室親王，怎麼會在整個前半生都被當成傻子呢？

一切都要話說從頭。

李忱雖然是憲宗的親生兒子，但卻是庶出。他母親鄭氏只不過是一名身分卑微的宮女，而且入宮前還是鎮海節度使李琦的小妾。李琦後來因叛亂被誅，所以，鄭氏其實就是憲宗皇帝平定鎮海時獲取的一件戰利品。入宮之後，鄭氏成了一個普通的侍女，因年輕貌美，被憲宗臨幸，遂生下光王李怡（就是後來的宣宗李忱）。

由於母親地位卑微，光王李怡出生後自然享受不到其他親王那樣的榮寵，只能在一個無人注目的角落裡孤獨成長。所以，他從小就顯得落落寡歡、呆滯木訥，往往與其他親王群居終日而不發一言。長大成人後，這種情況不但沒有好轉，反而愈發嚴重。人們紛紛猜測，這可能和他在穆宗年間遭遇的一次驚嚇有關。當時，光王入宮謁見懿安太后，不料剛好撞上宮人行刺，雖然是有驚無險，此事並未造成任何人員傷亡，但從此以後光王就變得更加沉默寡言。十六宅（李唐宗室親王的聚居地）的皇族宗親們於是認定，這個本來就呆頭呆腦的傢伙這回肯定是嚇傻了！

此後無論大小場合，光王就成了專門被人取笑和捉弄的對象。有一次，文宗皇帝在十六宅宴請諸王，席間眾人歡聲笑語，唯獨光王悶聲不響，文宗就拿他尋開心，說：「誰能讓光叔開口說話，朕重重有賞！」諸王一哄而上，對他百般戲謔。可這個光叔始終都像一根木頭，無論大夥如何戲弄他，他甚至連嘴角都不動一下。看著他那逆來順受的模樣，眾人越發開心，文宗在一旁笑得前仰後合，眾人也哄堂大笑。

可就在這時候，有一個年輕的親王卻忽然止住了笑容。

這個親王就是後來的武宗李瀍。

雖然李瀍剛才戲弄光王的時候也很起勁，可現在他忽然在想——一個人居然能在任何時間、任何場合都不為一切外物所動，他如果不是愚不可及，就是深不可測！

李瀍忽然有點不寒而慄。他下意識地覺得，光王很可能屬於後者。

到了李瀍登基之後，多年前那種不寒而慄的感覺始終揮之不去。

他越來越覺得，光王內心深處極有可能隱藏著一些不為人知的東西。倘若真的如此，那他這個天子就不能對此無動於衷了。身邊留著這麼一個「深不可測」的人，遲早是個禍害！

後來，種種「意外事故」就頻頻降臨到光王身上。要麼是和皇帝一起玩馬球時突然從馬上墜落，要麼就是在宮中走著走著，忽然被什麼東西絆倒，一骨碌從台階上滾了下來……總之，沒有哪一次不是摔得鼻青臉腫、滿身傷痕。

在一個大雪紛飛的午後，光王和諸親王隨同天子出遊，期間眾人又在一起聚宴暢飲，酒後回宮時天色已晚，大家都有些醉意朦朧。沒有人注意到，那個倒楣的光叔又一次從馬背上「意外」跌落，昏倒在了冰天雪地之中。漫天飄飛的鵝毛大雪很快就把他層層覆蓋。

武宗料定——這個「失足墜馬」的光叔這次肯定是回不來了。

可是，第二天一大早，天剛濛濛亮，人們就在十六宅裡看見了光王——一個活的光王。

儘管走路的時候一瘸一拐，臉上青一塊紫一塊，可一個活生生的光王還是出人意料地站在了武宗的面前。

他好像死不了，無論怎麼折騰就是死不了！

武宗最後終於橫下一條心。他決定一勞永逸地剪除這個潛在的禍患。

隨後的一天，光王突然被四名內侍宦官綁架，不由分說地關進了永巷，幾天後又被捆得像個肉粽一樣扔進了宮廁。內侍宦官仇公武對武宗說，這種賤骨頭沒那麼容易死，乾脆給他一刀，一了百了。武宗點頭同意。仇公武隨後趕到宮廁，趁人不注意，偷偷把奄奄一息的光王撈了出來，隨即用糞土覆蓋在他身上，神不知鬼不覺地把他運出了宮。

經歷了九死一生的光王，從此離開長安，流落民間……

後來的許多筆記史都稱，光王隱姓埋名、跋山涉水，一路逃到了浙江鹽官（今浙江海寧市西南）的安國寺落髮為僧，法名瓊俊。二百多年後，北宋的大文豪、著名的佛教居士蘇軾途徑此處，追憶唐宣宗李忱的這段傳奇人生，特地留下了一首詩：「已將世界等微塵，空裡浮花夢裡身。豈為龍顏更分別，只應天眼識天人。」

宣宗登基前曾經遁入空門的故事雖然不見於唐朝正史，但是在南唐尉遲偓的《中朝故事》、唐末韋昭度的《續皇王寶運錄》和令狐澄的《貞陵遺事》等筆記史中，我們都能發現相關記載。

據說，沙彌瓊俊後來成了一名四處參學的雲水僧，曾與佛教禪宗史上的著名高僧黃檗禪師一起雲遊。當他們走到江西的百丈山時，黃檗禪師凝望著懸崖峭壁上奔騰飛濺的一道瀑布，忽然吟出一句：「千岩萬壑不辭勞，遠看方知出處高。」

沙彌瓊俊微笑地注視著黃檗。他知道，這個智慧過人的老和尚早已洞察了他與眾不同的身世，也窺破了他深藏不露的內心。

他略微沉吟之後，朗聲對出了下句。那一刻，黃檗禪師看見一道自信而孤傲的光芒正從沙彌瓊俊的眸中激射而出，他聽見瓊俊對出的下句是——「溪澗豈能留得住，終歸大海作波濤！」

會昌六年（八四六年）春天，武宗病危，他的幾個兒子都還年幼，帝國沒有儲君，朝野上下人心惶惶。就在這個微妙的時刻，光王悄然回到了長安。

這個命運多蹇大難不死的光王、這個早已被世人遺忘得一乾二淨的光王，忽然在宦官仇公武、馬元贄等人的簇擁下，出人意料地回到了長安。

這一年暮春，光王李怡成了「皇太叔」，而且改名李忱。

所有人都知道，在「皇叔」的稱謂中多了一個「太」字，就是儲君的象徵。武宗一旦駕崩，這個皇太叔李忱就會理所當然地成為新的大唐天子。

當年的智障人士，居然馬上就要成為金鑾殿上的真龍天子？所有人都覺得難以置信和不可思議。

可他們很快就回過神來了。

因為光王是宦官仇公武等人帶回來的。而宦官們需要的就是一個傀儡——一個可以任由他們擺布的窩囊廢和應聲蟲！既然如此，光王當然就是不二人選。在李唐宗室的諸多親王中，還有誰比光王更適合充當這個傀儡呢？

在皇太叔李忱接見文武百官的儀式上，宦官仇公武的臉上一直蕩漾著一個心花怒放的笑容。是的，他有理由這麼笑。好幾年前他就知道，自己從臭氣薰天的宮廁中撈出的不是一個無足輕重的傻子，而是一塊舉足輕重的政治籌碼！他知道自己有朝一日一定能夠把他拱上帝座，然後順理成章地掌控朝政！

而今，一切終於如願以償，仇公武當然有理由笑得這麼燦爛。

然而，接下來的日子，當李忱開始著手處理政務時，仇公武就笑不出來了。

因為眼前的李忱忽然變得無比陌生。他神色威嚴，目光從容，言談舉止沉著有力，決斷政務有條不紊，看上去和從前完全判若兩人！

仇公武既震驚又困惑。難道說，這才是光王的本來面目？

難道這三十六年來他一直在裝瘋賣傻，一直在隱藏真實的自己？

直到此時，仇公武才恍然大悟，原來武宗當年之所以要一而再、再而三地把這個「傻子光叔」置於死地，是因為在他那愚癡木訥的外表之下，其實一直隱藏著常人莫及的才能和韜略。

可現在明白已經太晚了。因為木已成舟，生米已經做成熟飯。仇公武悲哀而無奈地意識到——自己處心積慮所做的這一切，到頭來只是替李忱做了一回嫁衣裳！

宣宗李忱剛一即位，就施展了一系列雷霆手段。隱忍了大半生的他，似乎迫不及待地要將武宗李瀍所建立的一切徹底推翻。

首當其衝者，就是武宗一朝的強勢宰相李德裕及其黨人。李忱正式執政的第二天就罷免了李德裕，此後短短的一年多時間，宣宗就把所有重要的李黨成員全部貶出了朝廷，用行動全盤否定了會昌政治，同時迅速拔擢了一批新人，完成了對中樞政治的換血，建立了他自己的宰執班子。

李忱執政的大中時代之所以被後人譽為「小貞觀」，很大程度上是因為宣宗李忱的自律和勤政。

登基不久，宣宗便命人把《貞觀政要》書寫在屏風上，時常站在屏風前逐字逐句地閱讀。此外，他還命翰林學士令狐綯每天朗讀太宗所撰的《金鏡》給他聽，凡是聽到重要的地方，便會讓令狐綯停下來，說：「若欲天下太平，當以此言為首要。」

還有一件事也足以證明宣宗的勤政確實非一般君主可比。有一天，宣宗忽然對令狐綯說：「朕想知道文武百官的姓名和官秩。」百官人數多如牛毛，天子如何認得過來？令狐綯頓時大為躊躇，只好據實稟報：「六品以下，官職低微，數目眾多，都由吏部授職；五品以上，才是由宰執提名，然後制詔宣授，各有簿籍及冊命，稱為『具員』。」

宣宗隨後便命宰相編了五卷本的《具員御覽》，放在案頭時時翻閱。

勤政的君主總是喜歡事必躬親，並且總能明察秋毫，宣宗在這一點上表現得尤其明顯。有一次，他到北苑打獵，遇到一個樵夫。李忱問他的縣籍，那人回說是涇陽人，李忱就問他縣官是誰，樵夫答：「李行言。」李忱又問：「政事治理得如何？」樵夫說：「此人不善通融，甚為固執。他曾經抓了幾個強盜，這些強盜跟北司的禁軍有些交情，北司就點名要他放人，李行言不但不放，還把這幾個人殺了。」

李忱聽完後一言不發，回宮後就把此事和李行言的名字記了下來，釘在了柱子上。事情過去一個多月後，恰逢李行言升任海州刺史，入朝謝恩，宣宗就賜給他金魚袋和紫衣。有唐一代，這象徵著極大的榮寵，尤其在宣宗一朝，這樣的賞賜更是絕無僅有。李行言受寵若驚，同時又大惑不解。宣宗說：「你知道為什麼能穿上紫衣嗎？」李行言誠惶誠恐地說不知道，宣宗就命人取下殿柱上的帖子給他看。

還有一次，宣宗到渭水狩獵，路過一處佛祠，看見醴泉縣的一些父老正在設齋禱祝，祈求任期已滿的醴泉縣令李君奭能夠留任。宣宗將這個縣令的名字默記在心。過後，懷州刺史出缺，宣宗遂親筆寫給宰相一張條子，將此職授予李君奭。宰相們愕然良久，不知道一個區區的醴泉縣令何以竟能上達天聽，得到皇帝的青睞。隨後，李君奭入朝謝恩，天子將此事一說，宰相們才恍然大悟。

久而久之，朝臣們就明白了，皇上表面上是外出遊獵，其實真正的目的是為了深入民間，了解民情，並且實地考察地方官吏的政績。

但是天下之大，宣宗不可能全部走遍，為此他特意想了個辦法，祕令翰林學士韋澳將天下各州的風土人情以及民生利弊編為一冊，專門供他閱覽。天子將其命名為《處分語》，此事除了韋澳之外無人知曉。不久，鄧州刺史薛弘宗入朝奏事，下殿後忍不住對韋澳說：「皇上對本州事務了解和熟悉的程度真是令人驚歎啊！」韋澳當然知道，天子掌握的資料正是出自《處分語》。

在這種目光如炬洞察一切的天子面前，如果有人心存僥倖，那他就要遭殃了。有一次，主管財政的大臣在奏疏中把「漬污帛」（被水浸濕污染的布帛）中的「漬」寫成了「清」，樞密承旨孫隱中就把那個錯字的筆劃修改了一下。不料，宣宗一拿到奏疏，一眼就看見了那個被塗改過的字，頓時勃然大怒，下令追查塗改奏疏的人。孫隱中隨後便以「擅改奏章」的罪名遭到了處罰。

還有一次，新任的建州（今福建建甌市）刺史于延陵赴任前入朝辭行。宣宗問他：「建州距京師多遠？」于延陵說：「八千里。」宣宗說：「你到任之後，為政的善惡我都會瞭如指掌。不要以為那地方遠，這階前就可直通萬里，你明白嗎？」于延陵當即嚇得手足無措，不知道該如何回答。宣宗安慰了他幾句就讓他上路了。于延陵就任後，或許是把天子的告誡忘了，或許是不相信天子真有那麼神，總之在建州的政績並不理想，所以沒多久就被貶為復州司馬。果然如宣宗所說，于延陵在建州的一舉一動根本沒能逃脫他的法眼。

宣宗的事必躬親還不僅僅展現在治理朝政上，就連生活中的一些瑣碎事務也是如此。宮中負責灑掃的那些雜役，宣宗只要見過一面就能記住他們的姓名和各自的職能，所以不管宮中要做什麼事、派什麼活，天子往往隨口就能點名讓人去幹，而且每次派任都毫無差錯，讓宮中的宦官和差役們咋舌不已。

宣宗一朝，原本甚囂塵上的「牛李黨爭」終於偃旗息鼓，其原因除了兩黨的黨魁相繼離世之外，最重要的一點，就是由於宣宗駕馭百官的智術、心機和手腕均非前朝的歷任天子可比。

早在大中初年，人們從宰相馬植旋起旋落的命運中就已經明白了一點——要在這個強勢天子的朝廷上結黨，幾乎是一件不可能的事。馬植是在大中二年（八四八年）五月入相的，本來幹得好好的，可到了大中四年（八五〇年）四月，馬植突然被一紙詔書貶出了朝廷，外放為天平節度使。

此次貶謫在事前毫無徵兆，所以人們對此感到難以理解。後來他們才知道：原來是一條寶玉腰帶惹的禍。

這條寶玉腰帶是御用物品，天子在不久前把它賞賜給了左軍中尉馬元贄。眾所周知，宦官馬元贄是擁立宣宗即位的主要功臣之一。所以，不管天子在內心如何看待這個功高權重的宦官，反正在表面上，天子對他是極盡恩寵和禮遇之能事，從登基之後便賞賜不斷，這條腰帶只是為數眾多的賜物之一。

可忽然有一天，在朝會上，宣宗卻赫然發現——這條腰帶繫在了宰相馬植的腰上。

這個發現非同小可。天子立刻產生了極大的懷疑和警覺。他當場質問馬植，這條腰帶是不是馬元贄送給他的。馬植已經意識到自己闖了大禍，不敢隱瞞，只好道出真相。第二天，宣宗李忱就毫不留情地罷去了他的相職，並將他貶出朝廷。

因為一條腰帶而罷去一位宰相，這種事情乍一看會讓人覺得荒謬。可在宣宗李忱看來，這件事一點也不荒謬。

他的理由是：馬植與馬元贄本來就是同宗，而他們一個是當朝宰輔，一個是得勢宦官，具有這種關係和身分的兩個人原本就應該主動避嫌而不能走得太近，如今馬元贄居然把天子的賜物轉送給馬植，那就證明他們已經越過了雷池，天子就完全有理由認為他們有結黨的嫌疑。轟轟烈烈的牛李黨爭剛剛過去，它給天子留下的記憶太深刻了——在此前每一度你死我亡的激烈黨爭背後，都曾經站著宦官的身影。

所以，宣宗絕不會讓這一幕在他面前重演。

退一步講，就算馬植與馬元贄不搞黨爭，可僅僅是「禁中與外廷暗中交通」這個事實本身，就足以對登基未久的天子構成某種潛在的威脅了。宣宗絕不會讓自己像文宗那樣受制於強勢宦官仇士良，也不可能像武宗那樣事事聽從於強勢宰相李德裕。

因為，李忱是一個強勢天子！

在宣宗一朝前前後後的諸多宰相之中，令狐綯是在位時間最久的一個。從大中四年（八五〇年）十月起，到大中十三年（八五九年）十二月宣宗駕崩止，令狐綯為相近十年之久，幾乎與宣宗一朝相始終。而令狐綯之所以能穩居相位的唯一祕訣，既不是因為他的政績特別突出，也不是因為他建立了怎樣的功勳，而僅僅是因為——他自覺主動地放棄了相權。

也就是說，他人在其位卻不謀其政，把宰相應有的權力都拱手讓給了天子。

這是他的聰明之處，也是他的無奈之處。要在強勢天子李忱的朝廷中做穩宰相，除了選擇這樣的生存之道以外，令狐綯別無他法。

然而，即便令狐綯十年如一日地夾著尾巴做人，也難免會有偶露崢嶸的時候。而僅僅是這一兩次偶露崢嶸，就足以導致宣宗的懷疑、憤怒和指責。

我們在前面已經不止一次地看到，宣宗極為重視地方官吏的品行和能力，所以他總是會盡可能地親自把關。為此他下詔規定，各地方刺史一旦要調往他州任職，一律要先到京師當面向天子做述職報告，經過天子面試合格之後才能調任他州。令狐綯有一次將一個刺史調往鄰州，由於此人與他是舊交，而且考慮到只是在相鄰兩州之間調動，就沒有要求他繞道到京師述職，而是直接赴任。隨後宣宗看到了此人赴任後呈上的謝恩表，發現此人沒有經過他的面試，馬上質問令狐綯。

令狐綯慌忙解釋：「因為兩地距離較近，想省去迎來送往的繁文縟節而已。」

宣宗頓時臉色一沉，說：「如今各地方刺史大多不稱職，往往為害百姓，所以朕才要一一接見，考察他們的行政能力，按其能力高低決定去就。這道詔命頒發已久，如今卻被棄置一旁，可見如今的宰相相當有權啊！」

那一刻，令狐綯一句話也說不出來。雖然是寒冬臘月，但全身瞬間爆發出的冷汗還是浸透了他的裘衣。令狐綯曾經不止一次地對人說：「吾十年秉政，最承恩遇。然每延英（延英殿）奏事，未嘗不汗沾衣也！」（《資治通鑑》卷二四九）

宣宗李忱在位期間，除了以強硬手腕消滅黨爭，並在很大程度上遏制了宦官的囂張氣焰之外，還有一項巨大的歷史功績也不可不提。

那就是河湟的收復。

自從安史之亂以來，河湟地區（甘肅及青海東部）已經在吐蕃人的手中淪陷了將近一百年之久。玄宗之後的歷任天子、尤其是憲宗李純，雖然大都懷有收復河湟的志向，但始終是心有餘而力不足。因為藩鎮之亂連年不絕，朝廷不得不屢屢用兵，而且朝政又被黨爭和閹禍搞得烏煙瘴氣，使得李唐王朝自顧尚且不暇，更不用說騰出手去對付吐蕃人了。到了武宗會昌年間，形勢開始發生逆轉——吐蕃爆發了大規模內戰，國內政局紊亂，人心離散。

上天似乎注定要把收復河湟的歷史功績送給宣宗李忱。

因為吐蕃開始走向衰亡的時候，正是他登上歷史舞台的前夕。

李忱即位後的大中三年（八四九年）二月，原本在吐蕃控制之下的秦州、原州、安樂州，以及石門、驛藏、致勝、石峽、木靖、木峽、六盤等「三州七關」在一夜之間全部歸降大唐。

本來三州七關的收復就已經夠讓大唐臣民出乎意料了，沒想到短短兩年之後，所有河湟失地竟然又被一個叫張義潮的人一一收復，全部回歸了大唐版圖。

不可否認，百年失地的收復並不是宣宗的武功，而是一時的機運。如果說「遏制宦官」和「整頓吏治」的確是出於宣宗的個人努力的話，那麼「收復河湟」卻顯然是上天的饋贈。但不管怎麼說，自從安史之亂後，已經在內憂外患的灰暗歷史中艱難行進了一百年的大唐帝國，畢竟還是在宣宗李忱的手裡閃耀出了一抹輝煌。

就連一直以來作為帝國心腹之患的跋扈藩鎮在宣宗一朝也顯得相對平靜，沒有再掀起太大的波瀾。其中的客觀因素固然是武宗一朝強力平藩所打下的基礎，而主觀原因則是宣宗在藩鎮事務上採取了靈活而務實的政策，既非力主征伐，亦非任意姑息，而是根據具體情況決定應對的策略，從而避免了像前幾朝那樣大規模的戰爭和動亂。

宣宗時代，帝國雖然稱不上是太平盛世，但起碼也算是承平之局。「大中之治」落下帷幕後，歷史給予了李忱很高的評價：「宣宗明察沉斷，用法無私，從諫如流，重惜官賞，恭謹節儉，惠愛民物。故大中之政，迄於唐亡，人思詠之，謂之『小太宗』！」（《資治通鑑》卷二四九）

但令人遺憾的是，宣宗後來也走上了歷任李唐天子的老路，開始如癡如醉地追求長生、服食丹藥，結果健康狀況迅速惡化，於大中十三年（八五九年）八月駕崩。同月，宦官王宗實等人擁立宣宗長子鄆王李溫（同時改名李漼）即位，是為唐懿宗。

四八、黃巢：我花開後百花殺

在唐朝將近三百年的歷史上，唐宣宗李忱締造的「大中之治」很像是這個老大帝國在行將就木之前的一種迴光返照。在他的時代，人們依稀還能瞥見一抹傳承自盛唐的餘暉，可當大中時代一結束，黑暗便無情地吞噬了人們的目光。在唐宣宗身後，各種內憂外患便紛至沓來，把大唐帝國推向了衰亡與覆滅的深淵……

唐懿宗李漼於大中十三年（八五九年）八月登基，短短幾個月後，震驚朝野的裘甫起義就爆發了。裘甫起事時手下只有一百來人，可一連打了幾場勝仗後，四方變民就蜂擁來附，很快發展到三萬人。裘甫自稱天下都知兵馬使，改元「羅平」，還鑄造了一顆「天平國」的大印。變民軍在浙東攻城掠地、燒殺擄掠，其勢甚為猖獗。唐政府軍一開始屢屢敗北，直到次年四月，朝廷起用前安南都護王式接任浙東觀察使，戰局才出現轉機。

王式雖是一介文官，但是有勇有謀，膽識過人。他抵達浙東後，一邊大力整頓軍紀，一邊下令各地開倉放糧、賑濟貧民。人心迅速朝政府軍傾斜，於是戰場上的形勢陡然一轉。政府軍連戰連捷，接連收復失陷的城池，並將裘甫死死圍困在剡縣（今浙江嵊州市）。這一年六月，裘甫糧盡援絕，被迫投降，旋即被押赴長安斬首。

猖獗一時的裘甫之亂剛剛平定，帝國的西南邊陲馬上又燃起了熊熊戰火。

那是南詔對大唐的入侵。這場戰爭從咸通元年（八六〇年）十一月打響，歷時十多年，幾與懿宗一朝相始終。而就在大唐與南詔打得難解難分的時候，咸通九年（八六八年）七月又爆發了龐勳之亂。

龐勳是唐朝邊防軍中的一名糧料官，其時駐紮在桂州（今廣西桂林市）。此地邊防戍卒大多是從徐州徵調來的，因不滿於戍邊時間太久而發動兵變，推龐勳為首領，一路殺回了老家，所過之處大肆劫掠，州縣莫之能禦，並於這一年十月攻陷彭城（徐州州府所在地）。

隨後的日子，從四面八方前來投奔龐勳的人絡繹不絕，叛軍實力迅速壯大。李唐朝廷調集兵馬大舉討伐，但是一開始卻損兵折將，如副主帥戴可師便在都梁（今江蘇盱眙縣南）遭叛軍伏擊，戴可師戰死，所部三萬人幾乎全軍覆沒，所有武器、糧草、輜重、車馬全部落入叛軍之手。直至咸通十年（八六九年）正月，政府軍才開始轉敗為勝，尤其是沙陀酋長朱邪赤心（後賜名李國昌）率領的沙陀騎兵，因其驍勇善戰而在戰場上發揮了巨大作用。到了這一年九月，龐勳屢戰屢敗，最後在蘄縣（今屬安徽）西面被政府軍四面合圍，殘部悉數被殲，龐勳也死於亂兵之中。

裘甫與龐勳的這兩場叛亂雖然歷時不久便被平定，但卻給戰亂地區的百姓造成了深重的災難，也極大地動搖了唐朝的統治根基，為日後的王仙芝、黃巢起義埋下了伏筆。

懿宗一朝，四方戰火紛飛，帝國幾無寧日，可懿宗李漼卻毫無憂患意識，只熱衷於在他的小天地裡營造一方虛幻的歌舞昇平。他喜歡宴飲、酷愛音樂，所以光是在殿前隨時侍奉的樂工就將近五百人，每月舉辦的歌舞宴會不下十餘場。懿宗的溫柔鄉還不止大明宮一處，像曲江、灞水、滻水、北苑、南宮（皇城外的興慶宮）、華清宮、咸陽宮等處，都是他尋歡作樂的場所。天子興致一來便立刻前往，使得侍從們經常來不及籌備和布置。為此，有關部門只好在上述各處常備音樂、酒食、錦帳、簾幕等物，以防天子突然駕到。此外，李唐皇室大大小小的親王們也隨時處於待命狀態，每當天子起駕，他們就會前呼後擁地陪同聖駕出發。天子每次巡幸，宮廷各色人等及隨駕侍從的人數往往多達十餘萬，所耗費的錢財更是不計其數。

懿宗在位十四年，由於連年征戰和窮奢極侈，導致國庫空虛，朝廷只好把一切虧空轉嫁到老百姓頭上，各種賦稅聚斂日甚一日，令百姓苦不堪言。而天災又往往與人禍形影相隨。咸通末年，關東地區連年遭遇水災旱災，各州縣又隱瞞不報，只知互相推諉、上下蒙蔽；成千上萬的百姓流離失所、哭告無門；民間到處是一片顆粒無收、餓殍遍野的慘狀……

如此種種，無疑是一個王朝崩潰的可怕前兆。

咸通十四年（八七三年）三月，懿宗李漼駕崩，宦官劉行深、韓文約擁立普王李儇（懿宗第五子）即位，是為唐僖宗。

從某種意義上說，僖宗李儇是不幸的，因為他一當上皇帝便榮膺了兩項本朝之最：

其一，他年僅十二歲，是大唐開國二百五十多年來年齡最小的皇帝。

其二，他登基的這一刻，是大唐開國二百五十多年來憂患最深重、形勢最嚴峻、社會矛盾最尖銳的時刻。

乾符元年（八七四年）十二月，濮州（今山東鄄城縣）人王仙芝在長垣（今屬河南）揭竿而起，拉開了唐末農民大起義的序幕。

緊跟著王仙芝浮出歷史水面的人，就是黃巢。

黃巢，冤句（今山東東明縣南）人，早年曾與王仙芝搭夥販賣私鹽，精於騎射，為人任俠仗義。但是，他和王仙芝這種人有一個很大的區別，那就是他識文斷字，粗粗涉獵過一些儒家經典，可以算半個文人。所以，他也曾經抱著「書中自有黃金屋」的理想，試圖用知識改變命運，像所有讀書人一樣透過科舉走上仕途。然而，現實一次次地對他進行了無情的嘲弄和打擊。黃巢屢屢參加進士考，卻每一次都名落孫山。黃巢覺得自己成了一個被社會遺棄的人。

就在他萬念俱灰的時候，變幻無常的命運卻給他提供了另一個機會、一個遠比走仕途和販私鹽都危險百倍、卻獲利更豐的機會，那就是——打江山，當皇帝！

黃巢緊緊抓住這個機會，從此走進了波瀾壯闊、血雨腥風的晚唐歷史。

他在冤句聚集了數千人，拉起反旗回應王仙芝。

這兩個昔日的私鹽販子成了並肩戰鬥的義軍領袖。他們迅速合兵一處，劫掠州縣，橫行山東（崤山以東）。那些繳不起重稅和失去土地的貧困百姓爭先恐後地投奔到了他們的麾下。

乾符三年（八七六年）秋天，王仙芝和黃巢轉戰中原，先後攻陷陽翟（今河南禹州市）、郟城（今河南郟縣）、汝州（今河南汝州市）。東都洛陽大為震恐，士民攜家帶眷，紛紛出城逃難。十一月，義軍南下攻克郢州（今湖北鐘祥市）、復州（今湖北天門市）。十二月，王仙芝和黃巢又橫掃申州（今河南信陽市）、光州（今河南潢川縣）、廬州（今安徽合肥市）、壽州（今安徽壽縣）、舒州（今安徽潛山縣）、蘄州（今湖北蘄春縣）等地，所過之處，官兵望風披靡。

眼見變軍聲勢越來越大，僖宗朝廷不得不聽取宰相王鐸的再三建議，對王仙芝採用招安之策，給了他左神策軍押牙兼監察御史的官職。

接到誥命的那一天，王仙芝激動不已。

從一個整天被官府追殺的私鹽販子，成長為帝國的一名禁軍將領和中央官員，王仙芝覺得這是自家祖墳冒青煙了。

他知足了。

可此時此刻，他的兄弟黃巢卻在用一種鄙視的目光看著他。

黃巢的目光裡有兩層意思：

一，王大哥，你居然就這點出息？朝廷隨便給你一官半職就把你買了？

二，朝廷憑什麼就給你一個人封官，把老子和弟兄們都給晾在一邊？

那天黃巢再次感到了一種被人遺棄的痛楚，所以他一直試圖用目光向王仙芝傳達自己的困惑和憤怒。

可是，王仙芝始終沉浸在被招安的喜悅中，看都不看他一眼。最後，黃巢走了上去，對王仙芝說：「我們曾經在神明面前立下滔天誓言，要鋤暴安良、橫行天下，如今你一個人去朝廷當官，讓手下五千多號弟兄往哪裡投奔？」

還沒等王仙芝反應過來，黃巢已經狠狠一拳砸在了他的頭上。

鮮血順著王仙芝的臉龐流了下來。

透過迷濛的血眼，王仙芝看見黃巢身後無數的弟兄們正在向他揮舞著拳頭。

看來自己永遠洗不白了。王仙芝在內心發出一聲悲涼的長歎——賊永遠是賊！

後來，王仙芝撕毀了朝廷給他的那一紙任命狀，在蘄州城內燒殺擄掠了一天，隨後帶著他的另一名副手尚君長和三千多人呼嘯而去。

而黃巢則與他分道揚鑣，帶著剩下的兩千多人走上了另一條路。

從乾符四年（八七七年）正月開始，王仙芝與黃巢時而各自為戰，時而又合兵一處，雖然四處攻城掠地，可在朝廷諸道軍隊的圍追堵截之下，所佔領的城池都是旋得旋失，始終未能建立長期立足的根據地。農民軍和政府軍一度陷入混戰和相持的膠著狀態。

這一年十一月，朝廷的招討副使、總監軍宦官楊復光再度向王仙芝傳達了招安的信息，而一直對此仍然抱有希望的王仙芝正中下懷，當即派遣尚君長前去與楊復光接洽。不料，尚君長剛走到半路就被招討使宋威擒獲。宋威因與農民軍多次交戰失利，且因半年前曾被其圍困在宋州，故而懷恨在心，一意要置尚君長於死地。他向朝廷謊報，聲稱在戰鬥中生擒了尚君長。楊復光連忙上奏，聲明尚君長實際上是投誠，並非在戰場上被擒。朝廷派御史進行調查，但沒有得到任何結果。宋威隨後便將尚君長斬首。

兩次希望被朝廷招安未果，又喪失了一個得力助手，此後的王仙芝戰鬥力大為削弱，在戰場上接連失利。乾符五年（八七八年）正月初六，官軍在申州（今河南信陽市）東面大破王仙芝，砍殺一萬多人，招降並遣散了一萬多人。王仙芝自此一蹶不振。

短短一個月後，王仙芝在黃梅（今屬湖北）與官軍決戰，王仙芝戰死，士眾被斬殺五萬多人，餘眾四散逃離。

王仙芝敗亡後，尚君長的弟弟尚讓率領殘部投奔黃巢，推舉黃巢為主帥，號「沖天大將軍」，改元「王霸」，並委任百官。

隨後的日子，鎮海節度使高駢全力以赴對付黃巢，不斷調兵遣將，加強了對他的圍剿。黃巢在中原戰場屢屢失利，手下數十位將領被相繼被招降，不得不在乾符五年（八七八年）三月度過長江，轉戰南方。七月，黃巢軍進入浙東，鑿開七百里山路，轉入福建戰場。十二月，黃巢攻陷福州，福建觀察使韋岫棄城而逃。

乾符六年（八七九年）春，黃巢揮師直趨嶺南。

帝國的財賦重鎮廣州，就此暴露在黃巢面前。

進入嶺南之後，黃巢致信浙東道觀察使崔璆和嶺南東道節度使李迢，透露了歸順朝廷的意思，條件是授予他天平（黃巢老家）節度使之職。僖宗朝廷斷然拒絕。黃巢退了一步，要求擔任廣州節度使。僖宗李儇召集大臣商議，左僕射于琮說：「廣州是國際商船和各種珍寶貨物的重要集散地，怎麼能交給賊人？」宰相隨即建議，給黃巢一個「率府率」（東宮侍衛隊長，正四品上）的職務，僖宗同意。

此刻的僖宗君臣絕對不會想到，不給黃巢當節度使，他卻在短短一年後殺進長安，在大明宮的金鑾殿上自己當了皇帝。

這一年九月，黃巢接到那一紙「率府率」的任命狀，不禁破口大罵，當即對廣州發起猛攻。是月，廣州陷落。黃巢逮捕了節度使李迢，命他起草奏疏說已經投降了黃巢。李迢說：「我世代荷國厚恩，親戚故舊遍布朝廷，手可斷，疏不可草！」黃巢隨即將其誅殺。

由於黃巢的士兵均是北方人，進入嶺南後水土不服，才一個多月便紛紛染上瘟疫，死亡了十之三四，部下勸他回師中原圖謀大計。十月末，黃巢率領軍隊沿湘江而下，攻佔潭州（今湖南長沙市）。十一月，由江陵北上，直撲襄陽。

廣明元年（八八〇年）無疑是黃巢的幸運之年，也是他人生中的巔峰歲月。

這一年上半年，他在江西戰場遭遇了一些短暫的挫折，士卒再度因染上瘟疫而損失過半。但是到了五月，當他用詐降的手段擊敗高駢的麾下猛將張璘、一舉突破高駢的封鎖線之後，形勢就一下子迥然不同了。

此後，黃巢軍隊一路勢如破竹，如入無人之境，於七月橫渡長江，大舉北上；九月，攻陷泗州（今江蘇盱眙縣）；十月，攻陷申州（今河南信陽市），橫掃潁（今安徽阜陽市）、宋（今河南商丘市）、徐（今江蘇徐州市）、兗（今山東兗州市）一帶，兵鋒所及之處，士民紛紛逃亡。

十一月十七日，號稱六十萬的黃巢大軍攻克東都洛陽。十二月初一，黃巢的前鋒部隊開始進攻潼關，於初三將其攻克，大軍隨即直指長安，當天進抵華州（今陝西華縣）。

十二月初四，僖宗李儇慌忙下詔，封黃巢為天平節度使。而此刻的黃巢對此的唯一反應就是一陣仰天狂笑。

十二月初五，大唐的文武百官聽說亂兵已攻克潼關，開始各自逃命。宦官田令孜帶著五百名神策兵，擁著僖宗從金光門倉皇出逃，隨行人員只有福、穆、澤、壽四王以及數名嬪妃。

樹倒猢猻散。城中的士兵和百姓趁亂衝進宮中，大肆搶奪府庫中的財物金帛。

當天黃昏，唐朝的金吾衛大將軍張直方帶著幾十名文武官員，畢恭畢敬地來到灞上迎接黃巢。

那一刻，一輪冬日的殘陽正掛在西天，把長安城外的原野渲染得一派金黃。

遠遠地，張直方等人看見一頂用黃金裝飾的轎子慢慢進入了他們的視野。一群頭髮披散、用紅巾紮束、身穿錦繡衣服的武士護衛在黃金轎兩側。而在他們身後，則是漫山遍野全副武裝的鐵甲騎兵；再後面，是絡繹不絕、彷彿綿延千里的各種輜重車輛。

此時，坐在黃金轎中的這個人正雙目微閉，口中喃喃自語。

他在吟詠一首詩。

他已經很多年沒有吟詠過這首詩了。

因為寫詩的那一年，他正在經受屢屢落第的痛苦，正在咀嚼被這個社會遺忘的痛楚。

而現在他情不自禁地再次吟誦它。

沒有別的理由，只因當年所有尖銳的痛楚此刻已經全部轉化為沖天的快意和豪情。

當黃巢透過轎簾的縫隙，清晰地看見長安城上的那一排雉堞時，他忍不住把這首《詠菊》大聲地念了出來——「**待得秋來九月八，我花開後百花殺。沖天香陣透長安，滿城盡帶黃金甲。**」

黃巢大軍浩浩蕩蕩地開進長安。百姓們爭先恐後地夾道圍觀，如迎王師。黃巢的副手尚讓一路上不斷地曉諭百姓：「黃王起兵，本來就是為了百姓，絕不會像李唐皇帝那樣不愛惜你們，你們只管安居樂業，不要害怕！」

剛開始的幾天，一切果然如同尚讓所說——士兵們對百姓秋毫無犯，長安城內人人安居樂業，一派秩序井然。

黃巢的士兵們這幾年來從北打到南，又從東打到西，走到哪搶到哪，很多人早已腰纏萬貫，所以他們進了長安城後不但不再拿群眾一針一線，而且還時常慷慨解囊，把財物施與那些貧窮的人。

百姓們又驚又喜——都說黃巢的軍隊是強盜，可這種「強盜」遠比朝廷官兵要好上百倍！看來官方的宣傳根本就不可信！

可短短幾天之後，一切就全都變樣了。

因為大兵們實在憋不住了。

幾年來，燒殺擄掠已經變成一種習慣，已經成為他們生活中必不可少的一部分，如今叫他們每天不燒不搶、無所事事，簡直比叫他們去死還難受！於是一夜之間，黃巢的大兵們就撕破了溫文爾雅的假面，紛紛抄起武器和火把，急不可耐地衝上了街頭。

繁華富庶的大唐帝京轉眼就淪為一座恐怖之城。

到處都在搶劫，到處都在殺人；每一座店舖都烈火熊熊，每一條大街都濃煙滾滾……長安的士民們目瞪口呆地看著這一切，眼中充滿了迷惘、恐懼和無助。

黃巢與尚讓也只能目瞪口呆地看著這一切。他們頻頻下令，可是卻屢禁不止……

廣明元年（八八〇年）十二月十一日，黃巢下令屠殺了所有滯留長安的李唐宗室成員，連襁褓中的嬰兒也沒有放過。

我花開後百花殺！

十三日，黃巢在含元殿即皇帝位，國號大齊，改元金統，立其妻曹氏為皇后，任命尚讓為太尉兼中書令。

與此同時，僖宗和他的流亡朝廷一路逃至興元（今陝西漢中市），下詔命諸道出動全部兵力收復京師。數日後，由於興元物資和糧食匱乏，僖宗只好在田令孜等人的勸說下逃往蜀地，於次年元月抵達成都。

同年七月，僖宗改元「中和」。

這一年，僖宗一再詔令高駢出兵征討黃巢。此時的高駢以一人身兼淮南及多道節度使、鹽鐵轉運使、東面都統等多個重要職務，被僖宗寄予厚望，可他卻以各種藉口推托，始終不肯出兵。十二月，宰相王鐸料定高駢已經心存異志，於是再三向僖宗請求親自出征。中和二年（八八二年）正月，僖宗任命王鐸為統帥，集結忠武節度使周岌、河中節度使王重榮、河陽節度使諸葛爽、宣武節度使康實等諸道兵馬一同出征。

王鐸親赴前線之後，朝廷軍開始從各個方向迅速往京畿一帶挺進。黃巢的勢力逐漸萎縮，只保有長安和同（今陝西大荔縣）、華（今陝西華縣）二州。

可是在接下來的半年中，王鐸雖然率領朝廷軍對長安形成了一個包圍圈，但卻只能與黃巢進行拉鋸戰，始終沒有取得任何突破。一直到這一年九月，黃巢麾下一員猛將的投誠，才讓僖宗朝廷看見了平定黃巢的希望。

他就是朱溫。

朱溫是宋州碭山（今屬安徽）人，生於大中六年（八五二年），少時不事生產，整天遊手好閒、打架鬥毆，極為鄉人鄙視。乾符初年追隨黃巢起事，由於作戰英勇，得以迅速升遷。此時，朱溫擔任同州防禦使，是黃巢政權在長安東面的最主要屏障，他的投降無疑是將本已勢窮力蹙的黃巢推入了絕境。

朱溫的倒戈易幟讓僖宗大喜過望，當即任命他為同華節度使，不久又改任其為右金吾大將軍、河中行營招討副使，並賜名「全忠」。

此刻的僖宗李儇當然不會想到，這個「朱全忠」日後將成為大唐帝國的終結者，一手顛覆將近三百年的李唐江山。

同年十二月，朝廷又以雁門節度使的交換條件，成功招降了驍勇善戰的李克用（李國昌之子），讓其全力征討黃巢。中和三年（八八三年）二月，李克用率兵進圍華州，於三月將其攻克。

至此，長安門戶洞開。困守孤城的黃巢陷入內無糧草、外無援兵的絕境。四月初八，李克用率先從光泰門攻進長安。黃巢力戰不敵，只好焚燒宮室，從藍田方向突圍而去。

陷落了兩年四個月的長安終於光復。但是官兵入城後，其燒殺擄掠的行徑與黃巢軍隊毫無二致，京城百姓死的死、逃的逃，殘存者寥寥無幾，飽經劫難的大唐帝都此刻已經變成了一座空城和死城。

長安光復後，李克用因功升任河東節度使，朱全忠升任宣武節度使，受命肅清黃巢餘部。

五月，黃巢率餘部攻擊蔡州（今河南汝南縣），唐將秦宗權投降黃巢。此後的一年裡，黃巢與秦宗權合兵一處，兵威復振，又在中原大肆劫掠。朱全忠等人勉力圍剿，卻始終不能取勝，只好向李克用求援。中和四年（八八四年）二月，李克用率軍渡黃河南下，隨後大破黃巢。至此，黃巢軍隊終於潰散，尚讓率部眾降唐，黃巢帶著最後不足一千人的殘兵東走兗州（今屬山東）。

這一年六月，唐將李師悅和黃巢降將尚讓一路追擊黃巢，終於在瑕丘（今山東兗州境內）追上，對他進行了最後一次致命的打擊。在這最後一戰中，黃巢的殘部死的死、傷的傷，幾乎被消滅殆盡。六月十七日，黃巢逃進了狼虎谷（今山東萊蕪市西南）。

就在狼虎谷裡，黃巢的外甥林言砍下了他的頭顱，同時還砍下了他兄弟、妻子、兒女的頭顱，然後拎著這一大串頭顱走上了棄暗投明的道路。

可他剛剛走出狼虎谷，迎面就撞上了沙陀軍隊。沙陀士兵不由分說地砍下林言的腦袋，把他加進那一串價值不菲的頭顱中，立刻策馬回營，興高采烈地邀功請賞去了。

塵土飛揚的道路上，黃巢的頭顱和林言的頭顱在劇烈顫動的馬背上時而撞在一起，時而又四目相對……

從西元八七五年六月起兵，到西元八八四年六月敗亡，黃巢起義歷時整整九年。

在這九年裡，他轉戰大半個中國，攻陷了唐朝的東西兩京，創建了大齊政權，企及了他的人生巔峰，同時也把李唐王朝推進了萬劫不復的深淵。

我花開後百花殺！從某種意義上說，黃巢做到了。他確實毀滅了無數人的生命之花，也確實用無數的鮮血澆灌了他的野心和夢想，用無數的白骨鋪平了他通往權力巔峰的道路。

他確實是一朵「毀滅之花」！

對於風雨飄搖的大唐帝國而言，還算幸運的是——這朵毀滅之花在短暫的綻放之後就被連根拔起了。然而真正的不幸在於——他並不是最後一朵毀滅之花。

人們很快就會發現，正是在黃巢敗亡之後，一幕比一幕更為慘烈、一次比一次規模更大的群雄混戰才在九世紀最後的那些年裡頻頻上演；正是在這朵毀滅之花凋謝之後，百朵千朵的毀滅之花才在大唐帝國的土地上爭先恐後地灼灼綻放！

一個黃巢踉蹌跌倒在血泊與塵埃中，卻有更多的黃巢凶猛地馳騁在唐朝末年血雨腥風的天空下……

四九、唐昭宗：靈魂中的七道傷

唐昭宗李曄是一個生不逢時的天子。

無論從哪一方面來看，他都不像是一個亡國之君。文德元年（八八八）三月，年僅二十二歲的李曄登基的時候，史書是這麼評價他的：「昭宗即位，體貌明粹，有英氣，喜文學，以僖宗威令不振、朝廷日卑，有恢復前烈之志！尊禮大臣，夢想賢豪，踐阼之始，中外忻忻焉！」（《資治通鑑》卷二五七）

這麼一個英年即位、銳意中興的天子的確和他的父兄懿、僖二宗毫無相似之處，倒是和憲宗、宣宗頗為神似。難怪朝野都為之感到欣喜，並對其寄予厚望。倘若他早生幾十年，也許完全有可能締造出媲美於「元和中興」和「大中之治」那樣的政治局面。

然而，不幸的是，從李曄登基的那一天起，甚至從更早的時候起，大唐帝國就已經陷入一個無可挽回的亡國之局了。

即便昭宗有力挽狂瀾之心，有振衰起弊之志；即便他擁有一個帝國拯救者所應具備的全部勇氣、鬥志、豪情、膽識、魄力、自信心、使命感，可他唯獨缺了一樣——時代條件。

天時、地利、人和，他一樣也沒有。

李曄就像一個孤獨的拯救者，置身於千千萬萬個帝國終結者的包圍圈中，左衝右突，奮力廝殺，可到頭來卻發現——自己只是一個單兵！

一個疲憊絕望的單兵。

一個無人喝采的單兵。

一個苟延殘喘的單兵。

一個沒有同盟、沒有援軍、最終力竭身亡的單兵……

昭宗即位時，大唐帝國早已被「藩鎮割據、宦官亂政、朋黨相爭」這三大政治頑疾搞得氣息奄奄，並且在黃巢起義的打擊下變得搖搖欲墜。換句話說，他從昏庸無能的父兄手中接過來的純粹是一個爛攤子。李曄知道，要收拾這個爛攤子可謂難如登天。

但他堅信——這並非不可能。雖然要做的事很多，要走的路很長，但是昭宗李曄並沒有絲毫的畏難和疑懼，而是顯得躊躇滿志、意氣風發，並且一即位就迫不及待地邁出了第一步。

這第一步是收拾一個人。這個人叫田令孜。

田令孜是僖宗朝的大權宦。在李曄看來，僖宗之所以驕奢荒淫，帝國之所以叛亂蜂起，長安之所以飽受踐踏，其罪魁禍首不是別人，正是田令孜。其次，田令孜轉任西川監軍不久，僖宗就已經下詔將他流放端州（今廣東肇慶市），可他仗著西川節度使陳敬瑄這把保護傘，竟然違抗詔命，拒不啟程。可見，田令孜的問題已經不僅是權宦禍亂朝政的問題，更是與強藩內外勾結、架空中央的問題。所以，昭宗現在拿他和西川開刀，既是為了維護朝廷綱紀、重建朝廷威權，又是為了殺一儆百、震懾各方的割據軍閥。

最後，或許也是一個不便明說的理由——昭宗李曄想報仇。

那是廣明元年（八八〇年）的冬天，黃巢殺進了長安，當時的壽王李傑跟隨僖宗倉皇出逃。由於事發倉促，沒有準備足夠的馬匹，所以除了僖宗和田令孜之外，其他的親王都只能步行。當時，壽王才十四歲，走到一片山谷的時候，再也走不動路，就躺在一塊石頭上休息。田令孜策馬上前，催促他上路。壽王說：「我的腳很痛，能不能給我一匹馬？」田令孜冷笑：「這裡是荒山野嶺，哪來的馬？」說完，揮起一鞭狠狠抽在壽王身上，驅趕他動身。那一刻，壽王李傑回頭深深地看了田令孜一眼，一句話也沒說就一瘸一拐地上路了。

從那一刻起，壽王李傑就告訴自己，如果哪一天自己得勢，絕不放過這個閹宦。

巧合的是，正在昭宗準備採取行動時，與陳敬瑄打了好幾年仗的閬州刺史王建又上疏請求朝廷把陳敬瑄調離西川。昭宗有了一個現成的藉口，便於文德元年（八八八年）六月下詔，命宰相韋昭度充任西川節度使兼兩川招撫制置使，另外派人取代田令孜的西川監軍之職，同時徵召陳敬瑄回朝擔任左龍武統軍。

可想而知，陳敬瑄和田令孜拒不奉詔。他們積極整飭武備，決心與朝廷開戰。

十二月，昭宗命韋昭度為行營招討使，命山南西道節度使楊守亮為副使；另外，劃出原屬西川的四個州設置永平軍，以王建為節度使，兼行營諸軍都指揮使，命他們共同討伐陳敬瑄，同時削除了陳敬瑄的所有官爵。

討伐西川的戰役就此打響。

昭宗第一個收拾的人是僖宗朝的權宦田令孜，而第二個要收拾的人就是眼前的權宦楊復恭。

自從擁立昭宗即位後，楊復恭就自恃功高、不可一世了，視自己為「定策元老」，視昭宗為

「天子門生」。他不但一手把持禁軍、專擅朝政，而且收養了為數眾多的義子，把他們派到各州鎮擔任節度使和刺史；此外，還有宦官義子六百多人，全部派駐各地擔任監軍，從而締造了一個以他為核心的遍布朝野的龐大政治網絡。這樣一個比田令孜有過之而無不及的權宦要是不剷除，昭宗李曄的中興大計就會淪為笑談。所以，從登基的那一天起，昭宗的所有大政方針基本上都是與宰相孔緯、張濬等人商議定奪，而竭力避免讓楊復恭從中干預。

楊復恭專權跋扈，自然不把昭宗放在眼裡。百官們上朝都是步行，唯獨他上太極殿的時候是坐著轎子來的。有一天在朝會上，昭宗和宰相孔緯剛剛談及四方造反的人，楊復恭又坐著轎子大搖大擺地來到了殿前。孔緯就故意提高嗓門說：「在陛下您的左右，就有將要造反的人，何況是四方呢？」昭宗明白孔緯的用意，就假裝驚愕地問他所指為何。孔緯指著楊復恭說：「他不過是陛下的家奴，卻坐著轎子上殿，而且養了那麼多壯士為義子，或典禁兵，或為藩鎮，不是要造反是什麼？」

楊復恭面不改色地說：「以壯士為義子，目的是讓他們效忠皇上，保衛國家，怎麼能說是造反呢？」

昭宗冷然一笑，把話接了過去：「你想要保衛國家，為何不讓他們姓李，卻讓他們姓楊？」

楊復恭頓時啞口無言。

這件事情過去不久，有一天昭宗忽然對楊復恭說：「你的義子中是不是有一個叫楊守立的，朕想讓他來當侍衛。」為了證明自己養這些義子就是要「保衛國家」的，楊復恭二話不說就把楊守立領進了宮。

反正他有的是義子，多一個不多，少一個不少。

此時的楊復恭並不知道，昭宗皇帝絕不僅僅是要一個「侍衛」那麼簡單。

楊守立入宮後，昭宗立刻賜名他李順節，然後在不到一年的時間內就把他從一名普通的侍衛迅速擢升為禁軍將領，同時又兼鎮海節度使，不久後又加封同平章事。平步青雲的李順節當然對天子感恩戴德。受寵若驚之餘，他漸漸明白了天子對付楊復恭的用意。

李順節當然樂意充當這個角色。在接下來的幾年中，他施展渾身解數與楊復恭展開了明爭暗鬥，並且為天子提供了諸多有關楊復恭的祕密情報。

昭宗李曄看著這一切，嘴角不禁泛起一絲難以為人覺察的笑容。

網已經撒開了。

昭宗李曄對自己說，一旦時機成熟，朕就會毫不猶豫地將楊復恭集團一網打盡！

除了收拾宦官，昭宗李曄另外要對付的，無疑就是藩鎮了。

要對付藩鎮，天子手中就必須有一支軍隊——一支真正忠於朝廷、不被任何勢力掌控的軍隊。所以，昭宗即位之初便開始招兵買馬，不久便組建了一支可以由朝廷直接指揮的十萬人的軍隊。有了這張底牌，昭宗李曄就可以跟藩鎮叫板了。

幾年來，天下諸藩中勢力最強的當屬河東節度使李克用。大順元年（八九〇年）正月，李克用出兵吞併了東昭義，二月又進攻雲州（今山西大同），準備進一步吞併河朔。雲州防禦使赫連鐸急忙向盧龍節度使李匡威求救。李匡威深知，一旦雲州失陷，李克用的矛頭就會直指盧龍，於是迅速帶領三萬人前往救援。李克用頓時陷入腹背受敵之境。不久，河東驍將安金俊戰死，另一個部將申信又臨陣倒戈投降了赫連鐸。李克用只好撤兵回太原。四月，赫連鐸、李匡威與朱全忠先後上疏朝廷，請求討伐李克用。

昭宗召集宰相和百官廷議。以宰相杜讓能、劉崇望為首的三分之二的大臣表示反對，而宰相張濬和孔緯卻極力主戰。尤其是張濬，這個一貫自詡有東晉謝安和前朝裴度之才的宰相斬釘截鐵地說：「只要給我兵權，少則十天，多則一個月，必定削平李克用！錯失這個良機，日後將追悔莫及！」

大順元年（八九〇年）五月，昭宗下詔削除了李克用的所有官爵，同時命張濬率五萬軍隊出征，昭宗親臨安喜樓為他餞行。張濬摒退左右，對天子說：「待臣平定外憂，再為陛下鏟除內患！」

從張濬率領大軍出征的那一刻起，昭宗李曄每天都是在焦急和緊張狀態中度過的。因為岌岌可危的帝國太需要一場勝利了。

他無比強烈地希望，那個自視甚高的張濬真的能夠像前朝宰相裴度那樣一舉討平跋扈藩鎮，讓他這個躊躇滿志的天子在「匡扶社稷、中興李唐」的道路上邁出堅實的第一步。

然而，這個眼高手低、志大才疏的張濬並沒有像他自己所說的那樣只用一個月就討平李克用，而是在將近半年的時間裡接二連三地損兵折將，一再敗北，並最終全線崩潰。中央討伐大軍死的死、逃的逃，幾近全軍覆沒。

昭宗李曄充滿希望的一顆心瞬間跌入失望和悲哀的谷底。

大順二年（八九一年）正月，昭宗萬般無奈地把張濬貶為鄂岳觀察使，把孔緯貶為荊南節度使。然而，李克用並不甘休。他當即上疏對天子進行恫嚇：「張濬以陛下萬世之業，邀自己一時之功，知臣與朱溫深仇，私相聯結。臣今身無官爵，名是罪人，不敢回到陛下分封的藩鎮，只能暫到河中居住，應該去向何方，恭候陛下指令！」

河中？昭宗李曄一下就傻眼了。這不是赤裸裸的威脅恐嚇嗎？

河中（今山西永濟市）與潼關僅僅隔著一條黃河啊！你李克用只要帶兵到河中，再一步跨過黃河，朕不就是你砧板上的魚肉了嗎?!

接到奏疏的當天，昭宗就忙不迭地把張濬再貶為連州刺史，把孔緯再貶為均州刺史，同時下詔恢復了李克用的所有官爵。二月，昭宗擔心李克用還不滿意，趕緊加封他為中書令，並把張濬再貶為繡州司戶。

河東之役開打不到半年就遭遇慘敗，而早在三年前就開打的西川之役結果更慘。河東雖然敗了，但敗得乾脆俐落，雖然給天子造成了痛苦，但畢竟是短痛。可西川前後整整打了三年，發兵十幾萬，曠日持久，喪師費財，而最終的結果還是一樣——失敗。

這種失敗叫做長痛。

大順二年（八九一年）三月下旬，朝廷的宰相和財政大臣不得不稟報天子：國庫已經空了，再也沒辦法給西川前線輸送一毫一厘的軍費了。那一天，朝廷的文武百官看見天子李曄忽然把頭低了下去，而且沉默了很久。最後，天子頒下了一道詔書：恢復元西川節度使陳敬瑄的所有官爵，命王建等人各回本鎮。

王建沒有奉詔，而是在接下來的時間裡相繼佔領了西川轄區內的大多數州縣，然後猛攻成都。

陳敬瑄屢屢出城作戰，卻屢屢敗北。到了這一年七月下旬，內無糧草，外無援兵的陳敬瑄和田令孜終於絕望了，不得不開城投降。田令孜親自帶著西川節度使的帥印和旌節到軍營中交給了王建。隨後，王建把陳敬瑄和田令孜放逐到了偏遠的州縣，並於兩年後將其誅殺。

昔日的西川土皇帝被消滅了，可王建卻從此成為稱霸一方的大軍閥。

登基不過三年，昭宗李曄就先後遭遇兩次慘重的失敗，這對於一個銳意中興的天子而言實在是一個不小的打擊。然而，讓昭宗李曄在絕望中感到一絲欣慰和喜悅的是——幾年來一直在朝中悄悄進行的另一場較量已經開始顯露出取勝的希望。

那就是李順節與楊復恭的較量。

到了大順二年（八九一年）九月，昭宗發現李順節已經有效地掌握了部分禁軍，於是斷然採取行動，將楊復恭貶為鳳翔監軍。楊復恭拒不赴任，並以生病為由向天子要求致仕，試圖以此要脅昭宗。不料，昭宗卻順水推舟，同意了他的致仕請求。楊復恭惱羞成怒，遂與擔任玉山軍使的義子楊守信日夜謀劃，準備發動叛亂。十月初八，昭宗下令李順節與神策軍使李守節發兵進攻楊復恭的府第。楊復恭力戰不敵，最後與楊守信一起帶著族人從通化門逃出，亡命興元，投奔山南西道節度使楊守亮。

一手遮天的權宦楊復恭終於被驅逐了，天子感到了一陣前所未有的輕鬆。但是緊接著，另一種不安便再度向他襲來。因為新的權宦已經浮出水面，他就是李順節。於是天子不得不再次痛下殺手，在這一年年底命左右中尉劉景宣和西門君遂將李順節誘殺。

景福元年（八九二年）一開春，鳳翔李茂貞、靜難王行瑜、鎮國韓建、同州王行約、秦州李茂莊共五個節度使聯名向天子上疏，指控山南西道節度使楊守亮窩藏亂臣賊子楊復恭，請求出兵討伐，並共推李茂貞為山南西道招討使。

昭宗很清楚，這些人打著討伐賊臣的幌子，事實上無非是想吞併他鎮、擴張地盤。而朝臣們也表示反對，因為李茂貞一旦得到山南（秦嶺以南）就更難控制。於是，昭宗下詔進行調停，命他們和解。但五節度根本就不聽他的。二月，李茂貞與王行瑜擅自出兵攻打興元，於八月攻克，李茂貞遂將興元據為己有。楊守亮、楊復恭等人逃奔閬州。

景福二年（八九三年）正月，昭宗任命李茂貞為山南西道節度使，同時派宰相徐彥若取代他的鳳翔節度使之職。李茂貞大怒。他出兵的目的就是為了據有兩鎮，如今天子想用山南交換他的鳳翔，他當然不會答應，於是拒不奉詔，並上表羞辱天子。昭宗勃然大怒，決意討伐李茂貞，命宰相杜讓能立刻徵調士兵、籌集糧餉。杜讓能再三勸阻，表示此時朝廷已經無力同強藩抗衡，只能暫時忍耐。可天子李曄卻睜著血紅的眼睛對他說：「我不甘心做一個懦弱無能的天子，無所事事地過一天算一天，坐視社稷衰亡！你只管為朕籌備糧餉，軍事行動自有親王負責，成敗與你無關！」天子都把話說到這份上了，杜讓能還能怎麼辦？他只能從命。

這一年九月初，昭宗命覃王李嗣周為京西招討使，率三萬禁軍護送徐彥若去鳳翔就任，進駐興平。李茂貞立刻與王行瑜聯合，發兵六萬在周至布防。李嗣周所帶的這支禁軍都是新近召募的京師少年，而鳳翔和靜難的士兵都是身經百戰的邊防軍。這一戰的結果可想而知。

九月，李茂貞揮師進攻興平。兩軍還未交戰，朝廷禁軍就自動潰散、望風而逃。

李茂貞迅速兵臨長安城下，要求誅殺首倡征討之人。杜讓能入宮向天子辭別：「臣早知必有今日，請用臣的生命解除皇上所受的威脅。」

天子李曄潸然淚下，說：「朕與你永別矣！」

這一天，昭宗下詔貶杜讓能為梧州刺史，次日再貶為雷州司戶。然而，李茂貞並不退兵，他揚言：不殺杜讓能他誓不甘休。至此，天子李曄再也無力保全杜讓能了，只好賜他自盡。隨後下詔，任命李茂貞為鳳翔兼山南西道節度使，並兼中書令；十一月，又任命靜難節度使王行瑜兼任太師，賜號「尚父」，並賜免死鐵券。

李、王二人心滿意足之後，方才引兵西去。

乾寧二年（八九五年）正月，關中三鎮與朝廷的矛盾再度激化。五月，三鎮各率數千精兵開進長安，準備廢掉昭宗，另立吉王李保。六月，李克用率兵大舉南下，上表討伐李茂貞等三人，並將檄文傳給了三鎮。其時，李茂貞的義子李繼鵬擔任右軍指揮使，企圖劫持昭宗前往李茂貞所在的鳳翔；而王行瑜的弟弟王行實擔任左軍指揮使，也想劫持昭宗前往王行瑜的邠州。於是，兩軍就在長安城中開戰，京師大亂，昭宗在禁軍部將李筠的保護下逃往秦嶺，七月初到達石門（今陝西藍田西南）。

八月，李克用大軍進駐渭橋，派兵前往石門護駕，並分兵進攻三鎮。李茂貞震恐，殺掉李繼鵬上表請罪。昭宗於是赦免李茂貞，命李克用討伐王行瑜。八月底，昭宗返回長安。九月，李克用開始大舉進攻王行瑜，於十一月初兵臨邠州（今陝西彬縣）城下。王行瑜拋棄城池，帶著全家老小向西而逃，跑到慶州時被部將砍殺，首級傳送京師。

十二月，朝廷進封李克用為晉王。李克用遣使謝恩，同時祕密向昭宗請求討伐李茂貞。昭宗與近臣商議，眾人一致認為，如果討滅李茂貞，李克用將更加強大，勢必無人可以制衡。昭宗認為與自己的想法不謀而合，遂婉拒了李克用的請求。李克用感歎：「我看朝廷的意思，似乎懷疑我別有用心。問題是，如果不剷除李茂貞，關中將永無寧日！」

後來發生的事實果然被李克用不幸而言中。

昭宗從石門返京之後，意識到必須重新組建一支直接效忠於他的軍隊，於是在神策兩軍之外又招募了數萬人組建了殿後四軍，並全部交付親王統領。李茂貞遂以天子企圖討伐他為藉口，於乾寧三年（八九六年）七月再次勒兵進逼京畿。昭宗一邊遣使向李克用告急，一邊再次逃離長安，準備前往李克用所在的太原。路過華州（今陝西華縣）時，天子一行卻被鎮國節度使韓建極力挽留。昭宗本就對遠走太原有所猶豫，於是決定留在華州。李茂貞帶兵進入長安後，得到的僅僅是一座空城。

駐留華州的昭宗斷然沒有想到——他這是才脫虎口，又入狼窩！

由於其時李克用正被幽州的劉仁恭牽制，無暇南下勤王，所以昭宗便被韓建軟禁了整整兩年。在此期間，韓建與李茂貞互為表裡，逼迫昭宗解散了剛剛組建的殿後四軍，處決了護駕有功的禁軍將領李筠，並且罷黜了諸王的兵權，令歸私宅；不久，又發兵圍攻諸王府邸，喪心病狂地殺死了十幾個親王；其後又迫使昭宗下詔罪己，並恢復了李茂貞的所有官爵，最後又致信與李克用修好。

做完這一切，韓建和李茂貞才於第三年八月把昭宗放還。

昭宗第二次回到長安之後，改元「光化」。這是他登基後的第五次改元。縱觀昭宗一生，在位十五年，總共七次改元，平均差不多兩年改一個年號，是自玄宗末年安史之亂以來改元最頻繁的一任天子。

也許改元本身並不能直接說明什麼問題。但是，當我們回溯整個唐朝歷史，就會有一個耐人尋味的發現：唐太宗李世民一生在位二十三年，僅僅使用了「貞觀」一個年號；而唐玄宗李隆基一生中最鼎盛的二十九年，也僅僅使用了「開元」一個年號。而這兩個年號，卻成了盛唐的標誌，成了中國歷史上屈指可數的太平盛世的代名詞，並且從此做為繁榮富強的象徵符號而令無數後人心馳神往、津津樂道。

反觀唐昭宗李曄七次改元所置身的這個大黑暗與大崩潰的時代，我們也許就會有一種近乎無奈的頓悟——原來唐朝末年的這七個年號並不是年號。

它們是七簇血跡、七道淚痕，是一個巔峰王朝臨終前的七聲呼告，是一個末世帝王絕境中的七次掙扎，是一個突圍未遂的士兵遺落在戰場上的七把斷戟，是一個失敗的男人靈魂中永不癒合的——七道傷口。

五〇、帝國的末日

自從光化元年（八九八年）回到長安後，昭宗李曄就變得與從前判若兩人。從前的天子溫文爾雅、樂觀開朗、自信從容，如今的昭宗酗酒貪杯、性情暴躁、喜怒無常。他每天除了陰沉著一張臉不停地喝酒、耍酒瘋之外，就是與宰相崔胤日夜密談。而與此同時，宦官們發現天子注視他們的時候，就彷彿有一把刀子刮過他們的臉龐。

天子似乎在謀劃什麼……

這種日子一直挨到了光化三年（九〇〇年）冬天，左右中尉劉季述、王仲先與左右樞密王彥範、薛齊偓四人就自然而然地走到一起，進行了另一場謀劃。經過一番祕密商議後，他們得出了一致結論——當今天子輕狂、浮躁、善變、多詐，很難事奉，而且凡事只信賴朝臣、冷落宦官，長此以往，宦官必遭大難！不如擁立太子即位，尊李曄為太上皇，再爭取鳳翔、鎮國兩鎮的支持，那才是真正的「挾天子以令諸侯」！到時候，看誰敢動宦官一根毫毛！

一場廢立的陰謀就此醞釀成形。

這一年十一月初四，昭宗到北苑打獵、飲酒，深夜回宮時已經酩酊大醉，忽然狂性大發，親手砍殺了幾個侍從宦官和宮女。初五清晨，宮門遲遲未開。劉季述意識到時機已到，便以宮中恐生變故為由，到中書省叫上崔胤，帶著千名禁軍打破宮門，長驅直入，一起問明了昨夜發生的事。隨後，劉季述對崔胤說：「看皇上如今的所作所為，如何能再治理天下？廢除昏君，擁立明主，自古皆然！為國事計，這恐怕算不上不忠吧？」崔胤唯唯諾諾，不敢反對。

初六，劉季述召集百官入宮，陳兵殿前，拿出一份請求太子監國的聯名奏章，命崔胤和百官傳閱後簽署。隨後，劉季述一邊拿著奏章上思政殿面見天子，一邊授意禁軍發動兵變。禁軍隨即大聲呼喊著衝進宮中，逢人便殺，一直殺到思政殿。此時，昭宗嚇得從座椅上一頭栽下，爬起來想跑，劉季述一把按住他，說：「陛下厭倦了當皇帝，朝野內外一致要求太子監國，請陛下移居東宮（少陽院），好好保養吧。」

昭宗不甘心地說：「昨日與賢卿們一塊飲酒，多喝了幾杯，哪裡會糟到這種地步呢？」劉季述晃著手上的奏章，一臉冷笑：「這件事不是我們幹的，都是南司（朝臣）的意思，我們也沒辦法阻止。請陛下暫居東宮，等局勢穩定了再接您回宮。」

當天，昭宗被迫交出傳國玉璽，與皇后一起被押送少陽院，隨從的只有嬪妃、公主、和宮女十幾個人。看著天子的一副窩囊樣，劉季述忽然又生出一種施虐的渴望，於是拿起一根銀棒在地上指指畫畫，說：「某年某月某日，你不聽我的話，這是你的第一條罪；某年某月某日，你不聽我的話，這是你的第二條罪；某年某月某日……」如此這般，一直數落了數十樁罪。昭宗束手而立，大氣也不敢出。

離開的時候，劉季述親手鎖上院門，又把鐵水灌進鎖孔，準備讓這個院門永遠不能打開。隨後，命左軍副使李師虔率兵把守，昭宗等人的一舉一動都要向他報告。最後，在圍牆上鑿了一個洞，用來遞送飯菜，其他如兵器、剪刀、針之類的東西一律不准遞進去。

劉季述不想讓天子自殺，要把他困在裡頭活受罪，讓他求生不得，求死不能。

昭宗要求得到一些銀錢布帛。劉季述一眼就識破了天子的用意，你是想拿這些東西賄賂看守，改善處境吧？告訴你——沒門！

最後，昭宗提出只要紙和筆。劉季述冷笑：想得倒美！給你紙和筆，然後你再寫一封求救信遞出去，最後讓人來把我殺了，是不是？你真把我劉季述當傻瓜了？

劉季述一口回絕。

當時，天氣極其寒冷，嬪妃和公主們缺衣少被，哀泣聲一夜不絕。初十，劉季述等人擁立太子李裕即位，把少陽院改名「問安宮」。所謂問安宮，其實就是皇宮中的一座監獄。

天子被廢，並且遭到囚禁和虐待，天下諸藩人人心知肚明，可人人按兵不動。這是一個極其微妙的時刻。所有人都在權衡，都在等待，都在觀望，就是沒有人願意當出頭鳥。

他們都在想著如何後發制人，坐收漁翁之利。

昭宗被廢整整一個月後，天下依舊一片沉默。

宰相崔胤不得不獨自採取行動。他暗中與神策軍使孫德昭等人聯絡，取得共識後，於次年正月將劉季述、王仲先等四人全部刺殺，救出了昭宗。

昭宗復位後，劉季述等四人的家族和黨羽全被誅滅。昭宗任命孫德昭為靜海節度使，並賜名李繼昭。

一代權宦倒下去了，但是新一代權宦會不會旋即誕生？

這是昭宗復位後，宰相崔胤每時每刻都在焦慮的問題。他向昭宗提出，所有禍亂的根源皆因宦官掌握兵權，所以請求天子讓他和另一位宰相分別掌管左右軍。

這何嘗不是天子的想法！然而，當禁軍將領們聽到消息後，立即發出強烈抗議。李繼昭等人對天子說：「我們世代從軍，從沒有聽說把軍隊交給書生的！」

昭宗無奈，只好再次以宦官韓全誨、張彥弘分任左右中尉。這兩個宦官以前都當過鳳翔監軍，和李茂貞的關係非同一般，他們知道崔胤和他們勢同水火，於是暗中引李茂貞為援。而崔胤則與朱全忠私交甚篤，他擔心自己遭到宦官的謀害報復，所以也以朱全忠為外援。

兩派勢力從此展開明爭暗鬥。

而大權旁落、命若飄蓬的昭宗李曄必將在這樣的惡鬥中再度成為犧牲品。

這一年四月，昭宗再次改元「天復」。

天子固然是復位了，但是「天」還能「復」嗎？早已支離碎裂的李唐天空還能恢復如初嗎？

在九世紀的最後幾年裡，中原的朱全忠儼然已經取代河東的李克用，成為天下勢力最強大的軍閥。

從文德元年（八八八年）消滅與他相鄰的勁敵秦宗權之後，朱全忠就展開了大規模的擴張行動：首先把兵鋒指向東方，消滅了割據徐州的時溥，割據鄆州的朱瑄，割據兗州的朱瑾，隨後又把目光轉向北方的河朔三鎮與河東的李克用。光化元年（八九八年）五月，朱全忠渡河北上，攻取了李克用的邢、洺、磁三州。到光化三年（九〇〇年），魏博、成德、義武、幽州相繼歸附朱全忠。

降服河朔，意味著朱全忠已經砍掉了李克用的左手。

接下來，他要直取河中，斬斷李克用的右臂。

天復元年（九〇一年）正月，朱全忠突發大軍，一舉拿下絳州和晉州，扼住了河東援軍的必經之地，隨後又攻克河中。三月，朱全忠派遣大將氏叔琮率兵五萬，自天井關出太行山，兵鋒直指太原；同時調動魏博、成德、天平、義武等諸道大軍，兵分六路，以前所未有的規模對李克用發動總攻。

氏叔琮一路攻城掠地，以所向披靡之勢逼降了河東的多員大將，於三月底兵臨太原城下。李克用親自登城組織防禦。其時，天降大雨，數十天內連綿不絕，城牆多處崩塌，李克用指揮士兵隨塌隨築，多日衣不解帶，連吃飯喝水都沒有時間。

眼看太原指日可下。但是關鍵時刻，氏叔琮的許多士兵卻因連日大雨而感染瘧疾，加之糧草不繼，已經無力攻城。朱全忠只好命他們撤兵。

李克用就此躲過一劫，但在隨後的幾年裡，他只能收縮戰線、休養生息，再也無力與朱全忠爭鋒了。

據有河中之後，朱全忠向北遏制河東、向南威脅關中，勢力空前壯大，天下已無人可以匹敵。走到這一步，朱全忠自然就把目光瞄向了關中，瞄向了長安，並且瞄向大明宮中那個目光憂鬱、神情悽惶的天子李曄。

與此同時，宰相崔胤與宦官韓全誨之間的鬥爭也已進入白熱化狀態。你死我亡的形勢一觸即發。韓全誨等人與李茂貞聯手，準備劫持昭宗到鳳翔。崔胤則致信朱全忠，宣稱奉天子祕詔，命他發兵入京保護天子。朱全忠本來就想把昭宗劫持到洛陽置於他的掌控之下，見信後正中下懷，遂於這一年十月從大梁出兵，直驅長安。

十月十九日，韓全誨等宦官得知朱全忠已經出兵，立即率兵入宮，脅迫昭宗隨他們西走鳳翔。昭宗悲愴莫名，密賜手札於崔胤，最後一句說：「我為宗社大計，勢須西行，卿等但東行也。惆悵！惆悵！」（《資治通鑑》二六二）

十一月初四，韓全誨陳兵殿前，對昭宗說：「朱全忠大軍迫近京師，打算劫持皇上到洛陽，企圖篡位，我們請皇上駕臨鳳翔，集結勤王之師共同抵禦。」昭宗不願意走，韓全誨便命人縱火焚燒宮室。昭宗萬般無奈，只得和皇后、嬪妃、諸王共計一百多人登上離京的馬車。

那一天，天子淚流滿面。所有同行的人也全都放聲慟哭。

走出宮門很遠之後，昭宗忍不住又回頭看了一眼——熊熊烈火正在瘋狂燃燒，把大明宮的上空映照得一片通紅。那一刻，昭宗覺得另一場看不見的烈火正在自己的靈魂深處燃燒。

許多東西已經在火焰中灰飛煙滅。諸如勇氣、豪情、夢想；諸如信心、希望、使命感……所有這一切，全部都化成縷縷青煙，在冬日的寒風中飄散。

朱全忠大軍自河中入關，連克華州和邠州。李茂貞與韓全誨震恐，假傳天子詔書，急召李克用入關。李克用遂發兵襲擊朱全忠的後方，朱全忠匆忙回鎮河中。

天復二年（九〇二年）四月，崔胤前往河中，泣請朱全忠討伐李茂貞，救出天子。五月，朱全忠發精兵五萬，再次入關，進擊鳳翔。六月初十，李茂貞出兵與朱全忠在虢縣北面展開激戰，結果李茂貞大敗，被殺一萬餘人。十三日，朱全忠進圍鳳翔。

從這一年六月到十一月，朱全忠把李茂貞下轄的其他州縣全部佔領。鳳翔就此變成一座孤城。汴州士兵每天在城下擊鼓，叫罵守城的人是「劫天子賊」，而城上的鳳翔士兵則罵攻城的人是「奪天子賊」。鳳翔受困日久，糧食耗盡，加上這一年冬天天氣奇寒，城中餓死凍死的人不計其數。往往是一個人剛剛倒地，還沒嚥氣，身上的肉就被人剮去了。市場上公開出售人肉，每斤價值一百錢，狗肉的價值五百錢。就連李茂貞本人的積蓄也全部耗盡。而天子李曄則拿著他和小皇子的衣服到市場上變賣，以換取所需。公主和嬪妃們則是一天喝稀飯，一天吃湯餅，有上頓沒下頓，而且就連這最後一點糧食也即將告罄……

天復三年（九〇三年）正月，李茂貞再也無力支撐，只好斬殺韓全誨、張彥弘等宦官，向朱全忠投降，同時放歸天子。朱全忠又把鳳翔城內餘下的宦官全部斬殺，前後共殺七十二人，此外又祕密派人搜捕京畿附近所有已經辭官歸隱的宦官，又殺了九十個。

正月二十七日，昭宗回到長安。

這是李曄第三次流亡後的王者歸來。

然而，令人遺憾的是，一年之後，他還將第四次被迫離開長安、踏上流亡之路。

並且這一次，昭宗再也沒有回來……

昭宗回京後，崔胤當即奏請天子將宦官斬盡殺絕。昭宗同意了。正月二十八日這天，朱全忠在大明宮中展開了一場大屠殺，一日之間共殺了數百名宦官，喊冤哀號之聲響徹宮廷內外。那些奉命出使各藩鎮的監軍，也下詔命諸道就地捕殺。最後只留下三十個地位卑賤、年紀幼小的小黃門以供灑掃。

隨後，左右神策軍併入六軍，全部交由宰相崔胤統領。宦官時代就此終結，大明宮裡再也看不見那些面白無鬚、手握生殺廢立之權的人了。然而，此時的大唐帝國離末日也已經不遠了。

這一年二月，天子賜號朱全忠「回天再造竭忠守正功臣」。

正月十三日，朱全忠駐兵河中，強迫昭宗遷都洛陽。二十二日，遷都行動開始，汴州軍隊強行驅趕長安城中的士民和百官上路，一刻也不准停留。成千上萬的百姓們扶老攜幼，一路不停地號叫、哭喊和咒罵。二十六日，朱全忠命軍隊將長安城內的宮殿、民宅及所有建築全部拆毀，拆除下來的木料一律扔進渭水。

大唐帝都長安，從此淪為一座廢墟。

二十八日，昭宗到了華州，當地百姓夾道歡迎、山呼萬歲。昭宗不禁泣下，說：「勿呼萬歲，朕不復為汝主矣！」（《資治通鑑》卷二六四）

當天晚上，昭宗下榻在華州行宮，黯然神傷地對左右說：「民間有句俗語說：『紇干山頭凍麻雀，何不飛去生處樂。』朕如今漂泊流亡，不知道最終要落向何方？」言畢已經涕淚沾襟，左右皆陪著天子同聲落淚。

在從長安走向洛陽的一路上，昭宗一次次尋找機會派人向諸藩告急，命河東李克用、西川王建、淮南楊行密等節度使火速度兵勤王。朱全忠發現天子始終徘徊不前，知道其中有詐，遂一再催促。

天祐元年（九〇四年）四月初十，昭宗抵達洛陽。

隨後的幾個月裡，朱全忠得到耳目奏報，說李克用、李茂貞、王建、楊行密等人之間公文往來異常頻繁。朱全忠遂有夜長夢多之感，而且昭宗年長、在位日久，要將其取而代之相對於幼主要困難得多。思慮及此，朱全忠決定採取最後的行動。

這一年八月十一日深夜，朱全忠派遣心腹將領蔣玄暉、朱友恭、氏叔琮等人進入洛陽，突然敲開天子寢宮，刺死了開門的嬪妃，隨後大聲問：「皇上在哪？」昭儀李漸榮連忙走到天子寢室的窗前，高聲呼叫：「寧可殺了我們，也不能傷害天子！」話音剛落便被砍殺在血泊之中。此時，昭宗已經喝得爛醉，但是李昭儀有意發出的警報還是震醒了他。昭宗慌忙從床上跳起，躲到柱後。然而，蔣玄暉等人已經衝了進來，把刀揮向了天子……

那一刻，沒有人知道唐昭宗李曄的眼前，是否閃過他十五年不堪回首的帝王生涯？

我們只知道——李曄在這一刻終於離開了，離開了這個紛紛擾擾的世界，離開了這個讓他又愛又痛的帝國。

接下來發生的事情就顯得順理成章了。

八月十二日，蔣玄暉假傳詔書，擁立輝王李祚為皇太子，改名李柷，並宣布由太子監國。同日，年僅十三歲的李柷在昭宗的靈柩前即皇帝位，史稱昭宣帝，又稱哀帝。

一直到了十月，朱全忠才「聽說」朱友恭等人刺殺了昭宗。他做出的第一個表情是痛不欲生，發出的第一個聲音是慘切的哭泣，做出的第一個動作是「投身觸地」。做完這些表演後，朱全忠狠狠地說：「這些奴才辜負了我，害我蒙受萬世罵名！」

十月三日，朱全忠來到洛陽，撲在昭宗的靈柩上痛哭流涕，然後晉見昭宣帝，賭咒發誓說這不是他的意思。十月四日，朱全忠將朱友恭貶為崖州（今海南瓊山市）司戶、氏叔琮貶為白州（今廣西博白市）司戶，隨即又命他們自殺。朱友恭臨死前大喊：「賣我以塞天下之謗，如鬼神何？行事如此，望有後乎？」（《資治通鑑》卷二六五）

然而，此刻的朱全忠絕不會畏懼鬼神。因為他要做的事還很多，要殺的人也還很多……

天祐二年（九〇五年）二月九日，朱全忠在洛陽宮中的九曲池擺設宴席，邀請昭宗的九個兒子、德王李裕等親王赴宴。九王酒酣耳熱之際，朱全忠突然命人把他們全部勒死，投屍九曲池。

六月，朱全忠又將裴樞等稍負時望的三十幾名朝臣召集到白馬驛，一夜之間全部殺死。左右有人對他說：「這群人平時自詡『清流』，現在就應該投入黃河，讓他們變成『濁流』！」朱全忠縱聲大笑，隨即將他們拋屍黃河。

十一月，朱全忠晉位相國，總百揆。完成了歷朝歷代每一個篡位者都必須完成的程序之後，朱全忠就圖窮匕見了。

天祐四年（九〇七年）三月，朱全忠迫使昭宣帝禪位；四月，朱全忠更名朱晃，將汴州改為開封府，即皇帝位，國號大梁，改元開平；同時廢唐昭宣帝為濟陰王，不久後將其誅殺。

這位朱晃（朱全忠、朱溫）就是歷史上的後梁太祖。

至此，大唐帝國宣告滅亡。

唐朝自西元六一八年建國，至西元九〇七年覆滅，共經二十一帝，歷時二百八十九年。

唐朝原來是這樣 / 王者覺仁著. -- 一版.-- 臺北市：大地, 2014.01
面：　公分. --（History：62）

ISBN 978-986-5800-07-9（平裝）

1. 唐史　2. 通俗史話

624.1　　102026689

唐朝原來是這樣

HISTORY 062

作　　者：王者覺仁
發 行 人：吳錫清
主　　編：陳玟玟
出 版 者：大地出版社
社　　址：114台北市內湖區瑞光路358巷38弄36號4樓之2
劃撥帳號：50031946（戶名　大地出版社有限公司）
電　　話：02-26277749
傳　　眞：02-26270895
E - mail：vastplai@ms45.hinet.net
網　　址：www.vastplain.com.tw
美術設計：普林特斯資訊股份有限公司
印 刷 者：普林特斯資訊股份有限公司
一版一刷：2014年1月

大地

定　　價：360元